KB240378

비상은
믿습니다

당연한 것을 낯설게 바라보는 시선이
교육을 움직이게 한다는 것을.

현장에서 출발한 고민이
다음 교육의 해답이 될 수 있다는 것을.

배움의 즐거움이
교육의 가장 강력한 연료라는 것을.

다름을 존중하는 태도가
교육의 가치를 더 깊게 만든다는 것을.

그리고,
우리가 선택한 이 가치들이
곧, 우리 교육의 방향이 된다고 믿습니다.

이 믿음 하나하나가 모여,
새로운 콘텐츠와 플랫폼이 되어
교육의 새로운 전형을 만들어갑니다.

상상 그 이상 −
visang

한끝

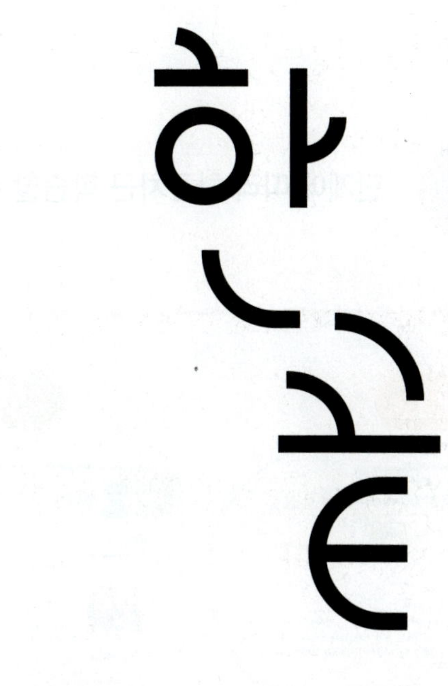

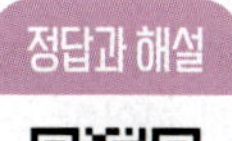

중학 역사 ❶·1

구성과 특징

단계에 따라 차근차근 학습할 수 있어요.

STEP 1

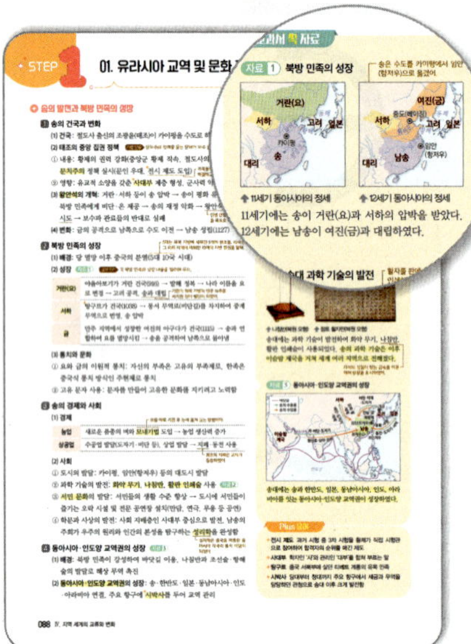

◆ 역사 교과서에서 다루는 내용을 간결하면서도 이해하기 쉽게 정리하였습니다.

◆ '교과서 쏙 자료'로 시험 출제 가능성이 높은 지도, 사진, 그림, 사료, 도표 등을 살펴볼 수 있습니다.

◆ 'PLUS 용어'로 교과서에 나오는 주요 용어의 의미를 쉽게 파악할 수 있습니다.

STEP 2

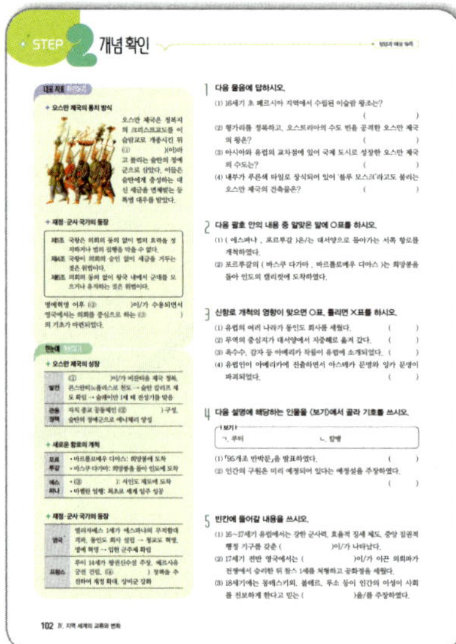

◆ '대표 자료로 확인하기'로 중단원의 시험 빈출 자료를 다시 한번 익힐 수 있습니다.

◆ 표 또는 흐름도로 정리한 '한눈에 정리하기'로 주요 학습 요소를 이해했는지 점검할 수 있습니다.

◆ 중단원에서 학습한 내용을 확인할 수 있는 간단한 개념 확인 문제를 제시하였습니다.

STEP 3

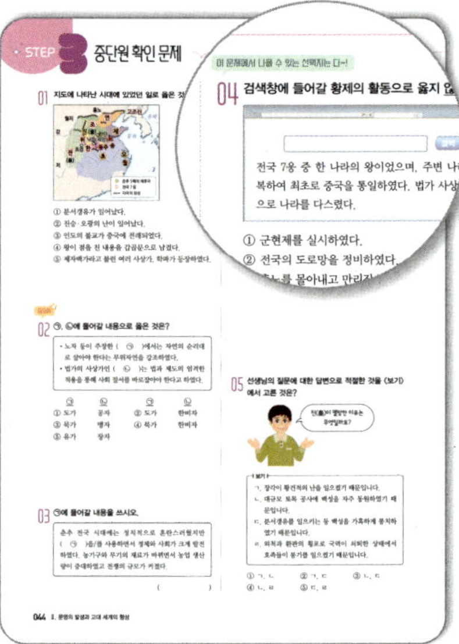

◆ 선다형, 단답형, 서술형 등 다양한 유형의 문제로 학습한 내용을 확인할 수 있습니다.

◆ 서술형 문제는 학교 시험에 자주 출제되는 주제를 선별하여 구성하였습니다.

◆ 빈출 문제는 '중요해'로, 관련 내용이 많은 문제는 '이 문제에서 나올 수 있는 선택지는 다~!'로 표시하였습니다.

학교 시험에 대비할 수 있어요.

대단원 마무리

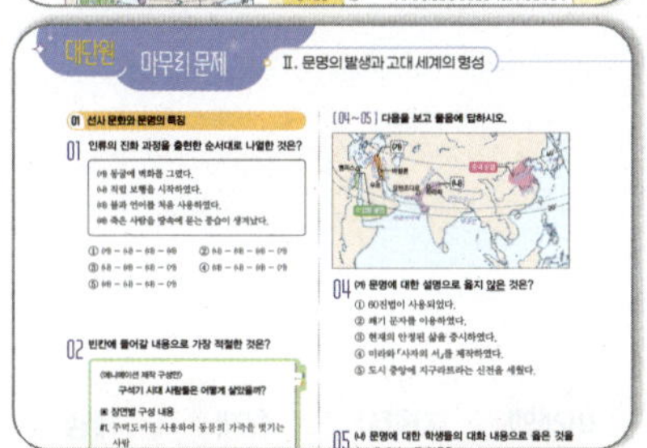

◆ '표와 자료로 정리하는 대단원'에서 대단원별 학습 내용을 체계적으로 정리할 수 있습니다. 또한 학습 목표에 따라 주요 개념을 잘 이해했는지 점검할 수 있습니다.

◆ '대단원 마무리 문제'에서 단원 동합형 문제를 확실히 대비할 수 있도록 수업 발표·보고서 작성·인터넷 검색 등의 재구성 문제, 두 문항 연계 문제 등 다양한 문제 유형을 제공하였습니다.

중간·기말고사 끝내기

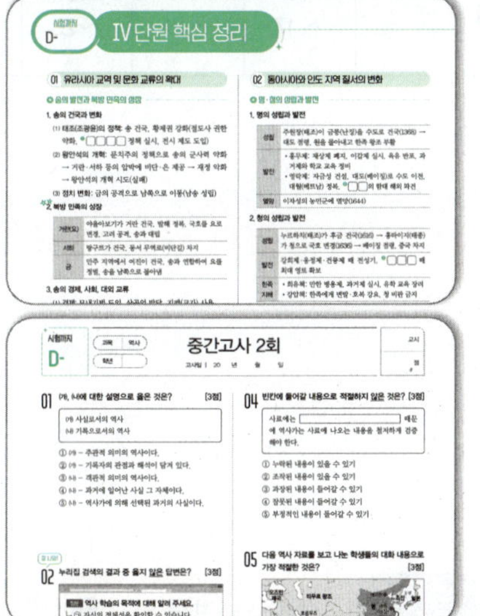

◆ 시험 일정에 맞추어 미리 계획을 세운 뒤 '핵심 정리'로 대단원별 핵심 내용을 정리하고, '중간고사·기말고사' 문제를 풀어 보세요. 시험 범위가 많아도 쉽고 빠르게 대비할 수 있습니다.

◆ 학교 시험 기술 문세를 분석하여 빈출 유형의 문제들로 구성하였습니다. 만점에 대비하여 난이도 있는 문제도 만들고 '100점 도전!'으로 표시하였습니다.

시험 전 한끝

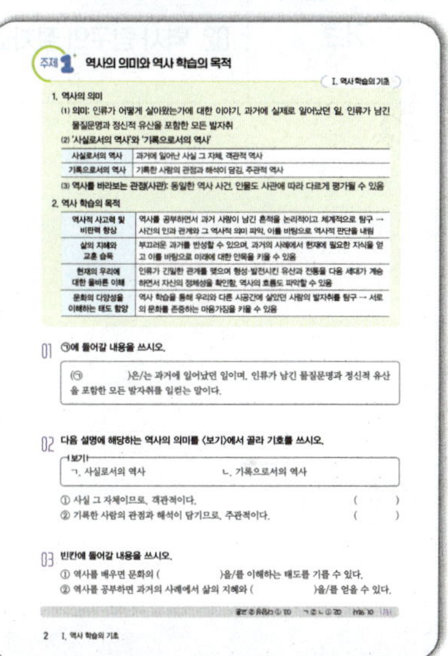

◆ 시험에 자주 나오는 교과서 내용을 빠짐없이 주제별로 정리하였습니다. 단원별 핵심 내용을 익히고 문제를 풀며 시험 직전에 알차게 사용해 보세요.

단원 비교하기

	단원명	한끝	비상	동아	리베르	미래엔	지학사	천재	해냄
I 역사 학습의 기초	01. 역사의 의미와 역사 학습의 목적	10 ~13	08 ~13	12 ~17	10 ~11	10 ~12	08 ~11	08 ~10	08 ~09
	02. 역사 탐구의 절차와 방법	14 ~17	14 ~21	18 ~23	12 ~13	13 ~15	12 ~15	11 ~13	10 ~19

	단원명	한끝	비상	동아	리베르	미래엔	지학사	천재	해냄
II 문명의 발생과 고대 세계의 형성	01. 선사 문화와 문명의 특징	24 ~31	26 ~39	28 ~39	18 ~27	18 ~29	18 ~31	16 ~29	22 ~33
	02. 고대 서아시아·지중해 세계의 형성	32 ~39	40 ~51	40 ~51	28 ~41	30 ~43	32 ~45	30 ~43	34 ~45
	03. 고대 동아시아·인도 세계의 형성	40 ~47	52 ~61	52 ~61	42 ~51	44 ~53	46 ~55	44 ~55	46 ~55

	단원명	한끝	비상	동아	리베르	미래엔	지학사	천재	해냄
III 세계 종교의 확산과 지역 문화의 발전	01. 동아시아 문화의 형성	56 ~63	66 ~75	66 ~75	56 ~67	58 ~69	60 ~69	60 ~69	60 ~69
	02. 크리스트교와 이슬람교의 확산	64 ~71	76 ~89	76 ~91	68 ~81	70 ~85	70 ~81	70 ~85	70 ~81
	03. 서아시아와 유럽의 교류와 갈등	72 ~79	90 ~103	92 ~99	82 ~89	86 ~95	82 ~91	86 ~95	82 ~97

	단원명	한끝	비상	동아	리베르	미래엔	지학사	천재	해냄
IV 지역 세계의 교류와 변화	01. 유라시아 교역 및 문화 교류의 확대	88 ~93	108 ~115	104 ~113	94 ~103	100 ~109	96 ~107	100 ~111	102 ~109
	02. 동아시아와 인도 지역 질서의 변화	94 ~99	116 ~125	114 ~123	104 ~115	110 ~121	108 ~119	112 ~123	110 ~119
	03. 서아시아와 유럽 사회의 변화	100 ~105	126 ~139	124 ~137	116 ~131	122 ~133	120 ~131	124 ~139	120 ~137

차례

I

역사 학습의 기초

01. 역사의 의미와 역사 학습의 목적

✦ 역사의 의미

❶ 일상에서 만나는 역사

(1) **⁺역사의 특징**: 일상생활에서 쉽게 만날 수 있음

(2) **주변에서 쉽게 볼 수 있는 역사**: 오래된 일기장, 옛날 사진, 서점이나 도서관에 있는 역사책, 역사적 사건이나 인물 등을 소재로 한 드라마·영화·뮤지컬 등

❷ 역사의 의미 〔시험 단골〕 역사의 의미를 묻는 문제가 자주 출제돼!

(1) **의미**: 인류가 어떻게 살아왔는가에 대한 이야기, 과거에 실제로 일어났던 일, 인류가 남긴 물질문명과 정신적 유산을 포함한 모든 발자취

(2) **'사실로서의 역사'와 '기록으로서의 역사'** 〔자료 1〕

사실로서의 역사	과거에 일어난 사실 그 자체, 객관적 역사
기록으로서의 역사	기록한 사람의 관점과 해석이 담김, 주관적 역사

(3) **역사를 바라보는 관점(⁺사관)**: 역사를 기록하는 사람은 과거의 사건 중 의미 있다고 판단한 사실을 선택하여 기록함 → 동일한 역사적 사건·인물도 기록자의 사관에 따라 다르게 평가될 수 있음 〔자료 2〕

❸ 역사 기초 지식

기원전과 기원후(서기)	예수가 태어난 해를 기준으로 탄생 이전을 기원전(B.C.), 탄생 이후를 기원후(A.D.)로 나누는 연대 표현
연호	보통 국왕이 즉위한 해에 붙이던 연대 이름
세기	연대를 셀 때 100년을 한 묶음으로 하는 단위

└ 고구려 광개토 대왕은 '영락'이라는 연호를 처음 사용하였어.

최근에는 종교색을 지운 BCE(공통 시대 이전)와 CE(공통 시대)를 쓰는 경우도 있어.

✦ 역사 학습의 목적 〔시험 단골〕 사례를 통해 알 수 있는 역사 학습의 목적을 묻는 문제가 자주 출제돼!

❶ 역사 학습의 목적

(1) **역사적 사고력·비판력·판단력 향상**: 역사를 공부하면서 과거 사람이 남긴 흔적을 논리적·체계적으로 탐구 → 사건의 인과 관계와 역사적 의미를 파악하고 역사적 판단을 내림 〔부끄러운 역사를 반성함으로써 더 나은 미래로 나아갈 수 있어.〕

(2) **삶의 지혜와 교훈 습득**: 과거부터 오늘날까지 많은 사람의 다양한 경험이 역사에 담겨 있음, 과거의 사례에서 현재에 필요한 지식을 얻고 이를 바탕으로 미래에 대한 안목도 키울 수 있음

(3) **현재의 우리에 대한 올바른 이해**: 역사 속에서 인류가 긴밀한 관계를 맺으면서 형성·발전시킨 유산과 전통을 다음 세대가 계승하면서 자신의 정체성을 확인함, 역사의 흐름도 파악할 수 있음

❷ 역사 학습의 필요성 〔자료 3〕

(1) **역사 학습의 중요성**: 오늘날 전 세계가 지구촌이라고 불릴 만큼 서로 많은 영향을 주고받음

(2) **문화의 다양성을 이해하는 태도 필요**: 역사 학습으로 우리와 다른 시공간에 살았던 사람들의 발자취를 탐구 → 서로의 문화를 존중하는 마음가짐을 키움(인류의 갈등 극복, 평화의 바탕이 됨)

교과서 속 자료

〔자료 1〕 역사의 의미

- 나(역사가)는 자신을 숨기고 과거가 본래 어떠하였는가를 밝혀야 한다. — 랑케
- 역사는 과거와 현재의 끊임없는 대화이다. — E. H. 카

독일의 역사가인 랑케는 과거에 일어났던 사실로서의 역사를 강조하였다. 반면, 영국의 역사가인 카는 과거에 일어났던 사실에 대한 기록으로서의 역사를 강조하였다. 〔과거 사실과 역사가는 지속적으로 상호 작용해야 한다고 하였어.〕

〔자료 2〕 역사를 바라보는 관점

- 나라가 부강해지면 자신이 성공할 기회를 빼앗긴다고 보았던 알렉산드로스는 …… 정복과 야망을 이룰 수 있는 나라를 물려받고 싶었다. — 플루타르코스
- 알렉산드로스는 한때 정복할 땅이 더 이상 남아 있지 않다고 한탄하였다. 그러나 인도는 서북부의 작은 지역을 빼고는 그에게 정복되지 않았다. — 네루

알렉산드로스에 대해 플루타르코스는 뛰어난 지도력을 갖춘 사람이라고 하였고, 네루는 난폭한 침략자라고 평가하였다. 이처럼 동일한 역사적 인물도 기록하는 사람의 관점에 따라 다르게 평가될 수 있다.

〔자료 3〕 역사 학습의 필요성 〔각국의 의상을 입고 국기를 든 학생들이 행진하는 모습이야.〕

⬆ 자기 나라의 문화를 교류하는 한국 학생과 유학생들

오늘날에는 전 세계가 서로 많은 영향을 주고받고 있으므로, 우리는 문화의 다양성을 이해하는 태도를 기를 필요가 있다.

Plus 용어

- **⁺역사(歷 흐르다, 史 기록)** 역(歷)은 '세월이나 세대, 왕조가 흘러간 것'을 의미하고, 사(史)는 '기록하는 일' 또는 '기록하는 사람'을 의미함
- **⁺사관** 역사 연구자들이 역사를 바라보는 입장이나 역사를 해석하고 설명하는 시각을 말함

대표 자료 확인하기

✦ 역사의 의미

> • 나(역사가)는 자신을 숨기고 과거가 본래 어떠하였는가를 밝혀야 한다. — 랑케
> • 역사는 과거와 현재의 끊임없는 대화이다. — E. H. 카

랑케는 사실로서의 역사를 강조한 반면, 카는 과거에 일어났던 사실에 대한 (①   )(으)로서의 역사를 강조하였다. 또한 카는 과거 사실과 역사가가 지속적으로 상호 작용해야 한다고 하였다.

✦ 역사 학습의 필요성

⬆ 자기 나라의 문화를 교류하는 한국 학생과 유학생들

오늘날에는 전 세계가 (②   )(이)라고 불릴 만큼 서로 많은 영향을 주고받는다. 그러므로 우리는 문화의 (③   )을/를 이해하는 태도를 길러야 한다.

한눈에 정리하기

✦ 역사의 의미

(①)(으)로서의 역사	과거에 일어난 사실 그 자체, 객관적 역사
기록으로서의 역사	기록한 사람의 관점과 해석이 담김, (②) 역사

✦ 역사 학습의 목적

역사 학습의 목적	• 역사적 (③)과/와 비판력·판단력 향상 • 삶의 지혜와 교훈 습득 → 미래에 대한 안목 성장 • 현재의 우리에 대한 올바른 이해(자신의 정체성 확인)
역사 학습의 필요성	문화의 다양성을 이해하는 태도 필요, 서로의 문화를 (④)하는 마음가짐은 인류의 갈등 극복과 평화의 바탕이 됨

---

1 다음 물음에 답하시오.

(1) 인류가 어떻게 살아왔는가에 대한 이야기이며, 과거에 실제로 일어났던 일을 일컫는 말은? (   )

(2) 역사 연구자들이 역사를 바라보는 입장이나 역사를 해석하고 설명하는 시각을 이르는 말은? (   )

2 다음 사례에 해당하는 역사의 의미를 〈보기〉에서 골라 기호를 쓰시오.

┌ 보기 ┐
ㄱ. 사실로서의 역사   ㄴ. 기록으로서의 역사

(1) 고려 시대에 만들어진 상감 청자로 우리 문화의 우수성을 알 수 있다. (   )

(2) 13세기 초 테무친은 몽골 부족을 통일한 후 칭기즈 칸으로 추대되어 몽골 제국을 세웠다. (   )

3 ㉠에 들어갈 내용을 쓰시오.

연대를 셀 때는 100년을 한 묶음으로 하는 단위를 사용하는데, 이를 (㉠   )(이)라고 한다.

4 다음 설명이 맞으면 ○표, 틀리면 ✕표를 하시오.

(1) 과거의 많은 사례로는 삶의 지혜와 교훈을 얻기 어렵다. (   )

(2) 역사를 공부하면 역사적 사고력과 비판력을 기를 수 있다. (   )

(3) 역사를 배우면 현재를 살고 있는 우리에 대해 올바르게 이해할 수 있다. (   )

(4) 서로의 문화를 존중하는 마음가짐은 인류가 갈등을 극복하고 더불어 평화롭게 살아가는 바탕이 된다. (   )

5 빈칸에 들어갈 내용을 쓰시오.

(1) 우리는 역사를 공부하면서 과거 사람들이 남긴 흔적을 탐구하여 사건의 (   ) 관계를 파악한다.

(2) 인류의 다음 세대는 발전 속에서 형성된 유산이나 전통을 물려받으며 자신의 (   )을/를 확인한다.

(3) 오늘날에는 전 세계가 서로 많은 영향을 주고받고 있으므로, 문화의 (   )을/를 이해하는 태도를 기를 필요가 있다.

01 역사의 의미에 대한 설명으로 옳지 <u>않은</u> 것은?
① 과거에 실제로 일어났던 일이다.
② 인류가 어떻게 살아왔는가에 대한 이야기이다.
③ '사실로서의 역사'와 '기록으로서의 역사'로 나눌 수 있다.
④ 인류가 남긴 물질문명과 정신적 유산을 포함한 모든 발자취를 말한다.
⑤ 역은 '기록하는 일' 또는 '기록하는 사람'을 뜻하고, 사는 '세월이나 세대, 왕조가 흘러간 것'을 뜻한다.

중요해

02 다음에서 설명하는 역사 의미의 사례로 가장 적절한 것은?

> 역사는 과거에 일어난 사실 그 자체이다.

① 대조영은 동모산 근처에서 발해를 건국하였다.
② 팔만대장경으로 우리 문화의 우수성을 알 수 있다.
③ 훈민정음은 글자의 원리가 독창적이고 과학적이다.
④ 신라의 삼국 통일은 외세를 끌어들였다는 한계점이 있다.
⑤ 우리 민족은 끊임없이 독립운동을 벌인 결과 8·15 광복을 맞이하였다.

03 '기록으로서의 역사'에 대한 설명으로 옳은 것을 〈보기〉에서 고른 것은?

> **┤ 보기 ├**
> ㄱ. 객관적 의미의 역사이다.
> ㄴ. 과거에 일어난 사실을 의미한다.
> ㄷ. 기록한 사람의 관점과 해석이 담겨 있다.
> ㄹ. 역사가가 의미 있다고 판단하여 고른 사실이다.

① ㄱ, ㄴ   ② ㄱ, ㄷ   ③ ㄴ, ㄷ
④ ㄴ, ㄹ   ⑤ ㄷ, ㄹ

04 (가), (나)를 주장한 인물에 대한 설명으로 옳은 것은?

> ㈎ 역사는 과거와 현재의 끊임없는 대화이다.
> ㈏ 나(역사가)는 자신을 숨기고 과거가 본래 어떠하였는가를 밝혀야 한다.

① ㈎ – 독일의 역사가인 랑케이다.
② ㈎ – '사실로서의 역사'를 강조하였다.
③ ㈎ – 과거 사실과 역사가는 지속적으로 상호 작용해야 한다고 하였다.
④ ㈏ – 영국의 역사가인 카이다.
⑤ ㈏ – '기록으로서의 역사'를 강조하였다.

05 ㉠에 공통으로 들어갈 내용을 쓰시오.

> • (㉠)은/는 보통 국왕이 즉위한 해에 붙이던 연대 이름이다.
> • 광개토 대왕은 391년에 '영락'이라는 (㉠)을/를 처음으로 사용하였다.

(　　　　　)

06 빈칸에 들어갈 용어로 옳은 것은?

> **역사 용어 사전**
>
> 연대를 셀 때 100년을 한 묶음으로 하는 단위를 말한다.

① 서기   ② 세기   ③ 연호
④ 기원전   ⑤ 기원후

07 ㉠, ㉡에 들어갈 내용을 각각 쓰시오.

> 연대는 대체로 예수가 태어난 해를 기준으로 하여 탄생 이전을 (㉠), 탄생 이후를 (㉡)(으)로 나누어 표현한다.

㉠: (   ), ㉡: (   )

08 선생님의 질문에 대한 학생들의 답변으로 적절하지 <u>않은</u> 것은?

① 역사의 흐름을 파악할 수 있기 때문입니다.
② 우리의 정체성을 확인할 수 있기 때문입니다.
③ 현재를 사는 우리를 이해할 수 있기 때문입니다.
④ 과거의 사례에서 교훈을 얻을 수 있기 때문입니다.
⑤ 우리 문화의 우월함을 내세울 수 있기 때문입니다.
⑥ 역사적 사고력과 판단력을 기를 수 있기 때문입니다.

09 다음 사진으로 파악할 수 있는 역사 학습의 필요성으로 가장 적절한 것은?

◀ 자기 나라의 문화를 교류하는 한국 학생과 유학생들

① 삶의 지혜와 교훈을 얻어야 한다.
② 미래를 내다보는 안목을 키워야 한다.
③ 역사적 사고력과 비판력을 길러야 한다.
④ 역사 사건의 인과 관계를 파악해야 한다.
⑤ 다양한 문화를 이해하는 자세를 갖추어야 한다.

01 다음 자료로 알 수 있는 사관의 특징을 서술하시오.

> • 나라가 부강해지면 자신이 성공할 기회를 빼앗긴다고 보았던 알렉산드로스는 …… 정복과 야망을 이룰 수 있는 나라를 물려받고 싶었다. — 플루타르코스
> • 알렉산드로스는 한때 정복할 땅이 더 이상 남아 있지 않다고 한탄하였다. 그러나 인도는 서북부의 작은 지역을 빼고는 그에게 정복되지 않았다. — 네루

____

____

____

02 다음 자료를 통해 알 수 있는 역사 학습의 목적을 서술하시오.

↑ 경복궁을 가린 조선 총독부 건물　　↑ 조선 총독부 철거물을 보존한 공원

조선 총독부는 일제가 강점기에 경성(서울)에 세운 식민 통치 기관으로, 1995년에 철거되었다. 철거물의 일부는 충남 천안에 있는 독립기념관 주 건물의 서쪽에 있는데, 이는 해가 지는 쪽에 철거물을 두어 일제 강점기 역사의 청산을 강조하려는 의도가 담겨 있다.

____

____

____

____

STEP 1 · 02. 역사 탐구의 절차와 방법

◆ 역사 자료의 활용법

1 역사 자료(사료)와 역사 연구

(1) **사료** 자료 1 ┌ 오늘날에는 과학 기술의 발달로 기록 수단이 다양해져 음성 및 영상 기록 등으로 사료의 범위가 확대되었어.
① 의미: 옛사람들이 남긴 흔적
② 종류: **유물**(문서, 그림 등), **유적**(건축물, 집터 등), **문헌** 자료 2

(2) 역사 연구 ┌ 사료에 과장, 잘못, 누락, 조작된 내용이 있을 수 있기 때문에 필요한 과정이야.
① **사료 비판**: 역사가가 사료에 나오는 내용을 철저하게 검증하는 과정
② 역사 서술: 역사가는 사료 비판을 거친 자료를 연구하면서 과거 상황을 분석 및 해석하여 역사를 서술함

2 역사 학습에 도움을 주는 자료

역사 지도	지도에 영토나 영역, 이동 경로, 수도 및 주요 도시 등의 역사 정보를 나타낸 자료
연표	• 역사적 사건을 일어난 순서대로 나타낸 자료 • 사건의 상호 관계를 파악하고 같은 시기에 다른 지역에서 일어난 사건을 비교하는 데 편리함
도표	통계 등 숫자로 된 정보를 정리한 자료
그림·사진	• 역사를 시각적으로 보여 주는 자료 • 역사를 생생하게 이해하는 데 도움을 줌

◆ 역사 탐구의 절차와 방법

시험 단골 ▶ 역사 탐구의 절차를 나열하는 문제가 자주 출제돼!

1 탐구 주제의 선정
탐구하고 싶은 주제를 선정함, 평소에 관심 있는 대상부터 호기심을 가지고 살펴보면 과거의 흔적을 찾아볼 수 있음

2 자료의 수집 자료 3
공부 TIP 각 자료 수집 방법의 활용과 장점을 기억해 두자.

인터넷 검색, 디지털 아카이브 이용	기록물이나 사진, 지도 등의 각종 역사 자료를 찾을 수 있음
박물관, 도서관 방문	
인터뷰	• 지역의 역사, 우리 가족의 역사 등을 탐구할 때 마을 어른들이나 부모님의 구술 자료 수집 • 문헌 자료로 남아 있지 않은 과거 사람들의 생활 모습을 알 수 있음
답사	• 유적·현장을 조사해야 할 때 해당 장소를 방문함 • 정확하고 자세한 정보를 알 수 있음

3 자료의 분석과 해석

(1) **사료 비판**: 수집한 자료의 출처 확인, 자료를 비교하여 서로 모순되는 내용이 없는지 점검 → 내용 오류 여부 확인

(2) **자료 분석 및 해석**: 문제 해결에 도움이 되는 증거 분류, 이유 파악 → 인과 관계, 중요성 등을 생각하여 분석한 내용을 정리함
┌ 서로 다른 해석이 나올 경우 둘을 비교하여 더 타당한 해석이 무엇인지 따져 봐야 해.

4 탐구 결과의 정리

(1) **탐구 결과 정리**: 그림·연표·도표·지도 등을 활용하여 보고서·신문·카드 뉴스·동영상 등 이해하기 쉬운 형태로 정리함

(2) **탐구 결과 발표**: 발표 → 질의응답 → 평가

자료 1 선사 시대와 역사 시대

선사 시대는 문자 기록이 없던 시기이며 역사 시대는 문자를 사용한 시기이다. 선사 시대를 연구할 때에는 유물과 유적을 활용하고, 역사 시대를 연구할 때에는 유물, 유적과 함께 문자 기록을 이용한다.
┌ 옛사람들은 보통 문자로 기록을 남겼기 때문에 역사 탐구에는 문자 자료가 많이 활용돼.

자료 2 문자 자료와 비문자 자료

↑ 돌에 남긴 기록물인 이집트 로제타석   ↑ 이탈리아 로마의 유적인 포로 로마노

문자 자료에는 책, 문서, 일기 등 종이에 쓴 것과 금석문, 비문 등 돌이나 금속 등에 새긴 것이 있다. 문자 이외에 그림, 조각, 건축 등 다양한 방식으로 표현된 것들이 있는데, 이를 비문자 자료라고 한다.

자료 3 디지털 아카이브

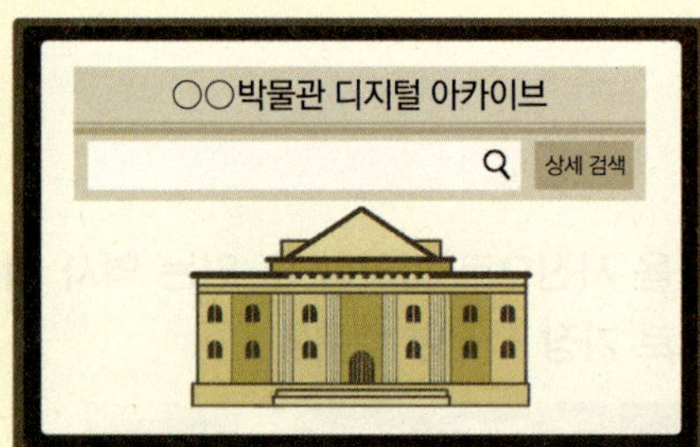

디지털 아카이브는 박물관이나 연구소 등에서 운영하는 것으로, 해당 기관을 직접 방문하지 않아도 그림, 유물 사진, 영상 등의 자료를 찾을 수 있다.

Plus 용어

+ **사료(史 역사, 料 재료)** 역사를 탐구하거나 역사책을 쓰는 데 이용하는 자료

+ **역사가** 사료를 연구하여 과거에 일어난 사실을 밝히려는 사람

+ **아카이브** 보존 가치가 있는 자료를 기록하는 것, 또는 이러한 기록이나 문서를 보관하는 장소

STEP 2 개념 확인

대표 자료 확인하기

◆ 선사 시대와 역사 시대

문자 사용

| 선사 시대 | 전 | 후 | 역사 시대 |

선사 시대와 역사 시대는 (①   ) 기록의 여부를 기준으로 구분한다. 선사 시대를 연구할 때에는 유물과 유적을 활용하고, 역사 시대를 연구할 때에는 유물, 유적과 함께 문자 기록을 이용한다.

◆ 문자 자료와 비문자 자료

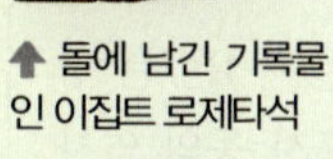
↑ 돌에 남긴 기록물인 이집트 로제타석

↑ 이탈리아 로마의 유적인 포로 로마노

문자 자료에는 (②   )에 쓴 것과 금속 등에 새긴 것이 있다. 비문자 자료에는 문자 이외에 조각, 건축 등 다양한 방식으로 표현된 것이 해당된다.

한눈에 정리하기

◆ 역사 자료의 활용법

사료와 역사 연구	• (①): 유물, 유적, 문헌 등 옛사람들이 남긴 흔적 • 역사 연구: 역사가가 사료 비판을 통해 사료에 나오는 내용을 검증 → 과거 상황을 분석 및 해석하여 역사 서술
역사 학습에 도움을 주는 자료	• 역사 지도: 여러 가지 역사 정보를 표시한 자료 • 연표: 역사적 사건을 일어난 순서대로 나타낸 표 • (②): 숫자로 된 정보를 정리한 자료 • 그림·사진: 역사를 시각적으로 보여 주는 자료

◆ 역사 탐구의 절차

탐구 주제의 선정 → 자료의 수집
→ 자료의 분석과 (③   ) → 탐구 결과의 정리

---

1 다음 물음에 답하시오.

(1) 옛사람들이 남긴 흔적으로, 유물과 유적 등 역사 자료를 이르는 말은? (　　　　　)

(2) 역사가가 사료에 나오는 내용을 철저하게 검증하는 과정을 일컫는 말은? (　　　　　)

2 다음 괄호 안의 내용 중 알맞은 말에 ○표를 하시오.

(1) (선사 시대 , 역사 시대)는 문자 기록이 없던 시기이다.

(2) (도표 , 연표)는 역사 사건을 일어난 순서대로 나타낸 자료이다.

(3) (유물 , 유적)은 과거 사람들이 남긴 문서, 토기, 조각, 그림 등을 말한다.

(4) (문자 자료 , 비문자 자료)에는 책, 문서, 일기 등 종이에 쓴 것과 금석문, 비문 등 돌이나 금속 등에 새긴 것이 있다.

3 다음 사례에 해당하는 역사 자료를 〈보기〉에서 골라 기호를 쓰시오.

┌ 보기 ┐
ㄱ. 문자 자료   ㄴ. 비문자 자료

(1) 로마의 유적인 포로 로마노 (　　　　　)
(2) 신라의 유물인 얼굴무늬 수막새 (　　　　　)
(3) 돌에 남긴 기록물인 이집트 로제타석 (　　　　　)
(4) 종이에 남긴 기록물인 『조선왕조실록』 (　　　　　)

4 빈칸에 들어갈 내용을 쓰시오.

(1) (　　　　　　　)은/는 탐구 주제와 관련된 유적이나 현장을 직접 가서 살펴보는 조사 방법이다.

(2) (　　　　　　　)은/는 박물관이나 연구소 등에서 운영하는 것으로 그림, 유물 사진, 영상 등의 자료를 찾아볼 수 있다.

5 다음 설명이 맞으면 ○표, 틀리면 ✕표를 하시오.

(1) 일상생활과 관련된 소재는 역사 탐구의 주제가 될 수 없다. (　　　　　)

(2) 탐구 결과는 보고서, 신문, 카드 뉴스, 동영상 등 다양한 형태로 표현할 수 있다. (　　　　　)

(3) 우리 지역의 역사를 탐구할 경우 마을 어른들을 인터뷰하여 구술 자료를 수집할 수 있다. (　　　　　)

(4) 자료의 해석 과정에서 서로 다른 해석이 나올 경우 둘을 비교하여 더 타당한 해석이 무엇인지 따져 본다. (　　　　　)

01 사료에 대한 설명으로 옳지 <u>않은</u> 것은?

① 옛사람들이 남긴 흔적을 말한다.
② 문자 자료와 비문자 자료로 구분한다.
③ 과거의 사실을 모두 정확하게 말해 준다.
④ 오늘날에는 음성 기록, 영상 기록도 포함된다.
⑤ 역사를 탐구하거나 역사책을 쓰는 데 이용된다.

02 (가) 시대를 연구할 때 활용할 역사 자료로 옳은 것을 〈보기〉에서 고른 것은?

┤ 보기 ├
ㄱ. 팔만대장경판
ㄴ. 빗살무늬 토기
ㄷ. 알타미라 동굴 벽화
ㄹ. 『유스티니아누스 법전』

① ㄱ, ㄴ　　② ㄱ, ㄷ　　③ ㄴ, ㄷ
④ ㄴ, ㄹ　　⑤ ㄷ, ㄹ

03 다음 역사 자료에 대한 설명으로 옳은 것은?

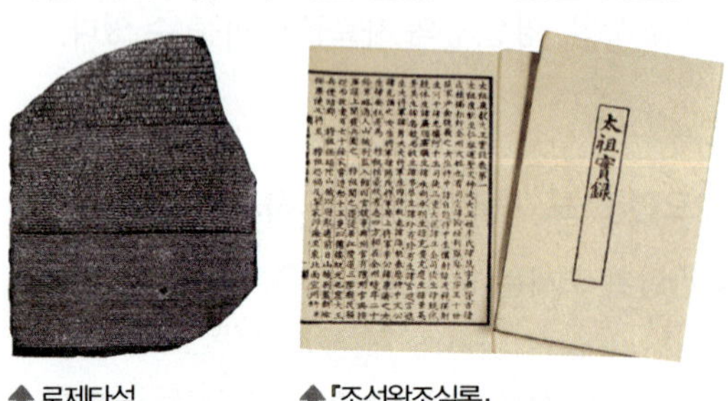

↑ 로제타석　　↑ 『조선왕조실록』

① 비문자 자료에 해당한다.
② 선사 시대 연구에 활용된다.
③ 사료의 범위에 포함되지 않는다.
④ 그림, 조각, 건축, 영상 등으로 표현되었다.
⑤ 종이에 쓴 것과 돌·금속 등에 새긴 것이 해당된다.

04 빈칸에 들어갈 내용을 쓰시오. 〔중요해〕

[　　　　　　　]

• **의미**: 역사가가 사료에 나오는 내용을 철저하게 검증하는 과정을 말한다.
• **활용**: 역사가는 이 과정을 거친 자료를 연구하면서 과거의 상황을 분석하고 해석하여 역사를 서술한다.

(　　　　　　　)

05 ㉠, ㉡에 들어갈 역사 자료로 옳은 것은?

역사 학습에 도움을 주는 자료 중 (㉠)은/는 영토나 영역, 이동 경로, 수도 및 주요 도시 등의 역사 정보를 표현한 자료이다. (㉡)은/는 통계 등 숫자로 된 정보를 정리한 자료이다.

	㉠	㉡
①	사진	연표
②	연표	도표
③	연표	역사 지도
④	역사 지도	도표
⑤	역사 지도	사진

06 역사 자료의 사례로 적절한 것을 〈보기〉에서 고른 것은?

┤ 보기 ├
ㄱ. 그림 – 명의 인구를 숫자로 정리하였다.
ㄴ. 도표 – 비단옷을 입은 여인을 표현하였다.
ㄷ. 연표 – 십자군 전쟁을 시간 순으로 나타냈다.
ㄹ. 지도 – 알렉산드로스 제국의 영역을 표시하였다.

① ㄱ, ㄴ　　② ㄱ, ㄷ　　③ ㄴ, ㄷ
④ ㄴ, ㄹ　　⑤ ㄷ, ㄹ

07 역사 탐구의 절차를 순서대로 나열한 것은?

> (개) 자료의 수집
> (내) 탐구 결과의 정리
> (대) 탐구 주제의 선정
> (래) 탐구 자료의 분석과 해석

① (개) – (내) – (대) – (래) ② (내) – (개) – (대) – (래)
③ (대) – (개) – (래) – (내) ④ (대) – (내) – (래) – (개)
⑤ (래) – (대) – (개) – (내)

08 밑줄 친 '다양한 방법'으로 적절하지 않은 것은?

> 역사 탐구 주제를 정한 뒤에는 다양한 방법으로 주제와 관련 있는 자료를 찾는다.

① 인터넷에 검색한다.
② 관련 인물을 인터뷰한다.
③ 박물관, 도서관 등을 방문한다.
④ 평소에 관심 있는 대상을 선정한다.
⑤ 유적이나 현장에 가서 직접 살펴본다.
⑥ 디지털 아카이브에 접속하여 찾아본다.

09 학생들이 설명하는 자료 수집 방법으로 옳은 것은?

① 답사 ② 인터뷰
③ 박물관 방문 ④ 인터넷 검색
⑤ 디지털 아카이브 이용

10 다음 역사 탐구의 절차에 해당하는 사례로 가장 적절한 것은?

> 탐구 결과를 그림, 연표, 도표, 지도 등 다양한 역사 자료를 활용하여 이해하기 쉬운 형태로 정리한다.

① 관련 유적을 조사한다.
② 사진을 시기별로 분류한다.
③ 탐구한 내용으로 보고서를 만든다.
④ '부산 밀면의 역사'를 탐구 주제로 정한다.
⑤ 도서관에서 밀면의 옛 모습이 담긴 사진을 찾는다.

서술형 문제

01 역사가가 역사를 연구할 때 사료 비판이 필요한 이유를 서술하시오.

____

____

____

02 역사 자료 수집 방법 중 (개), (내)의 장점을 각각 서술하시오.

> (개) 인터뷰   (내) 디지털 아카이브

____

____

____

① 역사의 의미

> • 나(역사가)는 자신을 숨기고 과거가 본래 어떠하였는가를 밝혀야 한다. — **랑케**
> • 역사는 과거와 현재의 끊임없는 대화이다. — **E. H. 카**

랑케는 과거에 일어났던 ① ☐☐(으)로서의 역사를 강조한 반면, 카는 과거 사실에 대한 ② ☐☐(으)로서의 역사를 강조하였다.

|정답| ① 사실 ② 기록

② 역사를 바라보는 관점

> • 나라가 부강해지면 자신이 성공할 기회를 빼앗긴다고 보았던 알렉산드로스는 …… 정복과 야망을 이룰 수 있는 나라를 물려받고 싶었다. — **플루타르코스**
> • 알렉산드로스는 한때 정복할 땅이 더 이상 남아 있지 않다고 한탄하였다. 그러나 인도는 서북부의 작은 지역을 빼고는 그에게 정복되지 않았다. — **네루**

역사의 기록자가 역사를 바라보는 관점을 ① ☐☐(이)라고 한다. 이에 따라 동일한 역사적 사건과 인물도 다르게 ② ☐☐ 될 수 있다.

|정답| ① 사관 ② 평가

③ 역사 학습의 목적

⬆ 자기 나라의 문화를 교류하는 한국 학생과 유학생들

오늘날에는 전 세계가 ① ☐☐☐☐(이)라 불릴 만큼 서로 많은 영향을 주고받는다. 따라서 우리는 역사 학습을 통해 문화의 ② ☐☐☐을/를 이해하는 태도를 기를 필요가 있다.

|정답| ① 지구촌 ② 다양성

✦ 일상에서 만나는 역사

역사의 특징	일상생활에서 쉽게 만날 수 있음
역사의 사례	오래된 일기장, 옛날 사진, 서점과 도서관에 있는 역사책, 역사적 사건이나 인물을 소재로 한 드라마·영화·뮤지컬 등

✦ 역사의 의미 ❶ ❷

역사	인류가 어떻게 살아왔는가에 대한 이야기, (①)에 실제로 일어났던 일, 물질문명과 정신적 유산을 포함한 모든 발자취
'사실로서의 역사'와 '기록으로서의 역사'	• '사실로서의 역사': 과거에 일어난 사실 그 자체, 객관적 역사 • '기록으로서의 역사': 역사가가 과거의 사건 가운데 의미 있다고 판단하여 고른 사실, 기록한 사람의 관점과 해석이 담김, (②) 역사
사관	역사를 기록하는 사람이 역사를 바라보는 관점, 역사가가 어떤 사관을 가지고 연구하느냐에 따라 역사가 다르게 기록될 수 있음

✦ 역사 기초 지식

기원전과 기원후(서기)	예수가 태어난 해를 기준으로 탄생 이전을 기원전(B.C.), 탄생 이후를 기원후(A.D.)로 나누는 연대 표현
연호	보통 국왕이 즉위한 해에 붙이던 연대 이름
(③)	연대를 셀 때 100년을 한 묶음으로 하는 단위

✦ 역사 학습의 목적 ❸

역사적 사고력 ·비판력·판단력 향상	역사를 공부하면서 과거 사람이 남긴 흔적을 논리적·체계적으로 탐구 → 사건의 인과 관계와 그 역사적 의미를 파악하고 이를 바탕으로 역사적 판단을 내림
삶의 지혜와 교훈 습득	과거부터 오늘날까지 많은 사람의 다양한 경험이 역사에 담겨 있음 → 과거의 사례에서 현재에 필요한 지식 습득, 부끄러운 역사 반성, 미래에 대한 안목도 키울 수 있음
현재의 우리에 대한 올바른 이해	역사 속에서 인류가 긴밀한 관계를 맺으면서 형성하고 발전시킨 유산과 전통을 다음 세대가 계승함 → 자신의 (④) 확인, 역사의 흐름도 파악 가능
문화의 다양성을 이해하는 태도 함양	역사 학습을 통해 우리와 다른 시공간에 살았던 사람들의 발자취를 탐구함 → 서로의 문화를 (⑤)하는 마음가짐을 키움(인류의 갈등 극복 및 평화의 바탕이 됨)

|정답| ① 과거 ② 연호(연대) ③ 세기 ④ 정체성 ⑤ 존중

02 역사 탐구의 절차와 방법

✦ 자료와 역사 연구 ④ ⑤

(⑥)	• 의미: 옛사람들이 남긴 흔적 • 종류: 유물, 유적, 문헌 또는 문자 자료와 비문자 자료로 구분 가능
역사 연구	• (⑦): 역사가가 사료에 나오는 내용을 철저하게 검증하는 과정, 사료에 과장·잘못·누락·조작된 내용이 있을 수 있기 때문에 필요함 • 역사 서술: 역사가는 사료 비판을 거친 사료를 연구하면서 과거 상황을 분석 및 해석하여 역사를 서술함

✦ 역사 학습에 도움을 주는 자료

역사 지도	지도에 영토나 영역, 이동 경로, 수도 및 주요 도시 등의 역사 정보를 나타낸 자료
(⑧)	역사 사건을 일어난 순서대로 나타낸 자료, 사건의 상호 관계를 파악하고 같은 시기에 다른 지역에서 일어난 사건을 비교하는 데 편리함
도표	통계 등 숫자로 된 정보를 정리한 자료
그림·사진	역사를 시각적으로 보여 주는 자료, 역사를 생생하게 이해하는 데 도움을 줌

✦ 역사 탐구의 절차와 방법 ⑥

탐구 주제의 선정	탐구하고 싶은 주제를 선정함, 평소에 관심 있는 대상부터 호기심을 가지고 살펴보면 과거의 흔적을 찾아볼 수 있음	
자료의 수집	박물관, 도서관 방문	• 기록물이나 사진, 지도 등의 각종 역사 자료를 찾을 수 있음
	인터넷 검색, 디지털 아카이브 이용	• 디지털 아카이브는 박물관, 연구소 등에 직접 가지 않고도 자료 수집 가능
	(⑨)	구술 자료로, 문헌 자료로 남아 있지 않은 과거 사람들의 생활 모습을 알 수 있음
	답사	유적·현장 조사 시 해당 장소 방문, 정확하고 자세한 정보를 알 수 있음
자료의 분석과 해석	• 사료 비판: 수집 자료의 출처 확인, 자료들의 상호 비교 → 내용 오류 여부 확인 • 자료 분석 및 해석: 증거 분류, 이유 파악 → 인과 관계, 중요성 등을 고려하여 분석한 내용 정리	
탐구 결과의 정리	• 그림, 연표, 도표, 지도 등을 활용하여 보고서, 신문, 카드 뉴스, 동영상 등 이해하기 쉬운 형태로 정리 • 탐구 결과 (⑩) 후 질의응답 → 평가	

④ 선사 시대와 역사 시대

문자 사용 ▼

선사 시대 ◀ 전 · 후 · 역사 시대 ▶

선사 시대와 역사 시대는 ① ☐☐ 기록을 기준으로 구분한다. 선사 시대를 연구할 때에는 ② ☐☐과/와 유적을, 역사 시대를 연구할 때에는 이에 더해 문자 기록을 이용한다.

⑤ 문자 자료와 비문자 자료

↑ 돌에 남긴 기록물인 이집트 로제타석

↑ 이탈리아 로마의 유적인 포로 로마노

문자 자료에는 『조선왕조실록』처럼 ① ☐☐에 쓴 것과 로제타석처럼 돌 등에 새긴 것이 있다. 비문자 자료에는 ② ☐☐ 이외에 그림, 조각, 건축, 영상, 음성 등이 해당된다.

⑥ 디지털 아카이브

탐구 주제에 필요한 그림, 사진, 영상 등의 자료가 필요할 때 박물관이나 ① ☐☐☐ 등에서 운영하는 디지털 아카이브를 이용할 수 있다.

01 역사의 의미와 역사 학습의 목적

01 누리집 검색의 결과 중 옳은 답변은?

> **질문** 역사의 의미에 대해 알려 주세요.
> ↳ ㉠ 인류가 어떻게 살아왔는가에 대한 이야기입니다.
> ↳ ㉡ '기록으로서의 역사'는 역사 사실 그 자체를 말합니다.
> ↳ ㉢ 역사적 사건에 대한 역사가의 서술은 모두 동일합니다.
> ↳ ㉣ 역사를 공부할 때는 역사가의 관점을 고려하지 않아도 됩니다.
> ↳ ㉤ 과거의 사례를 바탕으로 미래에 일어날 일을 예측하는 것을 말합니다.

① ㉠　　② ㉡　　③ ㉢　　④ ㉣　　⑤ ㉤

02 다음에서 설명하는 역사 의미의 사례로 가장 적절한 것은?

> 역사는 기록한 사람의 관점과 해석이 담겨 있기 때문에 주관적이다.

① 진의 시황제는 군현제를 실시하였다.
② 구석기 시대 사람들은 뗀석기를 사용하였다.
③ 신라와 당 연합군은 백제와 고구려를 차례로 멸망시켰다.
④ 고려 사람들은 몽골에 저항하여 고려의 자주성을 보여 주었다.
⑤ 옥타비아누스는 원로원으로부터 '아우구스투스'라는 칭호를 받았다.

03 밑줄 친 '이것'으로 옳은 것은?

① 서기　　② 세기　　③ 연호
④ 기원전　　⑤ 기원후

중요해

04 빈칸에 들어갈 내용으로 가장 적절한 것은?

> 우리는 역사를 공부하면서 과거 사람이 남긴 흔적을 논리적이고 체계적으로 탐구한다. 사건의 인과 관계와 그 역사적 의미를 파악하고 이를 바탕으로 역사적 판단을 내리는 과정에서 ＿＿＿＿＿＿＿＿

① 과거의 잘못을 반성할 수 있다.
② 자신의 정체성을 확인할 수 있다.
③ 삶의 지혜와 교훈을 얻을 수 있다.
④ 우리에 대해 올바르게 이해할 수 있다.
⑤ 역사적 사고력과 비판력을 기를 수 있다.

05 다음 사례를 통해 알 수 있는 역사 학습의 목적으로 가장 적절한 것은?

> 각국의 전통 의상을 입고 국기를 든 학생들이 행진하며 서로의 문화를 교류하는 행사가 있다. 오늘날에는 여러 나라의 사람들과 소통하는 일이 늘고 있다.

① 역사적 판단력을 기를 수 있다.
② 부끄러운 과거를 반성할 수 있다.
③ 미래를 내다보는 안목을 키울 수 있다.
④ 역사 사건의 인과 관계를 파악할 수 있다.
⑤ 문화의 다양성을 이해하는 태도를 기를 수 있다.

02 역사 탐구의 절차와 방법

06 다음에서 설명하는 자료에 해당하는 것은?

> 책, 문서, 일기 등 종이에 쓴 것과 금석문, 비문 등 돌이나 금속 등에 새긴 것이다.

① 수막새　　　　② 로제타석
③ 포로 로마노　　④ 파르테논 신전
⑤ 빌렌도르프의 비너스

어려워 ♡

07 역사와 관련된 용어를 정리한 내용으로 옳지 <u>않은</u> 것은?

① 사료 – 옛사람들이 남긴 흔적
② 연표 – 숫자로 된 정보를 정리한 자료
③ 역사가 – 과거에 일어난 사실을 밝히려는 사람
④ 역사 지도 – 지도에 영역, 이동 경로, 수도 등의 역사 정보를 나타낸 자료
⑤ 비문자 자료 – 그림, 조각, 건축 등 문자 이외에 다양한 방식으로 표현된 자료

08 다음 사례를 역사 탐구의 절차대로 나열한 것은?

> ㈎ 수집한 신문 기사의 출처를 확인한다.
> ㈏ '우리 학교의 역사'를 탐구 주제로 정한다.
> ㈐ 탐구한 내용으로 5분짜리 동영상을 만든다.
> ㈑ 학교에 대한 내용이 실린 신문 기사를 검색한다.

① ㈎ – ㈑ – ㈏ – ㈐   ② ㈏ – ㈎ – ㈑ – ㈐
③ ㈏ – ㈑ – ㈎ – ㈐   ④ ㈐ – ㈎ – ㈏ – ㈑
⑤ ㈐ – ㈑ – ㈏ – ㈎

창의·융합

09 다음 그림을 활용하여 발표 자료를 만들 때 함께 포함될 내용으로 적절한 것을 〈보기〉에서 고른 것은?

> **보기**
> ㄱ. 해당 장소를 답사한다.
> ㄴ. 도서관에 방문하여 책을 찾아본다.
> ㄷ. 정리한 내용으로 카드 뉴스를 만든다.
> ㄹ. 일상생활과 관련된 소재로 탐구 주제를 정한다.

① ㄱ, ㄴ   ② ㄱ, ㄷ   ③ ㄴ, ㄷ
④ ㄴ, ㄹ   ⑤ ㄷ, ㄹ

서술형 ✚ 논술형 문제

10 다음을 읽고 물음에 답하시오.

> ㈎ 역사가와 역사의 사실은 서로에게 필수적이다. 사실을 가지지 못하면 역사가는 뿌리가 없는 존재가 된다. 역사가를 만나지 못하면 사실은 생명도 의미도 없다. "역사란 무엇인가?"라는 질문에 대한 나의 첫 번째 대답은 역사란 역사가와 사실의 지속적인 상호 작용의 과정이며 현재와 과거의 끊임없는 대화라는 것이다. – E. H. 카
> ㈏ 사료가 과거의 사실을 모두 정확히 말해 주는 것은 아니다. 사료에는 과장되거나 잘못된 내용이 들어갈 수 있고, 누락되거나 조작된 내용도 있을 수 있다. 따라서 역사가는 사료에 나오는 내용을 철저하게 검증해야 하는데, 이러한 과정을 사료 비판이라고 한다.

(1) ㈎가 '사실로서의 역사'와 '기록으로서의 역사' 중 어느 쪽에 더 가까운지 근거를 들어 서술하시오.

(2) ㈎, ㈏를 바탕으로 우리가 역사를 탐구할 때 유의해야 할 점을 논술하시오.

Ⅱ

문명의 발생과 고대 세계의 형성

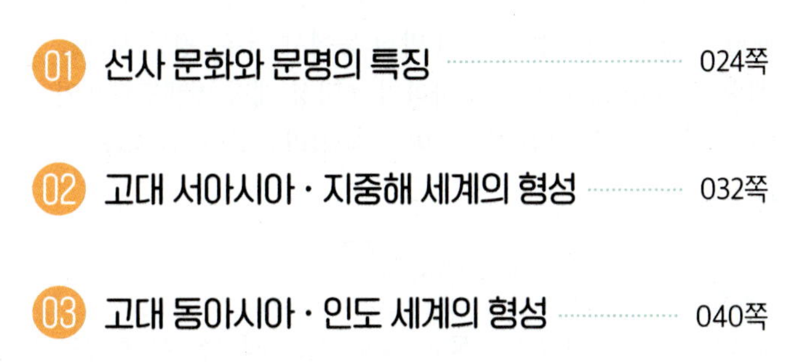

01. 선사 문화와 문명의 특징

✦ 인류의 출현과 진화　공부 TIP▶ 동물과 구분되는 인류의 특징을 기억해 두자!

1 인류의 출현: 약 390만 년 전 최초의 인류인 오스트랄로피테쿠스 아파렌시스가 아프리카에서 등장

2 인류의 진화: 직립 보행, 불·언어·도구 사용 → 아프리카에서 여러 지역으로 이동하여 다양한 자연환경에 적응하며 살아감　자료 1

구분	출현 시기	특징
오스트랄로피테쿠스 아파렌시스	약 390만 년 전	아프리카에서 출현, 직립 보행, 간단한 도구 사용
호모 에렉투스	약 180만 년 전	불과 간단한 언어 사용
호모 네안데르탈렌시스	약 40만 년 전	시체 매장 풍습을 지님
호모 사피엔스	약 20만 년 전	현생 인류, 동굴 벽화를 그림

✦ 선사 문화의 발달

1 구석기 시대　자료 2　시험 단골▶ 각 시대의 유물과 생활 모습을 연결지어 묻는 문제가 자주 출제돼!

(1) **시기:** 인류의 등장부터 약 1만 년 전까지　└ 당시에는 오늘날보다 기온이 낮고 육지에 얼음이 많이 덮여 있었어.

(2) **도구:** 나무나 뼈로 만든 도구, 뗀석기(주먹도끼, 찍개, 긁개 등)

(3) **생활 모습:** 매머드 등 큰 동물을 사냥, 식량을 찾아 이동 → 열매 등을 모으는 채집 생활과 동물을 사냥하는 수렵 생활, 무리 지어 이동 생활, 동굴·바위 그늘·강가의 막집 등에서 거주, 평등 사회

(4) **신앙·예술:** 시체를 매장, 다산을 바라며 조각상 제작(빌렌도르프의 비너스), 사냥의 성공을 빌며 동굴 벽화 제작(라스코 동굴 벽화)

2 신석기 시대

(1) **시기:** 약 1만 년 전 시작　─ 기후가 점차 따뜻해져 자연환경이 오늘날과 비슷해졌어.

(2) **도구**　자료 3

① 기온 상승으로 작고 재빠른 동물 증가 → 작고 정교한 사냥 도구 제작, 간석기 사용(돌낫, 돌보습, 갈돌과 갈판 등)

② 토기 제작(곡식 저장·음식 조리), 가락바퀴와 뼈바늘(옷 제작)

(3) **생활 모습:** 농경 생활과 목축 생활 시작(⁺신석기 혁명), 정착 생활, 강가 등에 움집을 지어 마을 형성, 평등 사회

(4) **신앙·예술:** 농경에 영향을 주는 태양·비·바람 등 자연 현상 중시, 자연물에 영혼이 있다고 믿음, 동물이나 식물을 수호신으로 숭배, 동굴 벽화 제작(타실리나제르 벽화)　└ 농사짓는 모습과 목축하는 모습이 그려져 있어.

3 만주와 한반도 지역의 구석기·신석기 문화

구석기 문화	• 시기: 약 70만 년 전 시작 • 유물: 주먹도끼, 슴베찌르개 등의 뗀석기 • 유적: 경기 연천 전곡리, 충남 공주 석장리 등
신석기 문화	• 시기: 약 1만 년 전 시작 • 유물: 빗살무늬 토기, 간석기(갈돌과 갈판), 뼈 도구 등 • 유적: 서울 암사동, 강원 양양 오산리, 부산 동삼동 등

자료 1　인류의 진화

오스트랄로피테쿠스 아파렌시스	호모 에렉투스	호모 네안데르탈렌시스	호모 사피엔스

인류는 두 발로 서서 걷는 직립 보행을 하면서 자유로워진 두 손으로 도구를 만들어 사용하였다. 이후 수백만 년에 걸쳐 여러 인류가 나타났으며, 이 과정에서 불과 언어를 사용하기 시작하였다.

자료 2　구석기 시대의 특징

└ 경기 연천 전곡리에서 주먹도끼가 발견되면서 동아시아에서도 주먹도끼를 사용하였다는 것이 밝혀졌어.

돌을 깨뜨리거나 떼어 내서 만든 도구를 말해.

↑ 주먹도끼　　↑ 빌렌도르프의 비너스

구석기 시대 사람들은 뗀석기를 사용하였는데, 대표적으로 손에 쥐고 사냥과 채집 등에 쓴 주먹도끼가 있다. 빌렌도르프의 비너스는 구석기 시대 사람들이 다산과 풍요를 빌며 만든 조각상으로 추정된다.

자료 3　신석기 시대의 도구

↑ 갈돌과 갈판　　↑ 빗살무늬 토기

신석기 시대 사람들은 돌을 갈거나 다듬어서 만든 간석기를 사용하였는데, 곡식을 가루로 만드는 데 사용한 갈돌과 갈판이 대표적이다. 또한 음식의 조리와 저장을 위해 토기를 만들어 사용하였다.

Plus 용어

+**신석기 혁명** 신석기 시대에 농경과 목축 생활이 시작되면서 나타난 인류 생활의 큰 변화를 가리킴

+**움집** 땅을 파고 둘레에 기둥을 세워 풀이나 갈대, 짚 등을 덮어 만든 집으로, 신석기 시대부터 짓기 시작함

고대 문명의 발생

1 문명의 발생

(1) **도시의 형성**: 농경이 시작되면서 큰 강 주변에 모여 삶 → 관개 농업 발달, 다른 지역과의 교역 증대, 여러 부족의 통합 → 도시 형성

(2) **계급의 발생**: 농업 생산량 증가, 잉여 생산물 발생 → 빈부 격차 심화 → 계급 발생

(3) **도시 국가의 발전**

형성	청동 무기를 사용하면서 정복 전쟁 활발 → 부족 간 통합 가속화
발전	• 지배 계급이 군대와 정치 조직을 만들고 여러 제도를 정비함 • 왕궁·신전·성곽 등을 건축 ┌ 쐐기 문자, 상형 문자, 하라파 문자, 갑골문 등이 있어. • 문자 사용: 통치와 교역에 관한 일 기록

(4) **문명의 발상지**: 티그리스강과 유프라테스강 사이의 메소포타미아 지방(최초로 문명 발생), 이집트의 나일강 유역, 인도의 인더스강 유역, 중국의 황허강 유역 자료 4

2 메소포타미아 문명

시험 단골 메소포타미아 문명, 이집트 문명의 특징을 비교하여 묻는 문제가 자주 출제돼!

(1) **성립**: 기원전 3500년경 **수메르인**이 우르·라가시 등의 여러 도시 국가를 세우면서 발생, 다른 지역과의 교류 활발

(2) **정치**: 도시 중앙에 **지구라트**(신전) 건설, 신권 정치

(3) **세계관**: 개방적인 지형적 특징으로 다른 민족의 잦은 침입을 받음 → 사후 세계보다는 현재의 안정된 삶 중시(「길가메시 서사시」)

(4) **문화**: 달·별 등의 움직임을 연구하여 점성술·태음력 발전, 60진법 발달, **쐐기 문자**를 이용하여 통치와 교역 내용·생활 모습 등을 점토판에 기록 ┌ 메소포타미아를 중심으로 고대 서아시아에서 광범위하게 쓰인 문자야.

(5) **바빌로니아 왕국**

성립	수메르인의 도시 국가가 쇠퇴한 후 아무르인이 건국
발전	함무라비왕 때 전성기(기원전 1800년경 메소포타미아 지방 통일, **함무라비 법전** 편찬 등 통치 체제 정비) 자료 5
멸망	함무라비왕이 죽은 후 여러 민족의 침입으로 쇠퇴 → 기원전 1500년경 철제 무기를 사용하는 히타이트인에게 멸망

3 이집트 문명

(1) **성립**: 나일강의 범람으로 강 주변의 땅이 기름짐, 농업이 발달하여 도시 국가 출현 → 기원전 3000년경 통일 왕국 성립, 폐쇄적인 지형으로 이민족의 침입이 적어 오랫동안 통일 왕국을 유지함

(2) **정치**: 이집트의 왕인 **파라오**가 살아 있는 신 또는 태양신의 아들로 여겨져 절대적인 왕권을 행사함(신권 정치)

(3) **세계관**: 육체는 죽어도 영혼은 남는다고 믿는 영혼 불멸과 죽은 뒤의 세계인 사후 세계를 믿음 → 미라, **피라미드와 스핑크스** 제작, 「사자의 서」를 무덤에 넣음 자료 6 ┌ 이집트인은 육체를 보존해야 영혼이 부활할 수 있다고 생각해서 시신을 미라로 만들었어.

(4) **문화**: 태양력 사용, 10진법 사용, 의학·수학 발달, 기하학·천문학·측량술 발달, 사물의 모양을 본뜬 **상형 문자**(그림 문자)를 만들어 파피루스에 기록함

자료 4 **고대 문명의 발상지** 공부 TIP 각 문명이 발생한 위치를 기억하자!

고대 문명은 주로 농경에 유리한 큰 강 유역에서 발생하였다. 또한 문명은 도시 국가 출현, 청동기 사용, 계급 발생, 문자 사용 등의 공통점이 있다.

자료 5 **함무라비 법전** 재산, 노예, 거래, 범죄와 처벌 등 사회 문제에 대한 내용을 다루었어.

196조 귀족이 귀족의 눈을 멀게 하면 그의 눈도 멀게 한다.
198조 귀족이 평민의 눈을 멀게 하거나 뼈를 부러뜨리면 은 1미나를 지불해야 한다.
199조 귀족이 다른 사람 노예의 눈을 멀게 하거나 뼈를 부러뜨리면 그 노예 가격의 반을 지불해야 한다.

함무라비 법전은 바빌로니아 왕국의 법전으로 282개의 조항으로 이루어져 있다. 같은 범죄라도 신분에 따라서 처벌 내용이 달랐는데, 이는 바빌로니아 왕국에서 신분의 구분이 엄격하였음을 보여 준다.

자료 6 **이집트인의 내세적 세계관**

⬆ 피라미드와 스핑크스　⬆ 「사자의 서」

이집트인은 사람이 죽은 후에도 영혼이 남는다고 믿어 파라오의 무덤인 피라미드를 짓고, 피라미드를 지키는 수호신인 스핑크스를 만들었다. 「사자의 서」는 죽은 사람이 사후 세계에서 어떻게 행동해야 할지를 알려 주는 안내서이다.

Plus 용어

+ **문명**(文 글, 明 밝다) 인류 역사에서 고도로 발달한 사회, 문화
+ **관개 농업** 농사를 짓기 위해 논, 밭과 같은 농경지에 필요한 물을 끌어와 하는 농업
+ **신권 정치** 통치자가 신 또는 신의 대리자로서 간주되어 절대적인 권력으로 백성을 다스리는 정치 형태

01. 선사 문화와 문명의 특징

4 인도 문명

(1) 성립: 인더스강 주변에서 농경 발달 → 기원전 2500년경 하라파, 모헨조다로 등에서 도시 문명 발생
　　└ 도시 중앙에 종교 의식에 사용된 것으로 보이는 큰 목욕장이 있어.

(2) 특징

① 주택, 도로, 하수 시설, 목욕장 등을 갖춘 계획도시

② 청동기와 그림 문자 사용, 메소포타미아 지방과 바닷길을 이용하여 교역, 밀·보리·목화 등을 재배

③ 기원전 1700년경 쇠퇴

(3) 아리아인의 이동과 인도 문명의 변화

① 아리아인의 이동: 기원전 1500년경 중앙아시아에서 인더스강 유역으로 이동 → 기원전 1000년경에는 갠지스강 유역까지 진출

② 철기 사용: 철제 무기로 정복 활동을 벌임, 철제 농기구로 농사를 지음

③ ✦카스트제(바르나) 성립: 아리아인이 원주민을 지배하기 위해 만든 엄격한 신분제 `자료7`

④ 브라만교 창시: 태양·물·불 등 여러 자연 현상을 신격화하여 제사를 지내고 신을 찬양하는 경전인 『베다』를 완성하는 과정에서 성립, 지배 계급인 브라만은 종교적 권위를 내세워 특권을 누림

5 중국 문명　`공부 TIP` 상, 주의 발전 과정을 기억하자!

(1) 성립: 기원전 8000년경부터 기원전 6000년경 사이 황허강 유역과 창장강 유역 등에서 신석기 문화 출현 → 기원전 2500년경 황허강 유역 중심으로 초기 국가 등장
　　└ 상은 마지막 수도인 은허 유적이 발굴되면서 알려졌어.

(2) 상: 기원전 1600년경 황허강 중·하류 지역에서 성립

정치	왕이 정치와 제사를 함께 주관함(신권 정치), 전쟁·제사 등 나라의 중요한 일을 점을 쳐서 결정(갑골문을 남김) `자료8`
문화	• 청동기 사용(무기, 제사용 도구), 석기와 나무로 농기구 제작 • 해와 달의 움직임을 관찰하여 달력 제작

(3) 주

성립	상의 서쪽에서 일어남 → 기원전 11세기경 상을 무너뜨리고 창장강 유역까지 영토 확장
발전	• 봉건제 실시: 넓어진 영토를 효율적으로 다스리기 위한 목적으로 실시, 수도 부근은 왕이 직접 다스리고 나머지 지역은 왕족이나 공신을 제후로 삼아 다스리게 함 `자료9` • 천명사상: '하늘이 덕이 있는 자에게 명령하여 천자로 삼는다.'라는 내용으로 건국을 정당화
쇠퇴	주 왕실과 제후 간의 혈연관계 점차 약화 → 왕권 약화, 제후들의 성장 → 기원전 8세기경 유목 민족의 침입 → 수도를 호경에서 낙읍(뤄양)으로 옮김 → 사회 혼란

6 페니키아와 헤브라이

페니키아	기원전 1200년경 지중해 동부에서 성립, 지중해의 해상 무역 주도, 카르타고 등 식민 도시를 세움, ✦표음 문자 사용
헤브라이	기원전 1100년경 팔레스타인 지방에서 헤브라이 왕국 성립, 유대교 창시(크리스트교와 이슬람교 성립에 영향을 줌)
　　└ 알파벳의 기원이 되었어.

자료 7　카스트제의 구조

← 카스트제의 구조

카스트제는 아리아인이 만든 신분제로 브라만, 크샤트리아, 바이샤, 수드라의 네 신분으로 구성되었다. 아리아인은 주로 상위 계급인 브라만과 크샤트리아를 차지하였다.

자료 8　갑골문

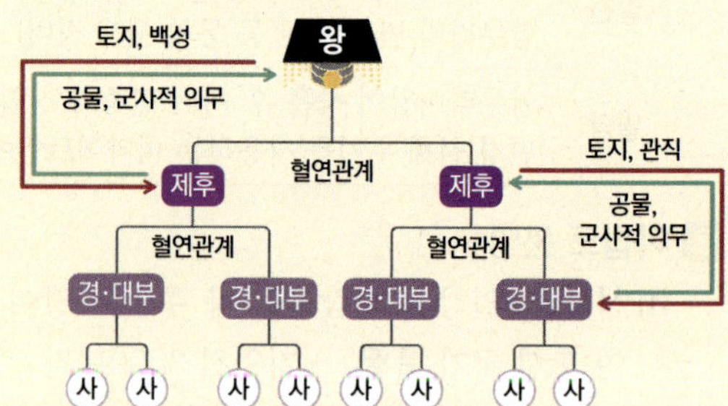
왼쪽은 거북의 배딱지, 오른쪽은 동물의 뼈에 기록한 갑골문이야.

상의 왕은 나라의 중대사를 결정할 때 거북의 배딱지(갑)나 동물의 뼈(골)에 홈을 파 열을 가해 갈라진 모양으로 점을 쳐 그 내용을 기록하였는데, 이를 갑골문이라고 한다. 갑골문은 한자의 기원이 되었다.

자료 9　주의 봉건제

주는 혈연관계로 맺어진 왕의 형제나 친척, 공신에게 토지를 나눠주는 대신 조공(세금, 특산물)과 군사적 의무를 부과하는 봉건제를 시행하였다.

✦ **카스트제** 인도 특유의 신분제로, 카스트는 세습되며 서로 다른 카스트 간의 결혼을 금지함

✦ **표음 문자** 말소리를 기호로 나타낸 문자

대표 자료 확인하기

✦ 선사 문화의 발달

↑ 주먹도끼

↑ 빗살무늬 토기

(①   ) 시대에는 뗀석기가 사용되었는데, 대표적으로 주먹도끼가 있다. (②   ) 시대에는 간석기가 사용되었고, 토기가 제작되었다.

✦ 고대 문명의 발상지

이집트 문명은 (③   ) 유역에서 발생하였으며, 인도 문명은 (④   ) 유역에서 나타났다.

한눈에 정리하기

✦ 선사 문화의 발달

구석기 시대	뗀석기 사용, (①) 생활(동굴, 막집), 사냥과 채집, 동굴 벽화 제작
신석기 시대	간석기와 토기 사용, 가락바퀴와 뼈바늘 사용, 정착 생활(움집), 농경과 목축 시작 (→ (②))

✦ 세계의 고대 문명

메소포타미아 문명	현세적 세계관, 신전 (③) 건설, 쐐기 문자·태음력·60진법 사용, 바빌로니아 왕국 성립(함무라비 법전 편찬)
이집트 문명	내세적 세계관, 미라·「사자의 서」 제작, 파라오의 무덤인 (④) 건설, 상형 문자 사용, 태양력·10진법 사용
인도 문명	하라파·모헨조다로 등 건설 → 아리아인의 이주 이후 신분제인 (⑤)과/와 브라만교 성립
중국 문명	• 상: 신권 정치, 갑골문을 남김 • 주: (⑥) 실시

---

1 다음 괄호 안의 내용 중 알맞은 말에 ○표를 하시오.

(1) 최초의 인류는 (아시아 , 아프리카) 지역에서 나타난 오스트랄로피테쿠스 아파렌시스이다.

(2) (호모 사피엔스 , 호모 에렉투스)는 동굴 벽화를 남겼으며 아프리카를 떠나 다양한 환경에 적응하였다.

2 다음 설명이 맞으면 ○표, 틀리면 ✕표를 하시오.

(1) 구석기 시대 사람들은 토기를 만들었다. (　　)
(2) 구석기 시대 사람들은 간석기를 사용하였다. (　　)
(3) 신석기 시대에는 농경과 목축 생활이 시작되었다. (　　)
(4) 신석기 시대 사람들은 움집을 짓고 정착 생활을 하였다. (　　)

3 빈칸에 들어갈 내용을 쓰시오.

(1) 농업 생산력이 늘어나면서 잉여 생산물이 생겼고, 빈부의 차이가 커지자 (　　　　)이/가 발생하였다.

(2) 도시 국가의 발전 과정에서 사람들은 통치와 교역에 관한 일을 기록하기 위해 (　　　　)을/를 만들어 사용하였다.

4 다음 물음에 답하시오.

(1) 메소포타미아를 중심으로 고대 서아시아에서 널리 쓰인 문자는? (　　　　)

(2) 죽은 사람이 사후 세계에서 어떻게 행동해야 할지를 알려 주는 이집트의 문서는? (　　　　)

(3) 아리아인이 자연신에게 제사를 지내고 『베다』를 완성하는 과정에서 만들어진 종교는? (　　　　)

5 ㉠에 들어갈 내용을 쓰시오.

> 기원전 1600년경 황허강 유역에 세워진 상에서는 나라의 중요한 일이 있을 때 점을 쳐 그 내용을 (㉠　　　　)(으)로 남겼다.

6 다음 설명에 해당하는 문명을 〈보기〉에서 골라 기호를 쓰시오.

┌ 보기 ┐
ㄱ. 인도 문명　　　　　ㄴ. 중국 문명
ㄷ. 이집트 문명　　　　ㄹ. 메소포타미아 문명

(1) 지구라트라는 신전을 세웠다. (　　)
(2) 미라, 피라미드와 스핑크스를 만들었다. (　　)
(3) 카스트제(바르나)라는 신분제를 만들었다. (　　)
(4) 혈연관계에 기초하여 봉건제를 실시하였다. (　　)

01 인류의 진화 과정을 출현한 순서대로 나열한 것은?

> (가) 호모 사피엔스
> (나) 호모 에렉투스
> (다) 호모 네안데르탈렌시스
> (라) 오스트랄로피테쿠스 아파렌시스

① (가) - (나) - (다) - (라)　② (나) - (다) - (라) - (가)
③ (다) - (나) - (가) - (라)　④ (라) - (나) - (가) - (다)
⑤ (라) - (나) - (다) - (가)

이 문제에서 나올 수 있는 선택지는 다~!

02 구석기 시대의 사회 모습으로 옳지 <u>않은</u> 것은?

① 동굴 벽화를 그렸다.
② 뗀석기를 제작하였다.
③ 토기를 만들어 사용하였다.
④ 채집과 수렵 생활을 하였다.
⑤ 무리를 지어 이동 생활을 하였다.
⑥ 동굴이나 강가의 막집에 거주하였다.

중요해

03 다음 유물이 제작된 시대에 볼 수 있는 모습으로 가장 적절한 것은?

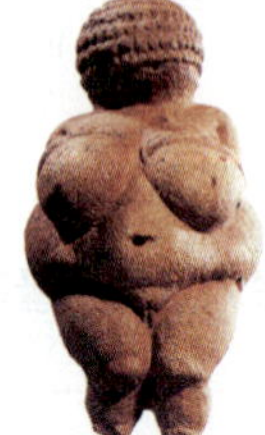

↑ 주먹도끼　　↑ 빌렌도르프의 비너스

① 강가에 움집을 짓는 사람
② 갈돌과 갈판을 사용하는 사람
③ 문자로 교역 내용을 기록하는 사람
④ 돌을 떼어 내어 긁개를 만드는 사람
⑤ 빗살무늬 토기에 곡식을 저장하는 사람

04 학생의 질문에 대한 답변으로 가장 적절한 것은?

① 불이 처음 사용되었어요.
② 농경과 목축이 시작되었어요.
③ 채집 생활과 수렵 생활을 하였어요.
④ 동굴 벽화와 조각상을 제작하기 시작하였어요.
⑤ 주로 사용하는 도구가 뗀석기에서 간석기로 바뀌었어요.

05 ㉠에 들어갈 시대에 대한 탐구 활동으로 가장 적절한 것은?

> (㉠) 사람들은 돌을 갈거나 다듬어 만드는 간석기를 사용하였으며, 음식 조리와 저장을 위해 토기를 만들기 시작하였다.

① 찍개의 사용 용도를 정리한다.
② 계급이 발생한 이유를 탐구한다.
③ 청동 무기의 제작 방법을 알아본다.
④ 라스코 동굴 벽화를 그린 이유를 찾아본다.
⑤ 가락바퀴와 뼈바늘의 사용 방법을 조사한다.

06 밑줄 친 ㉠~㉤ 중 옳지 <u>않은</u> 것은?

> **서아시아 지역에서 발생한 고대 문명**
>
> 서아시아 지역에서는 ㉠ <u>수메르인</u>이 여러 도시 국가를 건설하면서 ㉡ <u>메소포타미아 문명</u>이 발생하였다. ㉢ <u>티그리스강과 유프라테스강 주변에서 일어난 이 문명은 다른 지역과 교류가 활발하였고</u> ㉣ <u>사후 세계를 중시하였다.</u> 또한 이 문명의 사람들은 ㉤ <u>60진법을 사용하였다.</u>

① ㉠　　② ㉡　　③ ㉢　　④ ㉣　　⑤ ㉤

07 메소포타미아 문명에 대한 설명으로 옳은 것을 〈보기〉에서 고른 것은?

┤보기├
ㄱ. 쐐기 문자가 사용되었다.
ㄴ. 「사자의 서」가 제작되었다.
ㄷ. 도시 중앙에 신전 지구라트가 건설되었다.
ㄹ. 하라파, 모헨조다로 등에서 도시 문명이 형성되었다.

① ㄱ, ㄴ　　　② ㄱ, ㄷ　　　③ ㄴ, ㄷ
④ ㄴ, ㄹ　　　⑤ ㄷ, ㄹ

중요해

08 다음 내용이 담긴 법전을 쓰시오.

196조 귀족이 귀족의 눈을 멀게 하면 그의 눈도 멀게 한다.
198조 귀족이 평민의 눈을 멀게 하거나 뼈를 부러뜨리면 은 1미나를 지불해야 한다.
199조 귀족이 다른 사람 노예의 눈을 멀게 하거나 뼈를 부러뜨리면 그 노예 가격의 반을 지불해야 한다.

(　　　　　　　　)

09 밑줄 친 ㉠~㉤ 중 옳지 않은 것은?

구분	메소포타미아 문명	이집트 문명
발상지	㉠ 티그리스강, 유프라테스강	나일강
진법	㉡ 60진법	10진법
역법	태음력	㉢ 태양력
문자	상형 문자	㉣ 쐐기 문자
문화유산	㉤ 지구라트	스핑크스

① ㉠　　② ㉡　　③ ㉢　　④ ㉣　　⑤ ㉤

10 밑줄 친 '이 문명'에 대한 설명으로 옳은 것을 〈보기〉에서 고른 것은?

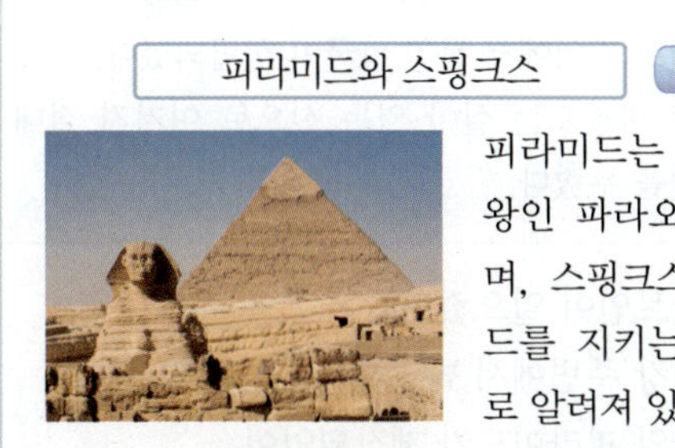

┤보기├
ㄱ. 경전인 「베다」가 완성되었다.
ㄴ. 기하학과 측량술이 발달하였다.
ㄷ. 사물의 모양을 본뜬 상형 문자를 만들어 파피루스에 기록하였다.
ㄹ. 청동기 문화를 바탕으로 우르, 라가시 등의 도시 국가가 성립되었다.

① ㄱ, ㄴ　　　② ㄱ, ㄷ　　　③ ㄴ, ㄷ
④ ㄴ, ㄹ　　　⑤ ㄷ, ㄹ

11 다음 자료를 보고 알 수 있는 이집트 문명의 특징으로 가장 적절한 것은?

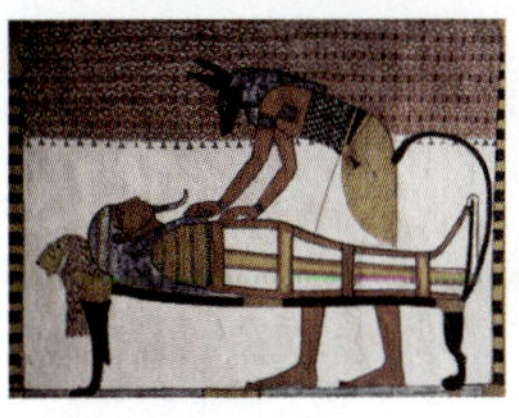
▲ 미라를 만드는 모습

▲ 「사자의 서」

① 브라만교를 창시하였다.
② 다른 민족의 잦은 침입을 받았다.
③ 영혼 불멸과 사후 세계를 믿었다.
④ 쐐기 문자를 사용하여 통치 내용을 점토판에 기록하였다.
⑤ 달과 별의 움직임을 연구하여 점성술과 태음력을 발전시켰다.

12 다음에서 설명하는 문명을 주제로 한 대화 내용으로 옳은 것은?

> • 이집트 지역에서 통일 왕국이 성립되었다.
> • 왕인 파라오는 살아 있는 신으로 여겨져 절대적인 왕권을 누렸다.

① 수메르인이 일으켰어.
② 황허강 주변에서 발달하였어.
③ 미라와 피라미드가 제작되었어.
④ 동물의 뼈 등에 갑골문을 새겼어.
⑤ 브라만이 지배 계급으로 특권을 누렸어.

이 문제에서 나올 수 있는 선택지는 다~!

13 인도 문명에 대한 설명으로 옳지 <u>않은</u> 것은?

① 밀, 목화, 보리 등이 재배되었다.
② 청동기와 그림 문자가 사용되었다.
③ 모헨조다로 등에서 도시 문명이 발달하였다.
④ 나라의 중대사를 결정할 때 점을 쳐 갑골에 새겼다.
⑤ 주택, 하수 시설, 목욕장 등을 갖춘 계획도시가 나타났다.
⑥ 인더스강 주변의 비옥한 땅에서 농경이 발달하여 문명이 발생하였다.

14 밑줄 친 '이 종교'를 쓰시오.

> 아리아인은 자연 현상을 다스리는 여러 신들에게 제사를 지냈으며, 신을 찬양하는 경전인 『베다』를 완성하였다. 이 과정에서 <u>이 종교</u>가 만들어졌다.

(   )

중요해

15 다음 신분제를 만든 민족에 대한 설명으로 옳은 것을 〈보기〉에서 고른 것은?

┤ 보기 ├
ㄱ. 바빌로니아 왕국을 세웠다.
ㄴ. 함무라비 법전을 사용하였다.
ㄷ. 철로 만든 무기로 정복 활동을 벌였다.
ㄹ. 인더스강 유역에 이어 갠지스강 유역까지 세력을 넓혔다.

① ㄱ, ㄴ   ② ㄱ, ㄷ   ③ ㄴ, ㄷ
④ ㄴ, ㄹ   ⑤ ㄷ, ㄹ

16 다음 전시회의 제목으로 가장 적절한 것은?

> ▣ 초대장 ▣
>
> 고대 문명 사람들은 어떻게 점을 쳤는지 궁금하지 않나요? 고대 문명 사람들이 미래를 점친 방법을 만나볼 수 있는 기회! 전시회에 여러분을 초대합니다.
>
> ■ 일시: 20○○년 ○○월 ○○일
> ■ 장소: △△ 박물관 제1 전시실

① 갑골문을 새긴 상
② 오늘날 알파벳의 기원
③ 천명사상을 통한 왕권 강화
④ 태양신의 아들로 여겨진 파라오
⑤ 쐐기 문자에 나타난 고대 문명 사람들의 생활

17 ㉠에 들어갈 나라에 대한 설명으로 옳은 것은?

> 기원전 1600년경 중국 황허강 유역에서 상이 세워졌다. 이후 상의 서쪽에서 (㉠)이/가 나타나 상을 무너뜨리고 영토를 넓혔다.

① 파피루스를 종이처럼 사용하였다.
② 왕인 파라오가 살아 있는 신으로 여겨졌다.
③ 철제 무기를 가진 히타이트인에게 멸망하였다.
④ 유목 민족의 침입을 받아 수도를 동쪽으로 옮겼다.
⑤ 왕이 점을 친 내용을 거북의 배딱지나 동물의 뼈에 새겼다.

18 다음에서 설명하는 나라로 옳은 것은?

> • 기원전 1200년경 지중해 동부에 세워진 나라이다.
> • 이 나라의 사람들이 사용한 표음 문자는 알파벳의 기원이 되었다.

① 주
② 이집트
③ 페니키아
④ 헤브라이 왕국
⑤ 바빌로니아 왕국

19 헤브라이 왕국에 대한 설명으로 옳은 것은?

① 유대교가 창시되었다.
② 아무르인이 건국하였다.
③ 함무라비왕 때 전성기를 누렸다.
④ 카르타고 등 식민 도시를 건설하였다.
⑤ 건국을 정당화하기 위해 천명사상을 내세웠다.

---

01 인류의 진화 과정에서 나타난 동물과 구별되는 인류의 특징을 **두 가지** 서술하시오.

02 고대 문명의 공통점을 **두 가지** 서술하시오.

03 다음을 보고 물음에 답하시오.

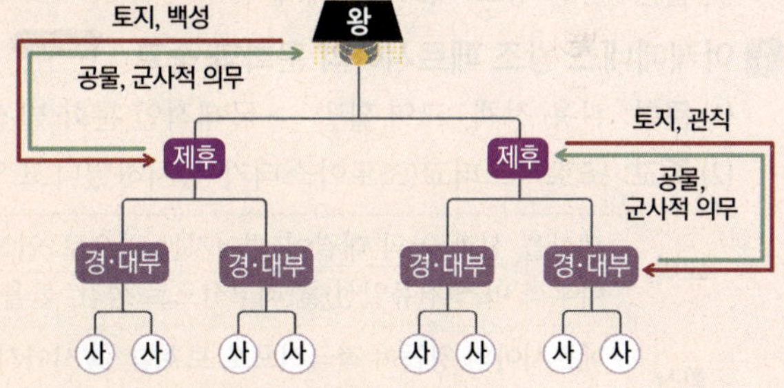

(1) 위 정치 제도를 쓰시오.

(2) (1) 제도의 운영 방식을 왕과 제후 사이의 관계를 중심으로 서술하시오.

02. 고대 서아시아·지중해 세계의 형성

✚ 페르시아 제국의 성장

1 아시리아

(1) **성립과 발전**: 바빌로니아 왕국 쇠퇴 후 성장 → 기원전 7세기경 철제 무기와 기마 전술로 서아시아 지역 최초 통일

(2) **멸망**: 가혹한 통치 → 피지배 민족의 반란, 통일 60여 년 만에 멸망
> 다른 민족의 전통을 파괴하고 무거운 세금을 부과하였으며, 강제 이주 등의 정책을 펼쳤어.

2 아케메네스 왕조 페르시아

(1) **발전**

① **키루스 2세** [시험 단골] 아케메네스 왕조 페르시아의 통치 방식을 묻는 문제가 자주 출제돼!

영토 확장	기원전 6세기 무렵 서아시아 지역 재통일
관용 정책	피정복민의 협조를 얻기 위해 피정복민에게 세금을 거두는 대신 그들의 전통과 종교를 존중함(키루스 2세의 원통) [자료 1]

② **다리우스 1세**: 전성기, 중앙 집권 체제 강화 [자료 2]
> 새로운 수도로 페르세폴리스를 건설하였어.

영토 확장	지중해 연안에서 인더스강에 이르는 대제국 건설
중앙 집권 정책	전국을 20여 개의 주로 나누고 각 주에 총독 파견, '왕의 눈', '왕의 귀'라고 불리는 감찰관을 보내 총독 감시, '왕의 길'이라는 도로 건설, 역 정비, 화폐와 도량형 통일

(2) **멸망**: 그리스·페르시아 전쟁에서 패배 → 총독들의 반란으로 약화 → 마케도니아의 알렉산드로스에게 멸망(기원전 330)

3 파르티아

(1) **성립과 발전**: 기원전 3세기 중엽 이란계 유목 민족이 건국 → 중국과 로마 사이에서 중계 무역으로 번영

(2) **멸망**: 사산 왕조 페르시아에 멸망

4 아케메네스 왕조 페르시아의 문화와 종교

[공부 TIP] 페르시아 문화의 특징을 기억하자!

(1) **문화**: 관용 정책, 교역 활발 → 국제적인 문화 발전 [자료 3]

(2) **종교**: 조로아스터교(조로아스터가 창시하였다고 알려짐)

교리	세상을 선과 악의 대결이 벌어지는 곳으로 인식, 선과 빛의 신인 아후라 마즈다(유일신)를 최고신으로 섬김, 불을 신성하게 여김
확산	페르시아의 왕들이 적극적으로 보호함 → 서아시아 지역에 전파됨, 교리는 이후 유대교·크리스트교·이슬람교 등에 영향을 줌

> 악과 어둠의 신은 아리만이며, 마지막 심판의 날에 선의 신이 승리한다고 믿었어.

✚ 고대 지중해 세계의 형성

1 폴리스의 형성

(1) **에게 문명**: 기원전 2000년경 에게해 주변에서 크레타 문명, 미케네 문명 등 발달 → 기원전 1200년경 몰락

(2) **폴리스의 형성**

① **형성 배경**: 지형적 특징 때문에 통일 국가 수립이 어려워 작은 도시 국가인 폴리스 성립
> 그리스는 산이 많고 평야가 적은 지형적 특징이 있어.

② **구조**: 아크로폴리스(성채, 신전), 아고라(시장, 광장) 등

③ **특징**: 폴리스들은 정치적으로 독립, 그러나 같은 언어를 사용하고 같은 신을 믿음, 4년마다 올림피아 제전을 개최하여 유대감을 다짐

[자료 1] **아케메네스 왕조 페르시아의 관용 정책**

> 나는 키루스, 세계의 왕, 위대한 왕, 정정당당한 왕, 사방의 왕이며 …… 바빌론 거주민에 대하여는 …… 넘겨받았던 도시들을 돌려주었다. …… 이전의 원주민(유대인)을 모아서 그들의 원래 땅으로 돌려보냈다. …… 아후라 마즈다의 뜻에 따라 말하니 살아 있는 한 너희의 전통과 종교를 존중하노라. – 키루스 2세의 원통 내용

키루스 2세는 바빌로니아를 정복한 후 피정복민의 전통과 종교를 존중한다는 선언을 원통형 인장에 쐐기 문자로 새겼다. 이후 아케메네스 왕조 페르시아는 오랫동안 통일 왕조를 유지하였다.

[자료 2] **아케메네스 왕조 페르시아의 영역**

다리우스 1세는 이집트부터 인더스강에 걸친 대제국을 세웠고, '왕의 길'이라는 도로를 건설하여 왕의 명령 전달, 세금과 공물 수취 등에 이용하였다.

[자료 3] **아케메네스 왕조 페르시아의 문화**
> 그리스와 이집트 양식이 합쳐진 기둥이야.
> 아시리아 양식의 조각이야.

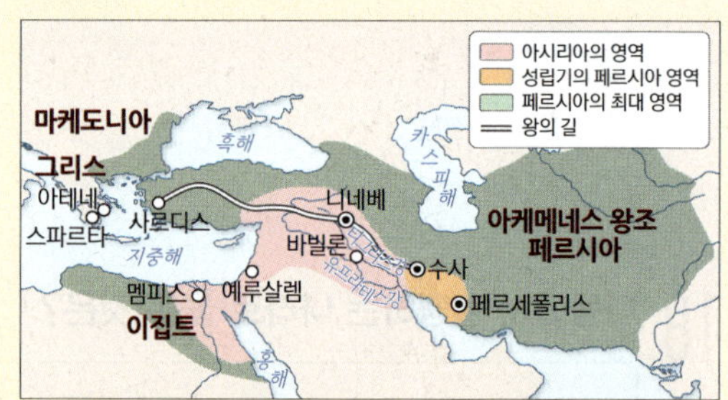

▲ 페르세폴리스의 궁전 입구 만국의 문 ▲ 날개 달린 사자 장식 뿔잔

아케메네스 왕조 페르시아에서는 국제적이고 개방적인 문화가 나타났다. 수도 페르세폴리스의 궁전에는 여러 나라의 문화가 반영되어 있으며, 페르시아인들은 동물을 새긴 황금 공예품을 많이 제작하였다.

✚ **총독** 정해진 구역의 모든 행정을 총괄하는 직책

✚ **역** 일정한 거리마다 설치하여 숙소와 말 등을 제공하는 시설

✚ **도량형** 길이, 부피, 무게 등을 재는 단위 및 그에 사용되는 도구

2 스파르타의 발전

정치	• 소수의 시민이 다수의 피정복민을 지배 → 강력한 **군사 통치** • 왕과 귀족이 정치를 담당함, 나라의 중요한 일은 민회에서 결정
군사	스파르타 시민은 어려서부터 엄격한 군사 훈련 실시

3 아테네의 민주 정치　**공부 TIP** 아테네 민주 정치의 발전 과정과 한계를 파악하자!

(1) **배경**: 처음에는 왕정, 귀족정 체제 → 부유해진 평민들이 전쟁에 참여함 → 평민의 지위 향상, 평민의 정치 참여 요구 증대

(2) **발전**　자료 4　└ 혈연 중심의 부족제를 거주지 중심의 부족제로 개편하였어.

솔론	재산 정도에 따라 참정권 차등 분배
클레이스테네스	정치 참여 자격에서 재산 기준 폐지, **도편 추방제** 실시
페리클레스	민주 정치의 전성기, 민회가 입법권 행사, 관직과 배심원은 대부분 추첨으로 선출, 공무 수당 지급

(3) **한계**: 성인 남성만 정치 참여 가능, 여성·노예·외국인은 참여 불가

4 그리스 세계의 발전과 쇠퇴

(1) **그리스·페르시아 전쟁**: 페르시아가 그리스 침입 → 그리스 세계는 아테네를 중심으로 연합하여 마라톤 전투, 살라미스 해전 등에서 승리 → **델로스 동맹** 결성 └ 동맹국은 군자금과 군사를 제공할 의무가 있었고, 아테네가 공동 금고를 관리하였어.

(2) **펠로폰네소스 전쟁**: 아테네의 지중해 무역 독점, 주변 폴리스 압박 → 스파르타 중심의 펠로폰네소스 동맹이 반발하여 전쟁이 일어남 → 스파르타 승리 → 기원전 4세기 마케도니아에 정복됨

5 그리스의 문화: **인간 중심적·합리적인 문화** └ 그리스·페르시아 전쟁사를 다룬 『역사』를 썼으며 '역사의 아버지'라는 칭호를 받았어.

학문	문학(호메로스의 『일리아드』, 『오디세이아』), 역사(헤로도토스, 투키디데스), 수학(피타고라스), 의학(히포크라테스)
예술	연극(「오이디푸스왕」, 「안티고네」), 건축(파르테논 신전), 조각(「원반 던지는 사람」) → 조화와 균형 강조　자료 5
철학	소피스트(진리의 상대성 강조), 소크라테스(진리의 절대성 주장, 플라톤과 아리스토텔레스에게 영향을 줌 → 서양 철학의 바탕이 됨)

◆ 알렉산드로스 제국과 헬레니즘 문화

1 알렉산드로스 제국의 성립　자료 6

(1) **성립**: 마케도니아의 왕 알렉산드로스가 그리스 정복 이후 **동방 원정에 나서 제국 형성**

(2) **동서 융합 정책**: 각지에 알렉산드리아를 건설하여 그리스인을 이주시킴, 정복지 출신의 사람을 관리로 선발, 그리스 문화를 전파, 그리스인과 페르시아인 간의 결혼 장려 └ 금욕주의를 주장한 스토아학파와 마음의 안정, 만족을 중시한 에피쿠로스학파가 나타났어.

2 헬레니즘 문화의 발전: 그리스 문화와 **동방 문화의 융합**

(1) **특징**: 개인의 행복을 추구하는 **개인주의**, 제국 아래 모두가 같은 시민이라는 **세계 시민주의** 발달　**시험 단골** 헬레니즘 문화의 특징을 묻는 문제가 자주 출제돼!

(2) **내용**: 물리학(아르키메데스), 기하학(에우클레이데스), 미술(「라오콘 군상」, 「밀로의 비너스」)

자료 4　**도편 추방제**

클레이스테네스는 독재자의 출현을 막기 위해 도편 추방제를 실시하였다. 도자기 파편에 독재자가 될 가능성이 높은 사람의 이름을 적어 가장 많은 표를 얻은 사람을 10년간 나라 밖으로 추방하였다.

자료 5　**그리스 문화와 헬레니즘 문화**

그리스 문화를 대표하는 파르테논 신전은 아테나를 모시는 신전으로 조화와 균형을 갖추었다고 평가받는다. 헬레니즘 문화를 대표하는 「라오콘 군상」은 고통받는 인간의 모습을 사실적으로 표현하였다.

자료 6　**알렉산드로스 제국의 영역**

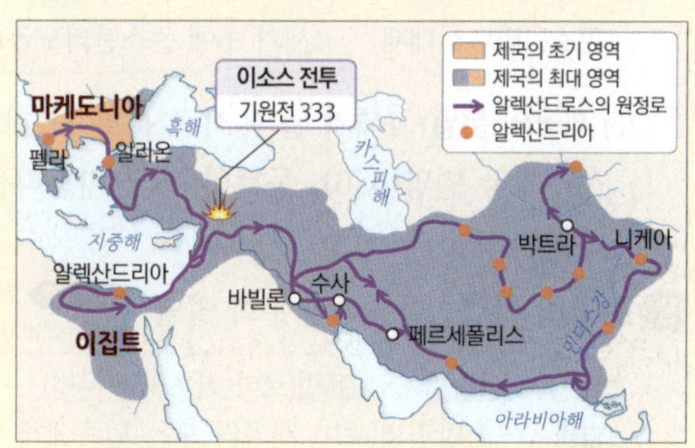

알렉산드로스는 그리스, 이집트, 페르시아를 정복한 후 인더스강까지 진출하여 대제국을 건설하였다. 그러나 알렉산드로스 사후 제국은 마케도니아, 시리아, 이집트로 분열되었으며 이후 로마에 정복되었다.

+ **델로스 동맹** 그리스·페르시아 전쟁 이후 페르시아의 침입에 대비하기 위해 아테네를 중심으로 맺은 폴리스 간의 동맹
+ **세계 시민주의** 세계 전체를 하나로 생각하고 인류 전체를 하나의 세계의 시민이라고 생각하는 사상

02. 고대 서아시아·지중해 세계의 형성

✦ 로마 제국의 성장

1 로마 공화정의 성립과 발전

(1) **건국**: 기원전 8세기 이탈리아반도의 작은 도시 국가로 출발(왕정)

(2) **공화정의 성립과 발전** [시험 단골] 로마의 정치적 변화 과정을 묻는 문제가 자주 출제돼!

① **성립**: 기원전 6세기 말 귀족들이 왕을 몰아내고 공화정 수립

② **발전**: 귀족들이 원로원(자문 담당, 최고 의결 기관)과 집정관(정치·군사 담당) 등 주요 관직 독점 → 평민들이 정복 전쟁에 참여, 평민의 정치 참여 요구 → **호민관** 선출, 평민회(평민 회의 기관) 구성

(3) **공화정의 위기**

① **영토 확장**: 기원전 3세기 이탈리아반도 통일 → 지중해 해상권을 놓고 벌인 로마–카르타고 전쟁에서 승리 [자료 7]

② **그라쿠스 형제의 개혁**: 전쟁 이후 귀족들이 노예를 이용하여 **대농장(라티푼디움)** 경영, 정복지의 값싼 곡물 대량 유입 → 자영 농민 몰락 → 자영 농민을 위한 개혁 실시 → 귀족들의 반대로 실패 [자료 8]

③ **공화정의 위기**: 빈부 격차의 심화, 군인 정치가들의 권력 다툼 → 카이사르가 권력 장악 → 반대 세력에게 암살당함

2 로마 제국의 발전과 쇠퇴

자신을 '프린켑스(제1 시민)'라고 부르며 공화정의 수호자를 자처했지만, 사실상 황제와 다름없어.

(1) **제정 시작**: **옥타비아누스**가 권력 장악 → 원로원으로부터 '아우구스투스(존엄한 자)'라는 칭호를 받음, 실질적 제정 시작(기원전 27)

(2) **'로마의 평화' 시기**: 약 200년 동안 정치적·경제적 번영을 누림

(3) **제정의 쇠퇴**: 2세기 말부터 군대의 정치 개입(군인 황제 시대), 게르만족 등 이민족의 침입으로 쇠퇴

(4) **제국 중흥을 위한 노력**

디오클레티아누스	3세기 말에 제국을 4분할하여 통치
콘스탄티누스 대제	4세기 초에 콘스탄티노폴리스로 천도

(5) **제국의 분열**: 4세기 말 동서로 분열 → 게르만족의 침입으로 서로마 제국 멸망(476), 동로마 제국(비잔티움 제국)은 이후 1000여 년간 지속

3 로마의 문화: **실용적**인 문화 발달

[공부 TIP] 로마 문화의 특징과 대표적인 문화유산을 기억하자!

법률	관습법 → **12표법**(로마 최초의 성문법) → 시민법(로마 시민에게 적용) → 만민법(로마 제국의 모든 민족에게 적용) → 동로마 제국 시기 『유스티니아누스 법전』으로 집대성(→ 유럽 법률의 토대가 됨)
건축	• 콘크리트를 건축 재료로 이용, 아치와 돔의 원리 활용 • **콜로세움**, 도로망(아피우스 가도), 신전(판테온), 상하수도 시설(수도교), 공중목욕탕·공중화장실 등 건설 [자료 9]

4 크리스트교의 등장과 확산

(1) **성립**: 로마의 지배를 받던 팔레스타인 지역에서 예수가 창시함, 사랑과 평등을 강조 → 여성·하층민·노예 중심으로 확산

(2) **탄압**: 유일신 숭배, 황제 숭배 거부 → 박해를 받음

(3) **발전**: 콘스탄티누스 대제가 **밀라노 칙령**으로 공인 → 4세기 말에 테오도시우스 1세가 국교로 인정, 이후 세계적인 종교로 성장

자료 7 로마의 영역

로마는 세 차례의 로마–카르타고 전쟁 이후 동쪽으로 정복 전쟁을 계속하여 지중해 세계를 지배하였다. '로마의 평화' 시기에는 최대 영토를 확보하였다.

자료 8 그라쿠스 형제의 개혁

> 조국을 위해 싸우고 죽어 가는 사람들은 공기와 햇빛만 누릴 뿐, 집도 잃고 처자식과 함께 떠돌아다닙니다. …… 로마의 병사들은 세계의 지배자가 됐지만 자기 소유라 할 단 한 조각의 땅도 없습니다.
> – 티베리우스 그라쿠스의 연설문

호민관으로 뽑힌 그라쿠스 형제는 귀족들의 대토지 소유 제한, 농민들에게 토지 분배, 빈민에게 싼 가격으로 곡물 분배 등 자영 농민을 보호하기 위한 개혁을 추진하였다. 그러나 귀족들의 반대로 실패하였다.

자료 9 로마의 건축물

맨 위층은 수로로 쓰였고, 아래층은 사람과 마차의 이동 통로로 사용하였어.

↑ 콜로세움

↑ 수도교

콜로세움은 약 5만 명의 관중을 수용할 수 있는 원형 경기장이며, 수도교는 아치형 다리로 도시에 물을 공급하는 시설이었다.

+ **공화정** 왕이 없고 개인이나 집단이 다스리는 정치 형태

+ **호민관** 평민의 권리를 지키기 위해 뽑은 관리로, 원로원이나 집정관의 결정에 거부권을 행사할 수 있었음

+ **공인**(公 공평하다, 認 인정하다) 국가나 공공 단체 또는 사회단체 등이 어느 행위나 물건에 대하여 인정함

대표 자료 확인하기

✦ 아케메네스 왕조 페르시아의 통치 정책

> 나는 키루스, 세계의 왕, 위대한 왕, 정정당당한 왕, 사방의 왕이며 …… 바빌론 거주민에 대하여는 …… 넘겨받았던 도시들을 돌려주었다. …… 아후라 마즈다의 뜻에 따라 말하니 살아 있는 한 너희의 전통과 종교를 존중하노라.

키루스 2세의 원통에는 키루스 2세가 피정복민의 전통과 종교를 존중한다는 (①   )을/를 선언한 내용이 새겨져 있다.

✦ 도편 추방제

← 도편

아테네의 (②   )은/는 도자기 파편을 이용한 투표로 독재자가 될 가능성이 높은 사람을 뽑아 쫓아내는 도편 추방제를 실시하였다.

한눈에 정리하기

✦ 아케메네스 왕조 페르시아의 성장

(①)	• 기원전 6세기 서아시아 재통일 • 관용 정책 발표
다리우스 1세	주에 총독 파견, '왕의 길' 건설

✦ 고대 지중해 세계의 형성과 로마 제국의 발전

그리스	• 스파르타: 강력한 군사 통치 • (②): 민주 정치 발전(솔론 → 클레이스테네스 → 페리클레스) • 문화: 인간 중심적, 합리적
알렉산드로스 제국	• 알렉산드로스의 동방 원정 → 대제국 건설, 동서 융합 정책 실시 • 헬레니즘 문화 발전: 그리스 문화와 동방 문화 융합, 개인주의와 세계 시민주의 발달
로마 제국	• 공화정 시기: 평민의 권리 확대, 로마 – 카르타고 전쟁 승리, 그라쿠스 형제의 개혁 시도 • 제정 시기: (③) 이후 로마의 평화 → 제국의 쇠퇴와 중흥 노력 → 제국의 동서 분열 • 문화: 실용적, 크리스트교 발전

---

1 다음 설명이 맞으면 ○표, 틀리면 ✕표를 하시오.

(1) 아시리아는 기원전 7세기경 우수한 철제 무기와 전술로 서아시아를 최초로 통일하였다. (   )

(2) 키루스 2세는 '왕의 눈', '왕의 귀'라는 감찰관을 보내 총독을 감시하였으며, '왕의 길'이라는 도로를 만들었다. (   )

2 다음 괄호 안의 내용 중 알맞은 말에 ○표를 하시오.

(1) 폴리스의 중심 도시에는 언덕에 신전과 군사 시설 역할을 하는 (아고라 , 아크로폴리스)가 있었다.

(2) 그리스의 폴리스 중 (아테네, 스파르타)는 강력한 군사 통치를 실시하여 시민들은 어려서부터 엄격한 군사 훈련을 받았다.

3 다음 설명에 해당하는 인물을 〈보기〉에서 골라 기호를 쓰시오.

> ┌ 보기 ┐
> ㄱ. 솔론   ㄴ. 페리클레스   ㄷ. 클레이스테네스

(1) 재산 정도에 따라 참정권을 차등 분배하였다. (   )

(2) 관직과 배심원의 대부분을 추첨으로 뽑고, 수당도 지급하였다. (   )

(3) 투표로 독재자가 될 가능성이 높은 사람을 뽑아 일정 기간 쫓아내는 도편 추방제를 실시하였다. (   )

4 다음 물음에 답하시오.

(1) 그리스를 정복하고 동방 원정에 나서 대제국을 세운 마케도니아의 왕은? (   )

(2) 알렉산드로스의 동방 원정 과정에서 그리스 문화와 동방 문화가 융합하여 발전한 문화는? (   )

5 ㉠에 들어갈 인물을 쓰시오.

> (㉠   )은/는 실질적인 로마의 제정을 시작하였으며, 그는 원로원으로부터 '아우구스투스'라는 칭호를 받았다.

6 로마의 발전 과정을 일어난 순서대로 나열하시오.

> (개) '로마의 평화'   (내) 옥타비아누스의 집권
> (대) 그라쿠스 형제의 개혁   (래) 로마 – 카르타고 전쟁 승리

(   )

01 다음에서 설명하는 나라로 옳은 것은?

> 서아시아 지역에서 바빌로니아 왕국이 쇠퇴한 이후 성장하였고, 기원전 7세기 무렵 우수한 철제 무기와 전술로 서아시아를 최초로 통일하였다.

① 로마
② 아테네
③ 스파르타
④ 아시리아
⑤ 아케메네스 왕조 페르시아

02 지도의 최대 영역을 차지하였던 나라에 대한 설명으로 옳은 것은?

① 12표법이 적용되었다.
② 원로원과 호민관이 있었다.
③ 혈연관계를 바탕으로 한 봉건제를 실시하였다.
④ 주기적으로 올림피아 제전을 열어 유대감을 다졌다.
⑤ 지중해 세계의 주도권을 놓고 그리스와 전쟁을 벌였다.

03 밑줄 친 '이 왕'의 업적으로 옳지 않은 것은?

> 아케메네스 왕조 페르시아의 전성기를 이끈 이 왕은 넓어진 영토를 효과적으로 다스리기 위해 전국을 20여 개의 주로 나누었다.

① 역을 정비하였다.
② 전국에 총독을 파견하였다.
③ 화폐와 도량형을 통일하였다.
④ 수사에서 사르디스를 잇는 '왕의 길'을 만들었다.
⑤ 피정복민에 대한 정책을 원통에 쐐기 문자로 새겼다.
⑥ 지중해 연안에서 인더스강에 이르는 제국을 건설하였다.

04 ㉠에 들어갈 나라의 문화에 대한 설명으로 옳은 것은?

> (㉠)의 문화
>
> 
>
>
> 페르세폴리스 궁전 입구에 있는 기둥은 그리스와 이집트 양식이 합쳐졌으며, 만국의 문 양쪽에 아시리아 양식의 조각상이 있다.

① 크리스트교가 공인되었다.
② 아피우스 가도 등 도로망이 건설되었다.
③ 알렉산드로스의 동방 원정 과정에서 발전하였다.
④ 관용 정책의 영향으로 국제적인 문화가 나타났다.
⑤ 조화와 균형을 강조한 파르테논 신전이 세워졌다.

05 파르티아에 대한 설명으로 옳은 것은?

① 민주 정치가 발달하였다.
② 함무라비 법전이 만들어졌다.
③ 아크로폴리스와 아고라가 있었다.
④ 사산 왕조 페르시아에 멸망하였다.
⑤ 이탈리아반도의 작은 도시 국가로 출발하였다.

06 ㉠에 들어갈 종교에 대한 설명으로 옳은 것을 〈보기〉에서 고른 것은?

> 페르시아인들이 널리 믿은 종교인 (㉠)은/는 세상을 선과 악이 대결하는 곳으로 보았으며 불을 신성하게 여겼다.

| 보기 |
ㄱ. 경전으로 『베다』가 있었다.
ㄴ. 콘스탄티누스 대제가 공인하였다.
ㄷ. 크리스트교, 이슬람교 등에 영향을 주었다.
ㄹ. 선과 빛의 신 아후라 마즈다를 최고신으로 섬겼다.

① ㄱ, ㄴ
② ㄱ, ㄷ
③ ㄴ, ㄷ
④ ㄴ, ㄹ
⑤ ㄷ, ㄹ

07 다음에서 설명하는 용어를 쓰시오.

> 산이 많고 평야가 적은 지형적 특징 때문에 그리스에 나타난 작은 도시 국가들이다. 정치적으로 독립되어 있었지만 서로 같은 언어를 사용하고 같은 신들을 믿었다.

( )

08 밑줄 친 '이 나라'로 옳은 것은?

> 이 나라는 소수의 시민이 전체 인구의 80%가 넘는 노예와 반자유민을 다스렸다. 이 때문에 강력한 군사 통치가 필요하였고, 남성들은 어려서부터 엄격한 군사 훈련을 받았다.

① 아테네
② 스파르타
③ 카르타고
④ 마케도니아
⑤ 아케메네스 왕조 페르시아

09 다음에서 설명하는 제도를 도입한 인물의 활동으로 옳은 것은?

> 이 유물은 아테네에서 투표할 때 쓰인 도편이다. 아테네에서는 도자기 파편에 독재자가 될 가능성이 있는 사람의 이름을 적고, 투표에서 뽑힌 사람을 일정 기간 추방하는 제도를 실시하였다.

① 공무 수당을 지급하였다.
② 관직과 배심원을 추첨으로 뽑았다.
③ 자영 농민을 위한 개혁을 추진하였다.
④ 정치 참여 자격에서 재산 기준을 없앴다.
⑤ 재산을 가진 일부 평민이 정치에 참여할 수 있게 하였다.

10 ㉠에 들어갈 인물로 옳은 것은?

> 기원전 5세기 무렵 그리스의 아테네에서 (㉠) 이/가 권력을 잡았다. 그가 권력을 잡았을 때 아테네의 민주정은 전성기를 맞았다. 시민들은 민회에 자유롭게 참여하여 폴리스의 중요한 문제를 논의하고 투표로 결정하였다.

① 솔론
② 카이사르
③ 페리클레스
④ 옥타비아누스
⑤ 클레이스테네스

11 그리스·페르시아 전쟁 이후 그리스 세계에 나타난 변화로 가장 적절한 것은?

① 에게 문명이 발달하였다.
② 델로스 동맹이 결성되었다.
③ 도편 추방제가 처음 실시되었다.
④ 정치 참여 자격에서 재산 기준이 폐지되었다.
⑤ 재산을 가진 일부 평민의 정치 참여가 허용되었다.

12 다음 과제를 수행하기 위한 활동으로 적절하지 <u>않은</u> 것은?

① 12표법의 내용을 살펴본다.
② 헤로도토스와 투키디데스의 작품을 검색한다.
③ 소피스트와 소크라테스의 주장에 대해 정리한다.
④ 호메로스의 『일리아드』, 『오디세이아』를 읽어본다.
⑤ 연극 「오이디푸스왕」, 「안티고네」 등에 대해 알아본다.
⑥ 히포크라테스와 피타고라스가 남긴 업적을 찾아본다.

13 ㉠, ㉡에 들어갈 내용으로 적절한 것은?

> (㉠) 사람들은 인간 중심적이면서 합리적인 문화를 발전시켰다. 특히 (㉡)에는 조화와 균형의 아름다움이 잘 나타나 있다.

	㉠	㉡
①	로마	판테온
②	로마	파르테논 신전
③	그리스	판테온
④	그리스	파르테논 신전
⑤	파르티아	파르테논 신전

14 밑줄 친 '그'에 대한 설명으로 옳은 것은?

> 그는 마케도니아의 왕으로 젊은 나이에 이집트와 페르시아를 정복하고 인더스강 유역까지 영토를 넓혔다.

① 제국을 넷으로 나누어 다스렸다.
② 크리스트교를 국교로 인정하였다.
③ '아우구스투스'라는 칭호를 받았다.
④ 감찰관으로 '왕의 눈'과 '왕의 귀'를 파견하였다.
⑤ 정복지 곳곳에 알렉산드리아라는 도시를 세웠다.

15 빈칸에 들어갈 내용으로 가장 적절한 것은?

> 로마 공화정 초기에는 귀족들이 원로원을 중심으로 집정관 등 주요 관직을 독차지하였다. 그러나 정복 전쟁 과정에서 세력이 커진 평민들이 정치 참여를 요구하자 [   ]

① 왕정이 시작되었다.
② 카이사르가 등장하였다.
③ 제국이 동서로 분열되었다.
④ 군인 정치가들이 권력 다툼을 벌였다.
⑤ 호민관이 선출되고 평민회가 세워졌다.

중요해

16 로마의 정치 변화 과정을 일어난 순서대로 나열한 것은?

> ㈎ 로마 – 카르타고 전쟁이 일어났다.
> ㈏ 옥타비아누스에 의해 제정이 시작되었다.
> ㈐ 그라쿠스 형제가 자영 농민을 위한 개혁을 시도하였다.
> ㈑ 약 200년 동안 '로마의 평화'라고 불리는 번영을 누렸다.

① ㈎ – ㈏ – ㈐ – ㈑
② ㈎ – ㈐ – ㈏ – ㈑
③ ㈏ – ㈑ – ㈐ – ㈎
④ ㈐ – ㈑ – ㈎ – ㈏
⑤ ㈐ – ㈑ – ㈏ – ㈎

17 ㉠에 들어갈 나라의 문화유산으로 옳은 것은?

① 
↑ 갑골문

②
↑ 날개 달린 사자 장식 뿔잔

③ 
↑ 콜로세움

④ 
↑ 「사자의 서」

⑤ 
↑ 피라미드와 스핑크스

18 (가)에 들어갈 내용으로 옳은 것은?

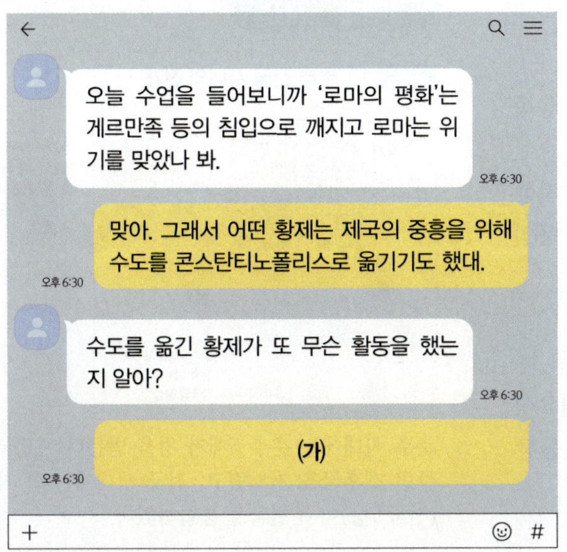

① 로마의 제정을 시작하였어.
② 제국을 4분할하여 통치하였어.
③ '왕의 길'이라는 도로를 건설하였어.
④ 밀라노 칙령을 내려 크리스트교를 공인하였어.
⑤ 피정복민의 전통과 종교를 존중한다는 선언을 원통에 새겨 발표하였어.

19 밑줄 친 '이 종교'에 대한 설명으로 옳은 것은?

> 예수가 창시한 <u>이 종교</u>는 신분과 민족에 상관없이 모두 평등하며, 누구나 사랑과 믿음으로 구원받을 수 있다고 가르쳤다.

┤보기├
ㄱ. 헤브라이 왕국에서 창시되었다.
ㄴ. 테오도시우스 1세 때 로마의 국교로 인정되었다.
ㄷ. 유일신 숭배와 황제 숭배 거부를 이유로 박해받았다.
ㄹ. 아케메네스 왕조 페르시아 사람들이 널리 믿어 서아시아 지역에 전파되었다.

① ㄱ, ㄴ   ② ㄱ, ㄷ   ③ ㄴ, ㄷ
④ ㄴ, ㄹ   ⑤ ㄷ, ㄹ

01 아케메네스 왕조 페르시아가 피정복민에게 시행한 통치 방식을 서술하시오.

02 다음을 읽고 물음에 답하시오.

유물은 <u>이 문화</u>의 대표적인 조각상으로, 고통받는 인간의 모습을 사실적으로 표현한 「라오콘 군상」이다.

(1) 밑줄 친 '이 문화'를 쓰시오.

(2) (1) 문화의 특징을 두 가지 서술하시오.

03 그라쿠스 형제가 개혁을 추진한 배경을 두 가지 서술하시오.

03. 고대 동아시아·인도 세계의 형성

✚ 고대 동아시아 세계의 형성

1 춘추 전국 시대의 사회 변화 [자료 1]

(1) 성립: 기원전 8세기 무렵 주가 유목 민족의 침입을 피해 수도를 동쪽으로 옮김 → 주 왕실의 약화 → 제후들의 세력 다툼

(2) 경제·사회 변화: 각국의 경쟁 과정에서 경제와 사회가 크게 발전함

① 철기 사용: 철제 농기구와 소를 이용한 농경(우경)의 발달(→ 농업 생산량 증가), 철제 무기 사용(→ 전쟁의 규모 확대)

② 상업과 수공업 발달: 도시와 시장 성장, 다양한 화폐 사용

(3) 제자백가의 출현 [시험 단골] 각 학파의 주장과 사상가를 묻는 문제가 자주 출제돼!

① 배경: 제후들의 부국강병 추진 → 능력 있는 인재 등용의 필요성 증대, 현실 문제 해결을 위하여 여러 사상가와 학파(제자백가) 등장

② 대표 학파와 사상가 — 이들의 사상은 동아시아 여러 나라의 학문 발달에 영향을 주었어.

학파	대표 사상가	주장
유가	공자, 맹자	'인'과 '예'로 정치 회복, '효' 중시, 도덕 정치
묵가	묵자	차별 없는 사랑(겸애), 평화 강조
법가	한비자	법과 제도의 엄격한 적용 주장, 상벌 강조
도가	노자, 장자	자연의 순리에 따르는 삶 주장(무위자연)

2 진의 중국 통일과 발전 [공부 TIP] 진, 한의 통치 제도를 비교해 보자!

(1) 진의 중국 통일: 전국 7웅 중 하나였던 진(秦)이 법가 사상을 받아들여 부국강병 추진 → 최초로 중국 통일(기원전 221)

(2) 시황제의 정책

중앙 집권 정책	• 왕의 칭호를 '황제'로 바꿈, 자신을 '시황제(첫 번째 황제)'로 칭함 • 군현제 실시: 전국을 36개의 군으로 나누고 그 밑에 현을 둠 • 도량형·화폐·문자·수레바퀴 폭 등 통일, 도로망 정비 [자료 2] • 자신의 정책에 반대하는 사상이나 학자들 탄압(분서갱유)
대외 정책	• 유목 민족인 흉노를 몰아내고 만리장성 축조 — 넓어진 영토를 효율적으로 다스리기 위함이었어. • 베트남 북부 인근 지역까지 영토 확장

(3) 멸망: 만리장성 축조 등 대규모 토목 공사, 가혹한 통치 → 시황제 사후 전국에서 농민 봉기(진승·오광의 난) 발생 → 멸망(기원전 206)

3 한의 성립과 발전

(1) 성립: 유방(고조)이 한을 세우고 중국 통일

(2) 발전 — 군현에는 관리를 파견하여 직접 다스리고, 일부 지역은 제후에게 통치를 맡긴 제도야. 군현제와 봉건제를 절충하였어.

한 고조	군국제 시행, 농민을 위하여 세금 감면, 장안을 수도로 삼음
한 무제	• 중앙 집권 정책: 군현제를 전국으로 확대, 처음으로 연호 사용 • 대외 정책: 흉노 정벌, 베트남 북부와 고조선 정복 [자료 3] • 경제 정책: 잦은 전쟁으로 재정이 부족해짐 → 소금, 철, 술 등의 전매 제도 실시(국가가 생산과 판매를 독점)

(3) 변천과 멸망: 한 무제 이후 외척 세력이 강해져 쇠퇴 → 외척 왕망이 신 건국, 곧 멸망 → 유수(광무제)가 후한 건국(25) → 외척·환관·호족의 횡포 → 황건적의 난 등 농민과 호족의 봉기 → 후한 멸망(220)

[자료 1] 춘추 전국 시대의 전개

주가 낙읍으로 수도를 옮긴 때부터 진이 중국을 통일할 때까지의 시기를 춘추 전국 시대라고 해.

춘추 시대에는 춘추 5패가 왕을 받든다는 명분으로 주변 제후국을 거느렸고, 전국 시대에는 큰 제후국(전국 7웅)이 주변국을 통합하였다.

[자료 2] 시황제의 통일 정책

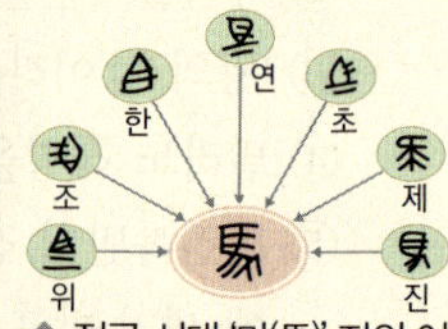

▲ 반량전　　▲ 무게를 다는 추　　▲ 전국 시대 '마(馬)' 자의 여러 형태

시황제는 전국 시대의 각 나라마다 달랐던 화폐와 도량형을 하나로 통일하였으며, 이에 따라 상업 활동과 세금 징수가 편리해졌다. 또한 문자를 통일하여 지방에서도 황제의 명령을 쉽게 알 수 있게 하였다.

[자료 3] 한의 최대 영역

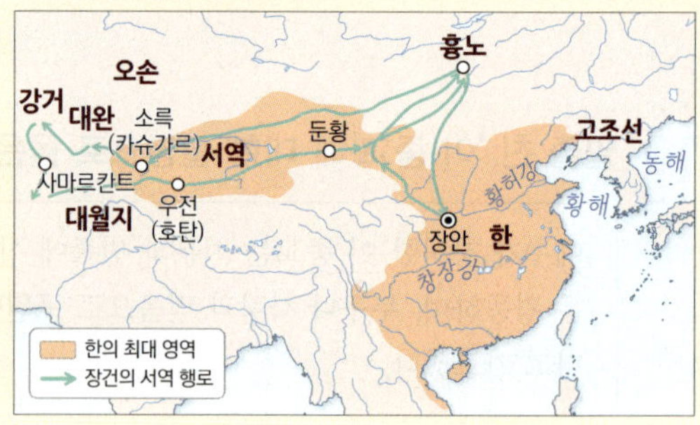

한 무제는 흉노와 베트남 북부의 남비엣(남월)을 정복하였으며 고조선을 멸망시키고 군현을 설치하였다.

✚ 군현제 지방을 군과 현으로 나누고, 중앙에서 파견된 관리가 정해진 기간 동안 다스리는 통치 제도

✚ 분서갱유 시황제가 법가 서적, 실용 서적 외의 서적을 불태우고 자신에게 반발하는 학자들을 땅에 묻은 사건

✚ 황건적의 난 후한 말에 장각이 일으킨 농민 봉기로, 노란색 두건을 머리에 써서 황건적이라 불림

4 한의 문화 `공부 TIP` 한 문화의 특징을 파악해 보자!

(1) 학문의 발달

① 한 무제가 동중서의 건의로 **유교를 통치 이념으로 삼음** → 수도에 교육 기관인 태학 설립, 오경박사를 두어 유학 교육, 유학 지식을 가진 사람을 관리로 선발

② **훈고학** 발달: 유교 경전의 옛글자를 해석하여 정리·연구한 학문, 분서갱유로 훼손된 유교 경전을 복원하는 과정에서 발달

③ 역사서 편찬: **사마천의 『사기』**(역대 왕과 황제, 주요 인물의 활동을 중심으로 서술 → 중국 역사 서술의 모범, 동아시아 여러 나라의 역사책 서술에 영향), 반고의 『한서』(후한 때 편찬) `자료 4`

(2) 과학 기술의 발전

① 후한의 환관 채륜이 **제지술**(종이 만드는 법) 개량 → 학문과 사상의 확산에 기여함
　└ 종이를 쓰기 전에는 동물의 뼈, 대나무 등에 글을 썼는데, 채륜이 나무껍질, 헝겊 등을 이용한 제지술을 개발하였어.

② 해시계, 지진계 등 발명

(3) 동서 교류의 확대: **한 무제가 장건을 서역에 파견함** → 비단길을 따라 중국의 비단이 유럽에 전해짐, 인도의 불교가 중국으로 들어옴

🔴 고대 인도 세계의 형성

1 불교의 성립

(1) 배경

① 기원전 7세기 무렵 갠지스강 유역에서 정복 전쟁 활발, 농업·상업 발달 → 크샤트리아(정치·군사 담당)와 바이샤(생산 담당) 세력 성장

② 브라만교의 형식적인 제사 의식과 카스트제의 신분 차별에 대한 크샤트리아·바이샤 세력의 비판

(2) 성립과 확산

① 창시: 기원전 6세기경 고타마 싯다르타(석가모니)가 불교 창시

② 교리: **신분 차별 반대, 평등과 자비 강조**, 올바르게 수행한다면 누구나 번뇌와 ⁺윤회의 고통에서 벗어나 부처가 될 수 있으며 해탈 가능

③ 성장: 카스트 사회에 불만을 품고 있던 크샤트리아와 바이샤 세력의 지원을 받아 인도의 여러 지역으로 확산

2 마우리아 왕조의 발전 `시험 단골` 마우리아 왕조와 쿠샨 왕조 시기의 불교 발전에 대해 묻는 문제가 자주 출제돼!

(1) 성립: 인도는 기원전 4세기까지 작은 도시 국가들로 나뉨, 알렉산드로스의 침입으로 더욱 혼란 → 찬드라굽타 마우리아가 최초로 북인도를 통일하여 왕조 수립

(2) 발전: **아소카왕 때 전성기**(기원전 3세기경)

영토 확장	남부 일부를 제외한 인도 대부분 지역 통일 `자료 5`
중앙 집권	도로와 관개 시설 정비, 전국에 관리 파견
불교 장려	• 불경 정리, 사원과 탑(⁺산치 대탑) 건립, 불교 성지 순례 • 통치 방침과 불교의 가르침을 새긴 **돌기둥을 세움** `자료 6` • ⁺상좌부 불교 발전: 엄격한 수행을 통한 개인의 해탈 강조 　→ 실론(오늘날 스리랑카)과 동남아시아로 전파

　└ 부처의 가르침을 그대로 따를 것을 주장하였어.

`자료 4` **사마천의 『사기』**

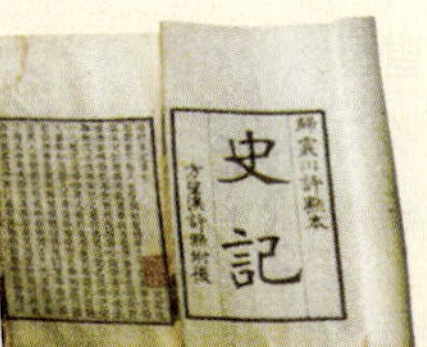

『사기』는 사마천이 중국 신화시대부터 한 무제 때까지의 역사를 기록한 역사서이다. 이 책은 본기, 세가, 열전 등으로 나누어 서술하는 기전체로 쓰였다.

`자료 5` **마우리아 왕조의 영역**

북인도 지역을 통일한 마우리아 왕조는 **아소카왕 때 칼링가 왕국을 정복하며 전성기를 이루었다.**

`자료 6` **아소카왕의 돌기둥**

> 칼링가 왕국을 정복하면서 나(아소카왕)는 돌이킬 수 없는 양심의 가책을 느꼈다. 그들의 땅이 시체로 뒤덮인 처참한 광경을 바라보면서 나의 가슴은 찢어졌다. …… 앞으로 나는 오직 진리에 맞는 법만을 실천하고 가르칠 것이다.
> – 아소카왕의 돌기둥에 새겨진 글

아소카왕은 칼링가 왕국 정복 이후 정복 전쟁을 그만두고 자신의 통치 방침과 불교의 가르침을 새긴 돌기둥을 세워 이에 따라 나라를 다스렸다. <u>현재 인도의 국기, 여권 등에서 이 돌기둥을 찾아볼 수 있다.</u>
　└ 현재 인도 여권에 돌기둥의 모습이 새겨져 있으며 수레바퀴 문양은 인도 국기에서 찾아볼 수 있어.

⁺**윤회(輪 바퀴, 廻 돌다)** 수레바퀴가 굴러가듯 생명이 태어나 죽는 것이 반복됨을 의미함

⁺**산치 대탑** 아소카왕이 석가모니의 사리를 보관하기 위해 만든 불탑

⁺**상좌부 불교** 오래 수행한 승려의 말씀을 따르는 불교

3 쿠샨 왕조의 발전

(1) **성립**: 마우리아 왕조의 쇠퇴, 인도가 여러 나라로 분열됨 → 1세기 경 중앙아시아에서 온 쿠샨족이 왕조를 세워 인도 북부를 통치함

(2) **발전**

① 중국, 인도, 서아시아를 연결하는 중계 무역으로 번영을 누림

② **카니슈카왕 때 전성기**(2세기)

영토 확장	북인도 지방에서 중앙아시아에 이르는 영토 확보 자료 **7**
불교 장려	• 승려를 모아 불경 연구·정리, 사원과 탑 건립 • 대승 불교 발전: 개인의 해탈보다 많은 사람(중생)의 구제 강조 → 중국, 한국, 일본 등 동아시아로 전파

4 간다라 양식의 발달

(1) **초기 불교**: 부처를 보리수, 수레바퀴, 연꽃, 발자국 등 다양한 상징으로 표현
└ 부처의 모습을 직접 표현하는 것이 교리에 맞지 않는다고 여겼어.

(2) **간다라 양식의 발전**

배경	알렉산드로스의 동방 원정 → 그리스 조각상의 영향을 받아 부처를 인간의 모습으로 표현한 불상 제작 시작
내용	쿠샨 왕조의 간다라 지방에서 인도 문화와 헬레니즘 문화가 결합한 간다라 양식 발달 자료 **8**
영향	대승 불교와 함께 비단길을 따라 동아시아에 전파

◆ 고대 유라시아의 동서 교류

1 초원길의 개척과 유목 민족의 성장

(1) **초원길의 개척**: 기원전 7세기~기원전 2세기경 중앙아시아 지역의 유목 민족인 스키타이가 개척, 동유럽과 중국 북동부 연결, 유목 민족의 문화를 동아시아에 전파

(2) **유목 민족의 성장**

스키타이	그리스와 페르시아의 문화 수용, 기마 전술 발달, 청동 무기와 각종 동물 장식의 장신구 제작
흉노	• 기원전 4세기경 중앙아시아 초원 지대에서 등장 • 시황제의 공격으로 황허강 북쪽으로 밀려남 → 묵특 선우가 초원 지대를 통합 → 한 고조에게 승리, 화친 조약 체결 → 한 무제의 공격으로 쇠퇴

2 비단길의 개척과 유라시아 상호 교류
└ 중앙아시아의 사막과 오아시스 일대의 도시들을 연결한 길이어서 '사막길'이라고도 불려.

(1) **비단길의 개척**: 한 무제가 장건을 서역에 파견 → 비단길 개척의 계기가 됨(중국의 낙양과 장안, 로마의 비잔티움, 이집트 연결) 자료 **9**

(2) **유라시아 상호 교류**: 비단, 보석, 향신료, 불교 등이 전해짐

3 바닷길을 통한 교류

(1) **시작**: 기원전 10세기부터 이집트 상인들이 인도양을 오가며 해상 교역 시작 → 로마 상인들도 이용, 로마~인도~동남아시아까지 연결

(2) **동서 교류**: 초원길과 비단길 쇠퇴 이후 동서 교류의 중요한 통로로 이용됨

자료 **7** 쿠샨 왕조의 영역

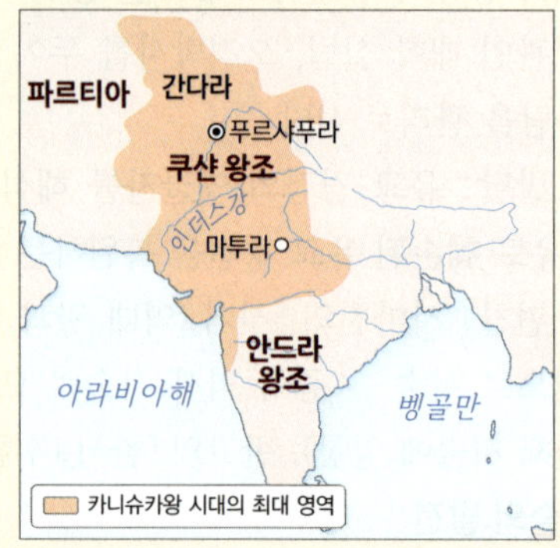

쿠샨 왕조는 카니슈카왕 때 간다라 지방을 중심으로 중앙아시아에 이르는 최대 영역을 확보하였다.

자료 **8** 간다라 양식

알렉산드로스의 동방 원정 이후 간다라 지방에서는 그리스 신상의 영향을 받아 부처를 인간의 모습으로 표현한 불상이 제작되었고, 인도 문화와 헬레니즘 문화가 결합하여 간다라 양식이 나타났다.

자료 **9** 장건의 서역 파견

↑ 서역으로 떠나기 전 한 무제에게 인사하는 장건의 모습

한 무제는 흉노 공격을 위해 대월지와 동맹을 맺고자 장건을 서역에 파견하였다. 동맹은 실패하였지만 그 과정에서 비단길이 알려져 동서 교류가 활발해졌다.

Plus 용어

+ **대승** 많은 사람을 태우는 큰 수레
+ **유라시아** 유럽과 아시아를 함께 이르는 말

대표 자료 확인하기

✦ 시황제의 통일 정책

↑ 반량전

↑ 무게를 다는 추

시황제는 춘추 전국 시대에 여러 나라에서 사용하던 다양한 (①   )을/를 반량전으로 통일하였고, 도량형도 하나로 맞추었다.

✦ 간다라 양식의 발달

↑ 그리스 신상

↑ 간다라 불상

(②   )의 동방 원정 이후 쿠샨 왕조의 간다라 지방에서는 인도 문화와 (③   ) 문화가 결합한 간다라 양식이 발달하였다. 간다라 양식은 동아시아에 전해졌다.

한눈에 정리하기

✦ 고대 동아시아 세계의 형성

춘추 전국 시대	철기의 사용(농기구, 무기 등), 제자백가의 출현(유가, 묵가, 도가, 법가 등)
진	시황제의 중국 통일, (①) 칭호 사용, 군현제 실시, 도량형·화폐·문자 통일
한	• 고조: 중국 통일, 군국제 실시 • 무제: 군현제를 전국으로 확대함, 소금·철 등의 전매 제도 실시 • 문화: (②)의 『사기』 편찬, 채륜의 제지술 개량

✦ 고대 인도 세계의 형성

마우리아 왕조	아소카왕 때 전성기(영토 확장, 불교 장려), 불교 중 (③) 발달
쿠샨 왕조	(④) 때 전성기(영토 확장), 대승 불교 발달, 간다라 양식 발달

✦ 고대 유라시아의 동서 교류

초원길	중앙아시아의 유목 민족인 스키타이가 개척
비단길	한 무제의 장건 서역 파견으로 개척됨
바닷길	이집트 상인과 로마 상인들이 이용

---

1 다음 설명에 해당하는 사상을 〈보기〉에서 골라 기호를 쓰시오.

보기
ㄱ. 도가   ㄴ. 묵가   ㄷ. 법가   ㄹ. 유가

(1) 차별 없는 사랑을 강조하였다. (   )
(2) 법의 엄격한 적용을 중시하였다. (   )
(3) '인'과 '예'로 정치 회복을 주장하였다. (   )
(4) 자연의 순리에 따르며 살 것을 강조하였다. (   )

2 ㉠에 들어갈 내용을 쓰시오.

> 진의 시황제는 (㉠   ) 사상을 바탕으로 나라를 다스리며 자신의 정책에 반대하는 사상이나 학자들을 탄압하였다.

3 빈칸에 들어갈 내용을 쓰시오.

(1) 한 무제는 (   )을/를 전국으로 확대하였다.
(2) 후한 말에는 (   )을/를 비롯한 농민 봉기가 일어났다.
(3) 한대에는 사마천이 쓴 (   ) 등의 역사서가 편찬되었다.

4 다음 설명이 맞으면 ○표, 틀리면 ✕표를 하시오.

(1) 고타마 싯다르타(석가모니)가 불교를 창시하였다. (   )
(2) 불교는 브라만 세력의 지원을 받아 인도의 여러 지역으로 퍼졌다.
                                    (   )

5 다음 괄호 안의 내용 중 알맞은 말에 ○표를 하시오.

(1) 마우리아 왕조는 (아소카왕 , 카니슈카왕) 때 전성기를 맞이하였다.
(2) 상좌부 불교는 (동아시아 , 동남아시아) 지역을 위주로 전파되었다.
(3) 많은 사람의 구제를 강조하는 (대승 불교 , 상좌부 불교)는 쿠샨 왕조 시기에 발전하였다.

6 다음 물음에 답하시오.

(1) 초원길을 개척하여 유목 민족의 문화를 동아시아에 전한 민족은?
                                    (   )
(2) 한 무제가 흉노를 정벌하기 위해 장건을 서역에 보낸 것을 계기로 개척된 길은?
                                    (   )

01 지도에 나타난 시대에 있었던 일로 옳은 것은?

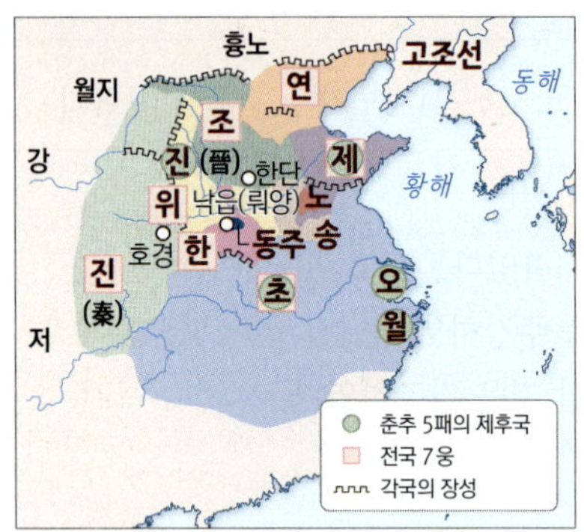

① 분서갱유가 일어났다.
② 진승·오광의 난이 일어났다.
③ 인도의 불교가 중국에 전래되었다.
④ 왕이 점을 친 내용을 갑골문으로 남겼다.
⑤ 제자백가라고 불린 여러 사상가, 학파가 등장하였다.

중요해

02 ㉠, ㉡에 들어갈 내용으로 옳은 것은?

> • 노자 등이 주장한 (㉠)에서는 자연의 순리대로 살아야 한다는 무위자연을 강조하였다.
> • 법가의 사상가인 (㉡)는 법과 제도의 엄격한 적용을 통해 사회 질서를 바로잡아야 한다고 하였다.

	㉠	㉡		㉠	㉡
①	도가	공자	②	도가	한비자
③	묵가	맹자	④	묵가	한비자
⑤	유가	장자			

03 ㉠에 들어갈 내용을 쓰시오.

> 춘추 전국 시대에는 정치적으로 혼란스러웠지만 (㉠)을/를 사용하면서 경제와 사회가 크게 발전하였다. 농기구와 무기의 재료가 바뀌면서 농업 생산량이 증대하였고 전쟁의 규모가 커졌다.

(   )

이 문제에서 나올 수 있는 선택지는 다~!

04 검색창에 들어갈 황제의 활동으로 옳지 <u>않은</u> 것은?

> 검색
>
> 전국 7웅 중 한 나라의 왕이었으며, 주변 나라를 정복하여 최초로 중국을 통일하였다. 법가 사상을 바탕으로 나라를 다스렸다.

① 군현제를 실시하였다.
② 전국의 도로망을 정비하였다.
③ 흉노를 몰아내고 만리장성을 쌓았다.
④ 자신의 정책에 반대하는 사상이나 학자들을 탄압하였다.
⑤ 동중서의 건의를 받아들여 유교를 통치 이념으로 삼았다.
⑥ 자신의 권위를 높이기 위해 왕의 칭호를 '황제'로 바꾸었다.

05 선생님의 질문에 대한 답변으로 적절한 것을 〈보기〉에서 고른 것은?

> **보기**
> ㄱ. 장각이 황건적의 난을 일으켰기 때문입니다.
> ㄴ. 대규모 토목 공사에 백성을 자주 동원하였기 때문입니다.
> ㄷ. 분서갱유를 일으키는 등 백성을 가혹하게 통치하였기 때문입니다.
> ㄹ. 외척과 환관의 횡포로 국력이 쇠퇴한 상태에서 호족들이 봉기를 일으켰기 때문입니다.

① ㄱ, ㄴ   ② ㄱ, ㄷ   ③ ㄴ, ㄷ
④ ㄴ, ㄹ   ⑤ ㄷ, ㄹ

06 한 고조에 대한 설명으로 옳은 것은?

① 나라를 4분할하였다.
② 군국제를 시행하였다.
③ 처음으로 연호를 사용하였다.
④ '황제'라는 칭호를 처음 사용하였다.
⑤ 유학 교육을 위해 오경박사를 두었다.

중요해
07 다음에서 설명하는 황제의 업적으로 옳은 것은?

> 흉노를 정벌하기 위해 대월지와 동맹을 맺고자 장건
> 을 서역에 파견하였다.

① 후한을 건국하였다.
② 장안을 수도로 삼았다.
③ 칼링가 왕국을 정복하였다.
④ 군현제를 전국적으로 시행하였다.
⑤ 불교의 가르침을 새긴 돌기둥을 세웠다.

08 (가) 시기에 후한에서 있었던 일로 옳은 것은?

후한 건국	→	(가)	→	후한 멸망

① 왕망이 신을 건국하였다.
② 춘추 5패가 주변 제후국을 거느렸다.
③ 황건적의 난 등의 농민 반란이 일어났다.
④ 묵자가 차별 없는 사랑인 겸애를 주장하였다.
⑤ 군현제와 봉건제를 절충한 군국제가 시행되었다.

09 다음 인물이 활동한 나라로 옳은 것은?

① 주
② 진
③ 한
④ 쿠샨 왕조
⑤ 마우리아 왕조

10 ㉠에 들어갈 나라의 문화에 대한 설명으로 옳지 않은 것은?

> 진이 멸망한 후 유방이 (㉠)을/를 세우고 중국을
> 다시 통일하였다.

① 채륜이 제지술을 개량하였다.
② 해시계, 지진계 등이 발명되었다.
③ 수도에 유학 교육 기관인 태학이 설립되었다.
④ 문서의 형식을 갖춘 성문법인 12표법이 제정되었다.
⑤ 유교 경전의 옛글자를 해석하여 연구하는 훈고학이
　발달하였다.

11 밑줄 친 '이 종교'에 대한 설명으로 옳은 것은?

> 기원전 6세기 무렵 카스트제와 브라만교가 지배적이
> 던 인도에서 고타마 싯다르타(석가모니)가 이 종교를
> 창시하였다. 이 종교는 신분 차별에 반대하고 평등과
> 자비를 강조하였다.

① 불을 신성시하였다.
② 밀라노 칙령으로 공인받았다.
③ 황제 숭배를 거부하여 박해받았다.
④ 비단길을 통해 중국으로 전파되었다.
⑤ 아후라 마즈다를 최고신으로 섬겼다.

12 (가)에 들어갈 내용으로 가장 적절한 것은?

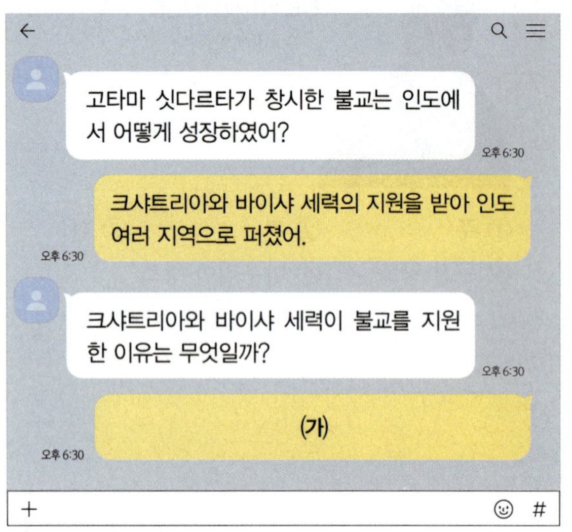

① 분열된 인도를 통합하기 위해서야.
② 인도 남부까지 영토를 넓히기 위해서야.
③ 불교가 신분 차별에 반대하였기 때문이야.
④ 유라시아 지역을 오가며 교류하기 위해서야.
⑤ 알렉산드로스의 동방 원정으로 위기를 느꼈기 때문이야.

이 문제에서 나올 수 있는 선택지는 다~!

13 ㉠에 들어갈 왕에 대한 설명으로 옳지 <u>않은</u> 것은?

문화유산 카드

(㉠)이/가 세운 돌기둥의 머리 부분이다. 그는 칼링가 왕국 정복 과정에서 전쟁의 처참한 모습을 본 후 정복 전쟁을 그만두고 돌기둥에 통치 방침과 불교의 가르침을 새겼다.

① 불경을 정리하였다.
② 산치 대탑을 건립하였다.
③ 전국에 관리를 파견하였다.
④ 쿠샨 왕조의 전성기를 이끌었다.
⑤ 상좌부 불교의 전파를 위해 노력하였다.
⑥ 남부 일부를 제외한 인도 대부분의 지역을 통일하였다.

중요해

14 다음에서 설명하는 왕조를 쓰시오.

> 인도는 작은 도시 국가들로 분열되어 있었으나, 기원전 4세기경 인도 북부 지역을 통일하며 왕조가 성립되었다.

(   )

15 ㉠, ㉡에 들어갈 종교로 옳은 것은?

> 개인의 해탈을 강조하는 (㉠)은/는 마우리아 왕조 시기에 발전하여 동남아시아 지역으로 전파되었다. 많은 사람의 구제를 강조하는 (㉡)은/는 쿠샨 왕조 시기에 발전하여 동아시아 지역으로 전파되었다.

	㉠	㉡
①	대승 불교	상좌부 불교
②	상좌부 불교	대승 불교
③	상좌부 불교	조로아스터교
④	조로아스터교	대승 불교
⑤	조로아스터교	상좌부 불교

16 지도에 나타난 최대 영역을 차지한 왕으로 옳은 것은?

① 한 무제
② 아소카왕
③ 카니슈카왕
④ 알렉산드로스
⑤ 찬드라굽타 마우리아

중요해

17 빈칸에 들어갈 내용으로 가장 적절한 것은?

> 초기 불교에서는 부처의 모습을 직접 표현하지 않고 보리수, 수레바퀴 등 다양한 상징으로 표현하였다. 그러나 [   ] 이후 인도인들은 인간의 모습을 한 불상을 만들기 시작하였다.

① 아소카왕의 통치
② 밀라노 칙령 발표
③ 마우리아 왕조의 멸망
④ 알렉산드로스의 동방 원정
⑤ 크샤트리아와 바이샤 세력의 성장

18 흉노에 대한 설명으로 옳지 <u>않은</u> 것은?

① 초원길을 개척하였다.
② 묵특 선우가 초원 지대를 통합하였다.
③ 기원전 4세기경 등장한 유목 민족이다.
④ 시황제의 공격으로 북쪽으로 밀려났다.
⑤ 한 고조에게 승리하여 화친 조약을 맺었다.

19 ㉠에 들어갈 경로에 대한 설명으로 옳은 것은?

↑ 서역으로 떠나기 전 한 무제에게 인사하는 장건의 모습

한 무제는 흉노 공격을 위해 대월지와 연합하고자 장건을 서역에 파견하였지만 연합에 실패하였다. 그러나 그 과정에서 (㉠)이/가 개척되었다.

① 중국의 비단이 서역에 전해진 길이다.
② 로마, 인도, 동남아시아의 바다를 잇는 길이다.
③ 기원전 10세기부터 이집트 상인들이 이용하였다.
④ 스키타이가 유라시아 지역을 오가며 개척하였다.
⑤ 유목 민족의 문화가 동아시아에 전파된 경로이다.

서술형 문제

01 진의 시황제가 도량형, 화폐를 통일한 목적과 경제적 효과를 각각 서술하시오.

____

____

____

02 밑줄 친 '정복 활동'이 가져온 문제점과 이를 해결하기 위해 한 무제가 시행한 정책을 서술하시오.

> 한 무제는 <u>정복 활동</u>을 꾸준히 펼쳐 북으로는 흉노를 정벌하였고, 남으로는 베트남 북부의 남월까지 점령하였다. 또한 동쪽으로는 고조선을 정복하여 군현을 설치하였다.

____

____

____

03 다음을 읽고 물음에 답하시오.

왼쪽의 그리스 신상과 오른쪽의 불상은 곱슬머리, 오똑한 코, 옷 주름 등의 표현이 유사하다.

(1) 오른쪽 불상에 드러난 양식을 쓰시오.

____

(2) (1) 양식의 특징과 영향을 각각 서술하시오.

____

____

____

① 선사 시대에 사용된 도구

▲ 주먹도끼　　▲ 갈돌과 갈판

구석기 시대 사람들은 돌을 깨뜨리거나 떼어 내서 만든 ① ☐☐☐을/를 사용하였다. ② ☐☐☐ 시대 사람들은 갈돌과 갈판 등 돌을 갈거나 다듬어 만든 간석기를 사용하였다.

| 정답 | ① 뗀석기 ② 간석기

② 세계 고대 문명의 발상지

세계의 고대 문명은 ① ☐☐에 유리한 큰 강 유역에서 주로 발생하였으며, 계급 발생, 도시 국가 출현, 청동기와 ② ☐☐(쐐기 문자, 상형 문자 등) 사용 등의 공통점이 있다.

| 정답 | ① 토양 ② 문자

③ 아케메네스 왕조 페르시아의 통치 방식

나는 키루스, 세계의 왕, 위대한 왕, 정정당당한 왕, 사방의 왕이며 …… 바빌론 거주민에 대하여는 …… 넘겨받았던 도시들을 돌려주었다. …… 이전의 원주민(유대인)을 모아서 그들의 원래 땅으로 돌려보냈다. …… 아후라 마즈다의 뜻에 따라 말하니 살아 있는 한 너희의 전통과 종교를 존중하노라.

① ☐☐☐☐의 원통에는 피정복민의 전통과 종교를 존중한다는 ② ☐☐ 정책을 선언한 내용이 담겨 있다. 이후 아케메네스 왕조 페르시아는 오랫동안 통일 왕조를 유지하였다.

| 정답 | ① 키루스 2세 ② 관용

---

01 선사 문화와 문명의 특징

✦ 인류의 출현과 선사 문화의 발달 ❶

인류의 진화	오스트랄로피테쿠스 아파렌시스(직립 보행) → 호모 에렉투스 → 호모 네안데르탈렌시스 → (①)(현생 인류)
구석기 시대	뗀석기(주먹도끼, 긁개 등) 사용, 채집·수렵 생활, 이동 생활(동굴, 막집, 바위 그늘 등에 거주), 동굴 벽화·조각상 제작, 평등 사회
신석기 시대	간석기·토기 사용, 가락바퀴·뼈바늘 사용(옷 제작), 농경·목축 생활 시작(신석기 혁명), 정착 생활(움집 거주), 평등 사회
만주와 한반도	• 구석기 문화: 경기 연천 전곡리(주먹도끼), 충남 공주 석장리 등 • 신석기 문화: 서울 암사동(빗살무늬 토기), 부산 동삼동 등

✦ 세계의 고대 문명 ❷

메소포타미아 문명	티그리스강과 유프라테스강 유역, (②)(신전) 건설, 쐐기 문자·60진법 사용, 태음력 발전, 함무라비 법전 편찬
이집트 문명	나일강 유역, 영혼 불멸과 사후 세계를 믿음(미라, 피라미드, 「사자의 서」 제작), 상형 문자·10진법 사용, 태양력 발전
인도 문명	인더스강 유역, 하라파·모헨조다로 등 도시 문명 발생, 그림 문자 사용, 아리아인의 이동 이후 카스트제·브라만교 성립
중국 문명	(③) 유역, 상(신권 정치, 갑골문 사용), 주(봉건제 실시)

02 고대 서아시아·지중해 세계의 형성

✦ 페르시아 제국의 성장 ❸

아시리아	서아시아를 최초로 통일 → 가혹한 통치로 반란이 일어나 멸망
아케메네스 왕조 페르시아	• 키루스 2세: 피정복민에 대한 관용 정책 실시 • (④): 감찰관 '왕의 눈', '왕의 귀' 파견, '왕의 길' 건설 • 문화: 국제적인 문화 발전, 조로아스터교 발전

✦ 고대 그리스 세계의 형성

그리스 세계의 형성과 발전	• 형성: 도시 국가인 폴리스 발전 → 스파르타(강력한 군사 통치 실시), 아테네(민주 정치 발전, (⑤) 때 전성기) • 발전과 쇠퇴: 그리스·페르시아 전쟁 승리 → 델로스 동맹 결성 → 펠로폰네소스 전쟁 발발, 스파르타 승리 → 그리스 세계 쇠퇴
그리스 문화	인간 중심적이고 합리적인 문화 발전(파르테논 신전 등)

✦ 알렉산드로스 제국과 헬레니즘 문화

알렉산드로스 제국	• 성립: 알렉산드로스의 동방 원정 → 제국 건설 • 발전: 알렉산드리아 건설, 그리스인 이주 → 동서 융합
헬레니즘 문화	개인주의·세계 시민주의 발달(「라오콘 군상」)

| 정답 | ① 호모 사피엔스 ② 지구라트 ③ 황허강 ④ 다리우스 1세 ⑤ 페리클레스

✦ 로마 제국의 성장 ❹

건국과 발전	공화정 시기	귀족들이 원로원 중심으로 집정관 등 독점 → 평민의 권리 확대(평민회 설치, 호민관 선출) → 로마 – 카르타고 전쟁에서 로마 승리 → 귀족의 대농장(라티푼디움) 경영, 자영 농민의 몰락 → 그라쿠스 형제의 개혁(실패)
	제정 시기	(⑥)의 집권 → '로마의 평화' → 군인 황제 시대, 게르만족 등 이민족의 침략 → 콘스탄티누스 대제의 중흥 노력 → 동서 분열
문화		• 실용적인 문화 발달, 법률(관습법 → 12표법 → 시민법 → 만민법 → 동로마 제국 때『유스티니아누스 법전』), 건축(콜로세움, 수도교) • 크리스트교: 예수가 창시 → 콘스탄티누스 대제의 (⑦) (으)로 공인 → 국교 인정

03 고대 동아시아 · 인도 세계의 형성

✦ 동아시아 세계의 형성 ❺

춘추 전국 시대	• 시작: 주 왕실의 약화 → 제후들의 세력 다툼 • 변화: 철기 사용, 제자백가 출현(유가 · 묵가 · 도가 · 법가)
진	• (⑧)의 정책: 법가 사상을 바탕으로 개혁, 중국 통일, '황제' 칭호 사용, 군현제 실시, 도량형 · 화폐 · 문자 통일, 분서갱유 단행, 흉노에 공격에 대비하여 만리장성 축조 • 멸망: 대규모 토목 공사, 가혹한 통치 → 농민 반란
한	• 한 고조의 통치: 중국 재통일, 군국제 실시, 세금을 낮춰 민생 안정 • 한 무제의 통치: 군현제 실시, 흉노 정벌, 고조선 · 베트남 북부 정복, 전매 제도(소금, 철) 실시, 유교를 통치 이념으로 채택 • 후한: 유수(광무제)가 건국 → 황건적의 난 → 멸망 • 문화: 훈고학 발달,『사기』편찬(사마천), 제지술 개량(채륜), 불교가 전해짐

✦ 고대 인도 세계의 형성 ❻

불교 성립	고타마 싯다르타(석가모니)가 불교 창시, 신분 차별 철폐 · 평등과 자비 강조 → 크샤트리아와 바이샤 계급의 환영을 받음
마우리아 왕조	찬드라굽타 마우리아(왕조 수립), 아소카왕(전성기, 남부 일부 제외한 인도 통일, 돌기둥 건립), 상좌부 불교 발달
쿠샨 왕조	인도 북부를 정복하여 왕조 수립, (⑨)(전성기), 대승 불교 발달, 간다라 양식 발달(인도 문화와 헬레니즘 문화의 결합)

✦ 고대 유라시아의 동서 교류

초원길	유목 민족인 스키타이가 개척
(⑩)	한 무제의 장건 서역 파견으로 알려짐
바닷길	초원길과 비단길 쇠퇴 이후 동서 교류의 중요 통로가 됨

답 | ⑥ 옥타비아누스 ⑦ 밀라노 칙령 ⑧ 시황제 ⑨ 카니슈카왕 ⑩ 비단길

---

❹ 로마의 문화

↑ 콜로세움

↑ 수도교

로마에서는 ① ☐☐☐인 문화가 발달하였다. 특히 로마인들은 ② ☐☐과/와 돔의 원리를 활용하여 건축물을 지었는데, 콜로세움과 수도교가 대표적이다.

답 | ① 실용적 ② 아치

❺ 시황제의 통일 정책

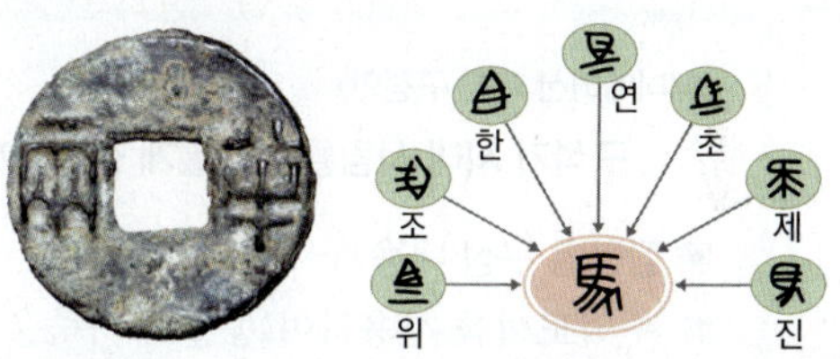
↑ 반량전

↑ 전국 시대 '마(馬)' 자의 여러 형태

시황제는 전국 시대에 각 지역에서 사용하던 다양한 종류의 ① ☐☐을/를 반량전으로 통일하였으며, 지방에서도 황제의 명령을 쉽게 이해할 수 있도록 ② ☐☐을/를 통일하였다.

답 | ① 화폐 ② 문자

❻ 간다라 양식의 발달

↑ 그리스 신상

↑ 간다라 불상

① ☐☐☐☐☐☐의 동방 원정 이후 인도인들은 그리스 조각상의 영향을 받았다. 쿠샨 왕조의 간다라 지방에서 인도 문화와 ② ☐☐☐☐☐☐의 영향을 받은 간다라 양식이 발달하였다.

답 | ① 알렉산드로스 ② 헬레니즘 문화

01 선사 문화와 문명의 특징

01 인류의 진화 과정을 출현한 순서대로 나열한 것은?

> (가) 동굴에 벽화를 그렸다.
> (나) 직립 보행을 시작하였다.
> (다) 불과 언어를 처음 사용하였다.
> (라) 죽은 사람을 땅속에 묻는 풍습이 생겨났다.

① (가) - (나) - (다) - (라)
② (나) - (다) - (라) - (가)
③ (나) - (라) - (다) - (가)
④ (다) - (나) - (라) - (가)
⑤ (라) - (나) - (다) - (가)

02 빈칸에 들어갈 내용으로 가장 적절한 것은?

> 〈애니메이션 제작 구성안〉
> **구석기 시대 사람들은 어떻게 살았을까?**
>
> ◼ 장면별 구성 내용
> #1. 주먹도끼를 사용하여 동물의 가죽을 벗기는 사람
> #2. 아이와 함께 동굴에 벽화를 그리는 사람
> #3. ________________

① 움집을 짓고 있는 사람
② 농사를 짓기 위해 밭을 가는 사람
③ 빗살무늬 토기를 만들고 있는 사람
④ 가족이 지낼 만한 동굴을 찾고 있는 사람
⑤ 가락바퀴, 뼈바늘로 옷을 만들고 있는 사람

03 다음 유물이 제작된 시대에 대한 설명으로 옳은 것은?

▲ 갈돌과 갈판

▲ 빗살무늬 토기

① 계급이 발생하였다.
② 뗀석기가 처음 제작되었다.
③ 농경과 목축이 시작되었다.
④ 청동으로 만든 무기가 사용되었다.
⑤ 빌렌도르프의 비너스가 만들어졌다.

[04~05] 다음을 보고 물음에 답하시오.

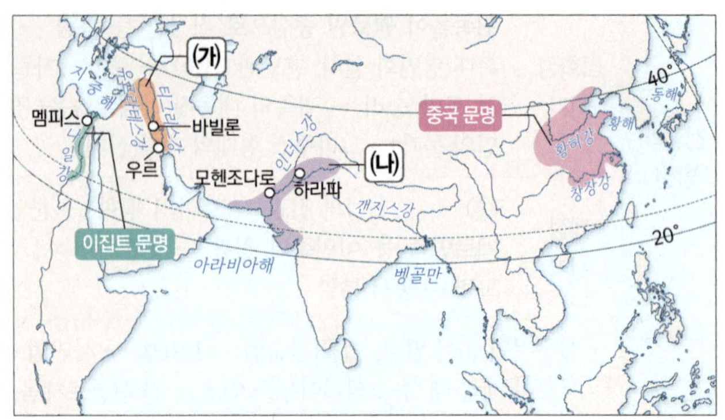

04 (가) 문명에 대한 설명으로 옳지 <u>않은</u> 것은?

① 60진법이 사용되었다.
② 쐐기 문자를 이용하였다.
③ 현재의 안정된 삶을 중시하였다.
④ 미라와 『사자의 서』를 제작하였다.
⑤ 도시 중앙에 지구라트라는 신전을 세웠다.

05 (나) 문명에 대한 학생들의 대화 내용으로 옳은 것을 〈보기〉에서 고른 것은?

> ⊣ 보기 ⊢
> ㄱ. 상형 문자를 만들어 파피루스에 기록하였어.
> ㄴ. 아리아인의 이동 이후 카스트제가 만들어졌어.
> ㄷ. 수메르인이 여러 도시 국가를 세우면서 시작되었어.
> ㄹ. 하라파, 모헨조다로 등의 도시 문명이 형성되었어.

① ㄱ, ㄴ   ② ㄱ, ㄷ   ③ ㄴ, ㄷ
④ ㄴ, ㄹ   ⑤ ㄷ, ㄹ

어려워 ♡

06 ㉠, ㉡에 들어갈 나라에 대한 설명으로 옳은 것은?

> 기원전 1600년경 중국 황허강 유역에서 (㉠) 이/가 세워졌다. 이곳의 왕은 신권 정치를 행하여 정치와 제사를 함께 주관하였다. 이후 (㉡)이/가 나타나 (㉠)을/를 무너뜨리고 영토를 넓혔다.

① ㉠ - 왕망이 건국하였다.
② ㉠ - 흉노의 침략을 막고자 만리장성을 쌓았다.
③ ㉡ - 봉건제를 실시하였다.
④ ㉡ - 사마천이 『사기』를 저술하였다.
⑤ ㉠, ㉡ - 유목 민족이 침입하자 수도를 옮겼다.

02 고대 서아시아 · 지중해 세계의 형성

07 밑줄 친 '이 나라'에 대한 설명으로 옳은 것은?

> **역사 신문**
>
> **키루스 2세, 관용 정책을 펼치다.**
>
> 바빌로니아를 정복한 이 나라의 왕 키루스 2세가 원통에 피정복민의 전통과 종교를 존중하겠다는 선언을 새겨 화제이다. 그의 행보는 아시리아의 정책과 대조되어 피정복민들의 환영을 받고 있다.

① 상좌부 불교가 발전하였다.
② 피라미드와 스핑크스를 건설하였다.
③ 아후라 마즈다를 최고신으로 섬겼다.
④ 올림피아 제전에 주기적으로 참여하였다.
⑤ 알파벳의 기원이 되는 표음 문자를 사용하였다.

08 다음에서 설명하는 제도로 옳은 것은?

> 아테네의 클레이스테네스가 시행한 제도로, 도자기 파편에 독재자가 될 가능성이 높은 사람의 이름을 적어 뽑힌 사람을 일정 기간 쫓아내는 제도이다.

① 군국제　　② 군현제　　③ 봉건제
④ 카스트제　　⑤ 도편 추방제

09 다음 대화의 주제가 된 전쟁의 결과로 가장 적절한 것은?

① '왕의 길'이라는 도로가 만들어졌다.
② 알렉산드리아라는 도시가 건설되었다.
③ 개인주의와 세계 시민주의가 발달하였다.
④ 재산 정도에 따라 참정권이 차등 분배되었다.
⑤ 아테네를 중심으로 델로스 동맹이 체결되었다.

10 지도에 표시된 최대 영역을 차지한 나라에 대한 설명으로 옳은 것을 〈보기〉에서 고른 것은?

> **┤ 보기 ├**
>
> ㄱ. 성문법인 12표법이 만들어졌다.
> ㄴ. 콜로세움, 수도교가 건설되었다.
> ㄷ. 전국적으로 군현제가 실시되었다.
> ㄹ. 감찰관 '왕의 눈', '왕의 귀'가 파견되었다.

① ㄱ, ㄴ　　　② ㄱ, ㄷ　　　③ ㄴ, ㄷ
④ ㄴ, ㄹ　　　⑤ ㄷ, ㄹ

11 로마 공화정 초기에 평민들의 정치 참여 요구가 높아진 결과로 가장 적절한 것은?

① 군인 정치가들이 등장하였다.
② 나라가 넷으로 나뉘어 통치되었다.
③ 옥타비아누스가 권력을 장악하였다.
④ 그라쿠스 형제가 개혁을 실시하였다.
⑤ 호민관이 선출되고 평민회가 세워졌다.

12 ㉠에 들어갈 인물로 옳은 것은?

> (㉠)은/는 수도를 콘스탄티노폴리스로 옮기고 밀라노 칙령을 내려 크리스트교를 공인하였다.

① 아소카왕　　　　② 옥타비아누스
③ 다리우스 1세　　　④ 디오클레티아누스
⑤ 콘스탄티누스 대제

창의·융합

13 다음 전시회에서 볼 수 있는 문화유산으로 가장 적절한 것은?

> △△ 박물관 특별전
> ## 그리스 문화와 동방 문화의 만남
>
> 초대의 글
> 우리 박물관에서는 알렉산드로스의 동방 원정으로 발전한 문화에 대한 전시회를 마련하였습니다. 많은 관람 부탁드립니다.
>
> ■ 일시: 20○○년 ○○월 ○○일
> ■ 장소: △△ 박물관 특별 전시실

① 
↑ 도편

② 
↑ 「사자의 서」

③ 
↑ 갑골문

④ 
↑ 「라오콘 군상」

⑤ 
↑ 날개 달린 사자 장식 뿔잔

03 고대 동아시아·인도 세계의 형성

14 다음 사상에 대한 설명으로 옳지 <u>않은</u> 것은?

> • 학자: 공자, 맹자
> • 주장: '인'과 '예'로 정치를 회복해야 한다.

① 분서갱유 당시 탄압받았다.
② 한대에 교육 기관이 세워졌다.
③ 시황제의 정책에 바탕이 되었다.
④ 한 무제가 통치 이념으로 삼았다.
⑤ 한대에는 훈고학으로 발전하였다.

15 ㉠에 들어갈 인물의 활동으로 옳은 것은?

① 군국제를 시행하였다.
② 분서갱유를 단행하였다.
③ 크리스트교를 공인하였다.
④ 동중서의 건의를 받아들였다.
⑤ '왕의 길'이라는 도로를 만들었다.

중요해

16 한 무제에 대해 <u>잘못</u> 말한 학생은?

① 흉노와 고조선을 정복하였어.
② 군현제를 전국으로 확대하였어.
③ 왕의 칭호를 '황제'로 바꾸어 사용하였어.
④ 수도에 태학을 설립하고 오경박사를 두었어.
⑤ 국가 재정을 확보하기 위해 소금과 철의 전매 제도를 실시하였어.

17 빈칸에 들어갈 내용으로 가장 적절한 것은?

> 불교는 기원전 6세기경 고타마 싯다르타(석가모니)가 창시하였다. [   ]는 불교의 교리는 크샤트리아와 바이샤 세력의 환영을 받았다.

① 신분 차별을 반대한다
② 황제 숭배를 거부한다
③ 개인의 해탈을 강조한다
④ 자연의 순리에 따라야 한다
⑤ 많은 사람의 구제를 주장한다

18 지도의 최대 영역을 차지하였던 왕조에 대한 설명으로 옳은 것은?

① 대승 불교가 발전하였다.
② 간다라 양식이 발달하였다.
③ 아소카왕 때 전성기를 맞이하였다.
④ 한 고조와의 전투에서 승리하여 화친 조약을 맺었다.
⑤ 중국, 인도, 서아시아를 연결하는 중계 무역을 하였다.

19 밑줄 친 ㉠~㉤ 중 적절하지 <u>않은</u> 것은?

쿠산 왕조의 발전

1. 성립: 중앙아시아에서 온 ㉠ 쿠샨족이 세움
2. 발전: ㉡ 카니슈카왕 때 전성기
   (1) 영토 확보: 북인도~중앙아시아
   (2) 대승 불교 발전: ㉢ 개인의 해탈을 강조 →
       ㉣ 동아시아로 전파
3. 문화: ㉤ 간다라 양식 발전

① ㉠   ② ㉡   ③ ㉢   ④ ㉣   ⑤ ㉤

20 다음 자료를 활용한 탐구 주제로 가장 적절한 것은?

⬆ 서역으로 떠나기 전 한 무제에게 인사하는 장건의 모습

① 비단길의 개척
② 쿠샨 왕조의 중계 무역
③ 페르시아의 국제적 문화
④ 바닷길을 이용한 로마 상인들
⑤ 초원길로 전파된 유목 민족의 문화

21 다음을 읽고 물음에 답하시오.

> 우리 정치 제도에 입각한 통치는 소수보다는 다수에게 유리합니다. 이것이 우리 정치 제도가 민주 정치로 불리는 이유입니다. 법조문을 들여다보면, 저마다 다른 모든 사람에게 같은 정의를 베풀고 있음을 알 수 있습니다. 공무에 진출하는 것은 능력에 대한 평판에 달렸지, 신분이 영향을 주는 것은 아닙니다. 또한 가난도 그런 길을 막지 않으니 …….
>
> – 페리클레스의 연설문

(1) 밑줄 친 '민주 정치'의 발전 과정을 정치 참여 범위의 변화를 중심으로 서술하시오.

(2) 정치 형태와 참여 계층을 바탕으로 아테네의 민주 정치와 오늘날 우리나라의 민주 정치를 비교하고, 오늘날 주는 시사점에 대해 논술하시오.

Ⅲ

세계 종교의 확산과
지역 문화의 발전

01. 동아시아 문화의 형성

✦ 위진 남북조 시대의 시작

1 위진 남북조 시대의 전개 [자료 1]

(1) **삼국 시대**: 후한 멸망 후 위·촉·오로 분열 → 진(晉)의 삼국 통일(280)

(2) **5호 16국 시대와 동진**: 화이허강 북쪽(화북)을 차지한 북방 민족과 한족이 여러 나라를 세우고 권력을 다툼 → 북방 민족에게 밀려난 한족은 창장강 남쪽(강남)에 동진을 건국함

(3) **남북조 시대**

한족도 북방 민족이 사용하던 의자와 침대를 사용하는 등 북방 민족의 문화를 받아들였어.

북조	• 선비족이 세운 북위가 화북 지방 통일, 한족의 제도와 문물 수용 • 북위 **효문제**의 **한화 정책**: 선비족의 복장과 언어 금지, 선비족과 한족의 결혼 권장 → 북방 민족과 한족의 문화 융합
남조	한족의 선진 농업 기술(벼농사)을 이용하여 강남 지방을 개발함 → 경제 발전

2 위진 남북조 시대의 사회와 문화

(1) **9품중정제 실시** [시험 단골 ▶ 9품중정제 실시의 결과를 묻는 문제가 자주 출제돼!]

① 내용: 지방에 파견된 관리가 그 지역의 인물을 아홉 개의 등급으로 나누어 중앙에 추천하는 제도

② 결과: 중앙 정부로 진출한 지방 유력 호족이 대대로 관직을 독차지하면서 **문벌 귀족**으로 성장

(2) **위진 남북조 시대의 문화** [자료 2]

① 종교와 사상의 발전: 지속된 전쟁으로 사회가 불안해지자 종교를 통해 안정을 얻고자 함

불교	• 후한 대에 전래 → 왕실과 귀족의 지원을 받으며 발전 • 북조: 국가 주도로 불경 번역, 대규모 석굴 사원 건립(윈강 석굴, 룽먼 석굴 등)
도교	민간의 전통 신앙과 도가 사상 등이 결합하여 발전
청담 사상	• 세속에서 벗어나 개인의 자유로운 삶을 추구하는 사상 • 남조에서 유행(죽림칠현) 현실을 떠나 자연에서 편안한 삶을 추구하며 세월을 보낸 7명의 선비를 말해.

② 귀족 문화의 발달: 동진과 남조에서 도연명의 시(「귀거래사」), 고개지의 그림(「여사잠도」), 왕희지의 서예 등 유행

도연명이 관직을 버리고 고향으로 돌아가는 심경을 담았어.

✦ 수와 당의 중국 통일

1 수의 중국 통일

(1) **수의 통일**: 양견(문제)이 남북으로 나뉘어 있던 중국 통일(589)

(2) **발전**

문제	• **과거제** 시행 → 문벌 귀족의 관직 독점 방지, 왕권 강화 • 조세·토지·군사 제도 정비 → 국가 재정과 군사력 강화 도모
양제	**대운하** 완성 → 화북 지방과 강남 지방 연결 [자료 3]

(3) **쇠퇴와 멸망**: 대운하 건설 등 대규모 토목 공사에 과도한 노동력 동원, 고구려 원정 실패로 국력 쇠퇴 → 각지에서 일어난 반란으로 멸망(618)

자료 1 위진 남북조 시대의 전개

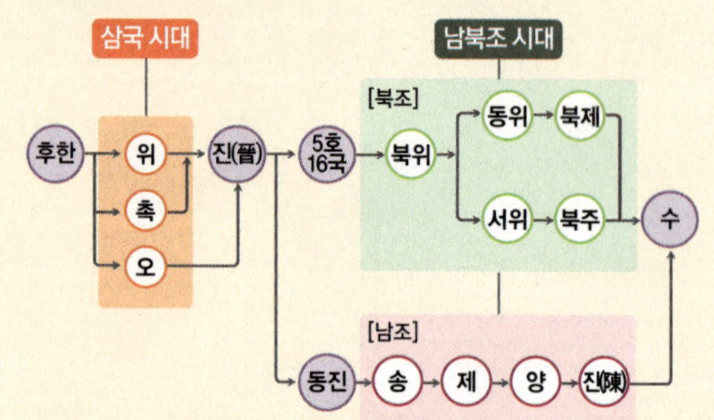

위진 남북조 시대는 한이 멸망한 이후부터 수가 중국을 통일하기까지의 시기를 말한다.

중국 최대 규모의 석굴 사원이야. 불상은 북위 황제들의 모습을 본떠 만들었다고 전해져.

자료 2 위진 남북조 시대의 문화

↑ 윈강 석굴

↑ 고개지의 「여사잠도」

북조의 황제들은 '황제는 곧 부처'라고 하며 불교를 바탕으로 자신의 권위를 높이기 위해 대규모 석굴 사원을 만들었다. 한편, 동진과 남조에서는 문학과 예술에서 화려한 귀족 문화가 발전하였다.

궁중 여인이 지켜야 할 올바른 행실을 알려 주는 그림으로, 귀족의 화려한 생활상을 보여 줘.

자료 3 수의 대운하 건설

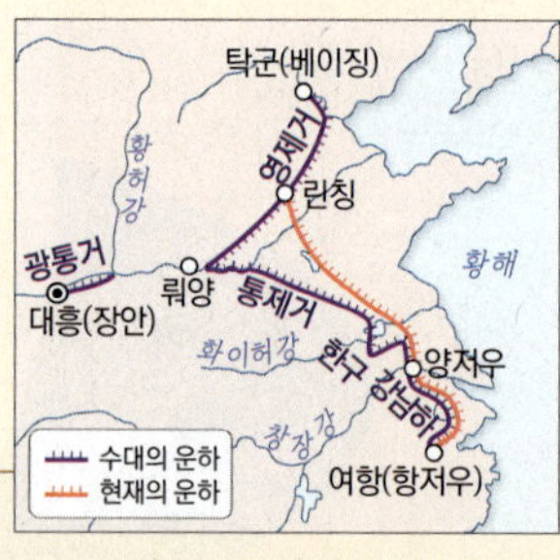

↑ 수대와 현재의 대운하

운하는 오늘날에도 중국 영토의 남북을 잇는 중요한 운송로 역할을 하고 있어.

수는 강남 지방의 물자를 화북 지방으로 옮기려고 운하를 만들었다. 대운하의 건설로 남북 간의 교류가 활발해졌으며, 이는 남북의 정치와 문화가 통합하는 데 도움을 주었다.

+ **5호 16국** 5호는 다섯 유목 민족이고, 16국은 5호와 한족이 화북 지방에 세운 여러 나라를 말함

+ **한화 정책** 한족의 제도와 문화를 적극적으로 받아들이려는 북위 효문제의 정책

+ **도가 사상** 허무와 무위를 중시하고 만물의 근원으로 자연을 숭배하는 사상

+ **과거제** 시험을 치러 관리를 뽑는 제도로, 수대 이후 중국에서 관리를 뽑는 대표적인 방식으로 자리 잡음

❷ 당의 성립과 발전

(1) 성립: 이연(고조)이 장안을 수도로 삼아 건국(618)

(2) 발전

태종	수의 제도를 이어받아 ⁺율령 체제 정비, 동돌궐 정벌
고종	서돌궐 정복, 신라와 연합하여 백제와 고구려를 멸망시킴

(3) 통치 체제 정비 [자료 4] [시험 TIP] 당의 통치 체제 정비 내용을 정리해 두자.

① 목적: 국가 재정 확보와 군사력 증대, 농민의 생활 안정

② 내용

행정 조직	중앙에 3성 6부 운영, 지방에 주현을 두고 관리 파견
토지(균전제)	성인 남자에게 일정한 토지 분배
조세(조용조)	토지를 받은 농민에게 조(토지세), 용(노동력), 조(직물) 수취
군사(부병제)	농민이 농한기에 군사 훈련을 받고, 전쟁 시에 병사로 복무

(4) 쇠퇴와 멸망: 8세기 중엽 탈라스 전투에서 이슬람의 아바스 왕조에 패배, ⁺안사의 난 이후 절도사 세력이 강화되면서 지방 통제력이 약해짐 → 황소의 난 → 절도사 세력에게 멸망(907)

> 당의 국경을 지켰던 군사령관이야.
> 당의 제지술이 이슬람 세계와 유럽에 전파되는 계기가 되었어.

❸ 당의 문화

(1) 귀족적인 문화: 문학(두보, 이백), 서예(구양순), 그림(왕유의 수묵 산수화) 등 발달

(2) 종교와 학문의 발달

불교	현장 등의 승려가 인도를 순례하고 불경을 들여옴
도교	왕실의 지원을 받아 발전
유학	『오경정의』 편찬(훈고학을 집대성하여 유교 경전의 해석 통일)

> 현장이 가져온 불경은 대안탑에 모셔져 있어.

(3) 국제적인 문화 [자료 5] [자료 6] [시험 단골] 국제 교류로 형성된 당 문화의 특징을 묻는 문제가 자주 출제돼!

① 발달 배경: 7세기 중반 당이 중앙아시아로 세력을 넓혀 동서 교역로 차지, 비단길과 바닷길을 이용하여 서역과 활발하게 교류, 수도 장안이 국제 도시로 번성

② 외래 종교의 전래: 경교(네스토리우스파 크리스트교), 이슬람교, 조로아스터교 등

🔶 만주와 한반도, 일본의 고대 국가 성장

❶ 만주와 한반도의 고대 국가 형성

(1) 고조선: 만주와 한반도에 처음 세워진 나라, 한의 공격으로 멸망

(2) 삼국 시대(고구려·백제·신라): 율령 반포 및 불교 수용 → 중앙 집권 국가로 발전

(3) 남북국 시대

통일 신라	7세기에 신라가 당과 힘을 합쳐 백제와 고구려를 무너뜨림 → 한반도를 지배하려는 당을 몰아내고 삼국을 통일함
발해	고구려 유민들이 옛 고구려 땅에 세움

[자료 4] **당의 통치 체제 정비**

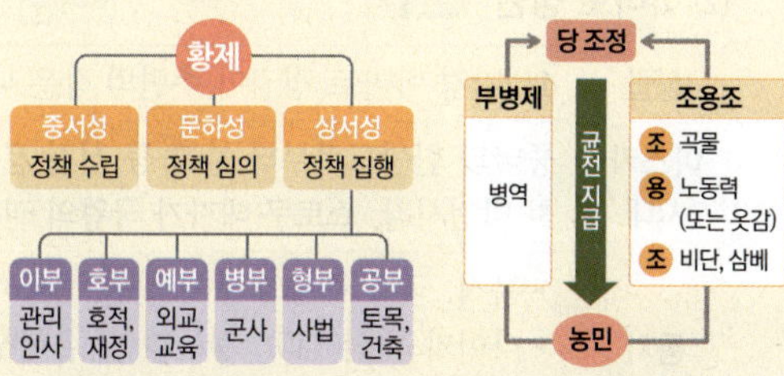

↑ 당의 중앙 행정 조직　　↑ 당의 농민 지배

당은 중앙에 3성 6부를 조직하고 지방에 주현을 두었다. 또한 농민 생활의 안정을 위해 균전제, 조용조, 부병제와 같은 제도를 시행하였다.

> 당의 농민은 자신의 땅에서 농사를 지을 수 있게 되었어.

[자료 5] **국제 도시로 번성한 장안**

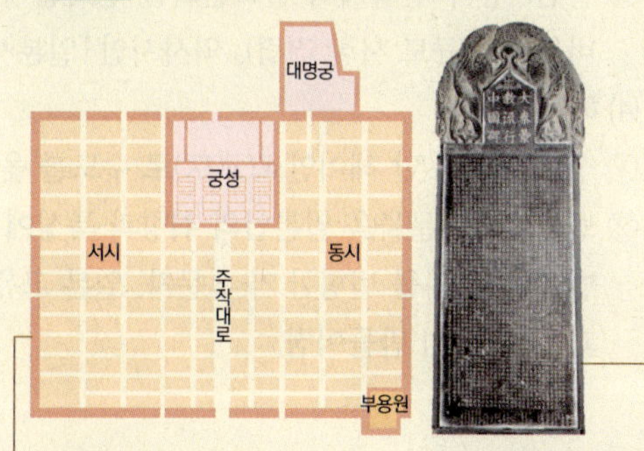

↑ 장안의 구조　　↑ 대진 경교 유행 중국비

장안은 인구 100만 명이 넘는 대도시였으며, 바둑판 모양으로 도로가 뻗어 있는 계획도시였다. 장안에는 세계 각지의 사람이 모여들며 번성하였다.

> 장안성의 구조는 동아시아 각국의 수도 구조에도 영향을 미쳤어.
> 경교의 교리와 역사가 새겨져 있어.

[자료 6] **당의 국제적인 문화**

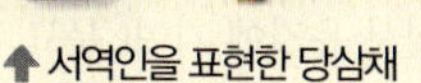

↑ 서역인을 표현한 당삼채　　↑ 페르시아산 은제 물병

당삼채는 당대에 만들어진 대표적인 도자기이다. 당의 귀족들은 금과 은, 유리 등의 재료로 만든 서역의 공예품을 사용하였다.

> 흰색, 갈색, 녹색의 유약을 발라 구웠어.

⁺**율령(律 형법, 令 행정법)** 나라를 다스리는 법과 제도

⁺**안사의 난** 당 현종 시기 절도사였던 안녹산과 그의 부하인 사사명이 일으킨 반란

01. 동아시아 문화의 형성

2 일본 고대 국가의 성립과 발전 [시험 TIP] 일본 고대 국가의 발전 과정을 시대별로 정리해 두자.

(1) **야요이 문화**: 기원전 3세기경 성립, 벼농사 시작, 청동기·철기 사용

(2) **야마토 정권** [자료 7]

성립	4세기경 야마토 정권이 주변의 작은 나라를 통합함
아스카 시대	중국과 한반도로부터 불교 등 선진 문물을 수용하여 ⁺아스카 문화를 발전시킴, 쇼토쿠 태자가 국왕의 권위를 높이기 위해 불교 장려
통치 체제 정비	• 목적: 국왕 중심의 중앙 집권 체제 마련 • 다이카 개신(645): 왕족과 당 유학생 출신이 중심이 되어 당의 율령 체제를 본떠 시행한 정치 개혁 • 7세기 말에 '일본'이라는 국호 사용, 왕을 '천황'이라고 부르기 시작함

(3) **나라 시대**

① 성립: 8세기 초 헤이조쿄(나라)를 수도로 삼음 ┌ 당의 장안성을 본떠 만들었어.

② 발전: 당과 신라에서 불교문화를 받아들여 불교 발전(도다이지를 비롯한 대규모 사찰 건립), 역사서인 『일본서기』 편찬 [자료 8]

(4) **헤이안 시대**

① 성립: 8세기 말 헤이안쿄(교토)로 수도를 옮김

② 발전: 외국 문물을 일본인의 취향과 특성에 맞게 변형한 **국풍 문화** 발달 → 한자를 변형한 가나 문자, 일본 고유의 특색을 반영한 주택과 관복 등이 만들어짐

◆ 동아시아 문화권의 형성

1 동아시아 문화권의 형성

(1) **배경**: 당의 세력이 강해지면서 한반도, 일본, 베트남 등 주변 지역과의 교류가 활발해짐 → 동아시아 국가의 사신, 유학생, 승려 등이 교류하는 과정에서 형성됨

(2) **동아시아 문화권의 공통 요소** [자료 9] [시험 단골] 동아시아 문화권의 공통 요소를 묻는 문제가 자주 출제돼!

한자	• 동아시아 국가 간의 교류에 필요한 의사소통 수단 • 신라의 ⁺이두, 일본의 가나 문자, 베트남의 쯔놈 문자 형성에 영향을 줌
유교	• 한대 이후 주변국에 전래 • 동아시아 지역의 정치·사회 이념이 됨 → 왕의 권한을 뒷받침하고 사회 질서 유지에 기여(⁺문묘 건립, 유교 경전 교육)
율령	동아시아 각국의 통치 체제 성립에 영향을 미침 → 신라, 발해, 일본의 통치 체제는 당의 3성 6부를 본뜸
불교	• 왕실의 권위를 높이고 민심을 통합하는 데 기여 → 동아시아 각국의 왕실을 중심으로 불교 발전 • 신라와 일본의 승려들이 당에서 불교를 공부함 • 사찰 건립, 불교 예술 발달, 불교 경전의 수요가 증가하여 목판 인쇄술 발전 ┌ 불화, 불상, 불탑 등이야.

(3) **특징**: 동아시아 국가들은 공통된 문화를 공유하면서도 각 나라의 전통과 특성에 맞게 독자적인 문화를 발전시킴

[자료 7] **다이센 고분**

→ 앞은 네모나고 뒤는 둥근 것이 특징이야.

다이센 고분은 야마토 정권 시기에 조성된 무덤이다. 야마토 정권은 4세기경 주변의 소국들을 통합하며 세력을 확장하였다.

[자료 8] **나라 시대의 불교 발전** ─ 내부에는 15m에 이르는 대형 청동 불상이 있어.

⬆ 도다이지 대불전

나라 시대에 건립된 도다이지 대불전은 일본에서 가장 큰 목조 건축물이다.

[자료 9] **동아시아 문화권의 형성**

⬆ 중국의 룽먼 석굴 불상

⬆ 한국의 석굴암 본존상

동아시아 국가들은 한자, 유교, 율령, 불교 등 공통된 문화를 공유하면서도 각국의 전통과 특성에 맞게 독자적인 문화를 발전시켜 나갔다.

+**아스카 문화** 아스카 지역을 중심으로 발전한 일본 최초의 불교문화

+**이두** 한자의 음과 뜻을 빌려 우리말을 적은 표기법

+**문묘** 공자를 모신 사당

STEP 2 개념 확인

대표 자료 확인하기

◆ 위진 남북조 시대의 전개

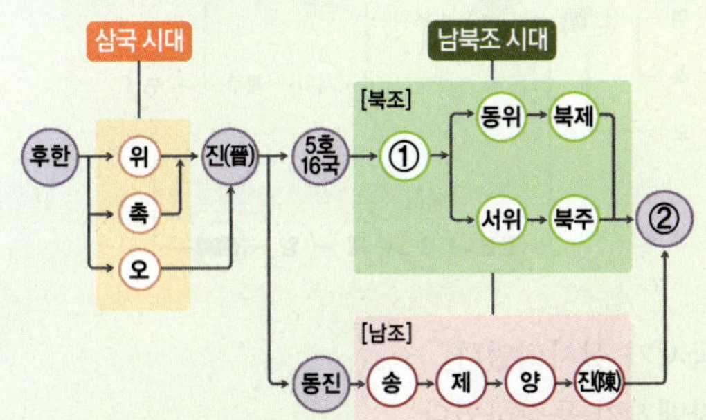

한이 멸망한 이후부터 (①)을/를 거쳐 (②)이/가 중국을 통일할 때까지의 시기를 위진 남북조 시대라고 한다.

◆ 당의 통치 체제 정비

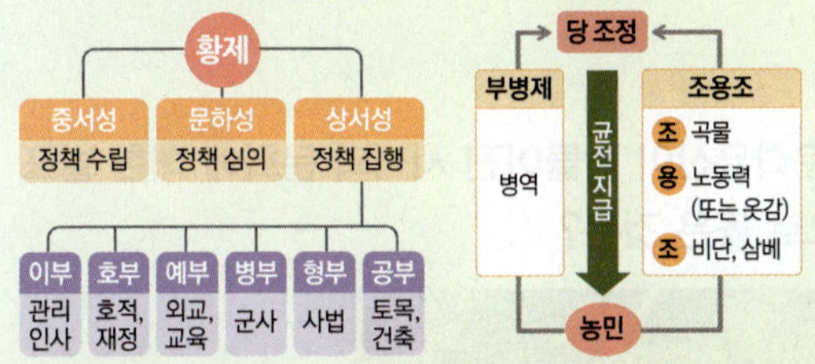

당은 중앙을 (③)(으)로 조직하고 지방에 주현을 두었다. 또한 농민의 생활을 안정시키기 위해 (④), 조용조, 부병제를 실시하였다.

한눈에 정리하기

◆ 위진 남북조 시대와 수·당의 발전

위진 남북조 시대	삼국 시대 → 진(晉) → 5호 16국, 동진 → 남북조 시대(북위 효문제의 한화 정책, 한족 왕조의 강남 개발)
수	• 문제: 과거제 실시, 통치 제도 정비 • (①): 대운하 완성
당	통치 체제 정비, 귀족적·국제적 문화 발달

◆ 만주와 한반도, 일본의 고대 국가 형성

만주와 한반도	고조선 → 삼국 시대(고구려, 백제, 신라) → 신라의 삼국 통일 → 통일 신라와 발해
일본	야요이 문화 → 야마토 정권(다이카 개신) → (②) → 헤이안 시대

◆ 동아시아 문화권의 형성

형성 배경	당의 제도·문물이 동아시아 각국에 전파
공통 요소	(③), 유교, 율령, 한자 등

---

1 다음 설명이 맞으면 ○표, 틀리면 ✕표를 하시오.

(1) 한이 멸망한 이후부터 수가 중국을 통일하기까지의 시기를 위진 남북조 시대라고 한다. ( )

(2) 북위의 효문제는 한족의 복장과 언어를 사용하지 못하게 하고, 한족과의 결혼도 금지하였다. ( )

2 다음 물음에 답하시오.

(1) 남조에서 유행한 것으로, 세속에서 벗어나 개인의 자유로운 삶을 추구하는 사상은? ( )

(2) 위진 남북조 시대에 실시된 것으로, 지방에 파견된 관리가 지역의 인물을 9개의 등급으로 나누어 중앙에 추천하는 제도는? ( )

3 ㉠에 들어갈 내용을 쓰시오.

> 수의 양제는 화북 지방과 강남 지방을 연결하는 (㉠)을/를 완성하였다.

4 다음 설명에 해당하는 제도를 〈보기〉에서 골라 기호를 쓰시오.

┌ 보기 ┐
ㄱ. 균전제   ㄴ. 부병제   ㄷ. 조용조

(1) 성인 남자에게 일정한 토지를 나누어 주었다. ( )

(2) 토지를 받은 농민에게 토지세, 노동력, 직물을 거두었다. ( )

(3) 농민이 농사일이 바쁘지 않을 때 군사 훈련을 받고 전쟁이 나면 병사로 복무하게 하였다. ( )

5 일본 고대 국가의 발전 과정을 순서대로 나열하시오.

> ㉮ 나라 시대   ㉯ 아스카 시대
> ㉰ 야요이 시대   ㉱ 헤이안 시대

( )

6 다음 괄호 안의 내용 중 알맞은 말에 ○표를 하시오.

(1) (이두 , 한자)는 동아시아 각국의 교류에 필요한 의사소통 수단이었다.

(2) 한대 이후 주변국에 전해진 (불교 , 유교)는 왕의 권한을 뒷받침하고 사회 질서를 유지하는 역할을 하였다.

01 (가) 왕조에 대한 설명으로 옳지 <u>않은</u> 것은?

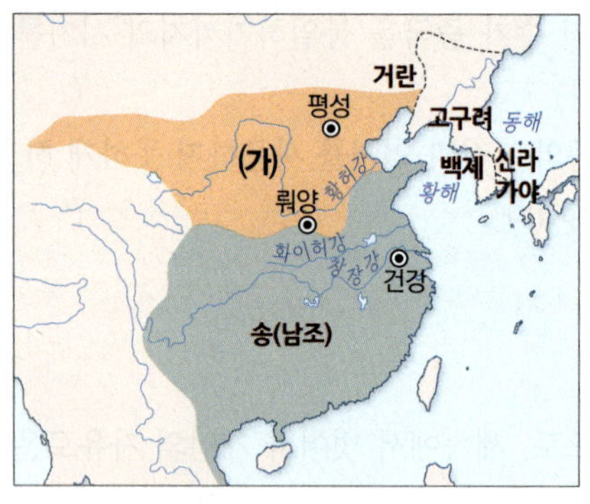

① 선비족이 건국하였다.
② 불교 조각이 발전하였다.
③ 국가 주도로 불경을 번역하였다.
④ 3성 6부의 통치 체제를 갖추었다.
⑤ 한족의 제도와 문물을 받아들였다.

02 밑줄 친 '왕조'에 대한 설명으로 옳은 것은?

> 북위가 화북 지방을 통일하고, 북방 민족에게 밀려난 한족은 남쪽으로 내려가 <u>왕조</u>를 이어갔다.

① 고조선을 멸망시켰다.
② 강남 지방을 개발하였다.
③ 효문제가 한화 정책을 추진하였다.
④ 과거제를 도입하여 인재를 등용하였다.
⑤ 지역마다 달랐던 도량형·화폐 등을 통일하였다.

03 ㉠에 들어갈 제도를 쓰시오.

> 위진 남북조 시대에는 지방에 파견된 관리가 그 지역의 인물을 9개의 등급으로 나누어 중앙에 추천하는 (㉠)을/를 실시하였다.

(   )

04 (가) 시대에 있었던 일로 옳은 것은?

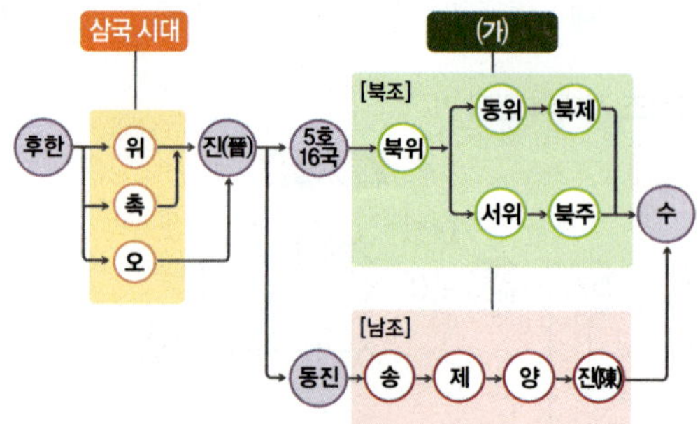

① 군국제가 실시되었다.
② 제자백가가 등장하였다.
③ 황건적의 난이 일어났다.
④ 고구려 원정이 추진되었다.
⑤ 호족이 문벌 귀족으로 성장하였다.

05 다음 문화유산이 만들어진 시기의 문화에 대한 발표 내용으로 옳은 것은?

① 훈고학이 발달하였어.
② 인도의 불교가 전래되었어.
③ 사마천이 『사기』를 편찬하였어.
④ 채륜이 종이 만드는 기술을 개량하였어.
⑤ 민간 신앙과 도가 사상이 결합한 도교가 발전하였어.

06 수 문제의 활동으로 옳은 것을 〈보기〉에서 고른 것은?

> **┤ 보기 ├**
> ㄱ. 과거제를 처음 시행하였다.
> ㄴ. 분서갱유로 유학자들을 탄압하였다.
> ㄷ. 남북으로 나뉘어 있던 중국을 통일하였다.
> ㄹ. 흉노 정벌을 위해 장건을 서역에 파견하였다.

① ㄱ, ㄴ   ② ㄱ, ㄷ   ③ ㄴ, ㄷ
④ ㄴ, ㄹ   ⑤ ㄷ, ㄹ

07 다음과 같은 통치 체제를 정비한 나라에 대한 설명으로 옳지 <u>않은</u> 것은?

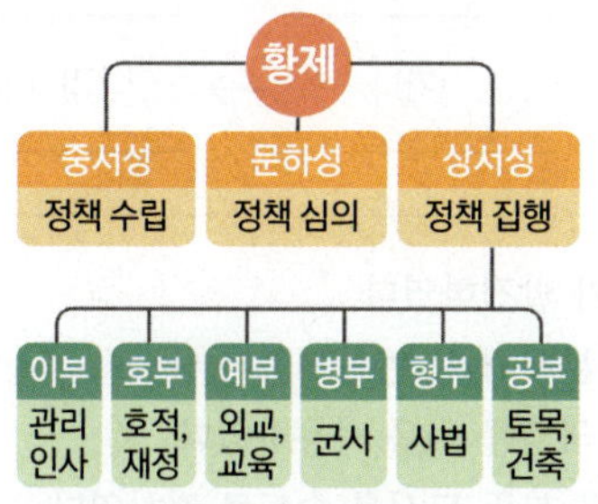

① 과거제를 실시하였다.
② 율령 체제를 완성하였다.
③ 장안을 수도로 건국되었다.
④ 동돌궐과 서돌궐을 정복하였다.
⑤ 흉노를 견제하고자 만리장성을 쌓았다.
⑥ 신라와 연합하여 백제와 고구려를 멸망시켰다.

08 밑줄 친 '이 제도'에 대한 설명으로 옳은 것을 〈보기〉에서 고른 것은?

> **역사 신문**
>
> **농민이 자신의 땅을 갖다**
>
> 당 조정은 농민의 생활을 안정시키고, 국가 재정과 군사력을 확보하기 위한 방안을 발표하였다. 이 제도의 실시로 농민들이 자신의 땅에서 직접 농사를 지을 수 있게 되었다.

┤ 보기 ├
ㄱ. 제도의 이름은 부병제이다.
ㄴ. 성인 남자에게 일정한 토지를 나누어 주었다.
ㄷ. 제도 실시 결과 지방 호족이 문벌 귀족으로 성장하였다.
ㄹ. 율령을 기반으로 하였으며 동아시아 여러 나라에 영향을 주었다.

① ㄱ, ㄴ   ② ㄱ, ㄷ   ③ ㄴ, ㄷ
④ ㄴ, ㄹ   ⑤ ㄷ, ㄹ

09 다음에서 설명하는 제도를 쓰시오.

> 농민이 농한기에는 군사 훈련을 받고, 전쟁이 나면 병사로 복무하게 하였던 당의 군사 제도이다.

(   )

10 ㉠, ㉡에 들어갈 내용으로 옳은 것은?

> 8세기 중반 당은 (㉠)을 겪으며 각 지역에서 절도사들이 힘을 키웠고, 지방 통제력은 약화되었다. 이러한 가운데 당은 농민 반란인 (㉡)을 계기로 더욱 쇠퇴하였고, 결국 절도사에게 멸망하였다.

	㉠	㉡
①	안사의 난	황소의 난
②	안사의 난	황건적의 난
③	황소의 난	안사의 난
④	황소의 난	진승·오광의 난
⑤	황건적의 난	진승·오광의 난

11 다음 자료를 활용한 탐구 주제로 가장 적절한 것은?

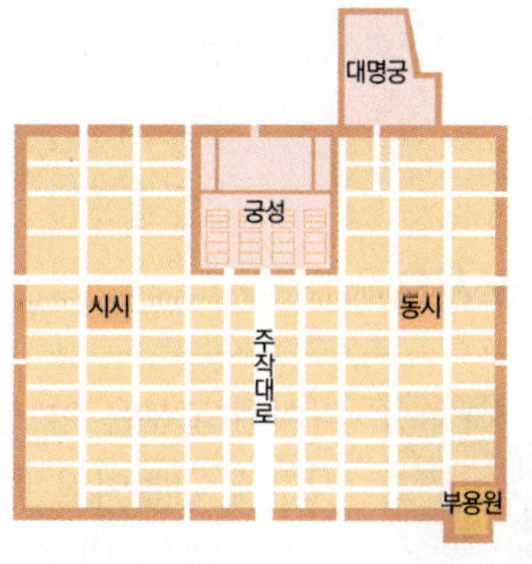

▲ 수도의 구조

▲ 대진 경교 유행 중국비

① 수의 중국 통일
② 제자백가의 출현
③ 효문제의 한화 정책
④ 당대 국제 도시로 번성한 장안
⑤ 초원길의 개척과 유목 민족의 성장

12 당의 문화에 대해 학생들이 나눈 대화 내용으로 옳지 <u>않은</u> 것은?

① 귀족적인 문화가 유행하였어.
② 시인으로 이백과 두보가 있었어.
③ 구양순이 서예가로 이름을 떨쳤어.
④ 왕유의 수묵 산수화가 인기를 끌었어.
⑤ 룽먼 석굴 사원과 같은 불교 조각이 발달하였어.

13 만주와 한반도의 고대 국가 발전 과정을 일어난 순서대로 나열한 것은?

> (가) 고조선이 건국되었다.
> (나) 신라가 한반도에서 당을 몰아냈다.
> (다) 고구려 유민들이 발해를 건국하였다.
> (라) 고구려, 백제, 신라에 율령이 반포되었다.

① (가) − (나) − (다) − (라)　② (가) − (다) − (나) − (라)
③ (가) − (라) − (나) − (다)　④ (다) − (나) − (가) − (라)
⑤ (다) − (나) − (라) − (가)

14 밑줄 친 '이 정권'을 쓰시오.

다이센 고분은 <u>이 정권</u> 시기에 만들어진 무덤으로, 앞은 네모나고 뒤는 둥근 것이 특징이다. <u>이 정권</u>은 4세기경 주변의 작은 나라들을 통합하였다.

(　　　　　　)

15 (가) 시기에 있었던 일로 옳은 것을 〈보기〉에서 고른 것은?

| 야요이 시대 | → | (가) | → | 나라 시대 |

┤ 보기 ├
ㄱ. 아스카 문화가 발전하였다.
ㄴ. 역사서인 『일본서기』가 편찬되었다.
ㄷ. '일본'이라는 국호를 처음 사용하였다.
ㄹ. 당의 장안성을 본뜬 도시를 수도로 정하였다.

① ㄱ, ㄴ　　② ㄱ, ㄷ　　③ ㄴ, ㄷ
④ ㄴ, ㄹ　　⑤ ㄷ, ㄹ

16 밑줄 친 '정치 개혁'에 대한 설명으로 옳은 것은?

> 7세기 일본에서는 중앙 집권 체제를 마련하려는 <u>정치 개혁</u>이 일어났다.

① 군국제를 시행하였다.
② 당의 율령을 수용하였다.
③ 수도를 헤이안쿄로 옮겼다.
④ 혈연 중심의 봉건제를 실시하였다.
⑤ '왕의 길'이라는 도로를 건설하였다.

17 다음 문화유산을 건립한 시대에 대한 설명으로 옳은 것은?

도다이지 대불전은 일본에서 가장 큰 목조 건축물이다. 이 문화유산이 건립된 당시에는 불교문화가 발전하였다.

① 제자백가가 등장하였다.
② 9품중정제가 실시되었다.
③ 쇼토쿠 태자가 불교를 장려하였다.
④ 왕을 '천황'이라고 부르기 시작하였다.
⑤ 당의 장안성을 본뜬 도시를 수도로 삼았다.

18 선생님의 질문에 대한 학생들의 답변으로 가장 적절한 것은?

① 경교가 전해졌어요.
② 도다이지가 건립되었어요.
③ 가나 문자가 제작되었어요.
④ 채륜이 제지술을 개량하였어요.
⑤ 화폐, 도량형, 문자가 통일되었어요.
⑥ 당과 신라에서 불교문화가 전래되었어요.

19 ㉠에 들어갈 내용을 쓰시오.

> (㉠)은/는 신라의 이두, 일본의 가나 문자, 베트남의 쯔놈 문자 형성에 영향을 주었다.

(   )

20 밑줄 친 '문화 요소'로 적절하지 <u>않은</u> 것은?

> **동아시아 문화권의 형성**
>
> 당이 세력을 확장하고 주변국과의 교류가 점점 활발해지면서 중국의 제도와 문화가 크게 발달하였다. 이에 당과 지리적으로 가까운 한반도, 일본, 베트남 등은 사신과 유학생을 파견하여 당의 선진 문화를 수용하였고, 그 과정에서 동아시아의 공통 <u>문화 요소</u>들이 생겨났다.

① 도교   ② 불교   ③ 유교
④ 율령   ⑤ 한자

01 수의 대운하 건설이 중국 사회에 미친 영향을 서술하시오.

02 다음 문화유산으로 알 수 있는 당 문화의 특징을 서술하시오.

↑ 서역인 상인과 낙타를 표현한 당삼채

↑ 페르시아산 은제 물병

03 다음을 읽고 물음에 답하시오.

> 중국에 전해진 (㉠)은/는 왕실의 권위를 높이고, 민심을 통합하는 데 기여하였다. 동아시아 여러 나라는 왕실을 중심으로 (㉠)을/를 발전시켰다.

(1) ㉠에 공통으로 들어갈 내용을 쓰시오.

(2) (1)이 동아시아의 여러 나라에 미친 영향을 <u>두 가지</u> 서술하시오.

02. 크리스트교와 이슬람교의 확산

✚ 서아시아의 사산 왕조 페르시아

1 사산 왕조 페르시아 `자료 1`

(1) **성립**: 3세기 초 아케메네스 왕조 페르시아의 부흥을 내세우며 수도를 크테시폰으로 삼고 성립

(2) **발전**

사회	페르시아어를 공용어로 사용, 조로아스터교를 국교로 삼음
정치	지방에 총독 파견 → 중앙 집권적 통치 체제 마련, 제국의 안정 도모
경제	• 로마 제국과 경쟁 • 유럽과 아시아를 잇는 동서 중계 무역으로 번영

(3) **멸망**: 비잔티움 제국과의 잦은 전쟁, 내부 반란으로 쇠퇴 → 7세기 이슬람 세력의 공격으로 멸망

(4) **문화**: 금속과 유리 공예품이 유행, 직물 공예와 염색 기술 발달 → 이슬람 세계와 비잔티움 제국에 전래, 당과 신라 등 동아시아 국가에도 영향을 줌
  └ 페르시아의 것과 비슷한 모양의 물병과 유리잔이 신라의 고분인 황남 대총에서 출토되었어.

✚ 인도의 굽타 왕조

1 굽타 왕조의 성립

(1) **성립**: 쿠샨 왕조 쇠퇴 후 인도 분열 → 찬드라굽타 1세가 인도 통일 후 왕조 성립(320)

(2) **찬드라굽타 2세(전성기)**

영토 확장	벵골만에서 아라비아해까지 영토를 넓힘
대외 교류	활발한 해상 무역, 사산 왕조 페르시아·로마·중국 등과 교류

(3) **멸망**: 이민족의 침입과 내부의 왕위 다툼으로 멸망(550)

2 힌두교의 등장과 확산 `자료 2`

(1) **성립**: 브라만교, 불교, 인도의 민간 신앙이 어우러져 형성

(2) **확산**: 브라만교의 복잡한 제사 절차 단순화, 인도 사람들이 믿던 여러 신들을 힌두교의 신으로 흡수, 왕의 권위 상승에 이용

(3) **특징**: 카스트제에 따른 신분 차별 인정 → 자신의 카스트에 따른 의무 수행 강조
  └ 의무를 성실히 수행하면 더 나은 카스트로 태어날 수 있다고 하였어.

(4) **영향**: 카스트에 따른 의무·규범을 담은 +『마누 법전』 정비 → 힌두교도의 일상생활에 영향을 줌

3 인도 고전 문화의 발전 `공부 TIP` 굽타 왕조 때 형성된 인도 고전 문화의 특징을 정리해 보자.

문학	+산스크리트어로 쓴 문학 발달, 인도의 전설과 설화를 담은 서사시 제작(『마하바라타』, 『라마야나』 등) └ 신의 뜻에 따라 의무를 다해야 한다는 내용이 담겨 있어.
미술	간다라 양식과 인도 고유의 양식이 융합된 굽타 양식 발달(아잔타 석굴, 엘로라 석굴이 대표 사원임) `자료 3`
자연 과학	• 천문학: 원주율을 이용하여 지구의 둘레 계산, 지구는 둥글며 자전한다는 사실을 밝힘 • 수학: 최초로 '0(영)'이라는 숫자 제작, 10진법 사용

└ 이슬람 세계에 전해져 자연 과학의 발달에 기여하였어.

`자료 1` **사산 왕조 페르시아의 발전**

사산 왕조 페르시아는 동서를 잇는 중계 무역으로 번영을 누렸으며, 메소포타미아 지역에서 인더스강 유역에 이르는 대제국을 건설하였다.

`자료 2` **힌두교의 확산**

힌두교도들은 비슈누가 인류를 구하기 위해 다른 모습을 한 화신이라고 믿었어.

시바는 힌두교의 주요 신 중 하나로, 파괴의 신이다. 비슈누는 세상의 질서를 유지하는 역할을 하였다. 굽타 왕조의 왕들은 비슈누가 왕의 모습으로 세상에 나타났다고 주장하며 자신의 권위를 높였다.

`자료 3` **굽타 양식의 발달**

아잔타 석굴에 있는 보살 벽화는 굽타 양식을 대표하는 그림이다. 옷 주름을 강조한 간다라 양식과 달리 인체의 윤곽을 강조하였으며, 인물의 생김새에도 인도 고유의 특색이 나타난다.

↑ 아잔타 석굴의 보살 벽화
  └ 29개의 석굴로 이루어져 있어.

+**마누 법전** 마누가 신의 계시를 받아 만들었다고 전하는 법전으로, 힌두교도의 의무 수행을 강조하여 카스트제를 뒷받침함

+**산스크리트어** '순수한 언어'라는 뜻으로, 지식 계층이 사용한 인도 고유의 언어

◆ 이슬람 세계의 성장

1 이슬람교의 성립 `공부 TIP` 이슬람 세계가 확대되는 과정을 정리해 보자.

(1) 배경
① 사산 왕조 페르시아와 비잔티움 제국의 대립 → 새로운 교역로로 메카와 메디나가 번영
② 소수 귀족이 무역의 이익 독차지 → 빈부 격차 심화, 전쟁 발생
(2) 성립: 7세기 초 메카의 상인 무함마드가 정립
(3) 특징: 유일신 알라에게 절대복종, 인간은 신 앞에 평등함을 강조
(4) 발전: 귀족들의 탄압을 피해 무함마드와 신도들이 메카에서 메디나로 이주(헤지라, 622) → 메카 정복, 주변 지역 통일 `자료 4`

2 정통 칼리프 시대(632~661) `자료 5`
(1) 성립: 무함마드 사후 선출된 네 명의 칼리프가 이슬람 세계를 이끎
(2) 영토 확장: 시리아와 이집트 점령, 사산 왕조 페르시아 정복
(3) 이슬람교의 확산: 정복지의 주민들이 이슬람교로 개종 시 +지즈야 면제, 평등을 강조하는 교리로 빠르게 확산

3 우마이야 왕조(661~750)
(1) 성립: 제4대 칼리프 알리의 피살 후 우마이야 가문이 칼리프 세습 └ 이 대립은 오늘날까지 계속되고 있어.
(2) 시아파와 수니파의 대립: 우마이야 왕조의 정통성을 두고 대립

시아파	알리를 무함마드의 유일한 후계자로 보고, 무함마드의 혈통이어야 칼리프가 될 수 있다고 보는 입장
수니파	능력과 자질을 갖추면 무함마드의 혈통이 아니더라도 누구나 칼리프가 될 수 있다고 보는 입장

(3) 영토 확장: 중앙아시아에서 북부 아프리카, 유럽의 이베리아반도까지 영토 확대
(4) 아랍인 우대 정책 실시: 비아랍인 이슬람교도들의 불만 증가

4 아바스 왕조(750~1258)
(1) 성립: 우마이야 왕조에 불만을 가진 세력을 모아 세움
(2) 발전
① 아랍인 중심의 민족 차별 정책 폐지: 비아랍인에게 부과하던 세금 면제, 비아랍인도 관리나 군인으로 임명
② 탈라스 전투 승리(751) → 동서 교역로 차지, 국제 무역으로 번영
(3) 쇠퇴: 이슬람 세계의 분열, 13세기 몽골의 침입으로 멸망
└ 이베리아반도에서 후우마이야 왕조가, 이집트에서 파티마 왕조가 성장하였어.

◆ 이슬람 문화권의 형성

1 이슬람 제국의 국제 교류와 경제 성장

배경	• 이슬람 사회에서는 상업 활동을 긍정적으로 여김 → 국가의 도로망 정비 및 상업 활동 지원 → 상업과 교역 발달 → 교역로 중심으로 도시 성장 `자료 6` • 교통의 요지에 있어 비단길과 바닷길을 이용하여 교역 주도
영향	동서 문화 교류 촉진, 이슬람교 확산, 금융 산업 발달

└ 이슬람 상인들은 인도, 동남아시아, 동아시아에 진출하여 향신료, 비단 등을 거래하였어.
└ 금과 은, 어음, 수표 등이 거래되었어.

`자료 4` 이슬람교의 발전

↑ 카바 신전

카바 신전은 이슬람교를 정립한 무함마드가 정복한 메카에 있다. 무함마드는 다신교 신전이었던 카바 신전을 알라를 모시는 신전으로 바꾸었다.

`자료 5` 이슬람 제국의 영역

이슬람 제국은 헤지라 이후 정통 칼리프 시대, 우마이야 왕조, 아바스 왕조를 거치며 활발한 정복 활동을 벌여 영역을 확대하였다.

`자료 6` 국제 도시로 번성한 바그다드

↑ 바그다드를 묘사한 그림

바그다드는 아바스 왕조의 수도로, 10세기 무렵에는 인구가 100만 명 이상이 넘는 대도시로 성장하였다. 아바스 왕조의 교역이 활발해지면서 바그다드는 국제 도시로 번영하였다.

+ 칼리프 무함마드의 계승자라는 뜻으로, 이슬람 공동체의 최고 권력자이자 종교 지도자를 일컬음
+ 지즈야 이슬람 세력이 정복한 지역의 주민에게 머릿수대로 거둔 세금으로, 인두세라고도 함

02. 크리스트교와 이슬람교의 확산

② 이슬람 문화권의 형성

(1) **이슬람 사회의 특징**: 경전 『쿠란』이 일상생활의 기본 규범이 됨
└ 무함마드가 알라로부터 받은 계시를 기록한 것으로, 아랍어 외에 다른 언어로 번역되는 것이 금지되었어.

(2) **이슬람교도의 다섯 가지 의무**: 알라가 유일신임을 고백(신앙 고백), 하루에 다섯 번 메카를 향해 기도(예배), 라마단 동안 해가 떠 있을 때 금식(단식), 일생에 한 번 이상 성지인 메카 방문(성지 순례), 가난한 사람을 도움(희사)

(3) **이슬람 문화권의 형성**

문학	설화 문학 유행(『아라비안나이트』)
건축	돔과 아치, 뾰족한 탑(미너렛)이 특징인 이슬람 사원(모스크) 발달
자연 과학	• 수학: 인도에서 숫자 '0(영)'을 받아들여 아라비아 숫자 완성 • 지리학: 지역 및 세계 지도 제작(이드리시의 세계 지도) • 화학: 연금술이 유행하는 과정에서 발달, 화학 용어 탄생 • 천문학: 아스트롤라베 발전, 항해술 발달, 해상 교역 활발 • 의학: 곳곳에 병원 설립, 이븐시나가 『의학전범』 저술

└ 아라비아 만담을 중심으로 페르시아, 인도, 이집트 등지의 설화를 모은 책이야.
└ 덩굴무늬, 아랍 문자 등의 아라베스크로 장식되었어.
└ 유럽의 근대 과학 발전에 영향을 주었어.
└ 이슬람 의학을 집대성하였어.

❖ 유럽 세계의 변화

공부 TIP 중세 서유럽 세계가 형성되는 과정을 정리해 보자.

① 게르만족의 이동과 프랑크 왕국의 성장

(1) **게르만족의 이동**: 4세기 말 훈족의 압박으로 이동하여 서로마 제국 곳곳에 나라를 세움 → 서로마 제국 멸망(476) 자료7

(2) **프랑크 왕국의 성장** ┌ 게르만족이 갈리아 지방에 세운 나라야.

① 배경: 5세기 말 크리스트교의 수용으로 로마 교회의 지지를 얻음 → 8세기 초 서유럽에 쳐들어온 이슬람 세력 격퇴

② **카롤루스 대제**(전성기): 영토 확장 및 정복지에 크리스트교 전파 → 로마 교황으로부터 서로마 황제의 관을 수여(800), 학문과 예술 발전 도모(서유럽 문화의 기틀 마련) ┌ 게르만 문화, 로마 문화, 크리스트교가 융합하였어.

③ 분열: 카롤루스 대제 사후 내분 발생 → 세 나라로 분열 자료8

② 비잔티움 제국의 발전

시험 단골 유스티니아누스 황제의 업적을 묻는 문제가 자주 출제돼!

(1) **특징**: 서로마 제국이 멸망한 뒤에도 약 천 년 동안 더 지속, 황제가 정치적·군사적 지배자이자 교회의 수장 역할을 함

(2) **유스티니아누스 황제**(전성기): 옛 로마 제국 영토의 상당 부분 회복, 『유스티니아누스 법전』 편찬, 성 소피아 대성당 건립, 수도 콘스탄티노폴리스가 세계 최대 도시로 성장

(3) **동서 교회의 분열**

배경	8세기 비잔티움 제국 황제의 *성상 숭배 금지
결과	서유럽의 로마 가톨릭교회와 비잔티움 제국의 그리스 정교로 분리

(4) **비잔티움 제국의 문화**: 그리스 정교를 바탕으로 고대 그리스·로마 문화와 헬레니즘 문화가 융합
└ 정교는 비잔티움 제국의 크리스트교가 정통성을 가졌다는 것을 의미해.

내용	그리스어를 공용어로 사용, 그리스·로마의 고전 연구, 로마의 법률 집대성, 비잔티움 양식 발달(성 소피아 대성당) 자료9
영향	이탈리아 르네상스 및 유럽 동북부의 슬라브족 문화에 영향을 줌

자료 7 게르만족의 이동

유럽 북부에 살던 게르만족은 훈족의 압박으로 대규모 이동하였으며, 이 과정에서 서로마 제국은 게르만족 출신 용병 대장에게 멸망하였다.

자료 8 프랑크 왕국의 분열

└ 각 나라는 오늘날의 프랑스, 이탈리아, 독일의 기원이 되었어.

프랑크 왕국은 베르됭 조약, 메르센 조약에 따라 서프랑크, 중프랑크, 동프랑크로 나뉘었다.

자료 9 비잔티움 제국의 문화

↑ 성 소피아 대성당과 내부의 모자이크 벽화

비잔티움 양식을 대표하는 성 소피아 대성당은 벽 위에 거대한 돔을 올리고 모자이크 벽화로 내부를 장식하였다.
└ 여러 가지 빛깔의 돌, 유리, 금속 등을 붙여서 무늬나 그림을 만드는 기법이야.

+ **훈족** 중앙아시아의 유목 민족으로, 이들이 동유럽으로 진출하면서 그곳에 살던 게르만족이 남쪽으로 이동함

+ **성상** 예수와 성모 마리아, 12사도와 성인들을 조각하거나 그린 것을 뜻함

✦ STEP 2 개념 확인

✦ 이슬람교의 발전

(①)은/는 카바 신전을 (②)을/를 모시는 신전으로 바꾸었다.

✦ 비잔티움 제국의 문화

(③)을/를 대표하는 성 소피아 대성당은 (④) 벽화로 내부를 장식하였다.

✦ 사산 왕조 페르시아와 굽타 왕조의 발전

사산 왕조 페르시아	아케메네스 왕조 페르시아의 부흥을 내세우며 성립, 조로아스터교를 국교로 정함, 지방에 총독 파견
굽타 왕조	(①) 형성, 찬드라굽타 2세 때 전성기, 인도 고전 문화 발전

✦ 이슬람 세계의 성장

정통 칼리프 시대	네 명의 (②) 선출, 시리아·이집트 등 정복, 이슬람교 확산
우마이야 왕조	시아파와 수니파의 대립, 영토 확장, 아랍인 우대 정책 실시
아바스 왕조	민족 차별 정책 폐지, 탈라스 전투에서 승리, 수도 (③) 성장

✦ 유럽 세계의 변화

프랑크 왕국	(④) 때 전성기 → 내분이 일어나 세 나라로 분열
비잔티움 제국	(⑤) 때 전성기(성 소피아 대성당 건립), 동서 교회의 분열

---

1 사산 왕조 페르시아에 대한 설명이 맞으면 ○표, 틀리면 ✕표를 하시오.

(1) 크리스트교를 국교로 삼았다. ( )

(2) 금속과 유리, 직물 공예품이 유명하였다. ( )

2 빈칸에 들어갈 내용을 쓰시오.

(1) 4세기 초 찬드라굽타 1세는 여러 나라로 나뉜 인도를 통일하고 ( )을/를 세웠다.

(2) 굽타 왕조 시기에는 브라만교, 불교, 인도의 민간 신앙이 융합된 ( )이/가 형성되었다.

(3) 굽타 왕조 시기에 미술에서는 간다라 양식과 인도 고유의 양식이 어우러진 ( )이/가 나타났다.

3 다음 괄호 안의 내용 중 알맞은 말에 ○표를 하시오.

(1) 이슬람교는 메카의 상인인 (알리 , 무함마드)가 정립하였다.

(2) 우마이야 왕조 시기에 능력에 따라 누구나 칼리프가 될 수 있다는 (수니파 , 시아파)가 형성되었다.

(3) (아바스 왕조 , 우마이야 왕조)는 아랍인 중심의 민족 차별 정책을 없애 비아랍인에게 부과하던 지즈야를 면제하였다.

4 ㉠에 들어갈 내용을 쓰시오.

> 이슬람교의 경전인 (㉠)은/는 이슬람 사회에서 일상생활의 기본 규범이 되었다.

5 다음 설명에 해당하는 나라를 〈보기〉에서 골라 기호를 쓰시오.

> **보기**
> ㄱ. 프랑크 왕국 　　ㄴ. 비잔티움 제국

(1) 내분이 일어나 세 나라로 분열되었다. ( )

(2) 서로마가 멸망한 뒤에도 약 천 년 동안 지속되었다. ( )

6 다음 물음에 답하시오.

(1) 비잔티움 양식을 대표하는 문화유산으로, 유스티니아누스 황제가 건립한 건축물은? ( )

(2) 유럽과 아시아를 잇는 교역로에 있어 당시 세계 최대 도시로 성장한 비잔티움 제국의 수도는? ( )

01 (가) 나라에 대한 설명으로 옳은 것은?

① 페르세폴리스를 건설하였다.
② 서아시아를 최초로 통일하였다.
③ 조로아스터교를 국교로 인정하였다.
④ 다리우스 1세 때 전성기를 맞이하였다.
⑤ 그리스와의 세 차례 전쟁에서 패하였다.

02 다음 문화유산을 활용한 탐구 주제로 가장 적절한 것은?

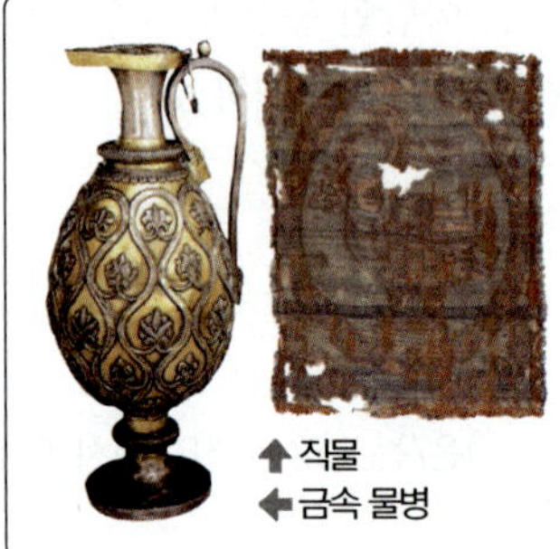

이 나라는 특히 금속과 유리 공예품이 유명하였고, 직물 공예와 염색 기술도 뛰어났다. 이 나라의 문물은 중국을 거쳐 한반도에도 전해졌다.

① 당의 귀족적인 문화
② 헬레니즘 문화의 발달
③ 인도 고전 문화의 발전
④ 동아시아 문화권의 형성
⑤ 사산 왕조 페르시아의 문물 교류

중요해

03 ㉠에 들어갈 종교를 쓰시오.

(㉠)은/는 굽타 왕조 시대에 브라만교를 바탕으로 불교와 인도의 민간 신앙이 어우러져 형성된 종교이다.

(   )

04 지도의 최대 영역을 차지한 왕조에 대한 설명으로 옳은 것은?

지도에 표시된 최대 영역을 차지하였던 왕조는 4세기 초에 인도에서 성립한 이후 벵골만에서 아라비아해까지 영토를 넓히며 전성기를 맞이하였다.

① 산치 대탑을 세웠다.
② 간다라 양식이 발달하였다.
③ 활발한 해상 무역으로 번영하였다.
④ 카니슈카왕 때 전성기를 맞이하였다.
⑤ 비잔티움 제국과의 전쟁 과정에서 쇠퇴하였다.

05 밑줄 친 '이 종교'에 대한 설명으로 옳지 <u>않은</u> 것은?

'시바'는 이 종교의 주요 신 중 하나로 파괴의 신이다. 과거, 현재, 미래를 바라보는 두 개의 눈과 내면을 바라보는 하나의 눈이 있다.

① 쿠샨 왕조 시대에 형성되었다.
② 브라만교의 제사 절차를 단순화하였다.
③ 카스트제에 따른 신분 차별을 인정하였다.
④ 인도 사람들이 믿던 여러 신들을 받아들였다.
⑤ 왕들이 자신의 권위를 높이기 위해 이용하였다.

06 다음 법전에 대한 설명으로 옳은 것은?

브라만에게는 『베다』를 가르치며 제사 지내는 일을, 크샤트리아에게는 백성을 보호하고 다스릴 것을 …… 마지막으로 수드라에게는 앞선 세 신분의 사람들에게 봉사하는 임무를 명령하셨다.
– 「마누 법전」

① 브라만교를 뒷받침하였다.
② 아소카왕 시기에 정비되었다.
③ 로마의 법률을 모아 편찬되었다.
④ 카스트에 따른 의무와 규범이 강조되었다.
⑤ 한자의 기원이 되는 갑골문으로 기록되었다.

07 다음 문화유산이 만들어진 시기에 있었던 일로 옳지 <u>않은</u> 것은?

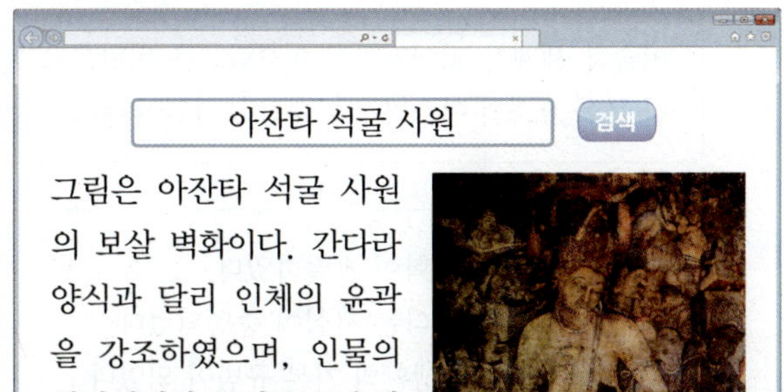

그림은 아잔타 석굴 사원의 보살 벽화이다. 간다라 양식과 달리 인체의 윤곽을 강조하였으며, 인물의 생김새에서도 인도 고유의 특색이 돋보인다.

① 『의학전범』이 편찬되었다.
② 숫자 '0(영)'의 개념이 사용되었다.
③ 산스크리트어로 쓴 문학이 유행하였다.
④ 『마하바라타』, 『라마야나』 등의 서사시가 쓰였다.
⑤ 간다라 양식과 인도 고유의 양식이 어우러진 굽타 양식이 발전하였다.
⑥ 원주율을 이용하여 지구의 둘레를 계산하였고, 지구의 자전설을 밝혀냈다.

08 밑줄 친 '이유'로 적절한 것을 〈보기〉에서 고른 것은?

무함마드 사후 네 명의 칼리프가 차례로 선출되어 이슬람 공동체를 이끌었다. 이 시대에는 여러 <u>이유</u>로 이슬람교가 빠르게 확산되었다.

┤ 보기 ├
ㄱ. 카스트제를 비판하였다.
ㄴ. 평등을 강조하는 교리를 내세웠다.
ㄷ. 이슬람교로 개종하면 지즈야를 면제하였다.
ㄹ. 개인의 자유로운 삶을 추구하는 청담 사상을 강조하였다.

① ㄱ, ㄴ　　② ㄱ, ㄷ　　③ ㄴ, ㄷ
④ ㄴ, ㄹ　　⑤ ㄷ, ㄹ

09 ㉠에 들어갈 내용으로 옳은 것은?

메카에 있는 카바 신전은 다신교 신전이었는데, 무함마드가 (㉠)만을 모시는 신전으로 바꾸었다.

① 알라　　　　② 예수　　　　③ 비슈누
④ 석가모니　　⑤ 아후라 마즈다

10 지도의 최대 영역을 차지한 왕조 시기에 있었던 일로 옳은 것은?

① 안사의 난이 일어났다.
② 『마누 법전』이 정비되었다.
③ 무함마드가 메카를 정복하였다.
④ 아랍인 우대 정책을 실시하였다.
⑤ 탈라스 전투에서 당에 승리하였다.

11 ㉠, ㉡에 들어갈 내용을 각각 쓰시오.

(㉠)은/는 무함마드의 혈통이어야 칼리프가 될 수 있다고 보았다. 반면, (㉡)은/는 무함마드의 혈통이 아니더라도 능력과 자질을 갖춘 자라면 누구나 칼리프가 될 수 있다고 보았다.

㉠: (　　　　　　), ㉡: (　　　　　　)

12 선생님의 질문에 대한 학생들의 답변으로 옳은 것은?

① 이베리아반도에 왕조를 수립하였어요.
② 찬드라굽타 2세 때 전성기를 맞이하였어요.
③ 사산 왕조 페르시아와 교류하며 성장하였어요.
④ 아랍인 중심의 민족 차별 정책을 폐지하였어요.
⑤ 제4대 칼리프 알리를 죽이고 왕조를 수립하였어요.

13 이슬람 세계의 발전 과정을 일어난 순서대로 나열한 것은?

> (가) 아바스 왕조가 동서 교역로를 장악하였다.
> (나) 우마이야 가문이 칼리프 자리를 세습하였다.
> (다) 무함마드의 계승자들이 칼리프에 선출되었다.
> (라) 무함마드가 메카를 정복하고 주변 지역을 통일하였다.

① (가) – (나) – (다) – (라) 　② (나) – (라) – (가) – (다)
③ (나) – (라) – (다) – (가) 　④ (라) – (나) – (다) – (가)
⑤ (라) – (다) – (나) – (가)

14 이슬람교도의 다섯 가지 의무가 <u>아닌</u> 것은?

① 가난한 사람을 돕는다.
② 알라가 유일신임을 고백한다.
③ 카스트에 따른 의무를 수행한다.
④ 하루에 다섯 번 메카를 향해 기도한다.
⑤ 라마단 동안 해가 떠 있을 때 금식한다.
⑥ 일생에 한 번 이상 성지인 메카를 순례한다.

15 다음 문화권의 사례로 적절한 것을 〈보기〉에서 고른 것은?

> 이슬람 세계가 넓어지면서 이슬람교를 바탕으로 다양한 문화 요소가 어우러진 이슬람 문화권이 형성되었다.

┌ 보기 ┐
ㄱ. 산스크리트 문학이 발달하였다.
ㄴ. 지구가 자전한다는 사실이 증명되었다.
ㄷ. 『쿠란』이 일상생활의 기본 규범이 되었다.
ㄹ. 돔과 뾰족한 탑을 특징으로 하는 모스크가 발달하였다.

① ㄱ, ㄴ 　② ㄱ, ㄷ 　③ ㄴ, ㄷ
④ ㄴ, ㄹ 　⑤ ㄷ, ㄹ

중요해

16 지도에 나타난 민족의 이동이 유럽 사회에 미친 영향으로 가장 적절한 것은?

① 서로마 제국이 멸망하였다.
② 로마 제국이 동서로 분리되었다.
③ 프랑크 왕국이 세 나라로 분열되었다.
④ 크리스트교 세력이 동서로 나뉘어 대립하였다.
⑤ 콘스탄티노폴리스가 당시 최대 도시로 성장하였다.

17 다음에서 설명하는 인물을 쓰시오.

> • 프랑크 왕국의 전성기를 이끌었다.
> • 정복한 지역에 크리스트교를 전파하였다.
> • 로마 교황으로부터 서로마 황제의 관을 받았다.

(　　　　　　)

18 빈칸에 들어갈 내용으로 가장 적절한 것은?

> 비잔티움 제국의 황제가 예수, 성모 마리아, 12사도와 성인들을 조각한 성상의 숭배를 일절 금지하였다. 그 결과 [   ]

① 이슬람교가 빠르게 확산되었다.
② 후우마이야 왕조가 성립하였다.
③ 시아파와 수니파가 나뉘어 대립하였다.
④ 로마 가톨릭교회와 그리스 정교가 분리되었다.
⑤ 프랑크 왕국이 로마 교회의 지지를 얻게 되었다.

19 밑줄 친 '이 제국'에 대한 설명으로 옳지 않은 것은?

그림의 가운데 인물은 이 제국의 전성기를 이끈 유스티니아누스 황제이다.

① 조로아스터교를 국교로 삼았다.
② 그리스어를 공용어로 사용하였다.
③ 콘스탄티노폴리스를 수도로 삼았다.
④ 로마의 법률을 집대성한 법전을 편찬하였다.
⑤ 그리스·로마 문화와 헬레니즘 문화를 융합하였다.

20 다음 문화유산으로 옳은 것은?

① 지구라트 　　　② 콜로세움
③ 산치 대탑 　　　④ 성 소피아 대성당
⑤ 아잔타 석굴 사원

01 굽타 왕조 시기에 문학과 미술 분야에서 나타난 특징을 각각 서술하시오.

____

____

____

02 다음을 읽고 물음에 답하시오.

> 7세기 초 이슬람의 상인 무함마드가 (㉠)을/를 정립하였다. 그러나 ㉡ 귀족들의 탄압으로 무함마드와 신도들은 메카에서 메디나로 거처를 옮겼다.

(1) ㉠에 들어갈 종교를 쓰시오.

____

(2) 밑줄 친 ㉡의 이유를 두 가지 서술하시오.

____

____

____

03 이슬람 상인이 동서 무역을 주도할 수 있었던 배경을 두 가지 서술하시오.

____

____

____

✚ 새유럽 봉건 사회의 성립

1 봉건 질서의 성립

(1) 배경: 프랑크 왕국의 분열, 이민족의 침입 → 일부가 기사로 무장하여 외적의 침입에 대비
└ 바이킹, 이슬람 세력 등이야.

(2) 성립: 주종 관계와 장원제를 바탕으로 ✚봉건 사회 성립 〔자료 1〕

① **주종 관계**: 땅(봉토)을 매개로 한 주군과 봉신 간의 관계, 서로 의무를 지켜야 하는 쌍무적 계약 관계
└ 어느 한쪽이 의무를 지키지 않으면 계약은 깨질 수 있었어.

주군	기사에게 땅(봉토)을 주고 신하(봉신)로 삼음
봉신	기사를 주군으로 섬기고 충성과 봉사 맹세

② **장원제**: 봉신의 봉토 운영 방식
└ 경작지(춘경지, 추경지, 휴경지로 구분), 공동 방목지, 교회, 방앗간 등이 있었어.

영주	봉신이 영주가 되어 주군의 간섭 없이 장원을 다스림(재판권, 세금 징수권 행사)
농노	대부분 장원의 농민으로 구성, 영주의 토지에서 경작(주 3회 정도), 영주에게 각종 세금과 시설의 사용료 납부, 영주의 허락 없이 이사 불가, 약간의 재산 소유 및 결혼 가능

(3) 영향: 지방 세력 강화, 왕권 약화 → 지방 분권적 정치 체제 확립

2 중세 서유럽 사람들의 생활 〔자료 2〕

농민	중세 서유럽 인구의 상당수 차지, 장원 안에서 공동 경작 및 자급자족하는 농촌 공동체를 이룸
기사	농민의 노동으로 생활 유지, 공동체를 안전하게 지키는 일을 자신의 의무로 여김, 훈련이자 모의 전투로 사냥과 마상 시합 실시
성직자	삶의 전 과정을 신과 연결하는 중재자 역할, 수도원장과 대주교 등 일부 성직자는 영주로서 장원을 다스림

└ 성직자들은 농사가 시작될 시기에 마을의 밭을 돌며 풍년을 빌었어.

3 중세 크리스트교 세계의 변화

(1) ✚수도원 운동

① 배경: 9세기 이후에 교회가 봉토를 받으면서 왕과 제후가 성직자 임명권 차지 → 교회의 세속화 심화, 성직자의 부패
└ 결혼을 하거나 성직을 사고팔기도 하였어.

② 전개: 10세기 초 **클뤼니 수도원** 중심으로 교회 개혁 운동 전개
└ 기도, 고전 연구, 노동에 집중하는 삶을 강조하였어.

(2) 교황과 황제의 대립

① 배경: 수도원 운동의 성공으로 교회의 지위가 높아짐

② 전개

카노사의 굴욕(1077)	성직자 임명권을 두고 교황(그레고리우스 7세)과 황제(하인리히 4세)가 대립함 → 교황의 성직자 임명권에 대해 황제가 반발하였으나 ✚파문 당하자 카노사에서 교황에게 용서를 빎
보름스 협약(1122)	교황만이 성직자 임명권을 가질 수 있다고 결정함 → 교황이 크리스트교 세계의 최고 지배자가 됨 〔자료 3〕

└ 13세기에 교황권이 강화되자, '교황은 해, 황제는 달'이라는 말이 나오기도 하였어.

4 크리스트교 중심의 중세 서유럽 문화

(1) 학문: 신학 중심, 아리스토텔레스 철학의 영향으로 신앙과 이성의 조화를 강조하는 **스콜라 철학** 유행(신학자 토마스 아퀴나스가 『신학 대전』에서 집대성)

〔자료 **1**〕 **봉건 사회의 구조** 〔시험 단골〕 봉건 사회의 구조를 묻는 문제가 자주 출제돼!

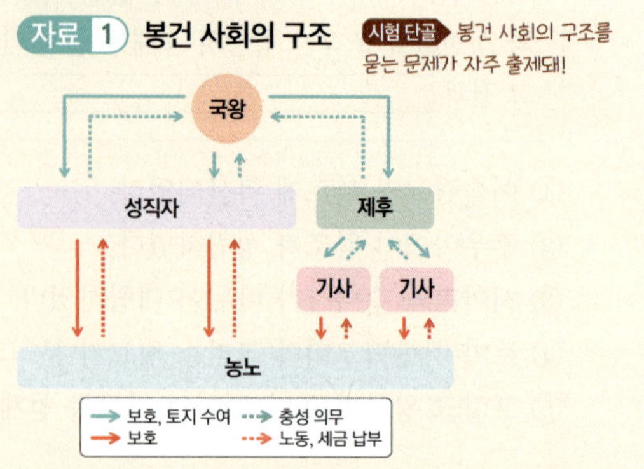

중세 서유럽의 기사들은 자기보다 강한 기사를 주군으로 섬기고 충성과 봉사를 맹세하였으며, 주군은 그 기사에게 땅(봉토)을 주고 신하(봉신)로 삼았다.

〔자료 **2**〕 **중세의 세 신분**

└ 왼쪽부터 기도하는 자(성직자), 싸우는 자(기사), 농사짓는 자(농민)를 표현하였어.

중세 서유럽의 봉건 사회는 성직자, 기사, 농민의 세 신분으로 구성되었다.

〔자료 **3**〕 **보름스 협약**

> 신성 로마 제국의 황제인 나, 하인리히 5세는 …… 영적 권력에 따른 모든 성직자 임명권을 신에게 그리고 성스러운 로마 가톨릭교회에 바친다. 또한 신성 로마 제국 안에 있는 모든 교회에서 교회법에 따라 자유롭게 성직자를 임명하는 것에 동의한다.

1122년 보름스 대성당에서 교황과 황제는 보름스 협약을 맺음으로써 교황만이 성직자 임명권을 가질 수 있다고 결정하였다.

Plus 용어

✚ **봉건** 토지를 통해 주군과 봉신 사이에 형성되는 관계

✚ **수도원** 수도사들이 공동생활을 하는 곳으로, 수도사들은 기도, 고전 연구, 노동 속에서 청빈한 생활을 함

✚ **파문** 크리스트교 공동체에서 쫓아내는 것을 말함

(2) **교육**: 초기에는 교회와 수도원이 담당 → 12세기 이후 유럽에 **대학** 설립(학생 또는 교사들이 만든 공동체, 교회나 영주의 간섭에서 벗어나 자치적으로 운영, 학문과 문화 발달에 기여)

주로 신학, 법학, 의학 등을 가르쳤어.

(3) **건축** 자료 4

| 로마네스크 양식 | 11세기 발달, 둥근 천장과 반원형 아치 |
| 고딕 양식 | 12세기 발달, 뾰족한 탑과 화려한 스테인드글라스 |

(4) **문학**: 기사들의 영웅담이나 사랑을 소재로 한 기사도 문학 인기 (『아서왕 이야기』, 『롤랑의 노래』 등)

주로 크리스트교의 교리에 대한 내용을 묘사하였어.

❖ 이슬람 세계와 크리스트교 세계의 충돌과 교류

1 셀주크 튀르크의 성장

(1) **성립**: 11세기경 중앙아시아의 유목 민족인 **셀주크 튀르크** 성장

(2) **성장**: 바그다드 정복, 아바스 왕조의 칼리프로부터 +술탄의 칭호를 얻으며 이슬람 세계를 이끎, 이후 크리스트교 세계와 마찰을 빚게 됨

2 십자군 전쟁 자료 5 공부 TIP 십자군 전쟁의 배경과 전개 과정을 정리해 보자.

| 배경 | 11세기 후반 셀주크 튀르크가 예루살렘 점령, 비잔티움 제국 위협 |
| 전개 | 비잔티움 제국의 황제가 교황에게 도움 요청 → 교황(우르바누스 2세)이 **클레르몽 공의회**에서 성지 회복 및 전쟁 참여 호소 → 전쟁 시작 → 한때 예루살렘을 점령하기도 하였으나 점차 본래의 목적을 잃고 상업적 이익 중시 → 성지 회복 실패 |

3 십자군 전쟁의 영향

(1) **서유럽 사회의 변화**: 전쟁을 주도한 교황의 권위 하락, 전쟁에 참여한 제후와 기사 세력 약화, 상대적 왕권 강화

(2) **셀주크 튀르크의 쇠퇴**: 수도 이전 → 국력 약화, 13세기 중반 몽골군의 침입으로 쇠퇴

4 지중해 무역권의 성장과 문화 교류

(1) **유럽 시장 활성화**: 십자군 전쟁 중 교류로 아시아 사치품에 대한 수요 증대 → 유럽 시장의 활성화

베네치아, 제노바, 피사 등이야.

(2) **지중해 무역권의 성장**: 십자군 전쟁 후 크리스트교 세계와 이슬람 세계의 교역 활발 → 지중해 무역권 성장, 지중해 연안 도시 번성, 이베리아반도와 콘스탄티노폴리스가 학문·기술 교류의 창구 역할을 함

이 지역을 통해 비잔티움 제국의 고전 문화, 이슬람 세계의 자연 과학, 중국의 제지술 등이 유럽에 소개되었어.

❖ 중세 서유럽 사회의 위기와 변화

1 도시의 발전

(1) **배경**: 11세기 이후 농업이 발달하면서 잉여 생산물 증가 → 상업 발달, 원거리 무역 증가 → 기존 도시 성장, 새로운 도시 발전

(2) **도시의 자치권**: 길드를 만들어 도시 운영 → 부를 쌓은 도시민들이 영주에게 돈을 내거나 무력으로 저항하여 **자치권** 획득 자료 6

자료 4 **중세 유럽의 건축 양식**

높이 솟은 탑은 신과 가까워지고자 하는 소망을 상징해.

↑ 피사 대성당   ↑ 샤르트르 대성당

중세 유럽의 건축은 크리스트교의 영향을 받아 교회와 수도원을 중심으로 발달하였다. 11세기에는 피사 대성당과 같은 로마네스크 양식이, 12세기 이후에는 샤르트르 대성당과 같은 고딕 양식이 유행하였다.

자료 5 **십자군 전쟁의 전개**

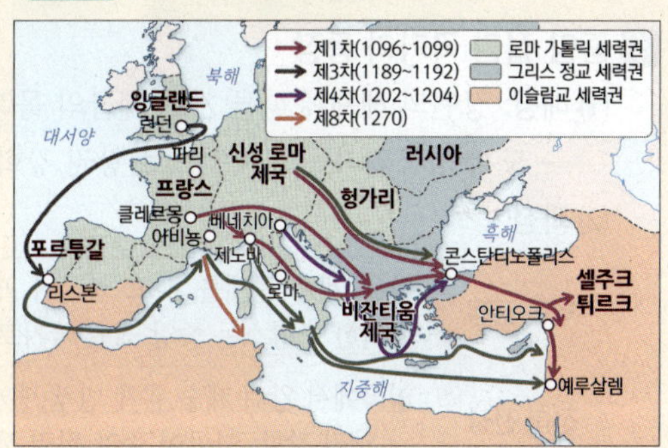

십자군 전쟁은 200여 년 동안 여러 차례에 걸쳐 일어났다. 십자군은 제1차 원정 때 예루살렘을 점령하기도 하였지만 결국 성지를 회복하지 못하였다.

자료 6 **도시의 발전**

↑ 자치권을 인정하는 특허장을 받는 플랑드르의 시민들

도시의 상인과 수공업자들은 동업 조합인 길드를 만들어 도시를 운영하였다. 이 과정에서 부를 쌓은 도시민들은 자치권을 얻었다.

+**술탄** 이슬람 세계의 정치적 지배자를 뜻하며, 술탄이 등장한 이후 칼리프는 종교적 지도자만을 뜻하는 칭호가 됨

+**길드** 도시의 상인과 수공업자들이 자신들의 이익을 추구하여 조직한 동업 조합

---

03. 서아시아와 유럽의 교류와 갈등

2 봉건 사회의 해체 [자료 7]

배경	• **흑사병**의 유행: 인구 감소 → 노동력 부족 → 농민의 지위 상승 (유럽 인구의 3분의 1이 사망하였어.)
	• **농민 반란** 발생: 자크리의 난, 와트 타일러의 난 등
	• 농노 신분 해방: 상업과 도시의 성장, 화폐 사용 증가 → 영주가 농노에게 돈을 받고 신분을 해방시켜 줌
결과	점진적으로 장원 해체, 중세 봉건 사회의 동요

3 교황권의 쇠퇴

(1) **아비뇽 유수**: 13세기 후반 프랑스의 국왕(필리프 4세)이 성직자에게 세금 징수 → 교황(보니파키우스 8세)의 반대 → 교황이 사망하자 국왕이 로마에 있던 교황청을 프랑스 아비뇽으로 이전 (일부 지역에서 영주가 줄어든 수입을 보충하려고 농민들을 억압하자 이에 저항하여 일어났어. / 이후 약 70년 동안 7대에 걸친 교황들이 아비뇽에서 살았어.)

(2) **교회의 대분열 시대**: 교황청이 로마로 돌아간 뒤에도 로마와 아비뇽에서 각각 교황을 뽑음 → 약 40년 동안 교회의 대분열 시대 지속 → 교황권 쇠퇴

4 중앙 집권 국가의 등장

(1) **배경**: 장원의 해체에 따른 기사 계급의 몰락, 도시 상공업자의 성장 → 도시 상공업자들의 지원으로 왕권 강화

(2) **과정**

| **⁺백년 전쟁** | 왕위 계승 문제를 두고 영국과 프랑스의 대립 → 전쟁에서 승리한 프랑스는 중앙 집권 국가로 성장하는 발판을 마련함 (잔 다르크의 활약으로 프랑스군이 전세를 역전하였어.) |
| **장미 전쟁** | 영국에서 왕위 계승 문제 발생(랭커스터와 요크 가문의 대립) → 왕권 강화, 영국이 중앙 집권 국가의 모습을 갖추어 감 |

◆ 유럽의 르네상스

1 이탈리아의 르네상스

(1) **⁺르네상스의 의미**: 14~16세기 유럽에서 고대 그리스·로마 문화의 부활을 내세운 문예 부흥 운동

(2) **발달 배경**: 고대 로마의 문화유산 보존, 이주한 비잔티움 제국 학자들의 활발한 고전 문화 연구, 지중해 무역으로 경제적 번영 (부유해진 상인들은 예술가를 후원하였어.)

(3) **특징**: 인간의 개성과 능력을 중시하는 **인문주의** 발달 [자료 8]

문학	보카치오가 『데카메론』에서 인간의 욕망을 사실적으로 묘사함
미술	레오나르도 다빈치, 미켈란젤로, 라파엘로 등이 활동
건축	대칭과 비례를 중시하는 르네상스 양식 발달(성 베드로 대성당)

2 알프스 이북의 르네상스 [공부 TIP] 이탈리아와 알프스 이북 르네상스의 특징을 비교해 보자.

(1) **특징**: 16세기 이후 확산, 현실 사회와 교회의 문제점 비판

(2) **내용**: 에라스뮈스의 『우신예찬』, 토머스 모어의 『유토피아』, 세르반테스의 『돈키호테』 [자료 9] (영국 사회를 비판하였어. / 몰락하는 중세 기사를 풍자하였어.)

3 르네상스 시기의 과학과 기술 (당시 사람들은 모든 천체가 지구 주위를 돈다는 천동설을 믿었어.)

| 과학 | 코페르니쿠스와 갈릴레이의 **지동설** 주장(중세의 우주관에서 벗어남) |
| 기술 | **구텐베르크의 활판 인쇄술 발명** → 지식과 사상 보급에 기여 |

[자료 7] **흑사병의 유행** ― 사망하기 전 환자의 피부가 검게 변한다고 하여 이름 붙여졌어.

14세기 유럽에서는 흑사병이 유행하여 인구가 크게 감소하였다. 노동력이 부족해지자 영주들이 농노의 처우를 개선해 주면서 농민의 지위가 높아졌다.

[자료 8] **이탈리아의 르네상스**

↑ 보티첼리, 「봄」, 일부　　↑ 레오나르도 다빈치, 「모나리자」

이탈리아의 인문주의자들은 신이 중심이 되는 중세의 세계관에서 벗어나 인간의 삶에 관심을 가졌다. 미술에서는 보티첼리, 레오나르도 다빈치 등이 인체의 아름다움을 생생하게 나타냈다.

[자료 9] **알프스 이북의 르네상스**

> 요즘 교황은 힘들고 어려운 일은 베드로와 바울에게 떠넘기고 호화로운 의식과 즐거운 일만 찾는다. 교황은 바로 나, 우신(어리석은 신) 덕분에 편안하게 살아가고 있다. ― 에라스뮈스, 「우신예찬」

네덜란드의 인문주의자인 에라스뮈스는 『우신예찬』에서 교황과 성직자의 부패를 풍자하였다.

⁺**백년 전쟁** 영국과 프랑스가 플랑드르 지방의 지배권을 놓고 갈등을 빚다가 프랑스의 왕 샤를 4세가 후계자 없이 죽자 두 나라가 왕위 계승 문제로 다투면서 일어난 전쟁

⁺**르네상스** 프랑스어로 '재생', '부활'을 뜻함

⁺**지동설** 지구는 자전하면서 태양 주위를 돈다는 학설

대표 자료 확인하기

◆ 봉건 사회의 구조

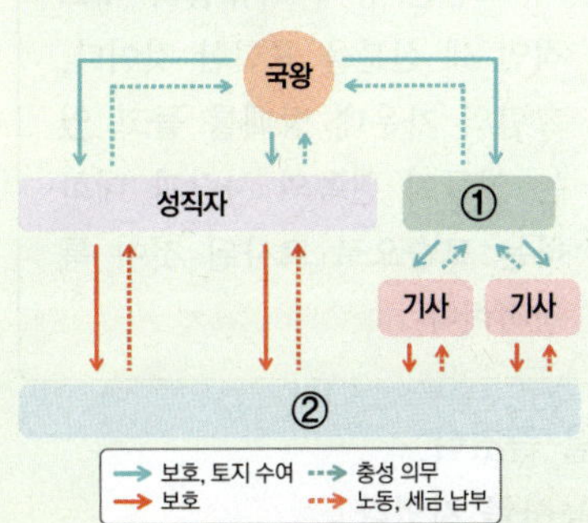

(①)은/는 기사에게 토지(땅)를 주었다.
(②)은/는 노동을 하였고, 성직자와 기사에게 세금을 바쳤다.

◆ 알프스 이북의 르네상스

> 요즘 교황은 힘들고 어려운 일은 베드로와 바울에게 떠넘기고 호화로운 의식과 즐거운 일만 찾는다. 교황은 바로 나, 우신(어리석은 신) 덕분에 편안하게 살아가고 있다.　　　　　　 — 에라스뮈스

알프스 이북의 르네상스는 교회의 문제점을 비판하는 경향이 강하였다. 에라스뮈스는 (③)에서 교황과 성직자의 부패를 풍자하였다.

한눈에 정리하기

◆ 서유럽 봉건 사회의 성립

봉건 사회	주종 관계 형성, (①) 발달 → 지방 분권적 정치 체제 확립
교황과 황제의 대립	성직자 임명권을 두고 교황과 황제의 대립 → 카노사의 굴욕 → (②) 이후 교황권 강화
서유럽 문화	스콜라 철학 유행, 로마네스크 양식과 고딕 양식, 기사도 문학, 대학 설립 등

◆ 이슬람 세계와 크리스트교 세계의 충돌과 교류

(③)	예루살렘의 회복을 목표로 여러 차례 전개 → 성지 회복 실패
지중해 무역권의 성장	유럽의 시장 활성화, 지중해 연안 도시 번성 → 문화 교류 확대

◆ 유럽의 르네상스

이탈리아	(④) 발달(인간의 개성과 능력 중시)
알프스 이북	현실 사회와 교회의 문제점 비판

---

1 다음 괄호 안의 내용 중 알맞은 말에 ○표를 하시오.

(1) 봉신은 (농노 , 영주)가 되어 주군의 간섭 없이 장원을 다스렸다.
(2) 서유럽 봉건 사회의 주종 관계는 서로의 의무를 지킬 것을 약속한 (쌍무적 , 일방적) 계약 관계였다.

2 중세 서유럽에 대한 설명이 맞으면 ○표, 틀리면 ✕표를 하시오.

(1) 농민은 중세 서유럽 인구의 상당수를 차지하였다. (　　)
(2) 기사는 공동체를 지키는 일을 자신의 의무로 여겼다. (　　)
(3) 12세기에는 뾰족한 탑, 스테인드글라스를 특징으로 하는 로마네스크 양식이 유행하였다. (　　)

3 ㉠에 들어갈 내용을 쓰시오.

> 교황 그레고리우스 7세는 세속 군주가 아닌 교회가 성직자 임명권을 가져야 한다고 주장하였다. 황제 하인리히 4세가 이에 반발하였으나, 파문 당하자 결국 (㉠)에서 교황에게 용서를 빌었다.

4 다음 물음에 답하시오.

(1) 11세기경 중앙아시아에서 성장하여 아바스 왕조의 칼리프로부터 술탄의 칭호를 얻은 나라는? (　　　　)
(2) 십자군 전쟁이 끝난 후 크리스트교 세계와 이슬람 세계의 교역이 더욱 활발해지면서 성장한 무역권은? (　　　　)

5 빈칸에 들어갈 내용을 쓰시오.

(1) 14세기 ( )의 유행으로 인구가 크게 감소하여 노동력이 부족해졌다.
(2) 중세 유럽에서는 도시의 상인과 수공업자들이 공동의 이익과 안전을 지키고자 동업 조합인 ( )을/를 만들었다.

6 다음 설명에 해당하는 지역의 르네상스를 〈보기〉에서 골라 기호를 쓰시오.

┌ 보기 ┐
ㄱ. 이탈리아의 르네상스 　　　 ㄴ. 알프스 이북의 르네상스

(1) 토머스 모어는 『유토피아』에서 영국 사회를 비판하였다. (　　)

(2) 레오나르도 다빈치는 그림에서 인체의 아름다움을 생생하게 나타냈다. (　　)

중단원 확인 문제

01 중세 서유럽의 봉건 질서에 대한 설명으로 옳은 것을 〈보기〉에서 고른 것은?

┌ 보기 ┐
ㄱ. 봉신은 주군과의 계약을 깰 수 없었다.
ㄴ. 프랑크 왕국이 분열되는 과정에서 형성되었다.
ㄷ. 주군과 봉신은 혈연관계를 바탕으로 맺어졌다.
ㄹ. 기사들은 자기보다 강한 기사를 주군으로 섬겼다.

① ㄱ, ㄴ   ② ㄱ, ㄷ   ③ ㄴ, ㄷ
④ ㄴ, ㄹ   ⑤ ㄷ, ㄹ

중요해

02 (가) 신분에 대한 설명으로 옳은 것은?

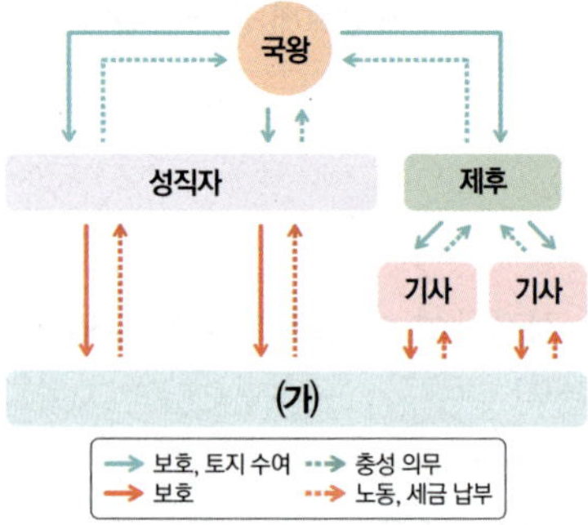

① 가정을 꾸릴 수 없었다.
② 약간의 재산을 소유할 수 있었다.
③ 영주의 땅에서 농사지을 수 없었다.
④ 주군의 간섭 없이 장원을 다스렸다.
⑤ 영주의 허락 없이 장원을 떠날 수 있었다.

03 ㉠에 공통으로 들어갈 내용을 쓰시오.

서유럽에서는 주종 관계와 장원제를 바탕으로 한 (㉠)이/가 성립하였다. (㉠)이/가 발전하면서 왕권이 점점 약해지고, 지방 분권적인 정치 체제가 자리 잡았다.

(   )

04 밑줄 친 '인물'이 표현하는 신분에 대한 설명으로 옳은 것은?

이 그림은 중세 서유럽의 대표적인 세 신분을 표현한 것이다. 그림의 가운데 방패를 들고 있는 인물이 왼쪽의 사람과 대화하는 모습으로 묘사된 것이 특징적이다.

① 사냥과 마상 시합을 즐겼다.
② 쟁기를 개량하여 농사를 지었다.
③ 삶의 과정을 신과 연결하는 중재자였다.
④ 중세 서유럽 인구의 상당수를 차지하였다.
⑤ 농사를 시작할 때 마을을 돌며 풍년을 빌었다.

05 밑줄 친 ㉠~㉤ 중 옳지 않은 것은?

중세 서유럽의 장원

㉠ 장원의 농민은 대부분 농노였다. ㉡ 경작지는 춘경지, 추경지, 휴경지로 나뉘었다. ㉢ 농노는 방앗간 등 영주의 시설물을 무료로 이용할 수 있었다. ㉣ 농노는 일주일에 3일 정도 영주의 땅에서 농사를 지었다. 한편, ㉤ 영주는 장원에서 세금을 걷고 재판을 진행하였다.

① ㉠   ② ㉡   ③ ㉢   ④ ㉣   ⑤ ㉤

06 밑줄 친 '운동'에 대한 설명으로 옳은 것은?

9세기 이후 교회는 점차 세속화되었으며, 부패한 모습이 나타나기도 하였다. 이에 10세기 초 교회를 개혁하려는 운동이 일어났다.

① 성상 숭배를 허용하고자 하였다.
② 농노의 신분 상승을 목표로 하였다.
③ 도시의 자치권을 획득하려고 하였다.
④ 고대 그리스 문화의 부활을 표방하였다.
⑤ 기도, 고전 연구, 노동에 집중하는 삶을 강조하였다.

07 다음에서 설명하는 사건으로 옳은 것은?

11세기 후반 교황 그레고리우스 7세와 신성 로마 제국의 황제 하인리히 4세가 대립하였다. 교황이 황제를 파문하자, 하인리히 4세는 교황을 찾아가 용서를 구하였다.

① 백년 전쟁　　　　② 십자군 전쟁
③ 아비뇽 유수　　　④ 교회의 대분열
⑤ 카노사의 굴욕

08 다음 협약이 맺어진 결과로 가장 적절한 것은?

신성 로마 제국의 황제인 나, 하인리히 5세는 …… 영적 권력에 따른 모든 성직자 임명권을 신에게 그리고 성스러운 로마 가톨릭교회에 바친다. 또한 신성 로마 제국 안에 있는 모든 교회에서 교회법에 따라 자유롭게 성직자를 임명하는 것에 동의한다.

① 수도원 운동이 시작되었다.
② 중앙 집권 국가가 등장하였다.
③ 교회의 대분열 시대가 계속되었다.
④ 내분이 일어나 왕국이 세 나라로 분열되었다.
⑤ 교황이 크리스트교 세계의 최고 지배자가 되었다.

09 ㉠에 들어갈 내용을 쓰시오.

아리스토텔레스의 철학이 서유럽에 전해지면서 철학이 발전하였는데, 특히 신앙과 이성의 조화를 강조하는 (　㉠　)이/가 유행하였다.

(　　　　　　　　)

10 (가)에 들어갈 답변으로 옳지 않은 것은?

① 교회의 간섭을 받았어.
② 12세기 이후 유럽에 세워졌어.
③ 주로 신학, 법학, 의학 등을 가르쳤어.
④ 중세의 학문과 문화의 발달에 영향을 주었어.
⑤ 학생이나 교사들이 모여 만든 일종의 공동체였어.

11 밑줄 친 '이 세력'으로 옳은 것은?

11세기경 중앙아시아에서 성장한 이 세력이 11세기 후반 예루살렘을 점령하고 비잔티움 제국을 위협하는 과정에서 크리스트교 세계와 마찰을 빚었다.

① 게르만족　　　　② 프랑크 왕국
③ 셀주크 튀르크　　④ 우마이야 왕조
⑤ 사산 왕조 페르시아

12 다음 종교 회의가 열린 도시로 옳은 것은?

① 로마　　　② 아비뇽　　　③ 예루살렘
④ 클레르몽　　⑤ 콘스탄티노폴리스

13 지도에 나타난 전쟁에 대한 설명으로 옳은 것은?

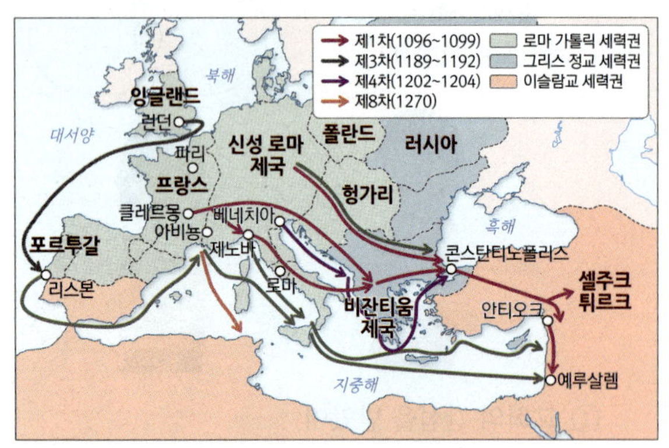

① 교황 우르바누스 2세 때 시작되었다.
② 봉건 사회가 성립하는 계기가 되었다.
③ 전쟁의 결과 랭커스터 가문이 승리하였다.
④ 영국에서 왕위 계승 문제를 둘러싸고 일어났다.
⑤ 비잔티움 제국이 신성 로마 제국을 돕기 위해 시작되었다.

14 선생님의 질문에 대한 학생들의 답변으로 가장 적절한 것은?

① 유럽의 시장이 쇠퇴하였어요.
② 지중해 무역권이 성장하였어요.
③ 동서양을 잇는 중계 무역이 쇠퇴하였어요.
④ 아시아 사치품에 대한 수요가 감소하였어요.
⑤ 자급자족의 경제 공동체인 장원이 강화되었어요.
⑥ 동서 교회가 로마 가톨릭교회와 그리스 정교로 분열되었어요.

15 십자군 전쟁의 결과로 옳지 <u>않은</u> 것은?

① 왕의 권한이 강해졌다.
② 교황의 권위가 떨어졌다.
③ 셀주크 튀르크가 수도를 옮겼다.
④ 전쟁에 참여한 제후와 기사의 세력이 약해졌다.
⑤ 비잔티움 제국이 옛 로마 제국의 영토를 회복하였다.

16 ㉠에 들어갈 조직을 쓰시오.

> 11세기 이후 서유럽은 농업이 발달하면서 상업이 활발해지자 도시가 성장하였다. 도시의 상인과 수공업자들은 공동의 이익과 안전을 지키고자 동업 조합인 (㉠)을/를 만들어 도시를 운영하였다.

( )

17 다음과 같은 상황이 배경이 되어 일어난 일로 옳은 것은?

> **역사 신문**
>
> **교회의 대분열 시대가 열리다**
>
> 교황청이 로마로 돌아간지 오래이다. 그러나 여전히 로마와 아비뇽에서 각각 교황을 뽑고 있다. 로마와 아비뇽에 두 명의 교황이 분립하는 상황이 이어지자, 로마 가톨릭교회는 종교 회의를 열어 두 교황을 폐위시키고 새 교황을 뽑으려는 계획을 발표하였다.

① 십자군 전쟁이 일어났다.
② 카노사의 굴욕이 일어났다.
③ 프랑크 왕국이 분열되었다.
④ 교회 개혁 운동이 전개되었다.
⑤ 교황의 권위가 크게 약해졌다.

18 밑줄 친 '전쟁'에 대한 설명으로 옳은 것은?

> 영국과 프랑스가 플랑드르 지방의 지배권을 놓고 갈등을 빚다가 프랑스의 왕 샤를 4세가 후계자 없이 죽자 영국과 프랑스 사이에 왕위 계승 문제로 <u>전쟁</u>이 일어났다.

① 잔 다르크가 활약하였다.
② 11세기 후반에 처음 시작되었다.
③ 로마의 교황이 전쟁을 주도하였다.
④ 200여 년 동안 여러 차례에 걸쳐 일어났다.
⑤ 셀주크 튀르크가 수도를 옮기는 계기가 되었다.

19 다음 사진전에 전시될 작품으로 적절하지 <u>않은</u> 것은?

> ### 이탈리아 르네상스 사진전
> 고대 그리스·로마의 문화를 되살려 인간 중심의 새로운 문화를 만들려고 한 이탈리아 르네상스 사진전을 개최합니다.

①

↑ 콜로세움

②
↑ 성 베드로 대성당

③

↑ 보티첼리, 「봄」 일부

④

↑ 레오나르도 다빈치, 「모나리자」

⑤

↑ 미켈란젤로, 「피에타」

01 다음을 보고 물음에 답하시오.

(가)	(나)
↑ 피사 대성당	↑ 샤르트르 대성당

(1) (가), (나)에 반영된 건축 양식을 각각 쓰시오.

____

(2) (1) 건축 양식의 특징을 각각 서술하시오.

____

____

____

02 다음을 읽고 물음에 답하시오.

> 요즘 교황은 힘들고 어려운 일은 베드로와 바울에게 떠넘기고 호화로운 의식과 즐거운 일만 찾는다. 교황은 바로 나, 우신(어리석은 신) 덕분에 편안하게 살아가고 있다.　　　　　－「우신예찬」

(1) 윗글을 쓴 인물을 쓰시오.

____

(2) 윗글로 알 수 있는 알프스 이북 르네상스의 특징을 서술하시오.

____

____

① 위진 남북조 시대의 전개

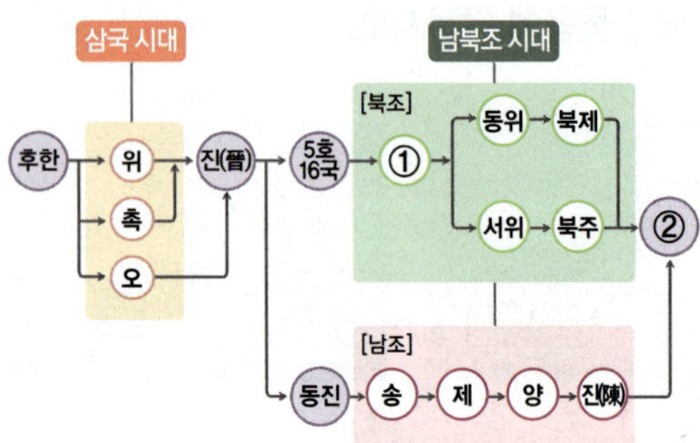

① ☐☐은/는 효문제가 실시한 한화 정책으로 선비족과 한족의 문화가 융합되었다. 분열되었던 중국을 통일한 ② ☐은/는 과거제를 처음 시행하였다.

| 답 | ① 북위 ② 수

② 일본 고대 국가의 성장

↑ 도다이지 대불전

① ☐☐☐☐에는 ② ☐☐☐☐☐을/를 수도로 삼았으며, 당과 신라에서 불교문화가 들어와 도다이지를 비롯한 대규모 사찰이 많이 만들어졌다.

| 답 | ① 나라 시대 ② 헤이조쿄

③ 인도 고전 문화의 발전

① ☐☐☐ ☐☐의 보살 벽화는 ② ☐☐ ☐☐을/를 대표하는 그림이다. 인물의 생김새에서도 인도 고유의 특색이 돋보인다.

| 답 | ① 아잔타 석굴 ② 굽타 양식

---

01 동아시아 문화의 형성

✦ 위진 남북조 시대, 수·당의 발전 ①

위진 남북조 시대	• 전개: 삼국 시대(위·촉·오) → 진(晉)의 통일 → 5호 16국 시대와 동진 → 남북조(북위 (①)의 한화 정책, 남조의 강남 개발) • 사회: 9품중정제 실시 → 문벌 귀족 사회 형성 • 문화: 불교(석굴 사원 건립)와 도교·청담 사상 유행, 귀족 문화 발달
수	• 문제: 시험을 치러 인재를 뽑는 (②)을/를 처음 실시 • 양제: 화북과 강남을 연결하는 대운하 완성
당	• 정치: 태종의 율령 체제 정비(3성 6부 운영, 균전제·조용조·부병제 실시) → 고종이 신라와 연합하여 백제와 고구려를 멸망시킴 • 문화: 귀족적 문화, 국제적 문화

✦ 만주·한반도, 일본의 고대 국가 성장 ②

만주·한반도	고조선 건국 → 삼국 시대(고구려·백제·신라) → 신라의 삼국 통일 → 남북국 시대(통일 신라와 발해)	
일본	야요이 시대	기원전 3세기경 성립, 벼농사 시작, 청동기·철기 사용
	야마토 정권	• (③): 아스카 문화 발전 • 다이카 개신(645): 당의 율령 체제 수용
	나라 시대	헤이조쿄(나라) 천도, 불교 발전(도다이지 건립)
	헤이안 시대	헤이안쿄(교토) 천도, 국풍 문화 발달(가나 문자 제작)

✦ 동아시아 문화권의 형성

배경	당의 세력 강화 → 당의 제도와 문물이 동아시아 각국에 전파
공통 요소	한자, 유교, 율령, 불교 등을 각국에 맞게 독자적으로 발전시킴

02 크리스트교와 이슬람교의 확산

✦ 사산 왕조 페르시아의 발전

성립	3세기 초 아케메네스 왕조 페르시아의 부흥을 내세우며 성립
발전	페르시아어를 공용어로 사용, (④)을/를 국교로 삼음
문화	금속·유리 공예품 발달, 직물 공예와 염색 기술 우수

✦ 굽타 왕조의 발전 ③

굽타 왕조	찬드라굽타 1세가 인도 통일 → 찬드라굽타 2세 때 전성기
(⑤) 등장	브라만교·불교·인도의 민간 신앙 융합, 『마누 법전』 정비, 카스트에 따른 신분 차별 인정
인도 고전 문화의 발달	산스크리트어로 쓴 문학 발달, 굽타 양식 발전, 천문학·수학 등 자연 과학 발달(지구의 자전설 증명, 숫자 '0(영)' 제작)

| 답 | ① 효문제 ② 과거제 ③ 아스카 시대 ④ 조로아스터교 ⑤ 힌두교

✦ 이슬람 세계의 성장 ❹

이슬람교의 성립	상인 (⑥)이/가 정립(유일신 '알라' 숭배) → 헤지라 (622, 메카에서 메디나로 이동) → 메카 정복 후 주변 지역 통일	
이슬람 제국의 발전	정통 칼리프 시대	칼리프 선출, 사산 왕조 페르시아와 이집트 정복, 이슬람교로 개종 시 지즈야 면제
	우마이야 왕조	칼리프 세습(→ 시아파와 수니파의 대립), 이베리아반도까지 영토 확장, 아랍인 우대 정책 실시
	아바스 왕조	민족 차별 정책 폐지, 탈라스 전투에서 당에 승리하여 동서 교역로 차지, 수도 (⑦) 번영
이슬람 문화권	경전 『쿠란』이 일상생활의 규범이 됨, 설화 문학 유행(『아라비안나이트』), 모스크 발달, 아라비아 숫자 완성, 자연 과학 발달	

✦ 유럽 세계의 변화

프랑크 왕국	크리스트교 수용, 카롤루스 대제 때 전성기를 이룸(서로마 황제의 관 수여) → 카롤루스 대제 사후 세 나라로 분열
비잔티움 제국	유스티니아누스 황제 때 전성기를 이룸(로마 법률 집대성, 성 소피아 대성당 건립), 성상 숭배 금지를 계기로 동서 교회 분열

03 서아시아와 유럽의 교류와 갈등

✦ 서유럽 봉건 사회의 성립 ❺

봉건 질서의 성립	주종 관계 형성(주군과 봉신의 쌍무적 계약 관계), 영주의 봉토 운영 방식인 (⑧) 발달 → 지방 분권적 정치 체제 확립
교황과 황제의 대립	카노사의 굴욕(성직자 임명권을 둘러싼 교황과 황제의 대립) → 보름스 협약(교황이 성직자 임명권 획득) → 교황권 강화
크리스트교 중심의 문화	• 학문: 신학 중심, 스콜라 철학 유행, 대학 설립 • 건축: 11세기 로마네스크 양식과 12세기 고딕 양식 유행

✦ 십자군 전쟁과 중세 서유럽 사회의 변화

십자군 전쟁	셀주크 튀르크의 (⑨) 점령 → 교황의 성지 회복 호소 (클레르몽 공의회) → 십자군 전쟁 전개 → 성지 회복 실패
중세 서유럽의 변화	• 지중해 무역권의 성장: 지중해 연안 도시들 번성 → 길드 조직 • 봉건 사회의 해체: 흑사병의 유행 → 농민의 지위 상승 • 중앙 집권 국가의 등장: 백년 전쟁, 장미 전쟁의 영향

✦ 유럽의 르네상스 ❻

이탈리아	• 르네상스의 의미: 인간 중심의 그리스·로마 문예 부흥 운동 • 인문주의 발달(보카치오, 미켈란젤로 등)
알프스 이북	현실 사회와 교회의 문제점 비판(에라스뮈스, 토머스 모어 등)
과학과 기술	갈릴레이의 지동설 주장, (⑩)의 활판 인쇄술 발명

| 답 | ⑥ 무함마드 ⑦ 바그다드 ⑧ 장원 ⑨ 예루살렘 ⑩ 구텐베르크

❹ 이슬람 제국의 발전

이슬람 제국은 무함마드와 신도들이 ① ☐☐에서 메디나로 이동한 헤지라 이후 정통 칼리프 시대, 우마이야 왕조, ② ☐☐☐☐을/를 거치며 정복 활동을 벌여 영역을 확대하였다.

| 답 | ① 메카 ② 아바스 왕조

❺ 봉건 사회의 구조

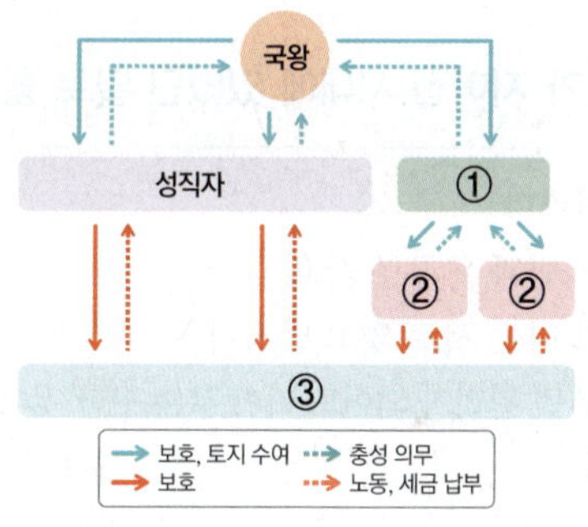

서유럽의 봉건 사회는 ① ☐☐과/와 ② ☐☐ 그리고 ③ ☐☐ 등으로 구성되었다.

| 답 | ① 제후 ② 기사 ③ 농노

❻ 알프스 이북의 르네상스

요즘 교황은 힘들고 어려운 일은 베드로와 바울에게 떠넘기고 호화로운 의식과 즐거운 일만 찾는다. 교황은 바로 나, 우신(어리석음의 신) 덕분에 편안하게 살아가고 있다.

알프스 이북의 르네상스는 현실 사회와 ① ☐☐의 문제점을 비판하는 경향이 강하였다. 네덜란드의 인문주의자 에라스뮈스는 ② ☐☐☐☐에서 교황과 성직자의 부패를 풍자하였다.

| 답 | ① 교회 ② 우신예찬

01 동아시아 문화의 형성

01 (가) 왕조에 대한 설명으로 옳은 것은?

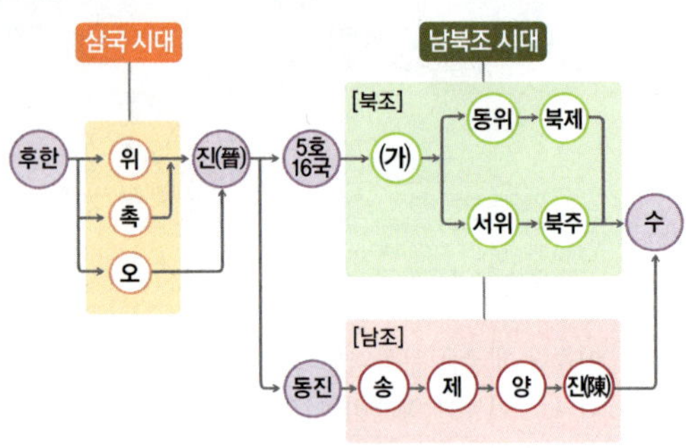

① 분서갱유를 시행하였다.
② 황건적의 난으로 쇠퇴하였다.
③ 신라와 연합하여 고구려를 멸망시켰다.
④ 강남 지역을 개발하여 경제가 발전하였다.
⑤ 한족의 제도와 문물을 수용하며 발전하였다.

02 다음 시가 지어진 시대에 있었던 일로 옳은 것은?

> 돌아가련다.
> 세상 사람과 교류를 끊고
> 세상과 나는 서로 잊고 말지니
> 다시 한번 관리가 되어도 거기 무슨 구할 것이 있으리오.
> – 도연명, 「귀거래사」

① 고구려를 침략하였다.
② 서돌궐을 정복하였다.
③ 과거제를 처음 시행하였다.
④ 도교와 청담 사상이 유행하였다.
⑤ 선비족과 한족의 결혼이 장려되었다.

03 수에 대한 설명으로 옳은 것을 〈보기〉에서 고른 것은?

┌ 보기 ┐
ㄱ. 대운하를 완성하였다.
ㄴ. 여러 차례 고구려 원정에 나섰다.
ㄷ. 탈라스에서 아바스 왕조에게 패배하였다.
ㄹ. 훈고학을 집대성한 『오경정의』가 편찬되었다.

① ㄱ, ㄴ   ② ㄱ, ㄷ   ③ ㄴ, ㄷ
④ ㄴ, ㄹ   ⑤ ㄷ, ㄹ

04 ㉠~㉢에 들어갈 제도로 옳은 것은?

> **당의 통치 제도 정비**
>
> 당은 성인 남자에게 일정한 토지를 나누어 주는
> (㉠)를 실시하였다. 이를 토대로 토지를 받
> 은 농민이 토지세, 노동력, 직물 등을 납부하는
> (㉡)와 전쟁이 나면 병사로 복무해야 하는
> (㉢)를 운영하였다.

	㉠	㉡	㉢
①	균전제	부병제	조용조
②	균전제	조용조	부병제
③	부병제	균전제	조용조
④	조용조	균전제	부병제
⑤	조용조	부병제	균전제

05 다음 포트폴리오에 포함될 내용으로 가장 적절한 것은?

> **당의 문화를 소개합니다!**
>
> 당대에 꽃피운 국제적이고 귀족적인 문화를 소개합
> 니다.

① 제자백가의 주장
② 윈강 석굴의 모습
③ 이백과 두보의 작품
④ 만리장성의 축조 배경
⑤ 서역에서 불교가 전래된 과정

06 일본 고대 국가의 발전 과정을 일어난 순서대로 나열한 것은?

> (가) 야마토 정권이 성립하였다.
> (나) '일본'이라는 국호가 처음 사용되었다.
> (다) 한자를 변형한 가나 문자가 만들어졌다.
> (라) 도다이지를 비롯한 대규모 사찰이 건립되었다.

① (가) – (나) – (라) – (다)   ② (가) – (다) – (나) – (라)
③ (나) – (가) – (다) – (라)   ④ (다) – (가) – (나) – (라)
⑤ (다) – (나) – (가) – (라)

07 다음에서 설명하는 종교로 옳은 것은?

① 불교　　　② 유대교　　　③ 힌두교
④ 크리스트교　　　⑤ 조로아스터교

중요해

08 다음 상황 이후 이슬람 세계의 모습으로 가장 적절한 것은?

> 이슬람 제국의 영토가 확대되면서 칼리프 자리를 두고 지배층 내부에 갈등이 생겼다. 이 과정에서 제4대 칼리프인 알리가 내분으로 암살되었다.

① 시리아와 이집트를 점령하였다.
② 이슬람교도의 상업 활동이 금지되었다.
③ 메카의 귀족들이 이슬람교도를 탄압하였다.
④ 무함마드와 신도들이 메디나로 이동하였다.
⑤ 이슬람교도들이 시아파와 수니파로 나뉘었다.

09 ㉠, ㉡에 들어갈 내용으로 옳은 것은?

> (　㉠　)를 계기로 주요 교역로를 장악한 이슬람 제국은 동서 무역을 주도하였다. 이에 따라 교역로를 중심으로 도시들이 성장하였다. 특히 아바스 왕조의 수도 (　㉡　)는 국제 도시로 번성하였다.

	㉠	㉡
①	헤지라	메디나
②	헤지라	바그다드
③	탈라스 전투	메디나
④	탈라스 전투	바그다드
⑤	탈라스 전투	다마스쿠스

10 검색창에 들어갈 인물에 대한 설명으로 옳은 것은?

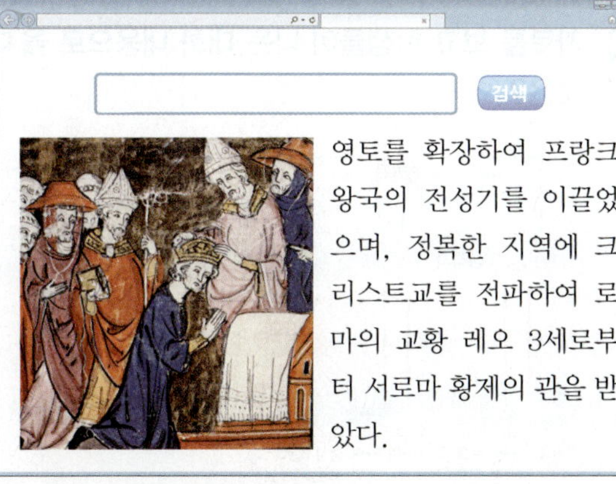

영토를 확장하여 프랑크 왕국의 전성기를 이끌었으며, 정복한 지역에 크리스트교를 전파하여 로마의 교황 레오 3세로부터 서로마 황제의 관을 받았다.

① 서로마 제국을 멸망시켰다.
② 궁정과 수도원 등에 학교를 세웠다.
③ 로마의 법률을 모아 법전을 편찬하였다.
④ 성직자 임명권을 두고 교황과 대립하였다.
⑤ 카바 신전을 알라를 모시는 신전으로 바꾸었다.

11 비잔티움 제국에 대한 설명으로 옳지 <u>않은</u> 것은?

① 성 소피아 대성당을 건립하였다.
② 콘스탄티노폴리스를 수도로 삼았다.
③ 카롤루스 대제 때 전성기를 이루었다.
④ 『유스티니아누스 법전』을 완성하였다.
⑤ 그리스의 고전을 연구하고 보존하였다.

12 다음과 같이 유럽의 상황이 변화하게 된 배경으로 가장 적절한 것은?

> 동서 교회가 로마 교황을 중심으로 하는 로마 가톨릭 교회와 비잔티움 제국의 그리스 정교로 나뉘었다.

① 훈족이 침입하였다.
② 십자군 전쟁이 일어났다.
③ 서로마 제국이 멸망하였다.
④ 황제가 성상 숭배를 금지하였다.
⑤ 클레르몽에서 종교 회의가 개최되었다.

03 서아시아와 유럽의 교류와 갈등

13 자료를 보고 학생들이 나눈 대화 내용으로 옳지 <u>않은</u> 것은?

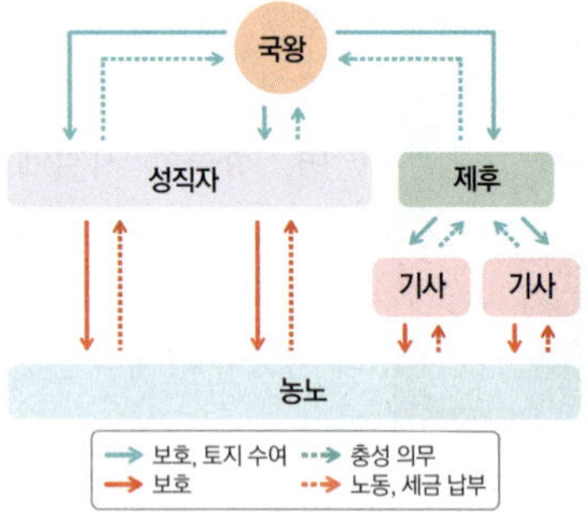

① 중세 서유럽 봉건 사회의 구조야.
② 봉신은 주군에게 충성과 봉사를 맹세하였어.
③ 주군은 기사에게 땅을 주고 봉신으로 삼았어.
④ 주군과 봉신의 관계는 혈연관계를 바탕으로 하였어.
⑤ 한쪽이 의무를 다하지 않으면 계약은 깨질 수 있었어.

14 ㉠에 들어갈 사건으로 옳은 것은?

내 친구 ○○아. 나는 독일 여행 중이야. 오늘 간 성당은 (㉠)이/가 맺어진 것으로 유명해. 이 사건 이후 교황은 황제를 뛰어넘는 크리스트교 최고 지배자가 되었다고 해. …… 곧 만나자.

① 베르됭 조약
② 보름스 협약
③ 아비뇽 유수
④ 카노사의 굴욕
⑤ 클레르몽 공의회

15 중세 서유럽 문화에 대한 설명으로 옳은 것을 〈보기〉에서 고른 것은?

보기
ㄱ. 『마누 법전』이 정비되었다. ㄴ. 스콜라 철학이 유행하였다. ㄷ. 대학의 설립으로 학문이 발달하였다. ㄹ. 돔과 아치를 특징으로 하는 모스크가 세워졌다.

① ㄱ, ㄴ
② ㄱ, ㄷ
③ ㄴ, ㄷ
④ ㄴ, ㄹ
⑤ ㄷ, ㄹ

16 다음과 같은 상황이 배경이 되어 일어난 전쟁으로 옳은 것은?

11세기 후반 셀주크 튀르크가 성지인 예루살렘을 점령하고 비잔티움 제국을 위협하였다.

① 백년 전쟁
② 장미 전쟁
③ 십자군 전쟁
④ 펠로폰네소스 전쟁
⑤ 그리스·페르시아 전쟁

17 다음 대화의 주제가 된 전쟁의 영향으로 가장 적절한 것은?

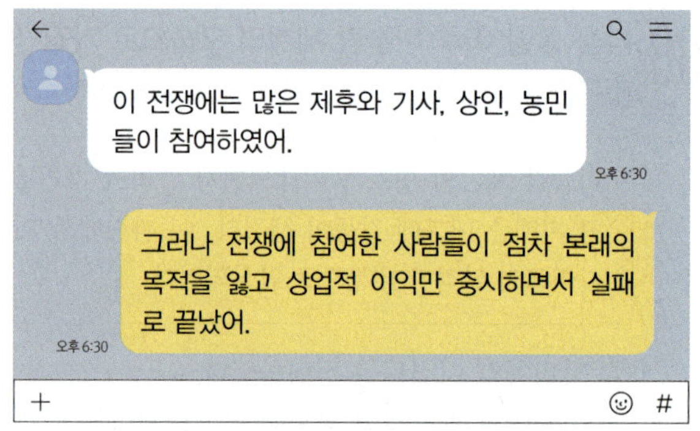

① 봉건 사회가 성립되었다.
② 제후와 기사의 세력이 강화되었다.
③ 지중해 연안의 도시들이 번성하였다.
④ 게르만족이 서유럽으로 대규모 이동하였다.
⑤ 비잔티움 제국이 로마의 옛 영토를 회복하였다.

중요해

18 다음 내용을 포함하는 탐구 주제로 가장 적절한 것은?

- 흑사병의 유행
- 지중해 무역권의 성장
- 자크리의 난 등 농민 반란의 발생

① 르네상스의 영향
② 봉건 사회의 해체
③ 교황과 황제의 대립
④ 십자군 전쟁의 배경
⑤ 이슬람 문화권의 형성

중요해

19 빈칸에 들어갈 내용으로 가장 적절한 것은?

> 13세기 후반 프랑스의 영토를 넓히는 과정에서 재정이 부족해지자 국왕 필리프 4세는 성직자에게 세금을 걷으려 하였다. 이 때문에 교황과 세속 군주의 대립이 심해졌고, 결국 ____________

① 자크리의 난이 일어났다.
② 제1차 십자군 전쟁이 발발하였다.
③ 클뤼니 수도원이 개혁 운동을 전개하였다.
④ 국왕이 카노사에서 교황에게 용서를 빌었다.
⑤ 국왕이 교황청을 프랑스 아비뇽으로 옮겼다.

20 밑줄 친 '전쟁'의 결과로 옳은 것은?

> 14세기 중반 영국과 프랑스가 프랑스의 왕 샤를 4세 사후 왕위 계승 문제로 다투면서 <u>전쟁</u>이 일어났다.

① 교황이 성직자 임명권을 갖게 되었다.
② 유럽 인구의 약 3분의 1이 사망하였다.
③ 셀주크 튀르크가 바그다드를 점령하였다.
④ 프랑스가 중앙 집권 국가로 성장하게 되었다.
⑤ 황제 하인리히 4세가 교황에게 용서를 구하였다.

어려워

21 (가)에 들어갈 답변으로 가장 적절한 것은?

① 고전 문화에 대한 연구가 활발하였어.
② 장미 전쟁 이후 중앙 집권화가 이루어졌어.
③ 대서양 무역으로 부유한 상인이 등장하였어.
④ 일부 지역의 농민 반란 이후 농민의 지위가 올랐어.
⑤ 십자군 전쟁 이후 교황의 권위는 떨어지고 왕의 권한은 강화되었어.

22 다음을 읽고 물음에 답하시오.

> (가) 위진 남북조 시대에는 추천으로 관리를 선발하는 9품중정제를 실시하였다. 9품중정제는 지방에 파견된 관리(중정관)가 자기 지역의 인물을 재능과 인품 등에 따라 등급을 매겨 중앙에 추천하는 제도이다. 9품중정제의 실시로 지방의 호족이 중앙의 관리로 진출하였고, 대대로 관직을 독차지하면서 문벌 귀족으로 성장하였다.
>
> (나) 수의 문제는 유교 경전에 대한 시험을 치러 관리를 선발하는 과거제를 처음 실시하였다. 수는 과거제를 실시하여 능력에 따라 인재를 등용하고자 하였으며, 문벌 귀족이 관직을 독차지하는 것을 막고 왕권을 강화하고자 하였다. 과거제는 수대 이후 중국의 대표적인 관리 선발 방식이 되었다.

(1) (가), (나)를 읽고 9품중정제와 과거제의 관리 선발 방식을 각각 서술하시오.

____

____

____

(2) (가), (나)를 참고하여 9품중정제의 문제점을 서술하고, 이를 해결하기 위해 관리 선발 제도를 어떻게 바꾸면 좋을지 논술하시오.

____

____

____

____

____

____

____

IV

지역 세계의 교류와 변화

01. 유라시아 교역 및 문화 교류의 확대

✦ 송의 발전과 북방 민족의 성장

1 송의 건국과 변화

(1) **건국**: 절도사 출신의 조광윤(태조)이 카이펑을 수도로 하여 건국(960)

(2) **태조의 중앙 집권 정책** `시험 단골` ▶ 문치주의 정책을 묻는 문제가 자주 출제돼!

① 내용: 황제의 권력 강화(중앙군 황제 직속, 절도사의 권한 약화), **문치주의** 정책 실시(문인 우대, ⁺**전시 제도** 도입) └ 귀족들의 부정 합격 문제를 해결하고자 시행하였어.

② 영향: 유교적 소양을 갖춘 ⁺**사대부** 계층 형성, 군사력 약화

(3) **왕안석의 개혁**: 거란·서하 등이 송 압박 → 송이 평화 유지 대가로 북방 민족에게 비단·은 제공 → 송의 재정 악화 → 왕안석의 개혁 시도 → 보수파 관료들의 반대로 실패 └ 민생 안정과 부국강병을 목표로 하였어.

(4) **변화**: 금의 공격으로 남쪽으로 수도 이전 → 남송 성립(1127)

2 북방 민족의 성장

└ 5대는 화북 지방에 세워진 5개의 왕조를, 10국은 그 외의 지역에 세워진 10개의 지방 정권을 말해.

(1) **배경**: 당 멸망 이후 중국의 분열(5대 10국 시대)

(2) **성장** `자료 1` `공부 TIP` 각 북방 민족의 성장 내용을 정리해 두자.

거란(요)	야율아보기가 거란 건국(916) → 발해 정복 → 나라 이름을 요로 변경 → 고려 공격, 송과 대립 └ 거란이 화북 지방의 연운 16주를 차지한 것이 발단이 되었어.
서하	⁺탕구트가 건국(1038) → 동서 무역로(비단길)를 차지하여 중계 무역으로 번영, 송 압박
금	만주 지역에서 성장한 여진의 아구다가 건국(1115) → 송과 연합하여 요를 멸망시킴 → 송을 공격하여 남쪽으로 몰아냄

(3) **통치와 문화**

① 요와 금의 이원적 통치: 자신의 부족은 고유의 부족제로, 한족은 중국식 통치 방식인 주현제로 통치

② 고유 문자 사용: 문자를 만들어 고유한 문화를 지키려고 노력함

3 송의 경제와 사회

(1) **경제**

└ 모를 따로 기른 후 논에 옮겨 심는 방법이야.

농업	새로운 품종의 벼와 **모내기법** 도입 → 농업 생산력 증가
상공업	수공업 발달(도자기·비단 등), 상업 발달 → 지폐·동전 사용

└ 최초의 지폐인 교자가 등장하였어.

(2) **사회**

① 도시의 발달: 카이펑, 임안(항저우) 등의 대도시 발달

② 과학 기술의 발전: **화약 무기**, **나침반**, **활판 인쇄술** 사용 `자료 2`

③ **서민 문화**의 발달: 서민들의 생활 수준 향상 → 도시에 서민들이 즐기는 오락 시설 및 전문 공연장 설치(만담, 연극, 무용 등 공연)

④ 학문과 사상의 발전: 사회 지배층인 사대부 중심으로 발전, 남송의 주희가 우주의 원리와 인간의 본성을 탐구하는 **성리학**을 완성함 └ 성리학은 중국을 비롯한 동아시아 각국의 통치 이념이 되었어.

4 동아시아·인도양 교역권의 성장 `자료 3`

(1) **배경**: 북방 민족이 강성하여 바닷길 이용, 나침반과 조선술·항해술의 발달로 해상 무역 촉진

(2) **동아시아·인도양 교역권의 성장**: 송·한반도·일본·동남아시아·인도·아라비아 연결, 주요 항구에 ⁺**시박사**를 두어 교역 관리

`자료 1` **북방 민족의 성장** └ 송은 수도를 카이펑에서 임안(항저우)으로 옮겼어.

▲ 11세기 동아시아의 정세

▲ 12세기 동아시아의 정세

11세기에는 송이 거란(요)과 서하의 압박을 받았다. 12세기에는 남송이 여진(금)과 대립하였다.

`자료 2` **송대 과학 기술의 발전** └ 활자를 판에 조립하여 인쇄하였어.

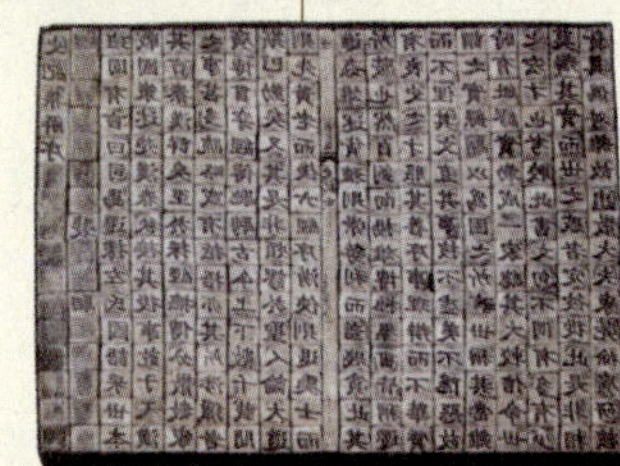
▲ 나침반(복원 모형)　▲ 점토 활자판(복원 모형)

송대에는 과학 기술이 발전하여 화약 무기, 나침반, 활판 인쇄술이 사용되었다. 송의 과학 기술은 이후 이슬람 제국을 거쳐 세계 여러 지역으로 전해졌다. └ 자석의 성질이 있는 금속을 이용하여 방향을 표시하였어.

`자료 3` **동아시아·인도양 교역권의 성장**

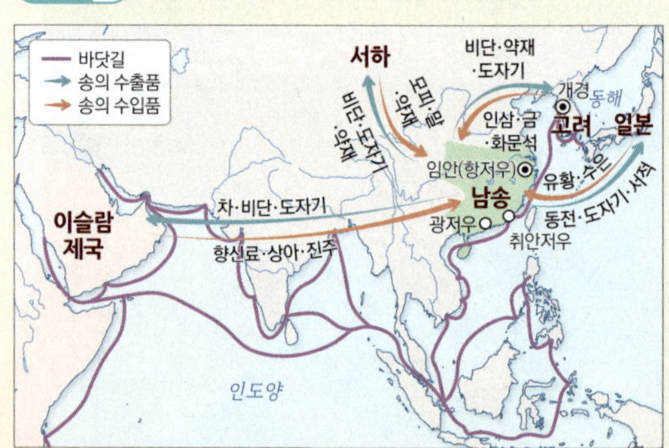

송대에는 송과 한반도, 일본, 동남아시아, 인도, 아라비아를 잇는 동아시아·인도양 교역권이 성장하였다.

Plus 용어

⁺**전시 제도** 과거 시험 중 3차 시험을 황제가 직접 시험관으로 참여하여 합격자의 순위를 매긴 제도

⁺**사대부** 학자인 '사'와 관리인 '대부'를 합쳐 부르는 말

⁺**탕구트** 중국 서북부에 살던 티베트 계통의 유목 민족

⁺**시박사** 당대부터 청대까지 주요 항구에서 세금과 무역을 담당하던 관청으로 송대 이후 크게 발전함

◆ 몽골 제국의 성립과 동서 문화 교류의 확대

1 몽골 제국의 성립 **공부 TIP** 칭기즈 칸과 쿠빌라이 칸의 업적을 비교해 보자.

(1) **성립**: 테무친의 몽골 부족 통일 → **칭기즈 칸**으로 추대, **몽골 제국** 수립(1206)

(2) **발전**: 칭기즈 칸이 서하와 금을 공격하고 중앙아시아를 정복함 → 칭기즈 칸 사후 후대 칸들의 영토 확장(금 정벌, 아바스 왕조 정복, 동유럽 부근까지 진출) → 유라시아를 아우르는 대제국 건설 → 독자적인 영토로 인정받은 **울루스**들의 느슨한 연합으로 유지 **자료 4**
┗ 칭기즈 칸은 정복한 지역을 형제와 후손들에게 나누어 주었어. 주치 울루스, 훌라구 울루스, 차가타이 울루스 등이 있었어.

2 원의 중국 지배

(1) **쿠빌라이 칸**: 대도(베이징)로 수도 이전, 국명을 **원**으로 변경(1271) → 남송 정복, 중국 전역 지배

(2) **통치 정책**

① 중국의 제도 활용: 관료제·주현제 등 중국의 전통적인 제도를 수용하여 통치에 활용함

② 파스파 문자 제작: 원이 다스리는 여러 민족의 언어를 표기하고자 공용 문자인 파스파 문자를 만들어 공식 문서에 사용함

③ 민족 차별 정책 실시: **몽골 제일주의**에 따라 몽골인과 **색목인** 우대, **한인과 남인 차별** **자료 5** ┗ 세금을 더 많이 내야 했고, 관직의 승진에도 한계가 있었어.

(3) **원의 멸망**: 왕위 다툼, 물가 상승 → 한인의 반란(홍건적의 난) → 원이 북쪽으로 쫓겨남(1368)

3 원의 경제와 사회

(1) **경제**

농업	새로운 농업 기술 보급, 목화 생산 증가(→ 면직물 산업 발달)
상업	교통로의 발달로 동서 교류가 활발해짐 → 상업 발전, 원이 동전 사용을 제한하면서 지폐인 **교초**가 널리 사용됨

(2) **사회**: 도시를 중심으로 서민 문화 발달, 구어체로 쓴 소설과 희곡 인기, 음악과 연극이 어우러진 **잡극** 유행

4 유라시아·인도양 교역권의 발달 **자료 6** **시험 단골** 역참제를 묻는 문제가 자주 출제돼!

(1) **배경**: 도로망 정비, 몽골 제국을 오가는 관리나 사신에게 숙식과 말 등을 제공하는 **역참** 설치, 대운하 확장 ┗ 통행증인 패자를 가지고 있으면 말과 수레 등을 이용할 수 있었어.

(2) **유라시아·인도양 교역권의 형성**: 남중국·인도양·아라비아해에 이르는 해상 무역이 활발해짐, 항저우·취안저우 등이 무역 중심지로 번성 → 초원길, 비단길, 바닷길 연결

5 동서 문화 교류

(1) **인적 교류**: 교황과 유럽의 군주들이 원에 사절단을 보냄, 이탈리아의 상인인 **마르코 폴로**(『동방견문록』 저술)와 모로코 출신의 이슬람교도인 **이븐 바투타**(『여행기』 저술) 등도 중국에 다녀감

(2) **외국 문물 유입**: 이슬람교·크리스트교·티베트 불교 등 다양한 종교 수용, 이슬람 세계의 자연 과학과 천문학·역법 등 전래(→ 천문대 제작, 곽수경이 **수시력**을 만듦)

(3) **중국 문물 전파**: 화약 무기, 나침반, 활판 인쇄술 등이 서양에 전해짐

자료 4 몽골이 대제국을 세운 원동력

몽골 제국은 기마병과 정복한 지역의 주민들로 병력을 보충하고, 이슬람 상인의 교역로를 보장해 주는 대가로 지리 및 군사 정보를 얻어 대제국을 세웠다.

자료 5 원의 사회 구조 **시험 단골** 원의 사회 구조의 특징을 묻는 문제가 자주 출제돼!

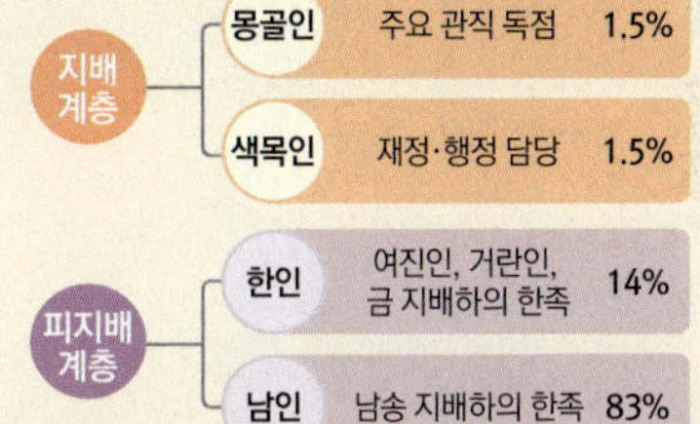

원대에는 몽골인이 주요 관직을 독차지하였고, 색목인도 우대를 받았다. 화북 지방에 살던 한인과 남송 출신의 남인은 사회적으로 차별을 받았다.

자료 6 유라시아·인도양 교역권의 발달

↑ 몽골 제국의 주요 교통로

원대에는 교통로 발달과 역참제 실시 등으로 초원길, 비단길, 바닷길을 연결하는 유라시아·인도양 교역권이 형성되었다. ┗ 몽골 제국은 육로로 일정한 거리마다 역참을 두어 사신과 상인들이 안전하게 여행할 수 있도록 하였다.

+ **칸** 몽골인 등 유목 국가에서 부족장을 부르던 말

+ **울루스** 몽골어로 '많은 사람'이라는 뜻으로, 점차 부족 또는 국가를 가리키는 말로 쓰임

+ **색목인** 서아시아, 중앙아시아, 유럽 등지에서 온 외국인

대표 자료 확인하기

◆ **북방 민족의 성장**

↑ 11세기 동아시아의 정세   ↑ 12세기 동아시아의 정세

송은 11세기에 (①   )과/와 (②   )의 압박을 받았으며, 12세기에는 (③   )과/와 대립하였다.

◆ **원의 사회 구조**

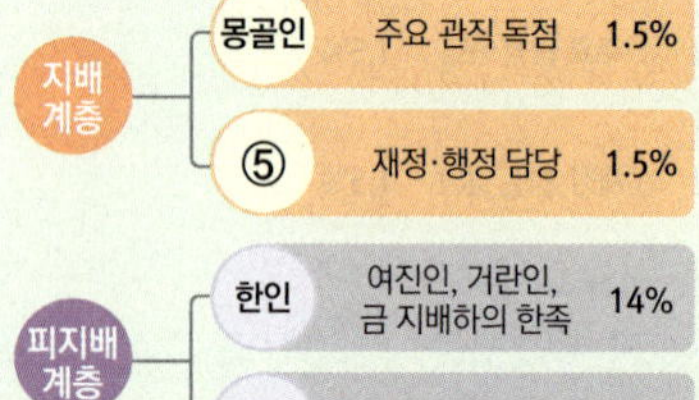

원은 (④   )에 따라 몽골인에게 주요 관직을 주었고, (⑤   )도 우대하였다.

한눈에 정리하기

◆ **송의 성립과 발전**

정치	(①) 정책 실시 → 군사력 약화 → 북방 민족의 송 압박 → 왕안석의 개혁(실패) → 금의 공격으로 수도 이전(남송 성립)
사회	도시의 발달, 과학 기술의 발전(화약 무기·나침반·활판 인쇄술 등), 서민 문화의 발달, 주희의 (②) 완성
대외 교류	해상 무역 전개, 동아시아·인도양 교역권의 성장, 주요 항구에 (③) 설치

◆ **몽골 제국의 성립과 발전**

정치	칭기즈 칸과 후손들이 대제국 건설 → 여러 울루스의 연합으로 유지 → 쿠빌라이 칸이 대도 천도, 국호를 (④)(으)로 변경, 몽골 제일주의로 통치
사회	서민 문화 발달(구어체 소설 인기, 잡극 유행)
동서 교류	도로망 정비, (⑤) 실시 등 → 유라시아·인도양 교역권의 발달, 활발한 동서 문화 교류(마르코 폴로, 이븐 바투타 등)

1 다음 괄호 안의 내용 중 알맞은 말에 ○표를 하시오.

(1) 송대에는 문치주의 정책의 실시로 유교적 소양을 갖춘 (사대부 , 문벌 귀족) 계층이 형성되었다.

(2) 송의 재정이 어려워지자 (왕안석 , 조광윤)은 민생 안정과 부국강병을 목표로 개혁을 시도하였다.

(3) 송은 북쪽에서 성장한 (금 , 서하)의 공격을 받아 남쪽으로 수도를 옮겼는데, 이때부터를 남송이라고 한다.

2 다음 설명에 해당하는 나라를 〈보기〉에서 골라 기호를 쓰시오.

┌ 보기 ┐
ㄱ. 금   ㄴ. 서하   ㄷ. 거란(요)

(1) 만주 지역에서 성장한 여진이 세웠다.   (　　)

(2) 발해를 멸망시키고, 고려를 공격하였다.   (　　)

(3) 동서 무역로(비단길)를 차지하여 송을 압박하였다.   (　　)

3 송에 대한 설명이 맞으면 ○표, 틀리면 ✕표를 하시오.

(1) 과학 기술이 발전하여 화약 무기, 나침반, 활판 인쇄술이 실생활에서 사용되었다.   (　　)

(2) 송과 한반도, 일본, 동남아시아, 인도, 아라비아를 잇는 지중해 무역권이 성장하였다.   (　　)

4 ㉠에 들어갈 인물을 쓰시오.

> 13세기 초 테무친은 몽골 부족을 통일한 후 (㉠   )(으)로 추대되어 몽골 제국을 세웠다.

5 빈칸에 들어갈 내용을 쓰시오.

(1) 원은 공용 문자인 (   )을/를 만들어 공식 문서에 사용하였다.

(2) 원대에는 동서 교류가 활발히 이루어져 상업이 발전하고 지폐인 (   )이/가 화폐로 널리 쓰였다.

6 다음 물음에 답하시오.

(1) 이슬람 세계의 천문학, 역법 등이 원에 전해지면서 곽수경이 만든 달력은?   (　　)

(2) 몽골 제국이 관리나 사신에게 숙식과 말 등을 제공하기 위해 주요 교통로에 설치한 것은?   (　　)

01 ㉠에 들어갈 인물이 실시한 정책으로 옳은 것은?

> 당이 멸망한 후 중국이 여러 나라로 나뉜 가운데 절도사 출신인 (㉠)이/가 송을 세웠다. 그는 중앙 집권 체제를 갖추고자 여러 정책을 실시하였다.

① 대운하를 완성하였다.
② 분서갱유를 단행하였다.
③ 과거제에 전시 제도를 도입하였다.
④ 공용 문자인 파스파 문자를 만들었다.
⑤ 신라와 연합하여 고구려를 멸망시켰다.

02 빈칸에 들어갈 내용으로 가장 적절한 것은?

> 군사력이 약해진 송은 북방 민족의 압박을 받았다. 송은 이들에게 많은 비단과 은을 주었고, 이 때문에 재정이 어려워지자 ☐

① 안사의 난이 일어났다.
② 5대 10국으로 분열되었다.
③ 왕안석이 개혁을 시도하였다.
④ 모내기법이 전국에 실시되었다.
⑤ 주요 항구에 시박사가 설치되었다.

03 (가) 나라에 대한 설명으로 옳은 것은?

① 탕구트가 세웠다.
② 황소의 난으로 쇠퇴하였다.
③ 송과 연합하여 요를 무너뜨렸다.
④ 울루스들의 느슨한 연합으로 유지되었다.
⑤ 유교적 소양을 갖춘 사대부 계층이 형성되었다.

04 다음에서 설명하는 나라로 옳은 것은?

> • 야율아보기가 부족을 통합하여 세웠다.
> • 문자를 만들어 고유한 문화를 지키고자 하였다.

① 금　　　② 송　　　③ 원
④ 서하　　⑤ 거란(요)

05 금에 대한 설명으로 옳은 것을 〈보기〉에서 고른 것은?

> ┤보기├
> ㄱ. 발해를 멸망시켰다.
> ㄴ. 송을 공격하여 남쪽으로 몰아냈다.
> ㄷ. 만주 지역에서 성장한 여진이 세웠다.
> ㄹ. 비단길을 차지하여 중계 무역으로 번영하였다.

① ㄱ, ㄴ　　② ㄱ, ㄷ　　③ ㄴ, ㄷ
④ ㄴ, ㄹ　　⑤ ㄷ, ㄹ

이 문제에서 나올 수 있는 선택지는 다~!

06 밑줄 친 '이 나라'에서 볼 수 있는 모습으로 적절하지 <u>않은</u> 것은?

① 교초를 사용하는 상인
② 성리학을 공부하는 사대부
③ 화약 무기를 사용하는 군인
④ 만담과 연극을 구경하는 서민
⑤ 모내기법을 활용하여 농사짓는 농민
⑥ 광저우의 시박사에서 세금을 계산하는 관리

07 빈칸에 들어갈 탐구 주제로 가장 적절한 것은?

① 왕안석의 개혁
② 북방 민족의 성장
③ 송대 과학 기술의 발전
④ 정복 왕조의 이원적 통치
⑤ 송대 문치주의 정책의 영향

중요해

08 다음에서 설명하는 인물의 활동으로 옳은 것을 〈보기〉에서 고른 것은?

그는 13세기 초 몽골 부족을 통일한 후 몽골 제국을 세웠다. 이후 그는 강력한 기마병을 바탕으로 정복 활동을 벌여 중앙아시아의 여러 나라를 정복하였다.

┤ 보기 ├
ㄱ. 서하와 금을 공격하였다.
ㄴ. 수도를 대도(베이징)로 옮겼다.
ㄷ. 정복한 지역은 형제와 자손들에게 나누어 주었다.
ㄹ. 황제가 과거 시험을 주관하는 전시 제도를 도입하였다.

① ㄱ, ㄴ　　② ㄱ, ㄷ　　③ ㄴ, ㄷ
④ ㄴ, ㄹ　　⑤ ㄷ, ㄹ

09 다음에서 설명하는 내용을 쓰시오.

• 몽골어로 '많은 사람'이라는 뜻이다. 점차 부족, 국가를 가리키는 말로 쓰였다.
• 몽골 제국 시기에 독자적인 영토를 인정받았으며, 이들의 느슨한 연합으로 몽골 제국이 유지되었다.

(　　　　　　　)

중요해

10 다음은 원의 사회 구조를 나타낸 도표이다. 이에 대한 설명으로 옳지 <u>않은</u> 것은?

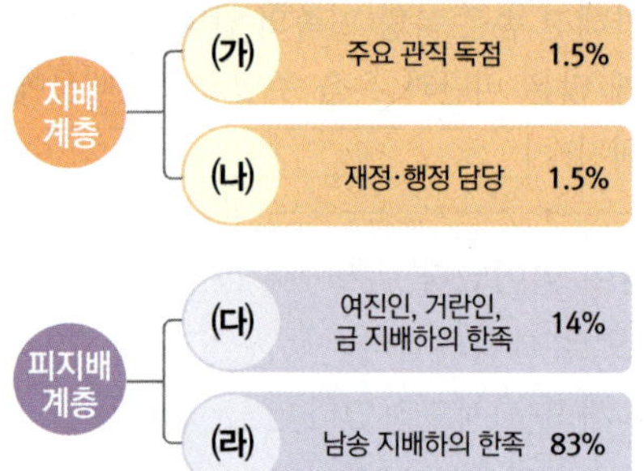

① (가)는 몽골인이다.
② (나)는 외국에서 온 색목인이다.
③ (다)는 한인으로 특별 대우를 받았다.
④ (라)는 남인으로 관직의 승진에 한계가 있었다.
⑤ 원은 몽골 제일주의에 따라 다양한 민족을 다스렸다.

11 송과 원의 문화에서 나타나는 공통점으로 가장 적절한 것은?

① 서민 문화가 발달하였다.
② 귀족이 문화를 주도하였다.
③ 조로아스터교를 국교로 삼았다.
④ 비잔티움 문화의 영향을 받았다.
⑤ 동서 문화가 융합하여 만들어졌다.

12 ㉠에 들어갈 시설에 대한 설명으로 옳지 <u>않은</u> 것은?

패자는 몽골 제국에서 (㉠)을/를 이용할 때 사용한 통행증이다.

① 육로의 일정한 거리에 두었다.
② 관리나 사신에게 숙식과 말을 제공하였다.
③ 중앙과 각 지방을 연결하는 교통로에 세워졌다.
④ 많은 양의 물자를 빠르게 운송할 수 있도록 하였다.
⑤ 동서 문화 교류가 활발하게 이루어지는 데 기여하였다.

13 지도의 최대 영역을 차지하였던 나라의 대외 교류에 대한 설명으로 옳은 것을 〈보기〉에서 고른 것은?

보기

ㄱ. 장안이 국제 도시로 번성하였다.
ㄴ. 이븐 바투타가 중국을 여행하였다.
ㄷ. 현장 등의 승려가 인도를 순례하였다.
ㄹ. 이슬람 세계의 천문학과 역법이 중국에 전해졌다.

① ㄱ, ㄴ ② ㄱ, ㄷ ③ ㄴ, ㄷ
④ ㄴ, ㄹ ⑤ ㄷ, ㄹ

01 지도에 나타난 시기에 동아시아·인도양 교역권이 성장할 수 있었던 배경을 서술하시오.

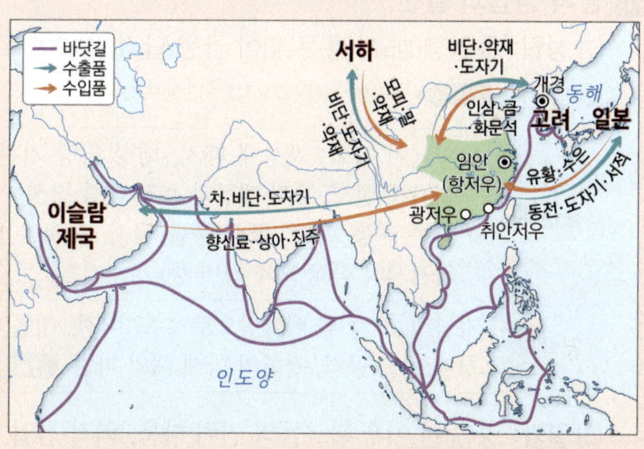

____

____

____

02 몽골이 대제국을 세울 수 있었던 원동력을 <u>두 가지</u> 서술하시오.

____

____

____

03 원대에 동서 문화 교류가 활발하게 이루어질 수 있었던 배경을 서술하시오.

____

____

____

02. 동아시아와 인도 지역 질서의 변화

◆ 명과 청의 중국 지배

1 명의 성립과 발전

(1) 성립: 주원장(태조, 홍무제)이 금릉(난징)을 수도로 삼고 세움(1368)

(2) 발전 　공부 TIP　 홍무제와 영락제의 업적을 비교해 보자.

홍무제	• 황제권 강화: 재상제 폐지, 행정 담당 기관인 6부 직접 통치, ⁺이갑제 실시, 토지 대장과 호적 대장 작성 • 한족 전통 회복: 몽골 풍습 금지, 유교 이념 부활(육유 반포, 과거제와 학교 교육 정비 등) └ 유교 윤리를 바탕으로 하는 여섯 가지 가르침이야.
영락제	자금성 건설 후 베이징으로 수도 이전, 대월(베트남) 정복, 여러 차례 몽골 공격, 정화의 함대 해외 파견 　자료 1

(3) 멸망: 명 중기 이후 관료들의 권력 다툼, 외적 침입, 임진왜란 때 조선에 군대를 파견하여 재정 악화 → 이자성의 농민군에게 멸망(1644)

2 청의 성립과 발전

(1) 성립: 만주에서 누르하치(태조)가 후금 건국(1616) → 홍타이지(태종)가 국호를 청으로 변경 → 명이 멸망하자 베이징 점령, 중국 차지
└ 몽골과 조선을 침략하였어.

(2) 한족 통치 방식: 소수의 만주족이 다수의 한족 지배

회유책	• 중요한 관직에 만주족과 한족 함께 등용(만한 병용제) • 유학 교육 장려, 과거제 실시, 『사고전서』 편찬에 한족 참여
강압책	• 만주족의 풍습인 변발과 호족 강요 • 청 왕조를 비판하는 서적 금지
└ 건륭제가 중국의 수많은 서적을 모아 편찬하였어.

(3) 전성기: 강희제·옹정제·건륭제 시기, 새로운 화이사상을 제시하여 청의 통치 정당화, 건륭제 때 최대 영토 차지 　자료 2 　
└ 한족이 자신을 세계의 중심으로 여기고, 주변 민족을 오랑캐로 여기는 사상이야.

3 명·청의 경제, 사회, 문화

(1) 경제: 농업 생산력 증가, 상품 작물 재배, 수공업 발달

(2) 사회: ⁺신사가 지배층으로 성장하여 사회 주도, 새로운 학풍을 만듦

(3) 문화

학문의 발전	• 명: 이론과 형식보다 실천을 강조하는 양명학 유행 • 청: 유교 경전을 실증적으로 연구하는 고증학 발전
서민 문화의 발달	• 명: 『삼국지연의』, 『서유기』 등의 소설 유행 • 청: 『홍루몽』 등의 소설과 경극 유행
└ 노래와 춤, 연기가 어우러진 중국의 전통극이야.

4 명·청의 대외 교류

(1) 무역 양상의 변화

① 명: 조공 관계를 통한 교류(해금 정책) → 제한적 민간 무역 허용

② 청: 조선·대월 등과 조공 관계 유지, 해상 무역 통제 → 18세기 중반 이후 광저우 한 곳을 서양 상인에게 개방하고 ⁺공행 무역만 허용

(2) 은 경제 수립: 유럽과 일본 상인들이 중국 물품의 수입 대금으로 은 지불 → 다량의 은이 중국에 유입 → 은을 화폐로 사용하거나 명·청 정부가 은을 세금으로 걷음
└ 차, 비단, 도자기 등이야.

(3) 문물 교류: 서양 상인과 선교사가 중국을 방문함 → 선교사가 크리스트교와 서양의 다양한 학문·기술을 중국에 소개함, 반대로 중국의 문화가 유럽에 전파됨 　자료 3 　
└ 청대에는 아담 샬이 천문학과 역법 등을 소개하였어.

교과서 쏙 자료

자료 1　정화의 항해　　시험 단골　정화의 항해를 묻는 문제가 자주 출제돼!

정화의 함대는 일곱 차례 항해에 나서 동남아시아와 인도를 거쳐 아프리카까지 진출하였고, 30여 개의 나라와 조공·책봉 관계를 맺었다.
└ 주변 국가가 중국의 정치적 우위를 인정하여 예물을 바치고, 중국이 주변 국가의 왕위를 인정해 주는 외교 방식이야.

자료 2　청과 오늘날 중국의 영역

청은 건륭제 때 몽골을 완전 정복하고 신장, 티베트까지 차지하였다. 이는 오늘날 중국의 영토와 비슷하다.
└ 청은 러시아와 네르친스크 조약을 맺어 국경을 확정하였어.

자료 3　「곤여만국전도」

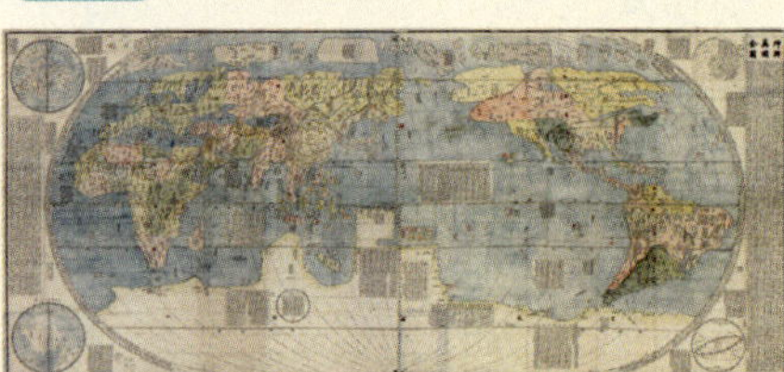

「곤여만국전도」는 이탈리아의 선교사인 마테오 리치가 만든 세계 지도로, 동아시아 여러 나라의 세계관이 변화하는 데 큰 영향을 주었다.
└ 중국이 세계의 중심이라고 믿었어.

Plus 용어

⁺**이갑제** 110호를 1리로 편성하여 농민이 직접 조세 징수와 치안 유지를 담당하게 한 제도

⁺**신사** 학생, 과거 합격자 등 유교적 교양을 갖춘 지식인으로, 향촌의 사회 안정과 질서를 유지하는 역할을 함

⁺**공행** 청 정부의 특허를 받아 서양과 교역할 수 있었던 상인 조합

✚ 일본 무사 정권의 성립

1 무사 정권의 성립과 변화 `공부 TIP` 무사 정권의 변화 순서를 기억해 두자.

(1) **배경**: 헤이안 시대 후반의 사회 혼란 → 귀족들의 무사 고용

(2) **무사 정권의 성립과 변화** ┌ 전쟁터에서 지휘관이 사용하던 천막을 가리켰으나 점차 무사 정권을 이르는 말이 되었다.

① **가마쿠라 막부**: 12세기 미나모토노 요리토모가 최초의 무사 정권 수립, 일본의 봉건제 성립, 원의 침략으로 쇠퇴 `자료 4`

② **무로마치 막부**: 중국과 조공·책봉 관계 회복, 조선과 국교를 맺음

③ **전국 시대**: 각지의 다이묘(영주)들이 100여 년간 세력을 다툼 → 도요토미 히데요시가 전국 시대 통일, 조선 침략(임진왜란)

④ **에도 막부**: 도쿠가와 이에야스가 수립(1603), 쇼군은 직할지만 다스리고 지방의 다이묘에게는 독립적으로 다스릴 수 있는 영지(번)를 줌, **산킨코타이 제도** 시행(다이묘 통제, 중앙 집권 체제 강화)
└ 명을 정복한다는 구실로 조선을 침략하였으나 실패하였어.

2 에도 막부의 경제, 사회, 대외 교류

(1) **경제와 사회·문화**

경제	농업 생산량 증가, 활발한 상품 작물 재배, 수공업·광업 발달
사회·문화	• 도로망 정비로 도시 발달 → '조닌'이라고 불리는 도시 상공업자 성장 → 가부키, 우키요에 등 **조닌 문화** 발달 `자료 5` • 18세기에 **국학** 발달

(2) **대외 교류**: 크리스트교 금지, 사무역 통제(해금 정책)

① 조선: 통신사를 통해 교류 ┐ 부채 모양의 인공 섬인 데지마와 교역하였어.

② 중국·네덜란드 상인: 나가사키를 개항하여 무역 허용, 네덜란드인으로부터 천문학·의학·조선술 등 서양의 학문(**난학**)과 기술 수용

✚ 무굴 제국의 발전

1 무굴 제국의 성립과 발전

(1) **성립**: 바부르가 인도의 델리를 정복하고 이슬람 왕조를 세움(1526)

(2) **발전**
┌ 종교인, 무신론자, 학자들을 초대하여 종교 및 사상을 주제로 토론을 벌이기도 하였다.

아크바르 황제	• 활발한 정복 활동 전개 → 인도 북부의 대부분 차지 • 지즈야 폐지, 종교의 다양성을 존중하는 **관용 정책** 실시
아우랑제브 황제	• 인도 남부를 정복하여 최대 영토 차지 • 이슬람 제일주의를 내세워 이슬람교가 아닌 종교 탄압

(3) **쇠퇴**: 각지에서 반란 발생, 서양 세력의 침입으로 점차 쇠퇴
└ 지즈야를 부활시키고, 힌두교 사원을 파괴하였어.

2 무굴 제국의 문화

(1) **특징**: **인도·이슬람 문화** 발전

(2) **내용**
┌ 카스트제의 신분 차별을 반대하며 인간의 평등을 주장하였어.

종교	힌두교와 이슬람교를 절충한 **시크교** 발전 ┐ 힌디어, 페르시아어, 아랍어 등이 합쳐진 언어야.
언어	페르시아어를 공용어로 사용, 일상에서는 **우르두어** 사용
건축	인도·이슬람 양식 발전, **타지마할**이 대표적 건축물임 `자료 6`
미술	페르시아의 세밀화와 인도 미술이 융합된 무굴 회화 발달

교과서 쏙 자료

자료 4 일본의 봉건제

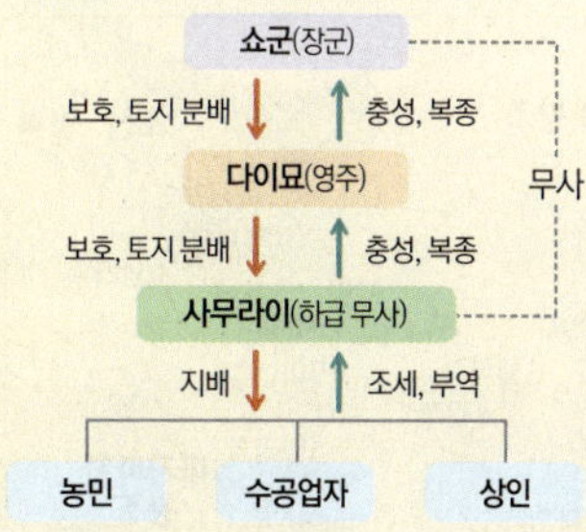

가마쿠라 막부 때부터 천황의 권위가 더욱 약화되고 쇼군(장군)이 실질적으로 나라를 다스리는 일본 특유의 봉건제가 시행되었다.

자료 5 에도 시대의 조닌 문화

⬆ 가부키 극장의 모습을 나타낸 우키요에

에도 시대에는 상업과 도시가 발달하면서 도시 상공업자를 중심으로 조닌 문화가 발달하였다. 가부키는 노래와 춤, 연기가 어우러진 연극으로, 사회 현실이나 서민들의 삶을 주제로 다루어 인기가 많았다.

자료 6 인도의 타지마할

타지마할은 무굴 제국의 황제 샤자한이 황후 뭄타즈 마할의 넋을 기리고자 만든 건축물로, 인도 양식과 이슬람 양식이 조화를 이루고 있다.
└ 연꽃부늬, 격사부늬 창, 작은 탑, 벽돌 장식 등은 인도 양식을, 돔 모양 지붕, 『쿠란』 구절, 뾰족한 아치 등은 이슬람 양식을 보여 줘.

Plus 용어

✚ **산킨코타이 제도** 다이묘를 일정 기간 에도에 머무르게 하고, 그 가족은 에도에 인질로 두게 한 제도

✚ **우키요에** 에도 시대에 유행한 풍속화로, 주로 목판에 새겨 찍어 내는 기법을 사용함

✚ **국학** 일본의 고전을 연구하여 일본 고유의 정신을 밝히려는 학문

✚ **난학** 에도 시대에 네덜란드를 통해서 받아들인 서양 학문을 이르는 말

대표 자료 확인하기

✦ 정화의 항해

명의 (①   )은/는 정화의 함대를 여러 차례 해외로 파견하여 국력을 과시하고, 30여 개의 나라와 조공·책봉 관계를 맺었다.

✦ 일본의 봉건제

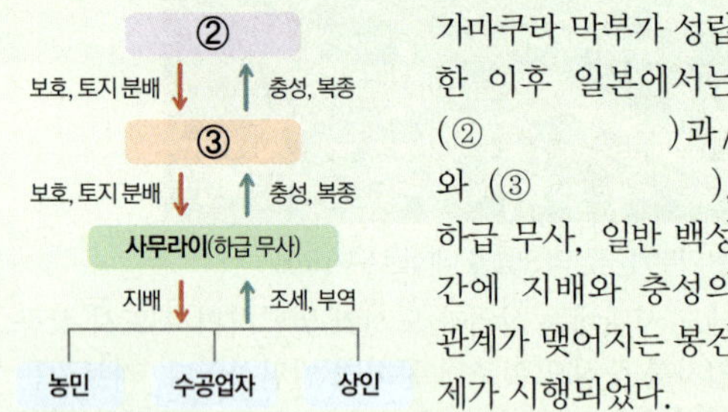

가마쿠라 막부가 성립한 이후 일본에서는 (②   )과/와 (③   ), 하급 무사, 일반 백성 간에 지배와 충성의 관계가 맺어지는 봉건제가 시행되었다.

한눈에 정리하기

✦ 명과 청의 발전

구분	명	청
정치	• ①): 명 건국, 재상제 폐지, 육유 반포 • 영락제: 자금성 건설, 베이징 천도, 정화의 함대 해외 파견	• ②)이/가 후금 건국 → 홍타이지(태종)가 청으로 국호 변경 • 강희제, 옹정제, 건륭제 때 전성기를 누림
사회	③)이/가 지배층으로 성장, 학문과 서민 문화 발달	
대외 교류	해금 정책 → 제한적 민간 무역 허용	18세기 중반 이후 공행 무역만 허용

✦ 일본 무사 정권의 성립과 무굴 제국의 발전

일본 무사 정권	가마쿠라 막부 수립 → 무로마치 막부 수립 → 전국 시대 전개 → ④) 수립 (산킨코타이 제도 시행, 조닌 문화 발달)
무굴 제국	• ⑤): 관용 정책 실시 • 아우랑제브 황제: 최대 영토 차지

---

1 빈칸에 들어갈 내용을 쓰시오.

(1) 홍무제는 황제권을 강화하고자 (   )을/를 폐지하고, 6부를 직접 다스렸다.

(2) 영락제는 (   )의 함대를 해외로 파견하여 국력을 과시하고 여러 나라와 조공·책봉 관계를 맺었다.

2 다음 사례에 해당하는 청의 한족 통치 방식을 〈보기〉에서 골라 기호를 쓰시오.

┌ 보기 ┐
ㄱ. 강압책   ㄴ. 회유책

(1) 유학 교육을 장려하고 과거제를 실시하였다.   (   )
(2) 만주족의 풍습인 변발과 호복 착용을 강요하였다.   (   )

3 다음 괄호 안의 내용 중 알맞은 말에 ○표를 하시오.

(1) 명·청대에는 (신사 , 호족)층이 향촌의 질서를 유지하는 역할을 하였다.

(2) 명대에는 이론·형식보다 실천을 강조하는 (고증학 , 양명학)이 유행하였다.

(3) 18세기 중반 이후 청은 (광저우 , 상하이) 한 곳을 서양 상인에게 개방하고 공행을 통해서만 무역하였다.

4 다음 설명이 맞으면 ○표, 틀리면 ✕표를 하시오.

(1) 12세기에 최초의 무사 정권인 무로마치 막부가 성립하였다.   (   )

(2) 도쿠가와 이에야스는 100여 년간 이어진 전국 시대를 통일하였다.   (   )

(3) 에도 시대에는 신흥 상공업자를 중심으로 조닌 문화가 발달하였다.   (   )

(4) 에도 막부는 다이묘를 일정 기간 에도에 머무르게 하는 산킨코타이 제도를 시행하였다.   (   )

5 다음 물음에 답하시오.

(1) 16세기 초 인도에 침입하여 무굴 제국을 세운 인물은?   (   )

(2) 힌디어, 페르시아어, 아랍어 등이 합쳐진 무굴 제국의 일상어는?   (   )

(3) 무굴 제국의 황제 샤자한이 황후 뭄타즈 마할의 넋을 기리고자 세운 건축물은?   (   )

01 밑줄 친 '정책'에 해당하지 <u>않는</u> 것은?

> 명을 세운 홍무제는 황제의 권력을 키우고 한족의 전통을 회복하기 위해 여러 <u>정책</u>을 실시하였다.

① 재상제를 폐지하였다.
② 몽골 풍습을 금지하였다.
③ 대월(베트남)을 정복하였다.
④ 행정을 담당하는 6부를 직접 다스렸다.
⑤ 유교 윤리를 바탕으로 하는 육유를 반포하였다.

중요해 ☆

02 지도에 나타난 항해에 대한 설명으로 옳은 것은?

① 장건이 주도하였다.
② 명의 홍무제 때 시작되었다.
③ 시박사를 설치하는 계기가 되었다.
④ 동남아시아를 거쳐 아메리카에 진출하였다.
⑤ 여러 나라와 조공 관계를 맺는 결과를 가져왔다.

03 청의 한족 지배 정책 중 강압책에 해당하는 사례로 옳은 것을 〈보기〉에서 고른 것은?

> ┤ 보기 ├
> ㄱ. 한족에게 변발과 호복을 강요하였다.
> ㄴ. 청 왕조를 비판하는 서적을 금지하였다.
> ㄷ. 유학 교육을 장려하고 과거제를 실시하였다.
> ㄹ. 중요 관직에 만주족과 한족을 함께 등용하였다.

① ㄱ, ㄴ　　② ㄱ, ㄷ　　③ ㄴ, ㄷ
④ ㄴ, ㄹ　　⑤ ㄷ, ㄹ

04 (가) 나라의 경제와 사회에 대한 설명으로 옳지 <u>않은</u> 것은?

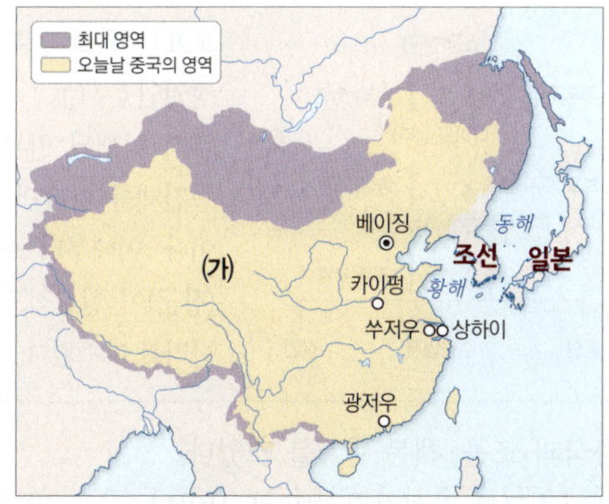

① 은을 화폐로 사용하였다.
② 신사층이 새로운 학풍을 만들었다.
③ 『홍루몽』 등의 소설이 인기를 끌었다.
④ 실천을 강조하는 양명학이 유행하였다.
⑤ 뽕나무, 면화 등 상품 작물이 재배되었다.
⑥ 노래와 춤, 연기가 어우러진 경극이 발달하였다.

05 다음에서 설명하는 계층을 쓰시오.

> 학생, 과거 합격자, 관직 경험자 등 유교적 교양을 갖춘 명·청대의 지식인을 말한다. 이 계층은 향촌의 질서를 유지하는 역할을 하였다.

(　　　　　　　)

06 밑줄 친 ㉠~㉤ 중 옳지 <u>않은</u> 것은?

> **명·청의 대외 교류**
>
> 명은 ㉠ 조공 관계를 통해서만 다른 나라와 교류하다가 점차 ㉡ 제한적인 민간 무역을 허용하였다. 청도 ㉢ 조선, 대월 등 주변 국가와 조공 관계를 유지하였다. 청은 ㉣ 초기에 해상 무역을 통제하였다가 ㉤ 18세기 중반 이후에는 카이펑 한 곳을 서양 상인에게 개방하고 공행 무역만 허용하였다.

① ㉠　　② ㉡　　③ ㉢　　④ ㉣　　⑤ ㉤

07 ㉠에 들어갈 막부에 대한 설명으로 옳은 것은?

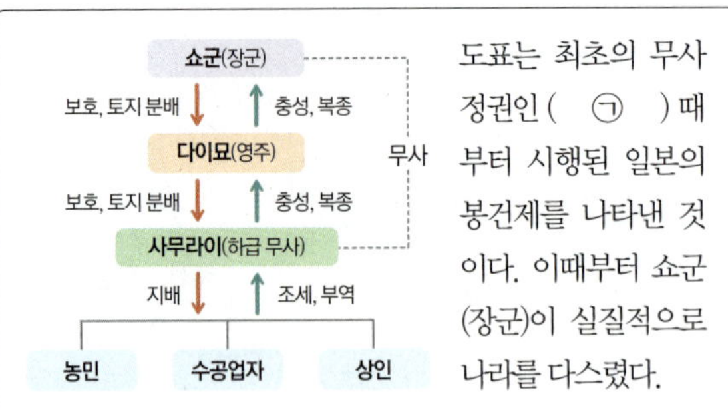

도표는 최초의 무사 정권인 (㉠) 때부터 시행된 일본의 봉건제를 나타낸 것이다. 이때부터 쇼군(장군)이 실질적으로 나라를 다스렸다.

① 중국과 조공·책봉 관계를 맺었다.
② 헤이조쿄를 건설하고 수도로 삼았다.
③ 한자를 변형한 가나 문자를 만들었다.
④ 100여 년간 다이묘들이 세력을 다투었다.
⑤ 원의 침략을 막아 내는 과정에서 쇠퇴하였다.

08 (가) 시기에 있었던 일로 옳은 것을 〈보기〉에서 고른 것은?

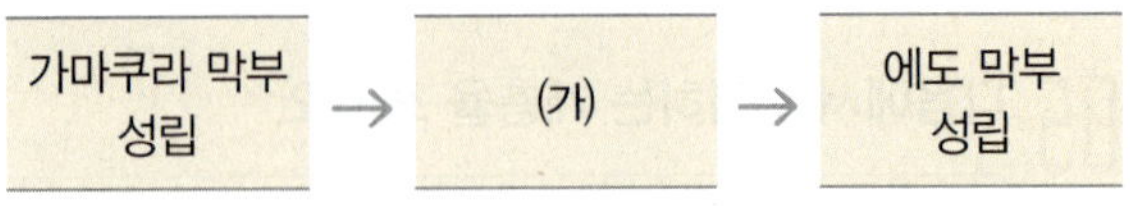

┤보기├
ㄱ. 무로마치 막부가 성립하였다.
ㄴ. '일본'이라는 국호가 처음 사용되었다.
ㄷ. 도요토미 히데요시가 100여 년간 이어진 전국 시대를 통일하였다.
ㄹ. 한반도로부터 불교와 같은 선진 문물이 전해지면서 아스카 문화가 발전하였다.

① ㄱ, ㄴ   ② ㄱ, ㄷ   ③ ㄴ, ㄷ
④ ㄴ, ㄹ   ⑤ ㄷ, ㄹ

09 ㉠에 들어갈 내용을 쓰시오.

에도 시대에는 나가사키 앞바다를 메워 만든 부채 모양의 인공 섬인 (㉠)에서 중국, 네덜란드 상인들과 교역하였다.

(   )

10 다음 문화가 유행한 나라의 대외 교류에 대한 설명으로 옳은 것을 〈보기〉에서 고른 것은?

가부키는 노래와 춤, 연기가 어우러진 연극으로, 주로 사회 현실이나 서민들의 삶을 주제로 다루어 인기가 많았다.

┤보기├
ㄱ. 대월과 조공 관계를 유지하였다.
ㄴ. 조선과 통신사를 통해 교류하였다.
ㄷ. 서양 상인과는 공행을 통해서만 무역하였다.
ㄹ. 네덜란드 상인에게는 나가사키를 개항하였다.

① ㄱ, ㄴ   ② ㄱ, ㄷ   ③ ㄴ, ㄷ
④ ㄴ, ㄹ   ⑤ ㄷ, ㄹ

11 밑줄 친 '이 학문'에 대한 설명으로 옳은 것은?

① 유교 경전의 옛글자를 해석하였다.
② 이론, 형식보다 실천을 강조하였다.
③ 유교 경전을 실증적으로 연구하였다.
④ 우주의 원리와 인간의 본성을 탐구하였다.
⑤ 네덜란드로부터 받아들인 서양 학문을 이른다.

12 다음에서 설명하는 나라로 옳은 것은?

> • 바부르가 인도의 델리를 정복하고 세웠다.
> • 인도 고유의 문화와 이슬람 문화가 융합된 문화가 발전하였다.

① 굽타 왕조 　② 무굴 제국
③ 프랑크 왕국 　④ 비잔티움 제국
⑤ 사산 왕조 페르시아

중요해

13 다음 그림에 나타난 황제의 업적으로 옳은 것은?

그림은 무굴 제국의 황제가 여러 종교 지도자들과 종교 및 사상 등을 주제로 토론하는 모습을 그린 것이다.

① 무굴 제국을 세웠다.
② 타지마할을 건립하였다.
③ 대도(베이징)로 수도를 옮겼다.
④ 종교의 다양성을 존중하는 정책을 펼쳤다.
⑤ 인도 남부를 정복하여 최대 영토를 차지하였다.

14 무굴 제국의 문화에 대한 설명으로 옳지 <u>않은</u> 것은?
① 아잔타 석굴 사원이 건립되었다.
② 인도·이슬람 문화가 유행하였다.
③ 일상에서는 우르두어가 널리 사용되었다.
④ 힌두교와 이슬람교를 절충한 시크교가 발전하였다.
⑤ 페르시아의 세밀화와 인도 미술이 융합된 회화가 발달하였다.

서술형 문제

01 다음 지도가 당시 사회에 미친 영향을 서술하시오.

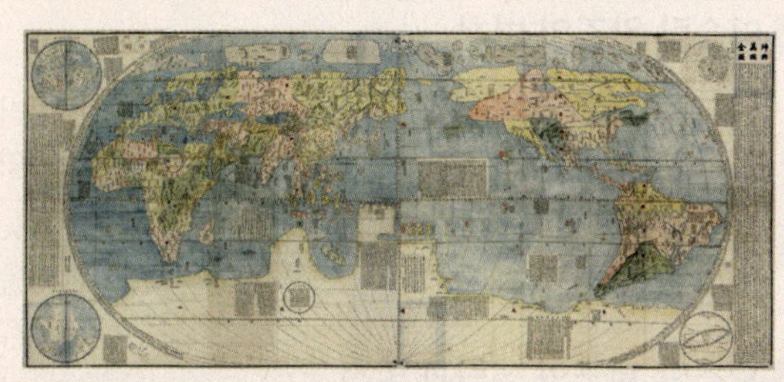

「곤여만국전도」는 이탈리아의 선교사인 마테오 리치가 명에 머물렀을 때 만든 세계 지도이다.

____

____

____

02 다음을 읽고 물음에 답하시오.

> 에도 시대에는 다이묘를 일정 기간 에도에 머무르게 하고 그 가족은 인질로 에도에 두게 하는 (　㉠　) 을/를 시행하였다.

(1) ㉠에 들어갈 제도를 쓰시오.

(2) 에도 막부가 (1) 제도를 시행한 목적을 서술하시오.

____

____

____

03 인도의 타지마할에 반영된 인도 양식과 이슬람 양식을 각각 서술하시오.

____

____

03. 서아시아와 유럽 사회의 변화

◆ 오스만 제국의 성장

1 이슬람 왕조의 변천

티무르 왕조	티무르가 몽골 제국의 부흥을 내세우며 여러 유목 집단을 통합하여 세움(1370), 수도 사마르칸트는 중계 무역으로 번영을 누림
사파비 왕조	티무르 왕조가 쇠퇴한 후 페르시아 지역에서 수립(1502), 시아파 이슬람교를 국교로 삼음, 오스만 제국과 영토를 다툼

2 오스만 제국의 성립과 발전

(1) **성립**: 오스만이 튀르크 부족을 모아 세움(1299)

(2) **발전** 자료 1

① 메흐메트 2세: 비잔티움 제국 정복, **콘스탄티노폴리스로 천도**(1453) — 이때부터 이스탄불이라고 부르기 시작하였어.

② **술탄 칼리프** 제도: 술탄이 아바스 왕조의 마지막 후손에게 칼리프의 칭호를 받음 → 이슬람 세계의 정치적·종교적 최고 지배자가 됨

③ **술레이만 1세**(전성기): 헝가리 정복, 오스트리아의 수도 빈 공격, 유럽 연합 함대를 격파하여 지중해 장악

3 오스만 제국의 사회, 경제, 문화 [시험 단골] 관용 정책의 사례를 묻는 문제가 자주 출제돼!

(1) **사회**: **관용 정책** 실시 → 다양한 민족과 종교 공존, 출신·신분에 관계없이 능력에 따라 인재 등용

① **밀레트** 구성: 지즈야만 내면 독자적인 종교 공동체의 자치 인정

② **예니체리** 양성: 정복지의 크리스트교도를 이슬람교로 개종시킨 후 술탄의 정예군으로 삼음 자료 2 — 바자르를 중심으로 커피 문화가 유행하였어.

(2) **경제**: 영토 확장, 동서 교역로 차지 → 홍해와 지중해를 거쳐 아라비아 및 유럽과 교역 → 커피, 담배 등 각 지역의 다양한 산물 유입

(3) **문화**: 튀르크 전통문화와 이슬람, 비잔티움, 페르시아 문화의 융합

건축	비잔티움 양식을 도입한 모스크 발달(**술탄 아흐메트 사원**), 성 소피아 대성당에 네 개의 첨탑(미너렛)을 세우고 이슬람 사원으로 사용
미술	페르시아 문화의 영향을 받은 세밀화 유행
학문	천문학, 수학, 지리학 등 실용적인 학문 발달

내부가 2만 여 개의 푸른색 타일로 장식되어 있어 '블루 모스크'라고도 불려.

◆ 새로운 항로의 개척 [공부 TIP] 신항로 개척의 배경과 영향을 정리해 두자.

1 신항로 개척의 배경과 전개 — 당시 유럽에서는 향신료, 비단 등 동방의 물품이 인기 있었어.

(1) **배경**: 동방에 대한 유럽인의 호기심 증대(마르코 폴로의 『동방견문록』 유행), 동방과의 직접적인 교역로 모색, 천문학과 지리학 발전, 항해 도구 및 선박 제조 기술 발달 — 이탈리아와 이슬람 상인의 동방 상품 독점으로 가격이 비쌌기 때문이야.

(2) **전개** 자료 3

포르투갈	• 아시아로 가는 동쪽 항로 개척 • 바르톨로메우 디아스: 아프리카 남쪽 끝의 희망봉에 도착 • 바스쿠 다가마: 희망봉을 돌아 인도의 캘리컷에 도착
에스파냐	• 대서양으로 돌아가는 서쪽 항로 개척 • 콜럼버스: 대서양을 건너 아메리카의 서인도 제도에 도착 • 마젤란 일행: 태평양을 가로질러 최초로 세계 일주 성공

자료 1 **오스만 제국의 영역**

메흐메트 2세가 비잔티움 제국을 정복한 뒤 오스만 제국은 영토를 확장하여 술레이만 1세 때 아시아, 유럽, 아프리카 세 대륙에 걸친 영토를 지배하였다.

자료 2 **예니체리**

예니체리는 술탄에게 충성을 맹세하는 대신 세금을 면제받는 등 특별한 대우를 받았다. 이들은 오스만 제국의 정복 전쟁에서 크게 활약하였으며, 뛰어난 사람은 고위 관리가 될 수도 있었다.

자료 3 **신항로 개척의 전개** [시험 단골] 탐험가들의 활동을 묻는 문제가 자주 출제돼.

동방에 대한 호기심을 가진 대서양 연안의 포르투갈과 에스파냐는 적극적으로 신항로 개척에 나섰다.

+ **술탄 칼리프** 정치 지배자인 술탄과 종교 지도자인 칼리프를 합한 말

+ **밀레트** 오스만 제국 때 구성된 자치적인 종교 공동체를 이르는 말

2 세계 교역망의 확립

(1) **무역 중심지의 이동**: 지중해에서 대서양으로 무역 중심지 이동 → 유럽, 아메리카, 아프리카를 잇는 삼각 무역 형태로 발전 [자료 4]

└ 유럽의 여러 나라는 동인도 회사를 설립하였어.

(2) **교역 양상의 변화**: 새로운 항로를 거쳐 아시아의 여러 나라와 교역

(3) **유럽 사회의 변화**: 아메리카의 작물 전래, 아메리카의 금·은이 다량 유입되어 물가 상승(가격 혁명), 상공업·금융업 발달(상업 혁명)

└ 옥수수, 감자, 카카오 등이야.

3 아메리카와 아프리카의 변화

아메리카	에스파냐가 아스테카 문명과 잉카 문명 등 고대 문명 파괴, 원주민이 대농장에서 상품 작물 재배, 광산에서 금·은 채굴
아프리카	아메리카 원주민의 인구 감소 → 아프리카 원주민을 노예로 동원(노예 무역) → 인구 감소와 성비 불균형, 부족 간의 갈등 심화

└ 에스파냐인들의 노동력 착취와 천연두 등의 전염병 때문이야.

➕ 재정·군사 국가의 등장

1 종교 개혁과 종교 전쟁

(1) **종교 개혁** [자료 5]

└ 로마 가톨릭교회가 신자에게 돈을 받고 교황의 이름으로 죽은 뒤의 벌을 면제해 준 문서야.

루터	로마 교황의 면벌부 판매 → 루터의 「95개조 반박문」 발표
칼뱅	⁺예정설 주장, 근면과 절약으로 부의 축적 강조 — 상공업자들의 환영을 받았어.

(2) **영국 국교회**: 국왕(헨리 8세)이 영국 교회의 수장임을 선포

(3) **종교 전쟁**: 로마 가톨릭교회(구교)와 신교의 대립 → 독일에서 30년 전쟁 발발(국제전으로 확대) → 베스트팔렌 조약으로 전쟁 종결

2 재정·군사 국가

(1) **성립**: 16~17세기 많은 전쟁 이후 유럽에서 강한 군사력, 효율적인 징세 제도, 중앙 집권적 행정 기구를 갖춘 재정·군사 국가 등장

(2) **특징**: 화약 무기로 무장한 상비군 중심, 행정 기구와 관료제 확대, 수입은 제한하고 수출은 늘리는 중상주의 정책 실시

(3) **대표적 재정·군사 국가**

└ 에스파냐의 펠리페 2세가 편성한 해군 함대야.

영국 [자료 6]	• 엘리자베스 1세: 에스파냐의 무적함대 격파, 동인도 회사 설립 → 아시아 진출, 해외 시장 개척 → 젠트리의 성장 • ⁺청교도 혁명: 찰스 1세가 의회 무시, 청교도 탄압 → 의회의 권리 청원 제출 → 찰스 1세의 의회 해산 → 크롬웰이 이끈 의회파가 찰스 1세 처형, 공화정 수립 → 크롬웰의 독재 정치 • 명예혁명: 제임스 2세가 의회 무시 → 제임스 2세의 딸 메리와 남편 윌리엄이 왕으로 즉위 후 의회의 권리 장전 수용
프랑스	루이 14세가 왕권신수설 주장, 베르사유 궁전 건립, 콜베르를 등용하여 중상주의 정책 추진, 상비군 강화

└ 자신을 로마의 태양신인 아폴론('태양왕')에 비유하면서 왕권을 신성시하였어.

3 과학과 철학의 발전

(1) **'과학 혁명'**: 갈릴레이의 지동설과 뉴턴의 만유인력의 법칙 등 → 세상을 합리적으로 바라보는 과학적 사고방식 확립에 기여

(2) **근대 철학의 발달과 계몽사상의 등장**: 데카르트는 신과 분리된 인간의 이성 강조, 로크는 사회 계약설 및 저항권 주장 → 인간의 이성이 사회를 진보하게 한다고 믿는 계몽사상 등장

└ 몽테스키외, 볼테르, 루소 등이 주장한 것으로, 미국 혁명과 프랑스 혁명의 사상적 기반이 되었어.

[자료 4] **삼각 무역의 전개**

시험 단골 ─ 삼각 무역으로 나타난 세계 교역 양상의 변화를 묻는 문제가 자주 출제돼!

유럽인은 아메리카 대륙에 대농장을 짓고 아프리카 노예를 동원하여 상품 작물을 생산하였다. 생산한 작물은 다시 유럽에 되팔아 큰 이익을 남겼다.

[자료 5] **루터의 「95개조 반박문」**

└ 루터의 주장은 제후와 농민들의 지지를 받았고, 루터파는 아우크스부르크 화의에서 인정되었어.

> 제20조 교황이 모든 벌을 면제한다고 선언한다면 그것은 진정한 의미에서의 모든 벌이 아니라 단지 교황 자신이 내린 벌을 면제한다는 것뿐이다.
> 제36조 진실로 회개한 크리스트교도는 면벌부가 없어도 벌이나 죄에서 완전히 해방된다.

독일의 성직자 루터는 신앙과 신의 은총으로만 구원을 받을 수 있다며 교황의 면벌부 판매를 비판하였다.

[자료 6] **권리 장전**

└ 의회에서 제정한 법이 국왕의 권력보다 앞선다는 내용이 담겨 있어.

> 제1조 국왕은 의회의 동의 없이 법의 효력을 정지하거나 법의 집행을 막을 수 없다.
> 제4조 국왕이 의회의 승인 없이 세금을 거두는 것은 위법이다.
> 제6조 의회의 동의 없이 왕국 내에서 군대를 모으거나 유지하는 것은 위법이다.

권리 장전이 받아들여짐으로써 영국에서는 의회를 중심으로 하는 입헌 군주제의 기초가 마련되었다.

└ 헌법에 의해 군주의 권력이 제한되는 정치 형태를 말해.

Plus 용어

⁺**예정설** 인간의 구원은 미리 예정되어 있다는 주장

⁺**동인도 회사** 유럽의 여러 나라가 인도 및 동남아시아와 무역하기 위해 세운 회사

⁺**젠트리** 귀족과 자영농 사이의 지주층

⁺**청교도** 영국에 거주하던 칼뱅파 신도

⁺**왕권신수설** 왕의 권리는 신에게 받은 절대적인 것이므로 왕에게 절대복종해야 한다는 이론

대표 자료 확인하기

✦ 오스만 제국의 통치 방식

오스만 제국은 정복지의 크리스트교도를 이슬람교로 개종시킨 뒤 (①   )(이)라고 불리는 술탄의 정예군으로 삼았다. 이들은 술탄에게 충성하는 대신 세금을 면제받는 등 특별 대우를 받았다.

✦ 재정·군사 국가의 등장

> 제1조 국왕은 의회의 동의 없이 법의 효력을 정지하거나 법의 집행을 막을 수 없다.
> 제4조 국왕이 의회의 승인 없이 세금을 거두는 것은 위법이다.
> 제6조 의회의 동의 없이 왕국 내에서 군대를 모으거나 유지하는 것은 위법이다.

명예혁명 이후 (②   )이/가 수용되면서 영국에서는 의회를 중심으로 하는 (③   )의 기초가 마련되었다.

한눈에 정리하기

✦ 오스만 제국의 성장

발전	(①)이/가 비잔티움 제국 정복, 콘스탄티노폴리스로 천도 → 술탄 칼리프 제도 확립 → 술레이만 1세 때 전성기를 맞음
관용 정책	자치 종교 공동체인 (②) 구성, 술탄의 정예군으로 예니체리 양성

✦ 새로운 항로의 개척

포르투갈	• 바르톨로메우 디아스: 희망봉에 도착 • 바스쿠 다가마: 희망봉을 돌아 인도에 도착
에스파냐	• (③): 서인도 제도에 도착 • 마젤란 일행: 최초로 세계 일주 성공

✦ 재정·군사 국가의 등장

영국	엘리자베스 1세가 에스파냐의 무적함대 격파, 동인도 회사 설립 → 청교도 혁명, 명예 혁명 → 입헌 군주제 확립
프랑스	루이 14세가 왕권신수설 주장, 베르사유 궁전 건립, (④) 정책을 추진하여 재정 확대, 상비군 강화

1 다음 물음에 답하시오.

(1) 16세기 초 페르시아 지역에서 수립된 이슬람 왕조는?
(   )

(2) 헝가리를 정복하고, 오스트리아의 수도 빈을 공격한 오스만 제국의 왕은? (   )

(3) 아시아와 유럽의 교차점에 있어 국제 도시로 성장한 오스만 제국의 수도는? (   )

(4) 내부가 푸른색 타일로 장식되어 있어 '블루 모스크'라고도 불리는 오스만 제국의 건축물은? (   )

2 다음 괄호 안의 내용 중 알맞은 말에 ○표를 하시오.

(1) (에스파냐 , 포르투갈)은/는 대서양으로 돌아가는 서쪽 항로를 개척하였다.

(2) 포르투갈의 (바스쿠 다가마 , 바르톨로메우 디아스)는 희망봉을 돌아 인도의 캘리컷에 도착하였다.

3 신항로 개척의 영향이 맞으면 ○표, 틀리면 ✕표를 하시오.

(1) 유럽의 여러 나라가 동인도 회사를 세웠다. (   )
(2) 무역의 중심지가 대서양에서 지중해로 옮겨 갔다. (   )
(3) 옥수수, 감자 등 아메리카 작물이 유럽에 소개되었다. (   )
(4) 유럽인이 아메리카에 진출하면서 아스테카 문명와 잉카 문명이 파괴되었다. (   )

4 다음 설명에 해당하는 인물을 〈보기〉에서 골라 기호를 쓰시오.

> ┌ 보기 ┐
> ㄱ. 루터   ㄴ. 칼뱅

(1) 「95개조 반박문」을 발표하였다. (   )
(2) 인간의 구원은 미리 예정되어 있다는 예정설을 주장하였다. (   )

5 빈칸에 들어갈 내용을 쓰시오.

(1) 16~17세기 유럽에서는 강한 군사력, 효율적 징세 제도, 중앙 집권적 행정 기구를 갖춘 (   )이/가 나타났다.

(2) 17세기 전반 영국에서는 (   )이/가 이끈 의회파가 전쟁에서 승리한 뒤 찰스 1세를 처형하고 공화정을 세웠다.

(3) 18세기에는 몽테스키외, 볼테르, 루소 등이 인간의 이성이 사회를 진보하게 한다고 믿는 (   )을/를 주장하였다.

STEP 3 중단원 확인 문제

01 밑줄 친 '이 왕조'로 옳은 것은?

> 14세기 후반에 세워진 <u>이 왕조</u>는 몽골 제국의 부흥을 내세우며 정복 활동을 벌였다. 수도 사마르칸트는 중계 무역으로 번영을 누렸다.

① 사파비 왕조　　② 아바스 왕조
③ 티무르 왕조　　④ 파티마 왕조
⑤ 우마이야 왕조

중요해

02 지도에 나타난 최대 영역을 차지하였던 나라에 대한 설명으로 옳지 <u>않은</u> 것은?

① 오스만이 세웠다.
② 비잔티움 제국을 정복하였다.
③ 울루스들의 연합으로 유지되었다.
④ 술탄이 칼리프의 칭호를 이어받았다.
⑤ 술레이만 1세 때 전성기를 맞이하였다.

03 오스만 제국의 경제와 사회에 대한 설명으로 옳은 것을 〈보기〉에서 고른 것은?

> ┤ 보기 ├
> ㄱ. 역참제를 시행하였다.
> ㄴ. 관용 정책을 실시하였다.
> ㄷ. 이스탄불이 국제 도시로 성장하였다.
> ㄹ. 세금과 무역을 담당하는 시박사를 두었다.

① ㄱ, ㄴ　　② ㄱ, ㄷ　　③ ㄴ, ㄷ
④ ㄴ, ㄹ　　⑤ ㄷ, ㄹ

04 다음에서 설명하는 부대를 쓰시오.

> 정복지의 크리스트교도였다가 이슬람교로 개종한 오스만 제국 술탄의 정예군이다. 이들은 술탄에게 충성을 맹세하는 대신 세금을 면제받는 등 특별 대우를 받았다.

(　　　　　　　)

05 오스만 제국의 문화적 특징으로 가장 적절한 것은?

① 인간 중심적이면서 합리적이다.
② 간다라 양식과 인도 고유의 양식이 결합하였다.
③ 고대 그리스·로마 문화와 헬레니즘 문화를 융합하였다.
④ 제국을 다스리는 데 도움이 되는 실용적인 문화가 발달하였다.
⑤ 튀르크 전통문화와 이슬람, 비잔티움, 페르시아 문화가 어우러졌다.

06 다음 문화유산에 대한 설명으로 옳은 것은?

⬆ 술탄 아흐메트 사원

① 인도에 위치해 있다.
② '블루 모스크'라고도 불린다.
③ 인도와 이슬람 양식이 반영되었다.
④ 비잔티움 제국 시기에 처음 건립되었다.
⑤ 뾰족한 탑과 스테인드글라스가 특징이다.

07 다음 학습 목표에 대한 학생들의 발표 내용으로 적절하지 <u>않은</u> 것은?

> **학습 목표**
>
> 유럽의 여러 나라가 새로운 항로 개척에 나선 배경을 알아본다.

① 선박 제작 기술이 발달하였어요.
② 천문학과 지리학이 발전하였어요.
③ 동방의 상품이 유럽에서 인기가 있었어요.
④ 셀주크 튀르크가 예루살렘을 점령하였어요.
⑤ 유럽인이 동방에 대한 호기심을 갖게 되었어요.

08 신항로를 개척한 인물의 활동으로 옳은 것을 〈보기〉에서 고른 것은?

> **보기**
>
> ㄱ. 마젤란 – 서인도 제도에 도착
> ㄴ. 콜럼버스 – 최초로 세계 일주 성공
> ㄷ. 바스쿠 다가마 – 인도의 캘리컷에 도착
> ㄹ. 바르톨로메우 디아스 – 아프리카의 희망봉에 도착

① ㄱ, ㄴ ② ㄱ, ㄷ ③ ㄴ, ㄷ
④ ㄴ, ㄹ ⑤ ㄷ, ㄹ

이 문제에서 나올 수 있는 선택지는 다~!

09 신항로 개척 이후 나타난 변화의 모습으로 적절하지 <u>않은</u> 것은?

① 유럽의 여러 나라가 아시아로 진출하였다.
② 유럽인이 아메리카에 대농장을 건설하였다.
③ 아메리카의 금, 은이 유럽에 다량 유입되었다.
④ 무역의 중심지가 지중해에서 대서양으로 옮겨 갔다.
⑤ 이슬람 상인이 향신료, 비단 등의 동방 상품을 독점하였다.
⑥ 아메리카에서 옥수수, 감자 등의 새로운 작물이 유럽으로 전해졌다.

10 신항로 개척 이후 지도에 나타난 대륙에서 있었던 일로 옳은 것을 〈보기〉에서 고른 것은?

> **보기**
>
> ㄱ. 상공업과 금융업이 발달하였다.
> ㄴ. 에스파냐가 고대 문명을 파괴하였다.
> ㄷ. 원주민이 광산에서 금, 은을 채굴하였다.
> ㄹ. 유럽의 여러 나라가 동인도 회사를 세웠다.

① ㄱ, ㄴ ② ㄱ, ㄷ ③ ㄴ, ㄷ
④ ㄴ, ㄹ ⑤ ㄷ, ㄹ

11 다음 반박문을 발표한 인물에 대한 설명으로 옳은 것을 〈보기〉에서 고른 것은?

> 제36조 진실로 회개한 크리스트교도는 면벌부가 없어도 벌이나 죄에서 완전히 해방된다.

> **보기**
>
> ㄱ. 예정설을 주장하였다.
> ㄴ. 독일의 신학자인 루터이다.
> ㄷ. 제후와 농민들의 지지를 받았다.
> ㄹ. 열심히 일하고 절약할 것을 강조하였다.

① ㄱ, ㄴ ② ㄱ, ㄷ ③ ㄴ, ㄷ
④ ㄴ, ㄹ ⑤ ㄷ, ㄹ

12 ㉠에 들어갈 나라로 옳은 것은?

> 혁명을 거친 (㉠)은/는 정부와 의회의 협력을 바탕으로 강력한 재정·군사 국가로 발전하였다.

① 영국 ② 프랑스 ③ 네덜란드
④ 에스파냐 ⑤ 프로이센

13 다음 대화의 주제가 된 인물의 활동으로 옳지 <u>않은</u> 것은?

① 상비군을 키웠다.
② 왕권신수설을 주장하였다.
③ 베르사유 궁전을 건립하였다.
④ 에스파냐의 무적함대를 격파하였다.
⑤ 콜베르를 등용하여 중상주의 정책을 실시하였다.

14 (가), (나)에 해당하는 인물로 옳은 것은?

> (가) 신과 분리된 인간의 이성을 강조하며 근대 철학의 기초를 다졌다.
> (나) 사회 계약으로 세워진 정부가 인간의 자유권을 지켜 주지 못할 때 국민이 정부에 저항할 권리가 있다고 보았다.

	(가)	(나)
①	로크	볼테르
②	로크	데카르트
③	루소	볼테르
④	데카르트	로크
⑤	데카르트	몽테스키외

15 다음에서 설명하는 사상을 쓰시오.

> 인간의 이성이 사회를 진보하게 한다고 믿는 사상으로, 18세기에 등장하였다.

( )

서술형 문제

01 다음을 읽고 물음에 답하시오.

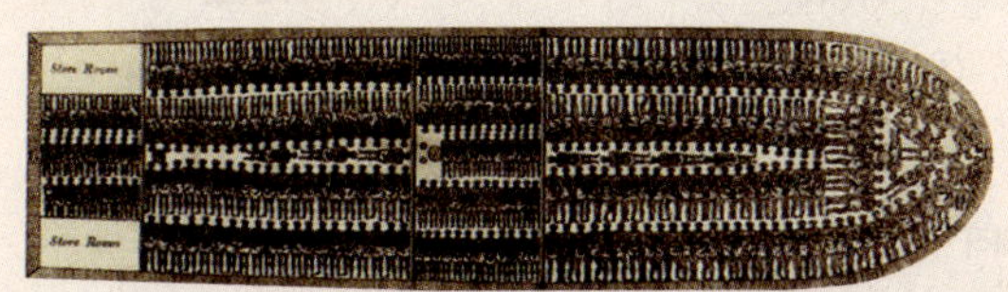

↑ 아프리카 노예 수송선의 구조

> 아메리카 원주민의 인구가 감소하여 노동력이 부족해지자 유럽인은 아프리카 원주민을 노예로 동원하였다.

(1) 윗글에서 설명하는 무역을 쓰시오.

(2) (1) 무역으로 아프리카에 나타난 변화를 <u>두 가지</u> 서술하시오.

02 다음을 읽고 물음에 답하시오.

> 제1조 국왕은 의회의 동의 없이 법의 효력을 정지하거나 법의 집행을 막을 수 없다.
> 제4조 국왕이 의회의 승인 없이 세금을 거두는 것은 위법이다.
> 제6조 의회의 동의 없이 왕국 내에서 군대를 모으거나 유지하는 것은 위법이다.

(1) 위의 내용이 담긴 문서를 쓰시오.

(2) (1) 문서가 영국의 정치 변화에 미친 영향을 서술하시오.

1 북방 민족의 성장

▲ 11세기 동아시아의 정세

▲ 12세기 동아시아의 정세

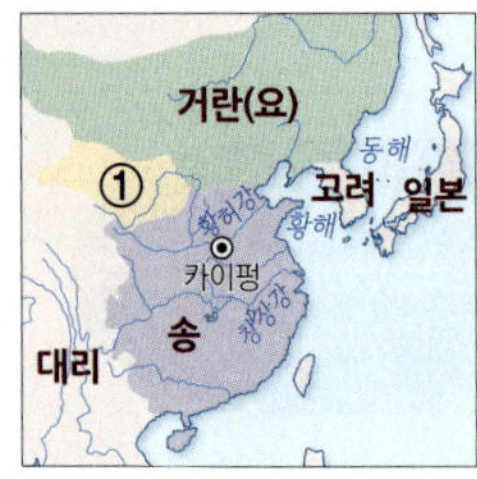

11세기에는 송이 북방 민족인 거란(요)과 ① ☐☐의 압박을 받았다. 12세기에는 ② ☐☐이/가 금과 대립하였다.

| 답 | ① 서하 ② 남송

2 원의 사회 구조

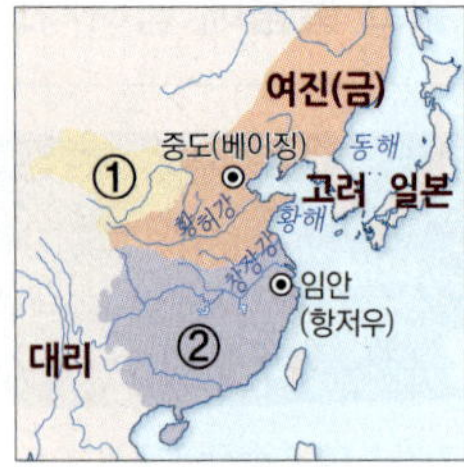

원대에는 ① ☐☐ ☐☐☐☐에 따라 몽골인이 주요 관직을 독차지하였고, 색목인도 우대를 받았다. 반면, ② ☐☐과/와 남인은 사회적 차별을 받았다.

| 답 | ① 몽골 제일주의 ② 한인

3 명대 정화의 항해

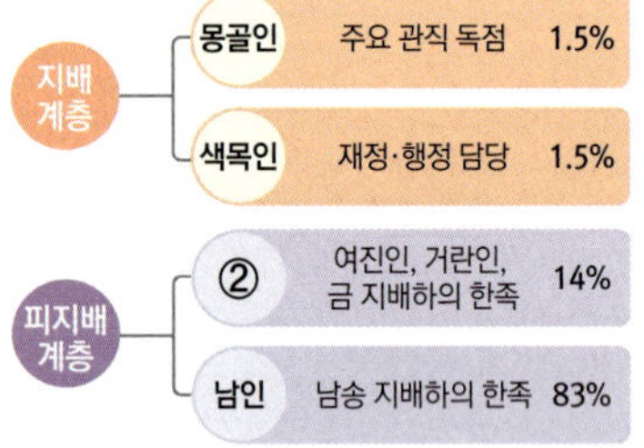

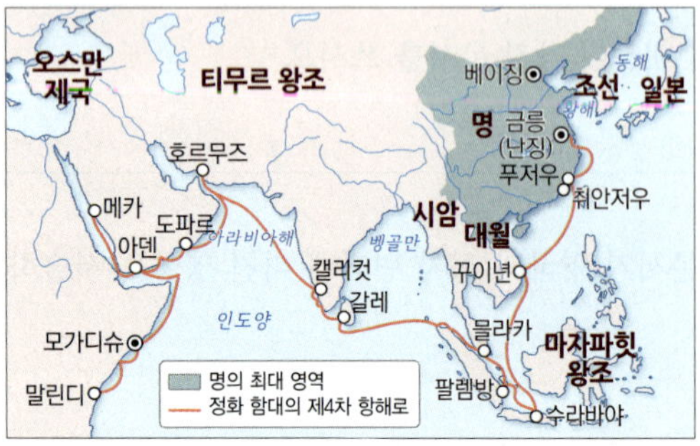

① ☐☐☐은/는 정화의 함대를 해외로 파견하여 국력을 과시하고 여러 나라와 ② ☐☐·☐☐☐☐을/를 맺었다.

| 답 | ① 영락제 ② 조공·책봉 관계

01 유라시아 교역 및 문화 교류의 확대

✦ 송의 발전과 북방 민족의 성장 1

송의 발전	• 송의 성립과 변화: 태조(조광윤)가 건국, 문치주의 정책 실시 → 군사력 약화, 북방 민족의 압박에 비단·은 제공 → 재정 악화 → (①)의 개혁 시도(실패) → 금의 공격으로 천도 • 사회와 대외 교류: 도시 발달, 과학 기술 발달, 서민 문화 성장, 성리학 완성, 동아시아·인도양 교역권의 성장(시박사 설치)	
북방 민족의 성장	거란(요)	야율아보기가 건국, 발해 멸망, 고려 공격, 송과 대립
	서하	탕구트가 건국, 동서 무역로(비단길)를 차지하여 번영
	금	만주에서 여진이 건국, 요 정벌, 송을 남쪽으로 축출

✦ 몽골 제국의 성립과 동서 문화 교류의 확대 2

몽골 제국의 성립	• 성립과 발전: 칭기즈 칸이 몽골 제국 건국 후 서하와 금 공격, 중앙아시아 정복 → 울루스들이 분할 통치 → (②) 이/가 대도로 천도, 국호를 원으로 변경, 남송 정벌 • 원의 통치 방식: 몽골 제일주의를 내세움, 파스파 문자 제작
동서 문화 교류	• 유라시아·인도양 교역권의 발달: (③) 실시, 도로망 정비, 해상 무역 활발 → 초원길, 비단길, 바닷길 연결 • 동서 문화 교류: 유럽인의 원 방문, 크리스트교 등 다양한 종교 공존, 이슬람 역법 수용, 중국의 과학 기술이 서양에 전래됨

02 동아시아와 인도 지역 질서의 변화

✦ 명·청의 성립과 발전 3

구분	명	청
정치	• 홍무제: 명 건국, 재상제 폐지, 이갑제 실시, 육유 반포 • 영락제: 자금성 건설, 대월 정복, 정화의 함대 해외 파견	• 누르하치(태조): 후금 건국 • 홍타이지(태종): 청으로 국호 변경, 명 멸망 후 베이징 점령 • (④): 최대 영역 차지
사회	신사가 지배층으로 성장, 서민 문화 발달, 양명학(명)·고증학(청) 발전	
대외 교류	해금 정책 실시 → 제한적 민간 무역 허용	해금 정책 실시 → 광저우를 통한 공행 무역만 허용

✦ 일본 무사 정권의 성립과 변화

가마쿠라 막부	최초의 무사 정권, 일본의 봉건제 성립
무로마치 막부	중국과 조공·책봉 관계 회복, 조선과 국교 체결
전국 시대	다이묘(영주)들이 100여 년간 세력 다툼 → 도요토미 히데요시가 전국 시대 통일, 조선 침략(임진왜란)
(⑤)	도쿠가와 이에야스가 수립, 산킨코타이 제도 시행, 조닌 문화 유행, 난학과 국학 발달

| 답 | ① 왕안석 ② 쿠빌라이 칸 ③ 역참제 ④ 건륭제 ⑤ 에도 막부

✦ 무굴 제국의 성립과 발전 ❹

성립과 발전	• 바부르: 델리를 정복하고 무굴 제국 건국 • (⑥): 인도 북부 대부분 차지, 지즈야 폐지 등 종교의 다양성을 존중하는 관용 정책 실시 • 아우랑제브 황제: 인도 남부를 정복하여 최대 영토 차지, 지즈야 부활, 이슬람 제일주의를 내세워 이슬람교 이외의 종교 탄압
문화	인도·이슬람 문화 발달, 시크교 발전, 우르두어를 일상어로 사용, 타지마할 건립, 무굴 회화 발달

03 서아시아와 유럽 사회의 변화

✦ 오스만 제국의 성장 ❺

정치	오스만이 건국 → 메흐메트 2세 때 비잔티움 제국 정복, 콘스탄티노폴리스를 수도로 삼음 → 이집트 정복 과정에서 (⑦) 제도 확립 → 술레이만 1세 때 헝가리 정복, 오스트리아의 수도 빈 공격, 유럽 연합 함대를 격파하여 지중해 장악
사회	• (⑧) 구성: 독자적인 종교 공동체의 자치 인정 • 예니체리 양성: 술탄의 정예군으로 특별 대우를 받음
경제	홍해와 지중해를 거쳐 아라비아 및 유럽과 교류(커피·담배 등 각지의 산물 유입, 바자르 발달), 수도 이스탄불이 국제 도시로 성장
문화	튀르크 전통문화와 이슬람·비잔티움·페르시아 문화의 융합, 술탄 아흐메트 사원 건립, 세밀화 유행, 실용적인 학문 발달

✦ 새로운 항로의 개척

배경	동방에 대한 유럽인의 호기심 증가, 유럽인이 동방과의 직접적인 교역로 모색, 항해 관련 학문 및 과학 기술의 발달
전개	• 포르투갈: 아시아로 가는 동쪽 항로 개척(바르톨로메우 디아스, 바스쿠 다가마) • 에스파냐: 대서양으로 가는 서쪽 항로 개척(콜럼버스, 마젤란 일행)
영향	유럽·아메리카·아프리카를 잇는 (⑨) 발전, 유럽 나라들의 아시아 진출, 아메리카의 작물과 금·은이 유럽에 유입됨, 아메리카의 고대 문명 파괴, 아프리카의 노예 무역 발달

✦ 재정·군사 국가의 등장 ❻

종교 개혁과 종교 전쟁	• 종교 개혁: 루터의 「95개조 반박문」 발표, 칼뱅의 예정설 주장, 영국 국교회 성립 • 종교 전쟁: 로마 가톨릭교회(구교)와 신교의 대립 → 30년 전쟁 발발 → 베스트팔렌 조약으로 전쟁 종결
재정·군사 국가의 등장	• 영국: 엘리자베스 1세가 에스파냐의 무적함대 격퇴, 동인도 회사 설립 → 청교도 혁명, 명예혁명 → 입헌 군주제 확립 • (⑩): 루이 14세가 왕권신수설 주장, 베르사유 궁전 건립, 중상주의 정책 추진, 상비군 강화

| 답 | ⑥ 아크바르 황제　⑦ 술탄 칼리프　⑧ 밀레트　⑨ 삼각 무역　⑩ 프랑스

---

❹ 무굴 제국의 문화

인도의 ① ⬜⬜⬜⬜은/는 무굴 제국의 황제 샤자한이 황후 뭄타즈 마할의 넋을 기리고자 세운 것이다. 인도 양식과 ② ⬜⬜⬜ 양식이 조화를 이루었다.

| 답 | ① 타지마할　② 이슬람

❺ 오스만 제국의 통치 방식

오스만 제국은 넓은 영토를 안정적이고 효율적으로 다스리기 위해 ① ⬜⬜⬜⬜⬜을/를 실시하였다. 이에 크리스트교도들을 이슬람교로 개종시킨 뒤 술탄의 정예 군인 ② ⬜⬜⬜⬜(으)로 삼았다.

| 답 | ① 관용 정책　② 예니체리

❻ 권리 장전

제1조　국왕은 의회의 동의 없이 법의 효력을 정지하거나 법의 집행을 막을 수 없다.
제4조　국왕이 의회의 승인 없이 세금을 거두는 것은 위법이다.
제6조　의회의 동의 없이 왕국 내에서 군대를 모으거나 유지하는 것은 위법이다.

① ⬜⬜⬜⬜ 이후 권리 장전이 수용되면서 영국에서는 의회를 중심으로 하는 ② ⬜⬜⬜⬜⬜의 기초가 마련되었다.

| 답 | ① 명예혁명　② 입헌 군주제

01 유라시아 교역 및 문화 교류의 확대

01 학생의 질문에 대한 답변으로 가장 적절한 것은?

① 군사력이 약화되었어요.
② 문벌 귀족이 형성되었어요.
③ 5대 10국 시대가 전개되었어요.
④ 정부가 세금을 은으로 걷기 시작하였어요.
⑤ 유럽, 아메리카, 아프리카를 잇는 삼각 무역이 발전하였어요.

중요해

02 (가), (나) 나라에 대한 설명으로 옳은 것은?

▲ 11세기 동아시아의 정세

▲ 12세기 동아시아의 정세

① (가) - 탕구트가 세웠다.
② (가) - 송과 연합하여 요를 무너뜨렸다.
③ (나) - 발해를 멸망시켰다.
④ (나) - 여러 개의 울루스로 나뉘었다.
⑤ (가), (나) - 이원적 통치 방식을 활용하였다.

03 송의 경제와 사회에 대한 설명으로 옳은 것은?
① 경극이 서민들의 환영을 받았다.
② 주요 항구에 시박사가 설치되었다.
③ 독자적인 종교 공동체를 구성하였다.
④ 신사층을 중심으로 학문이 발달하였다.
⑤ 지폐인 교초가 화폐로 널리 사용되었다.

04 밑줄 친 '그'의 활동으로 옳은 것은?

칭기즈 칸의 손자인 그는 나라 이름을 원으로 고쳤으며, 남송을 무너뜨리고 중국 전역을 다스렸다.

① 수시력을 만들었다.
② 전시 제도를 도입하였다.
③ 수도를 대도(베이징)로 옮겼다.
④ 베이징에 자금성을 건설하였다.
⑤ 명을 정복한다는 구실로 조선을 침략하였다.

05 다음과 같은 사회 구조를 가진 나라에 대한 설명으로 옳지 <u>않은</u> 것은?

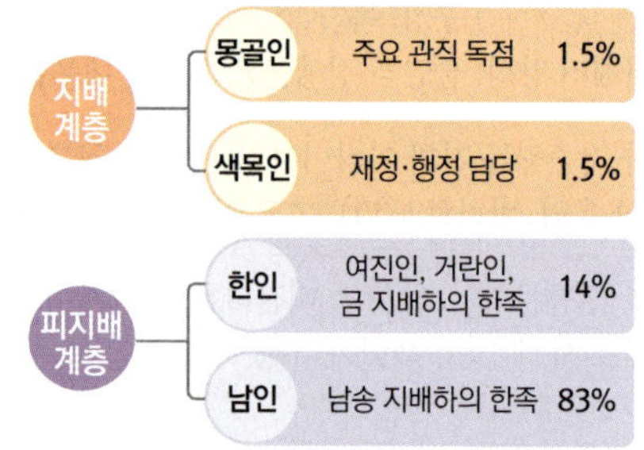

① 홍건적의 난으로 쇠퇴하였다.
② 송을 공격하여 남쪽으로 몰아냈다.
③ 공용 문자인 파스파 문자를 만들었다.
④ 육로에 일정한 거리마다 역참을 두었다.
⑤ 음악과 연극이 어우러진 잡극이 유행하였다.

06 다음 설명에 해당하는 사례로 적절하지 <u>않은</u> 것은?

원대에는 동서의 문화 교류가 활발하게 이루어졌다.

① 교황과 유럽의 군주들이 사절단을 보냈다.
② 바자르를 중심으로 커피 문화가 유행하였다.
③ 이슬람 세계의 천문학과 역법 등이 전해졌다.
④ 이슬람교, 크리스트교 등 다양한 종교가 들어왔다.
⑤ 화약 무기, 활판 인쇄술 등의 과학 기술이 서양에 전해졌다.

02 동아시아와 인도 지역 질서의 변화

[07~08] 다음을 보고 물음에 답하시오.

07 지도에 나타난 항해를 추진한 황제로 옳은 것은?

① 강희제   ② 건륭제   ③ 영락제
④ 옹정제   ⑤ 홍무제

08 지도에 나타난 항해의 영향으로 가장 적절한 것은?

① 티무르 왕조가 멸망하였다.
② 조선에서 임진왜란이 일어났다.
③ 일본에서 최초의 무사 정권이 성립하였다.
④ 명이 여러 나라와 조공·책봉 관계를 맺었다.
⑤ 메카와 메디나가 무역의 중심지로 성장하였다.

09 다음에서 설명하는 나라에 대한 탐구 활동으로 가장 적절한 것은?

- 홍타이지(태종)가 후금이었던 나라 이름을 바꾸었다.
- 한족을 효율적으로 다스리고자 회유책과 강압책을 함께 펼쳤다.

① 홍무제의 황제권 강화 정책을 정리한다.
② 건륭제 때 차지한 최대 영역을 살펴본다.
③ 임진왜란 때 파견한 군사의 수를 찾아본다.
④ 몽골 제일주의에 따른 사회 구조를 알아본다.
⑤ 동아시아·인도양 교역권의 성장 배경을 파악한다.

10 ㉠, ㉡에 들어갈 학문으로 옳은 것은?

> 명대에는 이론·형식보다 실천을 강조하는 (㉠)이 유행하였고, 청대에는 유교 경전을 실증적으로 연구하는 (㉡)이 발전하였다.

	㉠	㉡		㉠	㉡
①	고증학	성리학	②	고증학	양명학
③	성리학	고증학	④	양명학	고증학
⑤	양명학	성리학			

11 일본 무사 정권의 변화를 순서대로 나열한 것은?

> ㈎ 도쿠가와 이에야스가 에도 막부를 세웠다.
> ㈏ 도요토미 히데요시가 전국 시대를 통일하였다.
> ㈐ 무로마치 막부는 중국과 조공·책봉 관계를 맺었다.
> ㈑ 원의 침략을 막아 내는 과정에서 가마쿠라 막부가 쇠퇴하였다.

① ㈎ - ㈏ - ㈐ - ㈑   ② ㈎ - ㈏ - ㈑ - ㈐
③ ㈏ - ㈎ - ㈐ - ㈑   ④ ㈑ - ㈏ - ㈐ - ㈎
⑤ ㈑ - ㈐ - ㈏ - ㈎

어려워 ♡

12 다음 가상 일기가 작성된 시기에 있었던 일로 옳은 것을 〈보기〉에서 고른 것은?

> 나를 비롯한 다이묘들이 수도를 오가면서 지방과 수도를 잇는 도로가 정비되었다. 수도의 문화가 지방에도 전해져 사람들이 풍요로운 일상을 누리게 되었다. 그러나 수도에서 지낼 집을 유지하고, 행렬을 꾸리는 데에 돈이 너무 많이 들어 부담이 크다.

┤ 보기 ├
ㄱ. 도다이지가 세워졌다.
ㄴ. 난학과 국학이 발달하였다.
ㄷ. 한자를 변형한 가나 문자가 만들어졌다.
ㄹ. 가부키, 우키요에 등 조닌 문화가 유행하였다.

① ㄱ, ㄴ   ② ㄱ, ㄷ   ③ ㄴ, ㄷ
④ ㄴ, ㄹ   ⑤ ㄷ, ㄹ

13 다음 대화의 주제가 된 황제의 업적으로 옳은 것은?

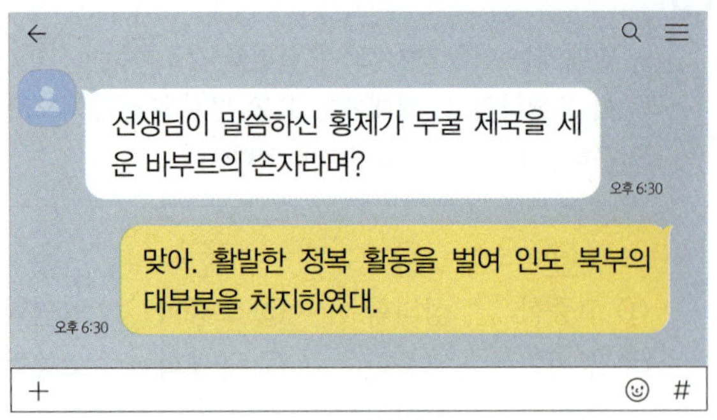

① 헝가리를 정복하였다.
② 유럽의 연합 함대를 무찔렀다.
③ 콘스탄티노폴리스를 수도로 삼았다.
④ 재상제를 폐지하고 6부를 직접 다스렸다.
⑤ 비이슬람교도에게 거두던 지즈야를 없앴다.

14 다음 건축물을 건립한 나라의 문화에 대한 학생들의 대화 내용으로 옳지 <u>않은</u> 것은?

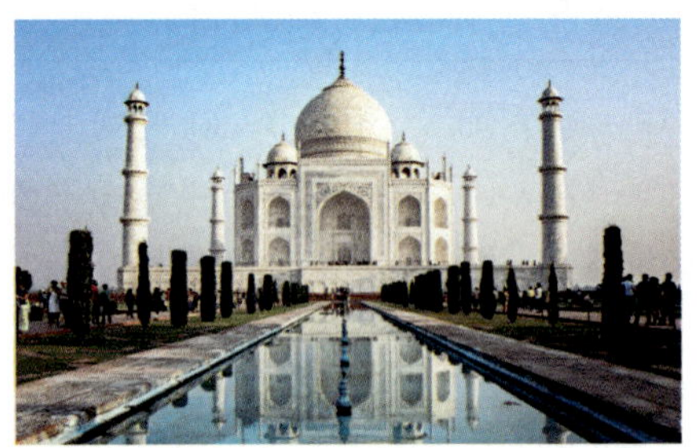

① 시크교가 만들어졌어.
② 인도·이슬람 문화가 발전하였어.
③ 일상에서 우르두어가 널리 사용되었어.
④ 바자르를 중심으로 커피 문화가 유행하였어.
⑤ 페르시아의 세밀화와 인도 미술이 융합된 회화가 발달하였어.

03 서아시아와 유럽 사회의 변화

15 다음에서 설명하는 문화유산으로 옳은 것은?

> 오스만 제국을 대표하는 모스크로, 내부가 푸른색 타일로 장식되어 있어 '블루 모스크'라고도 불린다.

① 타지마할 　　　　② 산치 대탑
③ 성 베드로 대성당 　④ 성 소피아 대성당
⑤ 술탄 아흐메트 사원

16 밑줄 친 '이 나라'에 대한 설명으로 옳은 것은?

> 이 나라는 정복지의 크리스트교도를 이슬람교로 개종시키고 술탄의 정예군인 예니체리로 삼았다. 예니체리는 이 나라의 정복 전쟁에서 크게 활약하였다.

① 금을 멸망시켰다.
② 조로아스터교를 국교로 삼았다.
③ 술탄이 칼리프의 칭호를 이어받았다.
④ 동아시아·인도양 교역권이 형성되었다.
⑤ 울루스들의 느슨한 연합으로 유지되었다.

17 ㉠에 들어갈 인물로 옳은 것은?

> 1522년 (㉠) 일행은 태평양을 가로질러 최초로 세계 일주에 성공하였다.

① 마젤란 　　　　② 콜럼버스
③ 마르코 폴로 　　④ 바스쿠 다가마
⑤ 바르톨로메우 디아스

중요해

18 밑줄 친 ㉠~㉤ 중 옳지 <u>않은</u> 것은?

> **신항로 개척 이후 나타난 변화**
>
> 신항로 개척 이후 ㉠ 무역의 중심지는 지중해에서 대서양으로 이동하였다. ㉡ 유럽은 신항로를 따라 아시아의 여러 나라와도 교역하였다. ㉢ 영국, 프랑스 등이 동인도 회사를 세우고 아시아로 진출하였다. 무역이 활발해지면서 ㉣ 옥수수, 카카오 등 유럽의 작물이 아메리카에 소개되었고, ㉤ 많은 양의 금과 은이 유럽에 들어오면서 물가가 크게 상승하였다.

① ㉠　　② ㉡　　③ ㉢　　④ ㉣　　⑤ ㉤

19 ㈎, ㈏ 인물에 대한 설명으로 옳은 것은?

인물	활동
㈎	예정설 주장
㈏	교황의 면벌부 판매 비판

① ㈎ – 독일의 성직자인 루터이다.
② ㈎ – 「95개조 반박문」을 발표하였다.
③ ㈎ – 열심히 일하고 절약해야 한다고 하였다.
④ ㈏ – 영국 국교회를 수립하였다.
⑤ ㈏ – 스위스에서 활동한 칼뱅이다.

20 다음 문서가 발표된 나라에서 있었던 일이 <u>아닌</u> 것은?

> 제1조 국왕은 의회의 동의 없이 법의 효력을 정지하
> 거나 법의 집행을 막을 수 없다.
> 제4조 국왕이 의회의 승인 없이 세금을 거두는 것은
> 위법이다.
> 제6조 의회의 동의 없이 왕국 내에서 군대를 모으거
> 나 유지하는 것은 위법이다.

① 30년 전쟁이 시작되었다.
② 의회파가 찰스 1세를 처형하였다.
③ 청교도들이 권리 청원을 제출하였다.
④ 제임스 2세의 딸 메리가 왕으로 임명되었다.
⑤ 엘리자베스 1세가 에스파냐의 무적함대를 물리쳤다.

창의·융합

21 다음 다큐멘터리의 제목으로 가장 적절한 것은?

> 장면 #1 루이 14세가 베르사유 궁전에서 차를 마
> 시는 장면
> 장면 #2 재무 장관 콜베르가 루이 14세에게 의견
> 서를 바치는 장면

① 혁명의 사상적 기반, 계몽사상
② 의회, 상공업자와 힘을 합한 영국
③ '과학 혁명', 근대 과학의 놀라운 발전
④ 16~17세기 유럽에서 일어난 종교 전쟁
⑤ 프랑스, 절대적인 왕권을 내세운 재정·군사 국가

서술형 + 논술형 문제

22 다음을 읽고 물음에 답하시오.

> ㈎ 콜럼버스는 지구가 둥글다는 학설을 믿고 서쪽으
> 로 항해하여 인도로 가길 원하였다. 그는 에스파
> 냐 왕의 후원을 받아 항해에 나선 결과 1492년 10
> 월 12일 아메리카 대륙의 서인도 제도에 도착하
> 여 그곳의 원주민과 만났다. 현재 미국의 여러 주
> 에서는 매년 10월 둘째 주 월요일을 '콜럼버스의
> 날'로 지정하여 콜럼버스의 개척 정신과 탐험 정
> 신을 기념하는 행사를 열고 있다.
> ㈏ 콜럼버스가 아메리카에 상륙한 후 약 1억 명이었
> 던 아메리카 원주민의 수는 150년 만에 약 300만
> 명으로 줄어들었다. 콜럼버스의 신항로 개척 이
> 후 유럽은 아메리카를 식민 지배하게 되었다.
> 2002년 베네수엘라의 대통령은 콜럼버스가 아메
> 리카에 상륙한 날인 10월 12일을 '원주민 저항의
> 날'로 바꾸었다. 미국에서도 이날을 '원주민의 날'
> 로 바꾸어 토착 원주민을 기리는 주가 늘고 있다.

(1) ㈎, ㈏를 읽고 신항로 개척의 긍정적 영향과 부
정적 영향을 각각 서술하시오.

(2) (1)의 내용을 바탕으로 유럽인의 신항로 개척에
대한 자신의 생각을 논술하시오.

MEMO

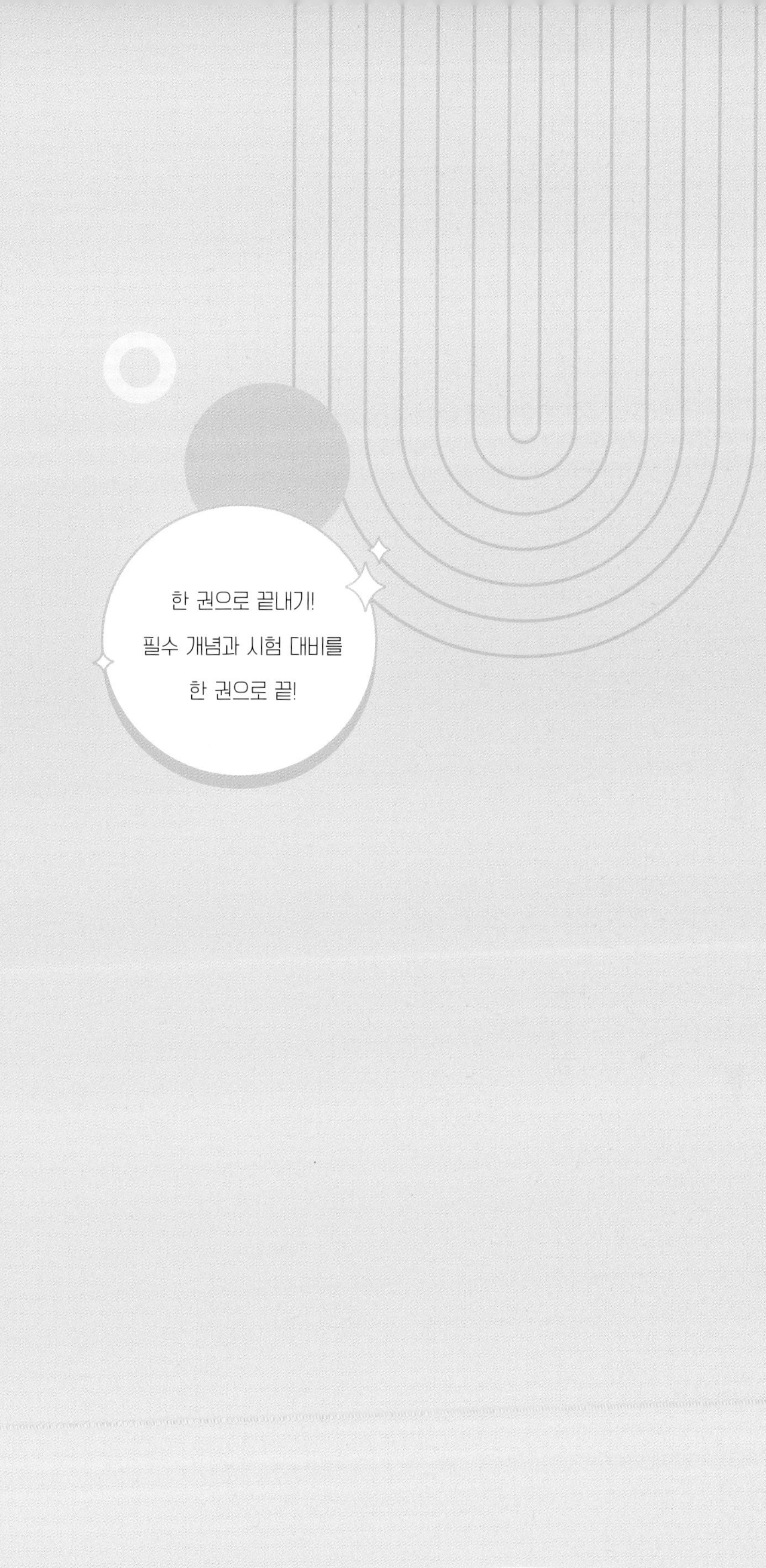
한 권으로 끝내기!
필수 개념과 시험 대비를
한 권으로 끝!

한끝

정답과 해설

중학 역사 ①·1

정답과 해설

I 역사 학습의 기초

✦ 01 역사의 의미와 역사 학습의 목적

STEP 2 개념 확인
11쪽

대표 자료 확인하기 ① 기록 ② 지구촌 ③ 다양성

한눈에 정리하기 ① 사실 ② 주관적 ③ 사고력 ④ 존중

1 (1) 역사 (2) 사관 2 (1) ㄴ (2) ㄱ 3 세기 4 (1) × (2) ○ (3) ○ (4) ○
5 (1) 인과 (2) 정체성 (3) 다양성

STEP 3 중단원 확인 문제
12~13쪽

01 ⑤ 02 ① 03 ⑤ 04 ③ 05 연호 06 ②
07 ㄱ: 기원전(B.C.), ㄴ: 기원후(A.D.) 08 ⑤ 09 ⑤

01 역사는 인류가 어떻게 살아왔는가에 대한 이야기로, 과거에 실제로 일어났던 일이며 인류가 남긴 물질문명과 정신적 유산을 포함한 모든 발자취를 이른다. 역사는 '사실로서의 역사'와 '기록으로서의 역사'라는 두 가지 의미를 담고 있다.

> **오답 확인** ⑤ 역은 '세월이나 세대, 왕조가 흘러간 것'을 의미하고, 사는 '기록하는 일' 또는 '기록하는 사람'을 의미한다.

02 과거에 일어난 사실 그 자체는 '사실로서의 역사'이다. 대조영의 발해 건국은 '사실로서의 역사'에 해당한다.

> **오답 확인** ②, ③, ④, ⑤는 기록자의 관점과 해석이 담긴 '기록으로서의 역사'에 해당하는 사례이다.

03 '기록으로서의 역사'는 역사가가 의미 있다고 판단하여 고른 사실을 말하며, 기록한 사람의 관점과 해석이 반영되어 있어 주관적이다.

> **오답 확인** ㄱ, ㄴ은 '사실로서의 역사'에 대한 설명이다.

04 (가)는 카, (나)는 랑케의 주장이다. 랑케는 '사실로서의 역사'를, 카는 '기록으로서의 역사'를 강조하였으며, 더불어 카는 과거 사실과 역사가는 지속적으로 상호 작용해야 한다고 하였다.

05 ㄱ에 공통으로 들어갈 내용은 연호이다. 연호는 보통 국왕이 즉위한 해에 붙이던 연대 이름으로, 왕마다 바꾸어 불렀다.

06 빈칸에 들어갈 용어는 세기이다. 세기는 연대를 셀 때 100년을 한 묶음으로 하는 단위를 이른다.

07 ㄱ은 기원전(B.C.), ㄴ은 기원후(A.D.)이다. 기원후는 서기라고도 한다.

08 역사를 배우는 목적은 역사의 흐름을 파악할 수 있고, 현재를 사는 우리에 대한 이해를 바탕으로 정체성을 확인할 수 있으며, 과거의 사례에서 교훈을 얻을 수 있기 때문이다. 또한 역사 학습으로 다양한 문화를 존중하는 자세를 기를 수도 있다.

> **오답 확인** ⑤ 우리는 역사 학습으로 우리 문화의 우월함을 내세우는 태도가 아닌 문화의 다양성을 이해하는 태도를 기를 수 있다.

09 사진은 각국의 의상을 입고 국기를 든 학생들이 행진하는 모습이다. 오늘날에는 여러 나라의 사람들과 소통하는 일이 늘고 있으며, 전 세계가 지구촌이라 불릴 만큼 서로 많은 영향을 주고받는다. 따라서 우리는 역사 학습을 통해 문화의 다양성을 이해하는 태도를 기를 필요가 있다.

서술형 문제

01 **예시 답안** 역사를 기록하는 사람은 과거의 많은 사건 가운데 의미 있다고 판단한 사실을 고르고, 자신의 생각을 담아 기록한다. 동일한 역사적 사건과 인물도 이를 바라보는 관점 즉 기록자의 사관에 따라 다르게 평가될 수 있다.

구분	채점 기준
상	역사를 기록하는 사람의 사관에 따라 같은 역사적 사건과 인물에 대한 평가가 달라질 수 있다고 서술한 경우
하	역사를 기록하는 사람의 사관이 다를 수 있다고만 서술한 경우

02 **예시 답안** 역사를 공부하면 과거의 사례에서 삶의 지혜와 교훈을 얻을 수 있으며, 이로써 더 나은 미래로 나아갈 수 있다.

구분	채점 기준
상	삶의 지혜와 교훈을 얻어 더 나은 미래로 나아갈 수 있다고 서술한 경우
하	삶의 지혜와 교훈을 얻을 수 있다고만 서술한 경우

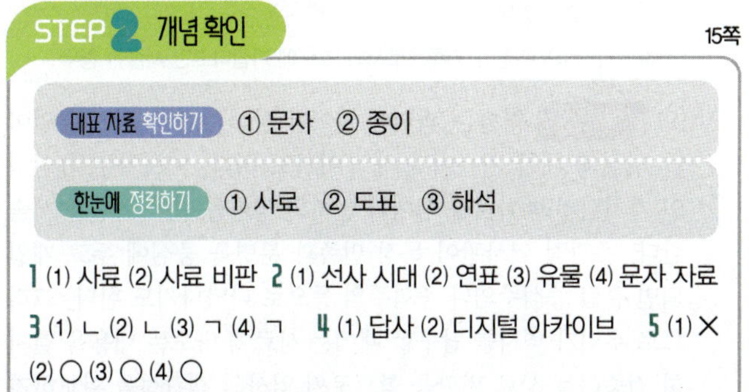

1 (1) 사료 (2) 사료 비판 **2** (1) 선사 시대 (2) 연표 (3) 유물 (4) 문자 자료
3 (1) ㄴ (2) ㄴ (3) ㄱ (4) ㄱ **4** (1) 답사 (2) 디지털 아카이브 **5** (1) ✕
(2) ◯ (3) ◯ (4) ◯

01 사료는 옛사람들이 남긴 흔적을 말한다. 사료는 유물, 유적, 문헌이나 문자 자료, 비문자 자료로 구분할 수 있으며, 오늘날에는 과학 기술의 발달로 기록 수단이 다양해져 음성 기록과 영상 기록도 포함된다. 역사가는 이와 같은 사료를 가지고 역사를 탐구하거나 역사책을 쓴다.

[오답 확인] ③ 사료가 과거의 사실을 모두 정확히 말해 주는 것은 아니다. 사료에는 과장되거나 잘못된 내용, 누락되거나 조작된 내용이 있을 수 있다.

02 (가)는 선사 시대이다. 선사 시대는 문자 기록이 없던 시기로, 선사 시대를 연구할 때에는 유물과 유적을 활용한다. 신석기 시대의 유물인 빗살무늬 토기와 구석기 시대의 유물인 알타미라 동굴 벽화가 이에 해당한다.

[오답 확인] 팔만대장경판과 『유스티니아누스 법전』은 문자 자료로 역사 시대를 연구할 때 활용된다.

03 로제타석과 『조선왕조실록』은 사료 중 문자 자료에 해당된다. 로제타석은 내용을 돌에 새긴 것이고, 『조선왕조실록』은 내용을 종이에 쓴 것이다.

[오답 확인] ② 선사 시대 연구에 활용되는 것은 유물과 유적이다. ③ 문자 자료와 비문자 자료는 모두 사료에 포함된다. ④는 비문자 자료에 대한 설명이다.

04 빈칸에 들어갈 내용은 사료 비판이다. 사료가 과거의 사실을 모두 정확히 말해 주는 것이 아니기 때문에 사료 비판이 필요하다.

05 ㉠은 역사 지도, ㉡은 도표이다.

[오답 확인] 사진은 역사를 시각적으로 보여 주는 자료이고, 연표는 역사적 사건을 일어난 순서대로 나타낸 자료이다.

06 [오답 확인] ㄱ은 도표, ㄴ은 그림의 사례이다. 도표는 숫자로 역사 정보를 정리한 자료이다. 그림은 역사를 시각적으로 보여 주는 자료이다.

07 역사 탐구는 (다) 탐구 주제 선정 – (가) 자료 수집 – (라) 자료 분석 및 해석 – (나) 탐구 결과 정리 순으로 진행한다.

08 역사 탐구에 필요한 자료 수집 방법으로는 인터넷 검색, 인터뷰, 박물관 및 도서관 방문, 답사, 디지털 아카이브 이용 등이 있다.

[오답 확인] ④는 탐구 주제의 선정과 관련이 있다.

09 유적이나 현장을 직접 가서 살펴보는 자료 수집 방법은 답사이다. 답사를 하면 정확하고 자세한 정보를 알 수 있다.

10 탐구 결과를 다양한 역사 자료를 활용하여 이해하기 쉬운 형태로 정리하는 역사 탐구 절차는 탐구 결과의 정리에 해당한다. 정리한 탐구 결과는 보고서, 영상, 신문, 카드 뉴스 등 다양한 형태로 만들어 표현할 수 있다.

01 [예시 답안] 사료가 과거의 사실을 모두 정확히 말해 주는 것은 아니다. 사료에는 과장되거나 잘못된 내용이 들어갈 수 있고, 누락되거나 조작된 내용도 있을 수 있으므로 역사 연구에서 사료 비판이 필요하다.

구분	채점 기준
상	사료에 과장, 잘못, 누락, 조작된 내용이 있을 수 있다고 서술한 경우
하	사료가 과거의 사실을 모두 정확히 말해 주는 것이 아니라고만 서술한 경우

02 [예시 답안] (가) 인터뷰를 하면 문헌 자료로 남아 있지 않은 과거 사람들의 생활 모습을 파악할 수 있다. (나) 디지털 아카이브를 이용하면 박물관이나 연구소 등에 직접 가지 않고도 그림, 사진 등 원하는 자료를 찾을 수 있다.

구분	채점 기준
상	인터뷰와 디지털 아카이브의 장점을 모두 서술한 경우
하	인터뷰와 디지털 아카이브의 장점 중 한 가지만 서술한 경우

01 ①   **02** ④   **03** ③   **04** ⑤   **05** ⑤   **06** ②
07 ②   **08** ③   **09** ①   **10** 해설 참고

01 역사는 인류가 어떻게 살아왔는가에 대한 이야기로, 과거에 실제로 일어났던 일이며 인류가 남긴 물질문명과 정신적 유산을 포함한 모든 발자취를 이른다.

[오답 확인] ② '사실로서의 역사'는 역사 사실 그 자체이며, '기록으로서의 역사'는 역사가의 관점과 해석이 담겨 있다. ③ 역사적 사건에 대한 역사가의 서술은 동일하지 않을 수 있다. ④ 역사를 공부할 때에는 역사가의 관점을 고려해야 한다. ⑤ 역사를 공부하면 과거를 바탕으로 미래를 내다보는 안목을 기를 수 있으나, 미래를 예측하기는 어렵다.

02 제시된 설명은 '기록으로서의 역사'에 해당한다. '고려의 자주성'이라는 말에는 기록자의 관점이 담겨 있다.

[오답 확인] ①, ②, ③, ⑤는 과거의 사실 그 자체로, '사실로서의 역사'의 사례에 해당한다.

03 밑줄 친 '이것'은 연호이다. 연호는 보통 국왕이 즉위한 해에 만들었으며, 왕마다 바꾸어 불렀다.

04 역사를 배우고 과거 사람이 남긴 흔적을 탐구하는 과정에서 우리는 역사적 사고력과 비판력, 판단력 등을 기를 수 있다.

05 역사 학습으로 우리와 다른 시공간에 살았던 사람들의 발자취를 탐구하여 문화의 다양성을 이해하는 태도를 기를 수 있다. 서로의 문화를 존중하는 마음가짐은 평화의 바탕이 된다.

06 제시된 내용은 문자 자료에 대한 설명이다. 로제타석은 돌에 기록을 새긴 문자 자료이다.

[오답 확인] ①, ③, ④, ⑤는 조각, 건축 등으로 비문자 자료에 해당한다.

07 [오답 확인] ② 통계 등 숫자로 된 정보를 정리한 자료는 도표이다. 연표는 역사적 사건을 일어난 순서대로 나타낸 자료로, 사건의 상호 관계를 파악하고 같은 시기에 다른 지역에서 일어난 사건을 비교하는 데 편리하다.

08 (가)는 자료의 분석과 해석, (나)는 탐구 주제의 선정, (다)는 탐구 결과의 정리, (라)는 자료의 수집 단계에 해당한다. 따라서 이를 역사 탐구의 절차대로 나열하면 (나) − (라) − (가) − (다)가 된다.

09 역사 탐구에 필요한 자료 수집 방법에는 답사, 박물관 및 도서관 방문, 인터뷰, 인터넷 검색, 디지털 아카이브 이용 등이 있다. 특히 디지털 아카이브를 이용하면 박물관이나 연구소 등에 직접 가지 않고도 관련 사진, 그림, 기록물 등의 유물을 찾아볼 수 있어 편리하다.

[오답 확인] ㄷ은 탐구 결과의 정리, ㄹ은 탐구 주제의 선정 단계에 해당한다.

10 (1) [예시 답안] 역사란 역사가와 사실의 지속적인 상호 작용이라는 것으로 보아 (가)는 '기록으로서의 역사'에 더 비중을 두고 있음을 알 수 있다.

구분	채점 기준
상	근거를 들어 카의 주장이 '기록으로서의 역사'에 더 가깝다고 서술한 경우
하	카의 주장이 '기록으로서의 역사'에 가깝다고만 서술한 경우

(2) [예시 답안] 역사는 '과거에 일어난 사실'이면서 '과거에 일어난 사실에 대한 기록이자 해석'이기도 하다. 역사가는 개인적인 가치관뿐만 아니라 시대와 민족의 영향을 받아 역사를 서술한다. 주관적 역사관이 특정 민족과 문명을 중심에 두고 개입되면 유럽 중심주의나 중화주의 등으로 나타나기도 한다. 그러므로 우리가 역사를 탐구할 때에는 사료에 나오는 내용을 철저히 검증하는 사료 비판을 함으로써 역사의 객관성을 확보하기 위해 노력해야 한다. 또한 특정 지역의 역사를 중심에 놓지 않는 다문화적이고 다중심적인 시각도 필요하다.

구분	채점 기준
상	역사를 탐구할 때 사료 비판을 함으로써 역사의 객관성을 확보하기 위해 노력해야 한다고 논술한 경우
하	사료에 대한 비판적인 시각이 필요하다고만 서술한 경우

Ⅱ 문명의 발생과 고대 세계의 형성

✦ 01 선사 문화와 문명의 특징

STEP 2 개념 확인 27쪽

대표 자료 확인하기 ① 구석기 ② 신석기 ③ 나일강
④ 인더스강

한눈에 정리하기 ① 이동 ② 신석기 혁명 ③ 지구라트
④ 피라미드 ⑤ 카스트제 ⑥ 봉건제

1 (1) 아프리카 (2) 호모 사피엔스 　　**2** (1) ✕ (2) ✕ (3) ○ (4) ○
3 (1) 계급 (2) 문자 　　**4** (1) 쐐기 문자 (2) 사자의 서 (3) 브라만교
5 갑골문 　　**6** (1) ㄹ (2) ㄷ (3) ㄱ (4) ㄴ

STEP 3 중단원 확인 문제 28~31쪽

01 ⑤	02 ③	03 ④	04 ②	05 ⑤	06 ④
07 ②	08 함무라비 법전	09 ④	10 ③	11 ③
12 ③	13 ④	14 브라만교	15 ⑤	16 ①
17 ④	18 ③	19 ①

01 인류는 (라) 오스트랄로피테쿠스 아파렌시스 − (나) 호모 에렉투스 − (다) 호모 네안데르탈렌시스 − (가) 호모 사피엔스 순으로 진화하였다.

02 구석기 시대에는 돌을 깨뜨리거나 떼어 내서 만든 뗀석기를 제작하였고, 채집과 수렵 생활을 하였다. 무리 지어 이동 생활을 하며 동굴이나 강가의 막집, 바위 그늘에 거주하였고, 사냥의 성공을 빌며 동굴 벽화를 그리기도 하였다.

오답 확인 ③ 토기를 만들어 사용한 것은 신석기 시대부터이다.

03 주먹도끼와 빌렌도르프의 비너스는 구석기 시대의 유물이다. 구석기 시대에는 주먹도끼, 긁개 등 돌을 깨뜨리거나 떼어 내서 만드는 뗀석기를 사용하였다. 또한 다산을 기원하며 조각상을 만들기도 하였다.

오답 확인 ①, ②, ⑤는 신석기 시대에 볼 수 있는 모습, ③은 문명 발생 시기에 볼 수 있는 모습이다.

04 신석기 시대에는 채집과 수렵으로만 먹을거리를 마련하던 구석기 시대와는 달리 곡식을 심어 가꾸는 농경 생활과 가축을 기르는 목축 생활이 시작되었다. 농경과 목축의 시작이 가져온 인류 생활의 큰 변화를 신석기 혁명이라고 한다.

05 ㉠에 들어갈 시대는 신석기 시대이다. 신석기 시대에는 돌을 갈거나 다듬어 만드는 간석기가 사용되었으며, 음식을 조리하고 저장하기 위해 토기가 제작되기 시작하였다. 또한 신석기 시대 사람들은 가락바퀴와 뼈바늘을 이용하여 옷을 만들어 입기도 하였다.

06 서아시아 지역에서는 기원전 3500년경 티그리스강과 유프라테스강 주변의 메소포타미아 지방에서 수메르인이 메소포타미아 문명을 일으켰다. 이 문명의 사람들은 다른 지역과 활발히 교류하였고, 죽은 뒤의 세계보다 현재의 안정된 삶을 중시하는 현세적 세계관을 가졌다. 또한 달과 별의 움직임을 연구하여 점성술과 태음력을 발전시켜 이를 바탕으로 60진법을 만들어 사용하였다.

오답 확인 ④ 사후 세계를 믿은 문명은 이집트 문명이다. 이집트 문명 사람들은 영혼 불멸과 사후 세계를 믿어 미라, 피라미드와 스핑크스, 「사자의 서」 등을 만들었다.

07 메소포타미아 문명의 사람들은 고대 서아시아에서 널리 쓰인 쐐기 문자를 사용하여 통치와 교역 내용, 생활 모습 등을 점토판에 기록하였다. 또한 도시 중앙에 신에게 제사를 지내는 신전인 지구라트를 건설하였다.

오답 확인 ㄴ은 이집트 문명, ㄹ은 인도 문명에 대한 설명이다.

08 제시된 법전은 바빌로니아 왕국의 함무라비 법전이다. 바빌로니아 왕국의 함무라비왕은 메소포타미아 지방을 통일하고 함무라비 법전을 만들어 통치 체제를 정비하며 바빌로니아 왕국의 전성기를 이끌었다. 함무라비 법전은 신분에 따라 처벌 내용이 달랐는데, 이는 바빌로니아 왕국의 사회가 신분의 구분이 엄격하였음을 보여 준다.

09 티그리스강과 유프라테스강 주변에서 발생한 메소포타미아 문명에서는 60진법과 태음력이 사용되었다. 또한 쐐기 문자를 사용하여 점토판에 기록하였으며, 도시 중앙에 지구라트라는 신전을 세웠다. 나일강 주변에서 발생한 이집트 문명에서는 10진법과 태양력이 사용되었으며, 사물의 모양을 본떠 만든 상형 문자로 파피루스에 기록하였다. 또한 파라오의 무덤인 피라미드와 피라미드의 수호신인 스핑크스가 제작되었다.

10 밑줄 친 '이 문명'은 이집트 문명이다. 피라미드와 스핑크스는 이집트 문명의 대표적인 문화유산이다. 이집트 사람들은 영혼 불멸과 사후 세계를 믿어 파라오의 무덤인 피라미드를 만들고 피라미드를 지키는 수호신으로 스핑크스를 세웠으며, 사람이 죽으면 시신을 미라로 만들기도 하였다. 또한 이집트 문명의 사람들은 상형 문자를 만들어 파피루스에 기록하였으며, 기하학과 측량술을 발전시켰다.

오답 확인 ㄱ은 인도 문명, ㄹ은 메소포타미아 문명에 대한 내용이다.

11 미라와 「사자의 서」는 이집트 문명의 문화유산이다. 이집트인들은 육체를 보존해야 영혼이 돌아온다고 믿어 미라를 제작하였으며, 죽은 뒤 사후 세계에서 어떻게 행동해야 할지 알려 주는 안내서인 「사자의 서」를 만들어 무덤에 넣었다. 미라와 「사자의 서」를 통해 이집트인들이 사후 세계를 믿었음을 알 수 있다.

오답 확인 ①은 인도 문명, ②, ④, ⑤는 메소포타미아 문명과 관련이 있다.

12 이집트 문명은 나일강 주변 이집트 지역에서 통일 왕국이 성립되면서 나타났으며 왕인 파라오는 살아 있는 신으로 여겨져 절대적인 왕권을 누렸다. 이집트 문명의 사람들은 죽은 뒤의 세계가 있으며 사람이 죽은 후에도 영혼이 남는다고 믿었기 때문에 미라와 피라미드, 「사자의 서」 등을 제작하였다.

오답 확인 ①은 메소포타미아 문명, ②, ④는 중국 문명, ⑤는 인도 문명에 대한 대화 내용이다.

13 인도 문명은 농경에 유리한 인더스강 주변에서 발생하였으며, 하라파와 모헨조다로 등에서 도시 문명이 발달하였다. 이 도시들은 주택과 하수 시설, 목욕장 등을 갖춘 계획도시였다. 이곳 사람들은 밀, 목화, 보리 등을 재배하였으며 청동기와 그림 문자를 사용하였다.

오답 확인 ④는 중국 문명의 상에 대한 설명이다. 상은 나라의 중대사를 결정할 때 점을 쳐 그 내용을 거북의 배딱지나 동물의 뼈에 새겼는데 이를 갑골문이라고 한다.

14 인도 문명의 아리아인은 태양, 물, 불 등 자연 현상을 다스리는 여러 신들에게 제사를 지내고 신을 찬양하는 경전인 『베다』를 완성하는 과정에서 엄격한 제사 의식을 발전시켰다. 이 과정에서 브라만교가 만들어졌다.

15 제시된 자료는 인도 문명의 아리아인이 만든 카스트제를 나타낸 것이다. 중앙아시아에서 생활하던 아리아인은 인더스강 유역으로 이동하여 갠지스강 유역까지 세력을 넓혔고, 철제 무기로 정복 활동을 벌였다. 이들은 원주민을 지배하기 위해 카스트제를 만들었다.

오답 확인 ㄱ, ㄴ은 아무르인에 대한 설명이다. 아무르인은 수메르인의 도시 국가가 쇠퇴하자 바빌로니아 왕국을 세웠다. 바빌로니아 왕국의 함무라비왕은 메소포타미아 지방을 통일한 뒤 함무라비 법전을 만들어 통치 체제를 정비하였다.

16 초대장에 제시된 사진은 중국 상의 갑골문이다. 상은 황허강 유역에서 발생하였으며, 나라의 중대사가 있을 때 점을 쳐 그 내용을 갑골문으로 새겼다.

17 ㉠에 들어갈 나라는 주이다. 기원전 1600년경 중국 황허강 유역에서 상이 세워졌고, 이후 상의 서쪽에서 나타난 주가 상을 무너뜨리고 영토를 넓혔다. 주는 넓어진 영토를 효율적으로 다스리기 위하여 봉건제를 시행하였다. 이후 점차 주 왕실의 권위가 약해졌고, 주는 유목 민족의 침입을 받자 수도를 호경에서 동쪽의 낙읍으로 옮겼다.

오답 확인 ①, ②는 이집트, ③은 바빌로니아 왕국, ⑤는 상에 대한 설명이다.

18 페니키아는 기원전 1200년경 지중해 동부에 세워진 나라로, 지중해의 해상 무역을 주도하였다. 페니키아인들이 사용한 표음 문자는 오늘날 알파벳의 기원이 되었다.

19 헤브라이 왕국은 기원전 1100년경 팔레스타인 지방에서 헤브라이인이 세운 나라이다. 이 나라에서는 이후 크리스트교와 이슬람교에 영향을 준 유대교가 창시되었다.

오답 확인 ②, ③은 바빌로니아 왕국, ④는 페니키아, ⑤는 주에 대한 설명이다.

서술형 문제

01 예시 답안 인류는 진화 과정에서 동물과 달리 두 발로 걷는 직립 보행을 하였고, 불과 언어를 사용하였으며, 도구도 사용하였다.

구분	채점 기준
상	동물과 구별되는 인류의 특징을 두 가지 서술한 경우
하	동물과 구별되는 인류의 특징을 한 가지만 서술한 경우

02 예시 답안 고대 문명은 모두 큰 강 유역에서 발생하였다. 또한 도시 국가가 출현하였고, 청동기와 문자를 사용하였으며 계급이 발생하였다는 공통점이 있다.

구분	채점 기준
상	문명의 공통점을 두 가지 서술한 경우
하	문명의 공통점을 한 가지만 서술한 경우

03 (1) 봉건제

(2) 예시 답안 주의 봉건제는 수도 부근은 왕이 다스리고, 나머지 지역은 왕과 혈연관계로 맺어진 제후가 다스리는 방식으로 운영되었다.

구분	채점 기준
상	혈연관계에 대한 내용을 포함하여 봉건제의 운영 방식을 서술한 경우
하	수도 부근은 왕이 다스리고 나머지 지역은 제후가 다스렸다고만 서술한 경우

STEP 2 개념 확인

35쪽

대표 자료 확인하기 ① 관용 정책 ② 클레이스테네스

한눈에 정리하기 ① 키루스 2세 ② 아테네 ③ 옥타비아누스

1 (1) ○ (2) ✕ **2** (1) 아크로폴리스 (2) 스파르타 **3** (1) ㄱ (2) ㄴ
(3) ㄷ **4** (1) 알렉산드로스 (2) 헬레니즘 문화 **5** 옥타비아누스
6 (라) – (다) – (나) – (가)

STEP 3 중단원 확인 문제

36~39쪽

01 ④	**02** ⑤	**03** ⑤	**04** ④	**05** ④	**06** ⑤
07 폴리스	**08** ②	**09** ④	**10** ③	**11** ②	**12** ①
13 ④	**14** ⑤	**15** ⑤	**16** ②	**17** ③	**18** ④
19 ③					

01 아시리아는 바빌로니아 왕국이 쇠퇴한 후 성장하였고, 기원전 7세기 무렵 우수한 철제 무기와 전술로 서아시아를 최초로 통일하였다. 그러나 가혹하게 통치하여 피지배 민족이 반란을 일으켰고 통일한 지 60여 년 만에 멸망하였다.

02 지도의 최대 영역을 차지하였던 나라는 아케메네스 왕조 페르시아이다. 아케메네스 왕조 페르시아는 다리우스 1세 때 전성기를 맞아 '왕의 길'이라는 도로를 건설하였다. 그러나 그리스와 지중해 세계를 놓고 벌인 그리스·페르시아 전쟁에서 패하였다.

오답 확인 ①, ②는 로마, ③은 주, ④는 그리스의 폴리스들에 대한 설명이다.

03 밑줄 친 '이 왕'은 아케메네스 왕조 페르시아의 다리우스 1세이다. 그는 전국을 20여 개의 주로 나누어 총독을 보냈고, 총독을 감시하기 위해 '왕의 눈', '왕의 귀' 등의 감찰관을 파견하였다. 또한 수사에서 사르디스를 잇는 '왕의 길'이라는 도로를 건설하였고 지중해 연안에서 인더스강에 이르는 제국을 이루어 아케메네스 왕조 페르시아의 전성기를 이끌었다.

오답 확인 ⑤는 키루스 2세의 업적이다.

04 ㉠에 들어갈 나라는 아케메네스 왕조 페르시아이다. 아케메네스 왕조 페르시아는 피정복민의 전통과 종교를 존중하는 관용 정책을 펼쳐 국제적인 문화가 발달하였다.

오답 확인 ①, ②는 로마의 문화, ③은 헬레니즘 문화, ⑤는 그리스의 문화에 대한 설명이다.

05 파르티아는 아케메네스 왕조 페르시아 멸망 이후 기원전 3세기에 이란 계통의 유목 민족이 세운 나라로, 중국과 로마를 연결하는 중계 무역으로 번영을 누렸으나 사산 왕조 페르시아에 멸망하였다.

오답 확인 ①은 아테네, ②는 바빌로니아 왕국, ③은 그리스의 폴리스, ⑤는 로마에 대한 설명이다.

06 ㉠에 들어갈 종교는 조로아스터교이다. 페르시아인들이 널리 믿은 조로아스터교는 선과 빛의 신인 아후라 마즈다를 최고신으로 섬겼고, 페르시아 왕들의 보호를 받았다. 이후 크리스트교와 이슬람교 등에 영향을 주었다.

오답 확인 ㄱ은 브라만교, ㄴ은 크리스트교에 대한 설명이다.

07 고대 그리스에서는 산이 많고 평야가 적은 지형적 특징 때문에 폴리스라는 작은 도시 국가들이 나타났다. 이들은 서로 같은 언어를 사용하고 같은 신을 믿었으며, 주기적으로 올림피아 제전을 열어 유대감을 다지기도 하였다.

08 스파르타는 정복 국가로 출발하여 소수의 시민이 다수의 피정복민을 다스려야 했기 때문에 강력한 군사 통치를 실시하였다.

09 도편 추방제는 아테네의 클레이스테네스가 도입하였다. 클레이스테네스는 정치 참여 자격에서 재산 기준을 없앴다.

오답 확인 ①, ②는 아테네의 페리클레스, ③은 로마의 그라쿠스 형제, ⑤는 아테네의 솔론의 활동이다.

10 아테네의 민주정은 페리클레스가 권력을 잡았을 때 전성기를 맞았다. 이 시기 아테네의 시민들은 민회에 자유롭게 참여하였다.

11 기원전 5세기에 그리스·페르시아 전쟁이 일어나자 그리스의 폴리스들은 마라톤 전투 등에서 승리하여 페르시아를 막아 냈다. 전쟁 이후 그리스의 폴리스들은 페르시아의 침입에 대비하기 위해 아테네를 중심으로 델로스 동맹을 맺었다.

12 그리스에서는 여러 분야의 문화가 발달하였다. 역사 분야에서는 헤로도토스와 투키디데스가, 철학 분야에서는 소피스트와 소크라테스가 활약하였다. 문학 작품으로는 호메로스가 쓴 『일리아드』와 『오디세이아』가 대표적이며, 연극 「오이디푸스왕」, 「안티고네」가 유행하였다. 히포크라테스와 피타고라스는 각각 의학과 수학 분야에서 활약하였다.

오답 확인 ① 12표법은 로마 최초의 성문법이다.

13 그리스에서는 인간 중심적이고 합리적인 문화가 발달하였다. 특히 파르테논 신전에서 조화와 균형의 아름다움을 찾을 수 있다.

오답 확인 판테온은 여러 신을 모시는 로마의 신전으로, 돔 형태의 천장이 특징이다.

14 밑줄 친 '그'는 알렉산드로스이다. 알렉산드로스는 동방 원정에 나서 제국을 건설하였다. 그는 각지에 알렉산드리아라는 도시를 세워 그리스인을 이주시키고 정복지 출신의 사람을 관리로 뽑는 등 동서 융합 정책을 펼쳤다.

오답 확인 ①은 로마의 디오클레티아누스, ②는 로마의 테오도시우스 1세, ③은 로마의 옥타비아누스, ④는 아케메네스 왕조 페르시아의 다리우스 1세에 대한 설명이다.

15 로마 공화정 초기에는 귀족들이 원로원을 중심으로 집정관 등 주요 관직을 독차지하였다. 그러나 평민들이 정복 전쟁에 참여하면서 점차 세력을 키웠고, 귀족에 대항하여 평민의 정치 참여를 요구하였다. 그 결과 평민을 대표하는 호민관이 선출되고 평민회가 세워졌다.

16 ㈎ 로마 – 카르타고 전쟁 이후 로마에서 귀족들의 대농장(라티 푼디움) 경영으로 인해 자영 농민이 몰락하자 ㈐ 그라쿠스 형제가 개혁을 시도하였으나 실패하였다. 이후 ㈏ 옥타비아누스에 의해 제정이 시작되었으며, ㈑ 로마는 약 200년 동안 '로마의 평화'라고 불리는 번영을 누렸다.

17 ㉠에 들어갈 나라는 로마이다. 원형 경기장인 콜로세움은 로마의 대표적인 문화유산이다.

> 오답 확인 ①은 상, ②는 아케메네스 왕조 페르시아, ④, ⑤는 이집트의 문화유산이다.

18 약 200년 동안 '로마의 평화'를 누리던 로마는 게르만족 등 이민족의 침입으로 점차 쇠퇴하였다. 콘스탄티누스 대제는 로마를 중흥시키고자 수도를 콘스탄티노폴리스로 옮겼다. 또한 밀라노 칙령을 내려 크리스트교를 공인하였다.

> 오답 확인 ①은 로마의 옥타비아누스, ②는 로마의 디오클레티아누스, ③은 아케메네스 왕조 페르시아의 다리우스 1세, ⑤는 아케메네스 왕조 페르시아의 키루스 2세의 활동이다.

19 밑줄 친 '이 종교'는 크리스트교이다. 예수가 창시한 크리스트교는 유일신 숭배와 황제 숭배 거부 때문에 로마에서 박해받기도 하였다. 그러나 콘스탄티누스 대제의 밀라노 칙령으로 공인되었고, 테오도시우스 1세 때 로마의 국교로 인정되었다.

> 오답 확인 ㄱ은 유대교, ㄹ은 조로아스터교에 대한 설명이다.

서술형 문제

01 예시 답안 아케메네스 왕조 페르시아는 피정복민에게 세금을 거두는 대신 그들의 전통과 종교를 존중하는 관용 정책을 펼쳤다.

구분	채점 기준
상	피정복민의 전통과 종교를 존중하는 관용 정책을 펼쳤다고 서술한 경우
하	피정복민을 존중하였다고만 서술한 경우

02 (1) 헬레니즘 문화

(2) 예시 답안 헬레니즘 문화는 그리스 문화와 동방 문화가 융합하여 발전하였다. 헬레니즘 문화에서는 개인주의와 세계 시민주의가 나타났다.

구분	채점 기준
상	헬레니즘 문화의 특징을 두 가지 서술한 경우
하	헬레니즘 문화의 특징을 한 가지만 서술한 경우

03 예시 답안 로마 – 카르타고 전쟁 이후 귀족들이 노예를 이용한 대농장(라티푼디움)을 경영하였고, 정복지에서 값싼 곡물이 유입되었다. 이에 따라 자영 농민들이 토지를 잃고 몰락하자 그라쿠스 형제는 자영 농민을 위한 개혁을 실시하였다.

구분	채점 기준
상	대농장(라티푼디움) 경영과 정복지에서의 곡물 유입으로 자영 농민들이 몰락하였다고 서술한 경우
하	자영 농민이 토지를 잃고 몰락하였다고만 서술한 경우

✦ 03 고대 동아시아·인도 세계의 형성

STEP 2 개념 확인

43쪽

> **대표 자료 확인하기** ① 화폐 ② 알렉산드로스 ③ 헬레니즘
>
> **한눈에 정리하기** ① 황제 ② 사마천 ③ 상좌부 불교 ④ 카니슈카왕

1 (1) ㄴ (2) ㄷ (3) ㄹ (4) ㄱ **2** 법가 **3** (1) 군현제 (2) 황건적의 난 (3) 사기 **4** (1) ○ (2) ✕ **5** (1) 아소카왕 (2) 동남아시아 (3) 대승 불교 **6** (1) 스키타이 (2) 비단길

STEP 3 중단원 확인 문제

44~47쪽

01 ⑤　**02** ②　**03** 철기　**04** ⑤　**05** ③　**06** ②
07 ④　**08** ③　**09** ③　**10** ④　**11** ④　**12** ③
13 ④　**14** 마우리아 왕조　**15** ②　**16** ③　**17** ④
18 ①　**19** ①

01 지도에 나타난 시대는 춘추 전국 시대이다. 춘추 전국 시대의 제후들은 나라를 부유하고 강하게 만들고자 능력 있는 인재를 뽑았고, 이 과정에서 제자백가라고 불린 여러 사상가와 학파가 등장하였다.

> 오답 확인 ①, ②는 진, ③은 한, ④는 상 시기에 있었던 일이다.

02 ㉠은 도가, ㉡은 한비자이다. 제자백가의 사상 중 노자와 장자 등이 주장한 도가는 무위자연을 강조하였다. 또한 한비자 등이 주장한 법가는 법과 제도의 엄격한 적용을 통해 사회 질서를 바로잡아야 한다고 하였다.

03 춘추 전국 시대에는 정치가 혼란스러웠지만 각국이 경쟁하면서 경제와 사회가 크게 발전하였다. 특히 철로 만든 농기구와 무기를 사용하면서 농업 생산량이 증대하였고, 전쟁의 규모가 커졌다.

04 검색창에 들어갈 황제는 진의 시황제이다. 그는 군현제를 실시하였고 왕의 칭호를 '황제'로 바꾸었다. 또한 흉노를 몰아내고 만리장성을 쌓았으며, 전국의 도로망을 정비하였다. 법가를 바탕으로 나라를 다스렸으며 자신의 정책에 반대하는 사상이나 학자들을 탄압하는 분서갱유를 일으켰다.

> 오답 확인 ⑤는 한 무제의 활동이다.

05 진의 시황제는 만리장성 축조 등 대규모 토목 공사에 백성을 자주 동원하였고, 자신의 정책에 반대하는 사상이나 학자들을 탄압하는 분서갱유를 일으키는 등 가혹하게 통치하였다. 결국 진은 시황제 사후 전국에서 농민 봉기가 일어나 멸망하였다.

> 오답 확인 ㄱ, ㄹ은 후한이 멸망한 이유와 관련이 있다.

06 한 고조는 진 멸망 이후 한을 세우고 중국을 다시 통일한 인물이다. 그는 군현제와 봉건제를 절충한 군국제를 시행하였고, 세금을 낮추어 농민들의 생활을 안정시켰다.

07 제시된 내용은 한 무제에 대한 설명이다. 한 무제는 군현제를 전국적으로 시행하여 중앙 집권 체제를 강화하였다.

 ①은 후한의 광무제, ②는 한 고조, ③, ⑤는 마우리아 왕조의 아소카왕의 업적이다.

 ①은 로마의 디오클레티아누스, ③, ⑤는 한 무제, ④는 진의 시황제에 대한 설명이다.

08 왕망이 세운 신이 멸망하자 유수(광무제)가 후한을 건국하였다. 그러나 후한 말에 외척과 환관 세력, 호족 세력의 횡포로 사회가 어지러워졌고 황건적의 난 등 농민 봉기가 일어났다. 결국 호족들이 봉기를 일으켜 후한은 멸망하였다.

 ①, ②, ④, ⑤ 모두 후한 건국 이전의 일이다.

09 한의 역사가인 사마천은 역대 왕과 황제, 주요 인물의 활동을 서술한 『사기』를 편찬하였다. 『사기』는 중국 역사 서술의 모범이 되었다.

10 ㉠에 들어갈 나라는 한이다. 한은 동중서의 건의로 유학을 통치 이념으로 삼아 태학이 설립되었으며, 훈고학이 발달하였다. 또한 한대에는 해시계, 지진계 등이 발명되었으며 채륜이 제지술을 개량하였다.

 ④는 로마의 문화에 대한 설명이다.

11 밑줄 친 '이 종교'는 불교이다. 불교는 고타마 싯다르타(석가모니)가 창시하였으며, 신분 차별 반대와 평등과 자비를 주장하여 크샤트리아와 바이샤 계급의 환영을 받았다. 불교는 비단길을 통해 중국으로 전파되었다.

 ①, ⑤는 조로아스터교, ②, ③은 크리스트교에 대한 설명이다.

12 불교 등장 당시 인도에서는 크샤트리아와 바이샤 세력이 성장하여 브라만 중심의 카스트 사회에 불만을 품고 있었다. 크샤트리아와 바이샤 세력은 신분 차별에 반대하는 불교를 지원하였고, 불교는 이들의 지원을 받아 확산되었다.

13 ㉠에 들어갈 왕은 마우리아 왕조의 아소카왕이다. 아소카왕은 남부 일부를 제외한 인도 대부분의 지역을 통일하고 전국에 관리를 파견하는 등 마우리아 왕조의 전성기를 이끌었다. 그는 자신의 통치 방침과 불교의 가르침을 새긴 돌기둥을 세웠으며, 산치 대탑을 건립하고 불경을 정리하였다. 그는 개인의 해탈을 강조하는 상좌부 불교를 장려하였다.

 ④는 쿠샨 왕조의 카니슈카왕에 대한 설명이다.

14 마우리아 왕조는 기원전 4세기경 찬드라굽타 마우리아가 작은 도시 국가들로 나뉘어 있던 북인도를 통일하여 세운 왕조이다. 마우리아 왕조는 아소카왕 때 전성기를 맞았다.

15 ㉠은 상좌부 불교, ㉡은 대승 불교이다. 개인의 해탈을 강조하는 상좌부 불교는 마우리아 왕조 때 발전하였으며, 실론(스리랑카)을 거쳐 동남아시아 지역으로 전파되었다. 많은 사람의 구제를 강조하는 대승 불교는 쿠샨 왕조 시기에 발전하였으며, 중앙아시아를 거쳐 동아시아 지역으로 전파되었다.

16 지도에 나타난 최대 영역을 차지한 왕은 쿠샨 왕조의 카니슈카왕이다. 그는 정복 활동을 펼치고 사원과 탑을 세워 불교를 전파하는 데 힘썼다.

17 초기 불교에서는 부처의 모습을 직접 표현하지 않고 보리수, 수레바퀴 등 다양한 상징으로 표현하였다. 그러나 알렉산드로스의 동방 원정 이후 그리스 조각상의 영향을 받아 부처를 인간의 모습으로 표현하였고, 인도 문화와 헬레니즘 문화가 결합한 간다라 양식이 유행하였다.

18 흉노는 기원전 4세기경 등장한 유목 민족으로, 시황제의 공격을 받아 만리장성 북쪽으로 밀려났다. 이후 묵특 선우가 초원 지대를 통합하고 한 고조를 상대로 승리하여 화친 조약을 맺었다. 그러나 한 무제의 공격을 받아 세력이 약해졌다.

 ①은 스키타이에 대한 설명이다.

19 ㉠에 들어갈 경로는 비단길이다. 비단길은 한 무제가 흉노 정벌을 위해 장건을 서역에 파견한 것이 계기가 되어 개척되었다. 비단길을 통해 중국의 비단이 서역에 전해졌고, 인도의 불교가 중국에 전해졌다.

 ②, ③은 바닷길, ④, ⑤는 초원길에 대한 설명이다.

서술형 문제

01 시황제는 넓어진 영토를 효율적으로 다스리기 위해 도량형과 화폐를 통일하였으며, 이를 통해 상업 활동과 세금 징수가 편리해졌다.

구분	채점 기준
상	정책의 시행 목적과 경제적 효과를 모두 서술한 경우
하	정책의 시행 목적과 경제적 효과 중 한 가지만 서술한 경우

02 한 무제의 잦은 정복 활동은 국가 재정이 부족해지는 문제점을 가져왔다. 한 무제는 이를 해결하기 위하여 소금과 철 등을 국가가 독점하여 생산하고 판매하는 전매 제도를 시행하였다.

구분	채점 기준
상	한 무제의 정복 활동이 가져온 문제점과 그 해결책을 모두 서술한 경우
하	문제점과 해결책 중 한 가지만 서술한 경우

03 (1) 간다라 양식

(2) 간다라 양식은 인도 문화와 헬레니즘 문화가 결합하여 발달한 것으로, 대승 불교와 함께 동아시아에 전해져 불상 제작에 영향을 주었다.

구분	채점 기준
상	간다라 양식의 특징과 영향을 모두 서술한 경우
하	간다라 양식의 특징과 영향 중 한 가지만 서술한 경우

01 ②	02 ④	03 ③	04 ④	05 ④	06 ③
07 ③	08 ⑤	09 ⑤	10 ①	11 ⑤	12 ⑤
13 ④	14 ③	15 ②	16 ③	17 ①	18 ③
19 ③	20 ①	21 해설 참고			

01 인류는 (나) 오스트랄로피테쿠스 아파렌시스(직립 보행) – (다) 호모 에렉투스(불과 언어 사용 시작) – (라) 호모 네안데르탈렌시스(시체 매장 풍습) – (가) 호모 사피엔스(동굴 벽화 제작) 순서로 진화하였다.

02 구석기 시대에는 주먹도끼 등 돌을 깨뜨리거나 떼어 내어 만든 뗀석기를 사용하였고, 사냥의 성공을 빌며 동굴 벽화를 제작하였다. 또한 이동 생활을 하면서 동굴이나 바위 그늘, 강가의 막집에 거주하였다.

오답 확인 ①, ②, ③, ⑤는 신석기 시대에 볼 수 있는 모습이다.

03 갈돌과 갈판, 빗살무늬 토기는 신석기 시대의 유물이다. 신석기 시대에는 농경과 목축 생활이 시작되었는데, 이는 인류 생활에 큰 변화를 가져와 '신석기 혁명'이라고 한다.

오답 확인 ①, ④는 문명이 발생한 시기, ②, ⑤는 구석기 시대에 대한 설명이다.

04 (가) 문명은 메소포타미아 문명이다. 메소포타미아 문명에서는 태음력과 60진법이 사용되었고, 쐐기 문자를 점토판에 새겨 통치와 교역에 관한 일을 기록하였다. 또한 도시 중앙에 신전 지구라트를 세웠고, 사후 세계보다는 현재의 안정된 삶을 중시하였다.

오답 확인 ④는 이집트 문명에 대한 설명이다.

05 (나) 문명은 인도 문명이다. 인도 문명에서는 하라파, 모헨조다로 등의 도시 문명이 형성되었고, 아리아인의 이동 후 카스트제가 만들어졌다.

오답 확인 ㄱ은 이집트 문명, ㄷ은 메소포타미아 문명에 대한 대화 내용이다.

06 ㉠에 들어갈 나라는 상, ㉡에 들어갈 나라는 주이다. 상은 기원전 1600년경 중국 황허강 유역에서 세워졌고, 상의 왕은 정치와 제사를 함께 주관하였다. 상의 서쪽에서 일어난 주는 상을 무너뜨리고 영토를 넓혀 봉건제를 실시하였다.

오답 확인 ①은 신, ②는 진, ④는 한에 대한 설명이다. ⑤는 ㉡ 주에만 해당하는 설명이다.

07 밑줄 친 '이 나라'는 아케메네스 왕조 페르시아이다. 아케메네스 왕조 페르시아의 키루스 2세는 피정복민의 전통과 종교를 존중하겠다는 관용 정책의 내용을 원통에 새겼다. 페르시아 사람들은 선과 빛의 신 아후라 마즈다를 최고신으로 섬기는 조로아스터교를 널리 믿었다.

오답 확인 ①은 마우리아 왕조, ②는 이집트, ④는 그리스의 폴리스, ⑤는 페니키아에 대한 설명이다.

08 도편 추방제는 도자기 파편에 독재자가 될 가능성이 높은 사람의 이름을 적어 뽑힌 사람을 일정 기간 쫓아내는 제도로, 아테네의 클레이스테네스가 시행하였다.

09 그리스의 폴리스들은 아케메네스 왕조 페르시아가 침입해 오자 마라톤 전투 등에서 승리하였다(그리스·페르시아 전쟁). 전쟁 이후 그리스의 폴리스들은 페르시아의 침입에 대비하기 위해 아테네를 중심으로 델로스 동맹을 체결하였다.

10 지도에서 최대 영역을 차지한 나라는 로마이다. 로마에서는 실용적인 문화가 발달하여 성문법인 12표법이 만들어졌고, 콜로세움과 수도교가 건설되었다.

오답 확인 ㄷ은 진과 한, ㄹ은 아케메네스 왕조 페르시아에 대한 설명이다.

11 로마 공화정 초기에는 귀족들이 원로원을 중심으로 집정관 등 주요 관직을 차지하였다. 그러나 평민들이 정복 전쟁에 참여하면서 점차 세력을 키웠고, 평민들은 귀족에 대항하여 정치 참여를 요구하였다. 이후 평민들은 호민관을 선출하고 평민회를 세울 수 있었다.

12 ㉠에 들어갈 인물은 로마의 콘스탄티누스 대제이다. 콘스탄티누스 대제는 이민족의 침입으로 로마가 쇠퇴하자 제국을 부흥시키기 위해 수도를 콘스탄티노폴리스로 옮겼으며, 밀라노 칙령을 내려 크리스트교를 공인하였다.

13 제시된 전시회는 알렉산드로스의 동방 원정으로 발전한 헬레니즘 문화를 다룬 전시회이다. 헬레니즘 문화는 알렉산드로스의 동방 원정 과정에서 그리스 문화와 동방 문화가 결합하여 발전하였다. 대표적인 문화유산으로 「라오콘 군상」이 있다.

오답 확인 ①은 그리스의 아테네, ②는 이집트, ③은 중국의 상, ⑤는 아케메네스 왕조 페르시아의 문화유산이다.

14 제시된 사상은 춘추 전국 시대에 등장한 제자백가 중 하나인 유가이다. 유가는 '인'과 '예'를 통한 정치 회복을 주장하였으며, 대표적인 학자로 공자와 맹자가 있다. 유가는 분서갱유 당시 탄압받았으나, 한 무제는 유가를 통치 이념으로 삼았다. 한대에 옛 유교 경전을 정리하고 연구하는 훈고학이 발전하였다.

오답 확인 ③은 법가에 대한 설명이다.

15 ㉠에 들어갈 인물은 진의 시황제이다. 시황제는 중국을 통일한 후 각 지역마다 달랐던 도량형과 화폐, 문자를 통일하였다. 또한 자신의 정책에 반대하는 사상이나 학자들을 탄압하는 분서갱유를 단행하였다.

오답 확인 ①은 한 고조, ③은 로마의 콘스탄티누스 대제, ④는 한 무제, ⑤는 아케메네스 왕조 페르시아의 다리우스 1세의 활동이다.

16 한 무제는 군현제를 전국으로 확대하였고, 흉노와 고조선, 베트남 북부를 정복하였다. 그는 잦은 정복 활동으로 국가의 재정이 부족해지자 소금과 철의 전매 제도를 실시하였다. 또한 유교를 통치 이념으로 삼아 태학을 설립하고 오경박사를 두었다.

오답 확인 ③은 진의 시황제에 대한 설명이다.

17 불교는 기원전 6세기경 고타마 싯다르타(석가모니)가 창시하였다. 당시 크샤트리아와 바이샤 세력은 브라만교와 카스트 사회에 불만을 가지고 있었기 때문에 신분 차별을 반대하는 교리를 가진 불교를 지원하였다.

18 지도의 최대 영역을 차지하였던 왕조는 마우리아 왕조이다. 마우리아 왕조는 아소카왕 때 전성기를 맞이하였으며, 상좌부 불교가 발전하였다.

[오답 확인] ①, ②, ⑤는 쿠샨 왕조, ④는 흉노에 대한 설명이다.

19 쿠샨 왕조는 마우리아 왕조 멸망 이후 중앙아시아에서 온 쿠샨족이 세웠다. 쿠샨 왕조는 카니슈카왕 때 전성기를 맞았으며, 대승 불교가 발전하였다. 쿠샨 왕조의 간다라 지방에서는 인도 문화와 헬레니즘 문화가 융합한 간다라 양식이 발전하였다.

[오답 확인] ③은 상좌부 불교에 대한 내용이다.

20 제시된 자료는 한 무제의 명을 받아 서역으로 출발하는 장건의 모습을 담은 그림이다. 한 무제는 흉노 정벌을 위해 대월지와 동맹을 맺고자 장건을 서역으로 파견하였고, 그 과정에서 비단길이 개척되었다.

21 (1) [예시 답안] 아테네의 솔론은 재산을 가진 일부 평민이 정치에 참여할 수 있게 하였으며, 클레이스테네스는 정치 참여 자격에서 재산 기준을 없앴다. 페리클레스 집권 시기에는 모든 성인 남자 시민들이 민회에 자유롭게 참여하였고, 관직과 배심원은 대부분 추첨으로 뽑았다.

구분	채점 기준
상	솔론, 클레이스테네스, 페리클레스 집권 시기의 내용을 모두 서술한 경우
중	위의 세 명 중 두 명 집권 시기의 내용을 서술한 경우
하	위의 세 명 중 한 명 집권 시기의 내용만 서술한 경우

(2) [예시 답안] 아테네의 민주 정치는 성인 남자라면 민회를 통해 직접 정치에 참여할 수 있는 직접 민주 정치의 형태였으며, 관직과 배심원 대부분을 추첨을 통해 뽑은 것이 이를 뒷받침한다. 그러나 여성, 노예, 외국인은 정치에 참여할 수 없었다. 오늘날 우리나라의 민주 정치는 선거로 대표를 선출하는 간접 민주 정치의 형태이며 성별, 계층에 상관없이 일정 나이 이상의 국민이라면 누구나 선거권을 가질 수 있다. 오늘날 우리나라에는 정치에 관심이 없는 사람이 많아지고 있다. 아테네의 민주 정치는 참여 계층 측면에서 한계가 명확했지만, 시민이 정치에 직접 참여할 수 있도록 제도적으로 뒷받침한 부분은 현재의 우리가 적용해야 할 점이라고 생각한다. 오늘날 우리나라도 국민들이 정치에 관심을 갖고 적극적으로 참여할 수 있도록 제도적인 보완이 필요하다.

구분	채점 기준
상	아테네와 오늘날 민주 정치를 정치 형태와 참여 계층 중심으로 비교하고, 자신의 생각을 적절한 근거를 들어 논술한 경우
중	아테네 민주 정치와 오늘날 우리나라의 민주 정치를 비교하는 내용만 서술한 경우
하	아테네 민주 정치의 정치 형태와 참여 계층에 대해서만 서술한 경우

✦ 01 동아시아 문화의 형성

STEP 2 개념 확인 59쪽

대표 자료 확인하기 ① 북위 ② 수 ③ 3성 6부 ④ 균전제

한눈에 정리하기 ① 양제 ② 나라 시대 ③ 불교

1 (1) ○ (2) ✕ **2** (1) 청담 사상 (2) 9품중정제 **3** 대운하 **4** (1) ㄱ (2) ㄷ (3) ㄴ **5** (다) – (나) – (가) – (라) **6** (1) 한자 (2) 유교

STEP 3 중단원 확인 문제 60~63쪽

01 ④	02 ②	03 9품중정제	04 ⑤	05 ⑤
06 ②	07 ⑤	08 ④	09 부병제	10 ① 11 ④
12 ⑤	13 ③	14 야마토 정권	15 ②	16 ②
17 ⑤	18 ③	19 한자	20 ①	

01 (가)는 북위(북조)이다. 선비족이 세운 북위는 한족의 제도와 문물을 받아들였다. 북위(북조)는 석굴 사원과 같은 불교 조각이 발달하였으며, 국가 주도로 불경을 번역하기도 하였다.

[오답 확인] ④ 3성 6부의 조직을 갖춘 나라는 당이다.

02 밑줄 친 '왕조'는 남조이다. 남조는 화북 지방에서 이주해 온 한족의 선진 농업 기술(벼농사)을 이용하여 강남 지방을 개발하고 경제를 발전시켰다.

[오답 확인] ①은 한, ③은 북위, ④는 수, ⑤는 진에 대한 내용이다.

03 위진 남북조 시대에는 추천으로 관리를 뽑는 9품중정제가 실시되었다. 그 결과 중앙 정부로 진출한 지방 유력 호족이 문벌 귀족 사회를 형성하였다.

04 (가)는 남북조 시대이다. 남북조 시대에는 9품중정제를 실시하면서 지방의 호족이 문벌 귀족으로 성장하였다.

[오답 확인] ①, ③은 한, ②는 춘추 전국 시대, ④는 수에 대한 내용이다.

05 사진은 북위의 윈강 석굴이다. 위진 남북조 시대에는 민간 신앙과 도가 사상이 결합한 도교가 발전하였다.

[오답 확인] ①, ②, ③, ④는 한의 문화에 대한 설명이다.

06 남북으로 나뉘어 있던 중국을 통일한 수 문제는 시험을 치러 관리를 뽑는 과거제를 처음 시행하였다.

[오답 확인] ㄴ은 진의 시황제, ㄹ은 한 무제의 활동이다.

07 자료는 당의 중앙 행정 조직을 나타낸 것이다. 장안을 수도로 삼은 당은 과거제를 실시하고, 율령 체제를 완성하였다. 또한 돌궐을 정복하였으며, 신라와 연합하여 백제와 고구려를 멸망시켰다.

[오답 확인] ⑤는 진에 대한 설명이다.

08 밑줄 친 '이 제도'는 균전제이다. 균전제는 성인 남자에게 일정한 토지를 나누어 준 제도로, 율령을 기반으로 하였으며 동아시아 여러 나라에 영향을 주었다. 균전제에 따라 토지를 받은 농민은 세금을 납부하였다.

[오답 확인] ㄱ. 부병제는 당의 군사 제도이다. ㄷ은 위진 남북조 시대에 실시된 9품중정제와 관련이 있다.

09 제시된 내용은 부병제에 대한 설명이다. 당은 부병제를 실시하여 농민의 생활을 안정시키고, 군사력을 확보하고자 하였다.

10 ㉠은 안사의 난, ㉡은 황소의 난이다. 당은 안사의 난과 황소의 난 등을 겪으면서 쇠퇴하다 결국 절도사 세력에게 멸망하였다.

[오답 확인] 황건적의 난은 한, 진승·오광의 난은 진 시기에 일어난 농민 반란이다.

11 당의 수도인 장안은 바둑판 모양으로 도로가 뻗어 있는 계획도시로, 인구 100만 명이 넘는 대도시였다. 이곳에는 여러 나라의 사신과 유학생, 승려가 모여들었다. 대진 경교 유행 중국비는 장안에 세워진 비석으로, 중국에 전래된 경교의 교리와 역사가 새겨져 있다.

12 당대에는 문학과 서예, 그림 등의 분야에서 귀족적인 문화가 유행하였다. 문학에서는 이백과 두보 등의 시인이 이름을 떨쳤고, 서예에서는 구양순이 유명하였다. 그림에서는 왕유의 수묵 산수화가 큰 인기를 얻었다.

[오답 확인] ⑤는 북조(북위)에 대한 설명이다.

13 만주와 한반도의 고대 국가는 ㈎ 고조선 건국 – ㈑ 삼국의 율령 반포 – ㈏ 신라의 삼국 통일 – ㈐ 발해 건국 순으로 발전하였다.

14 밑줄 친 '이 정권'은 야마토 정권이다. 야마토 정권은 4세기경 주변의 작은 나라들을 통합하며 발전하였다.

15 ㈎ 시기에는 야마토 정권이 중국과 한반도로부터 문물을 받아들여 아스카 문화를 발전시켰다. 또한 7세기 말에 '일본'이라는 국호를 처음 사용하였다.

[오답 확인] ㄴ, ㄹ은 나라 시대에 대한 설명이다.

16 밑줄 친 '정치 개혁'은 다이카 개신이다. 일본은 중앙 집권 체제를 마련하고자 당의 율령을 받아들여 통치 체제를 정비하였다.

17 도다이지 대불전은 나라 시대에 건립되었다. 이 시기에 일본은 당의 장안성을 본떠 헤이조쿄(나라)를 세우고 수도로 삼았다.

[오답 확인] ①은 춘추 전국 시대, ②는 위진 남북조 시대, ③, ④는 야마토 정권에 대한 설명이다.

18 헤이안 시대에는 국풍 문화가 나타났고, 이에 따라 한자를 변형한 가나 문자가 만들어졌다.

[오답 확인] ①은 당, ②는 나라 시대, ④는 한, ⑤는 진, ⑥은 야마토 정권에 대한 설명이다.

19 ㉠에 들어갈 내용은 한자이다. 한자는 동아시아 국가 간의 교류에 필요한 의사소통 수단이었으며, 여러 나라의 문자가 형성되는 데 영향을 미쳤다.

20 동아시아 문화권의 공통 요소는 불교, 유교, 율령, 한자 등이다.

서술형 문제

01 [예시 답안] 수의 대운하 건설로 물자와 사람이 오가기 쉬워지자 남북 간의 교류가 활발해졌다. 이는 남북의 정치와 문화가 통합하는 데 도움을 주었다.

구분	채점 기준
상	남북 간의 교류가 활발해졌고, 이는 남북의 정치와 문화가 통합하는 데 도움을 주었다고 서술한 경우
하	남북 간의 교류가 활발해졌다고만 서술한 경우

02 [예시 답안] 서역인 상인과 낙타를 표현한 당삼채와 페르시아산 은제 물병을 통해 당의 문화가 국제적이었음을 알 수 있다.

구분	채점 기준
상	당의 문화가 국제적인 문화라고 서술한 경우
하	당이 여러 나라와 교류하였다고만 서술한 경우

03 (1) 불교

(2) [예시 답안] 불교가 동아시아 여러 나라로 전래되면서 사찰이 많이 세워지고 불화, 불상, 불탑 등 불교 예술이 발전하였다. 또한 불교 경전의 수요가 늘어나면서 목판 인쇄술이 발전하였다.

구분	채점 기준
상	불교가 동아시아의 여러 나라에 미친 영향을 두 가지 모두 서술한 경우
하	불교가 동아시아의 여러 나라에 미친 영향을 한 가지만 서술한 경우

대표 자료 확인하기 ① 무함마드 ② 알라 ③ 비잔티움 양식
④ 모자이크

한눈에 정리하기 ① 힌두교 ② 칼리프 ③ 바그다드 ④ 카롤
루스 대제 ⑤ 유스티니아누스 황제

1 (1) ✕ (2) ◯ **2** (1) 굽타 왕조 (2) 힌두교 (3) 굽타 양식 **3** (1) 무함마드
(2) 수니파 (3) 아바스 왕조 **4** 쿠란 **5** (1) ㄱ (2) ㄴ **6** (1) 성 소피아
대성당 (2) 콘스탄티노폴리스

01 ③ **02** ⑤ **03** 힌두교 **04** ③ **05** ① **06** ④
07 ① **08** ③ **09** ① **10** ④ **11** ㉠: 시아파,
㉡: 수니파 **12** ④ **13** ⑤ **14** ④ **15** ⑤ **16** ①
17 카롤루스 대제 **18** ④ **19** ① **20** ④

01 ㈎는 사산 왕조 페르시아이다. 사산 왕조 페르시아는 아후라
마즈다를 최고신으로 섬기는 조로아스터교를 국교로 삼았다.
오답 확인 ①, ④, ⑤는 아케메네스 왕조 페르시아, ②는 아시리아에 대
한 설명이다.

02 제시된 자료는 사산 왕조 페르시아의 금속 물병과 직물이다.
사산 왕조 페르시아는 금속, 유리, 직물 공예품이 유명하였다.
사산 왕조 페르시아의 문화는 이슬람 세계와 비잔티움 제국에
전해졌고, 동아시아 국가에도 영향을 주었다.

03 ㉠에 들어갈 종교는 힌두교이다. 힌두교는 브라만교의 복잡한
제사 절차를 단순화하고, 인도 사람들이 믿던 여러 신들을 흡
수하여 빠르게 확산되었다.

04 지도의 최대 영역을 차지한 왕조는 굽타 왕조이다. 굽타 왕조
는 활발한 해상 무역으로 번영을 누렸으며, 찬드라굽타 2세 때
벵골만에서 아라비아해까지 영토를 넓히며 전성기를 맞이하
였다.
오답 확인 ①은 마우리아 왕조, ②, ④는 쿠산 왕조, ⑤는 사산 왕조
페르시아에 대한 설명이다.

05 밑줄 친 '이 종교'는 힌두교이다. 힌두교는 인도 사람들이 믿던
여러 신들을 힌두교의 신으로 흡수하였다. 신분에 따른 의무가
있었으며, 브라만교의 제사 절차를 단순화하였다. 굽타 왕조의
왕들은 힌두교의 신인 비슈누가 왕의 모습으로 세상에 나타났
다고 주장하며 자신의 권위를 높였다.
오답 확인 ① 힌두교는 굽타 왕조 시대에 형성되었다.

06 굽타 왕조 시기에 정비된 『마누 법전』에는 카스트에 따른 의무
와 규범이 담겨 있다. 『마누 법전』은 힌두교도의 일상생활에 큰
영향을 주었다.

07 아잔타 석굴 사원이 만들어진 굽타 왕조 시대에는 숫자 '0(영)'
의 개념이 사용되었으며, 인도의 전설과 설화를 담은 서사시가
산스크리트어로 쓰였다. 또한 천문학과 수학이 발달하여 이슬
람 세계에 영향을 주었다. 굽타 왕조 시기에는 굽타 양식이 발
달하기도 하였다.
오답 확인 ① 『의학전범』은 11세기에 이븐시나가 저술하였다.

08 이슬람 세력은 정복지의 주민들이 이슬람교로 개종하면 지즈
야를 면제하였다. 더불어 이슬람교의 평등을 강조하는 교리로
정복지에서 빠르게 확산되었다.
오답 확인 ㄱ은 불교와 관련이 있다. ㄹ. 청담 사상은 위진 남북조 시
대 남조에서 유행하였다.

09 ㉠은 알라이다. 이슬람교는 알라만을 신으로 모셨다.

10 지도는 우마이야 왕조 시기의 최대 영역을 나타낸 것이다. 우
마이야 왕조는 아랍인 우대 정책을 실시하여 비아랍인 이슬람
교도들의 불만을 샀다.
오답 확인 ①은 당, ②는 굽타 왕조, ③은 무함마드 시대, ⑤는 아바
스 왕조 시기에 있었던 일이다.

11 ㉠은 시아파, ㉡은 수니파이다. 우마이야 왕조 시기에는 왕조
의 정통성을 두고 시아파와 수니파로 나뉘어 대립하였다.

12 그림에 묘사된 바그다드는 아바스 왕조의 수도이다. 아바스 왕
조는 아랍인 중심의 민족 차별 정책을 폐지하였다.
오답 확인 ①은 후우마이야 왕조, ②, ③은 굽타 왕조, ⑤는 우마이야
왕조에 대한 설명이다.

13 이슬람 세계는 ㈑ 무함마드 시대 – ㈐ 정통 칼리프 시대 – ㈏
우마이야 왕조 – ㈎ 아바스 왕조의 순으로 발전하였다.

14 **오답 확인** ③은 힌두교와 관련이 있다. 힌두교는 카스트에 따른 의무
수행을 강조하였다.

15 **오답 확인** ㄱ, ㄴ은 굽타 왕조 시기에 발전한 인도 고전 문화의 사례
이다.

16 유럽 북부에 살던 게르만족이 4세기 말 훈족의 압박을 받아 대
규모로 이동하며 서로마 제국 곳곳에 나라를 세웠는데, 이 과
정에서 서로마 제국은 게르만족에게 멸망하였다.

17 프랑크 왕국의 카롤루스 대제는 프랑크 왕국의 전성기를 이끌
었으며, 정복한 지역에 크리스트교를 전파하였다. 이러한 공을
인정받아 로마 교황으로부터 서로마 황제의 관을 받았다.

18 비잔티움 제국의 황제가 성상 숭배를 금지하자 크리스트교 세력
은 동서로 나뉘어 대립하였다. 결국 로마 교황을 중심으로 하는
로마 가톨릭교회와 비잔티움 제국의 그리스 정교로 나뉘었다.

19 밑줄 친 '이 제국'은 비잔티움 제국이다. 비잔티움 제국은 그리
스어를 공용어로 사용하고, 로마의 법률을 집대성하여 『유스티
니아누스 법전』을 편찬하였다. 콘스탄티노폴리스가 수도였으
며 그리스 정교를 바탕으로 고대 그리스·로마 문화와 헬레니
즘 문화를 융합한 문화를 발전시켰다.
오답 확인 ①은 사산 왕조 페르시아에 대한 설명이다.

20 제시된 자료는 비잔티움 제국 시기에 세워진 성 소피아 대성당이다. 성 소피아 대성당은 벽 위에 거대한 돔을 올리고 모자이크 벽화로 내부를 장식하는 등 비잔티움 양식이 드러난다.

서술형 문제

01 예시 답안 굽타 왕조 시기에는 『마하바라타』, 『라마야나』 등의 서사시가 인도 고유의 언어인 산스크리트어로 쓰였다. 미술 분야에서는 간다라 양식과 인도 고유의 양식이 어우러진 굽타 양식이 나타났다.

구분	채점 기준
상	문학과 미술 분야의 특징을 모두 서술한 경우
하	문학과 미술 분야의 특징 중 한 가지만 서술한 경우

02 (1) 이슬람교

(2) 예시 답안 무함마드가 유일신 알라에게 절대복종해야 한다고 가르쳤으며, 모든 인간은 신 앞에 평등하다고 주장하였다. 이 때문에 메카 귀족들의 탄압을 받았다.

구분	채점 기준
상	무함마드가 귀족들의 탄압을 받은 이유를 두 가지 서술한 경우
하	무함마드가 귀족들의 탄압을 받은 이유를 한 가지만 서술한 경우

03 예시 답안 이슬람 사회에서는 상업 활동을 긍정적으로 여겼으며, 이에 따라 국가적으로 도로망을 정비하고 상인들의 상업 활동을 지원하였다. 또한 이슬람 제국은 교통의 요지에 있어 비단길과 바닷길을 이용하여 여러 나라와 활발하게 교류하였다.

구분	채점 기준
상	이슬람 상인이 동서 무역을 주도할 수 있었던 배경을 두 가지 서술한 경우
하	이슬람 상인이 동서 무역을 주도할 수 있었던 배경을 한 가지만 서술한 경우

✦ 03 서아시아와 유럽의 교류와 갈등

STEP 2 개념 확인
75쪽

대표 자료 확인하기 ① 제후 ② 농노 ③ 우신예찬

한눈에 정리하기 ① 장원 ② 보름스 협약 ③ 십자군 전쟁 ④ 인문주의

1 (1) 영주 (2) 쌍무적 **2** (1) ◯ (2) ◯ (3) ✕ **3** 카노사 **4** (1) 셀주크 튀르크 (2) 지중해 무역권 **5** (1) 흑사병 (2) 길드 **6** (1) ㄴ (2) ㄱ

STEP 3 중단원 확인 문제
76~79쪽

01 ④	02 ②	03 봉건 사회	04 ①	05 ③
06 ⑤	07 ⑤	08 ⑤	09 스콜라 철학	10 ①
11 ③	12 ④	13 ①	14 ②	15 ⑤	16 길드
17 ⑤	18 ①	19 ①		

01 프랑크 왕국이 셋으로 분열된 후 이민족의 침입으로 혼란한 상황에서 봉건 질서가 형성되었다. 기사들은 자신보다 강한 기사를 주군으로 섬기고, 충성과 봉사를 맹세하였다.

오답 확인 ㄱ, ㄷ. 주군과 봉신은 쌍무적 계약을 바탕으로 서로 의무를 이행해야 하였다.

02 ㈎ 신분은 농노이다. 농노는 노예와 달리 약간의 재산을 소유할 수 있었다.

오답 확인 ① 농노는 가정을 꾸릴 수 있었다. ③ 농노는 영주의 땅에서 의무적으로 농사를 지어야 했다. ④는 영주에 대한 설명이다. ⑤ 농노는 영주의 허락 없이 장원을 떠날 수 없었다.

03 ㉠에 들어갈 내용은 봉건 사회이다. 중세 서유럽에서는 주종 관계와 장원제를 바탕으로 한 봉건 사회가 성립하였다. 이에 지방 세력이 강해지고, 왕권은 점차 약해졌다.

04 밑줄 친 '인물'이 표현하는 신분은 중세의 기사이다. 기사들은 농민의 노동으로 생활을 유지하는 대신 공동체를 지키는 일을 자신의 의무로 여겼다. 이들은 사냥과 마상 시합을 즐겼다.

오답 확인 ②, ④는 농민, ③, ⑤는 성직자에 대한 설명이다.

05 오답 확인 ③ 중세 장원의 농노는 방앗간 등 영주의 시설물을 이용하고 이용료를 냈다.

06 밑줄 친 '운동'은 수도원 운동이다. 10세기 초 일부 수도원을 중심으로 교회를 개혁하려는 수도원 운동이 일어났다.

오답 확인 ① 8세기 성상 숭배 문제로 로마 가톨릭교회와 그리스 정교로 나뉘었다. ②는 농민 반란. ③은 십자군 전쟁 이후 도시의 성장. ④는 르네상스와 관련이 있다.

07 제시된 내용은 카노사의 굴욕에 대한 설명이다. 교황 그레고리우스 7세와 황제 하인리히 4세가 성직자 임명권을 두고 대립하면서 카노사의 굴욕이 일어났다.

08 제시된 자료는 보름스 협약이다. 1122년 교황과 황제가 보름스 협약을 맺음으로써 교황만이 성직자 임명권을 가질 수 있다고 결정하였다. 이로써 교황은 황제를 뛰어넘는 크리스트교 세계의 최고 지배자가 되었다.

09 신앙과 이성의 조화를 강조한 ㉠은 스콜라 철학이다. 신학자인 토마스 아퀴나스는 『신학 대전』에서 스콜라 철학을 집대성하였다.

10 중세의 대학은 12세기 이후 유럽 곳곳에 세워졌다. 당시 대학은 학생이나 교사들이 모여 만든 일종의 공동체였다.

(오답 확인) ① 중세의 대학은 교회나 영주의 간섭에서 벗어나 자치적으로 운영되었다.

11 밑줄 친 '이 세력'은 셀주크 튀르크이다. 11세기경 셀주크 튀르크가 성장하여 바그다드를 정복하고, 아바스 왕조의 칼리프로부터 술탄의 칭호를 얻으며 이슬람 세계를 주도하였다. 이들이 예루살렘을 점령하고 비잔티움 제국을 위협하는 과정에서 십자군 전쟁이 일어났다.

12 셀주크 튀르크가 예루살렘을 점령하고 비잔티움 제국을 위협하자, 비잔티움 제국의 황제는 교황 우르바누스 2세에게 도움을 요청하였다. 교황은 클레르몽에서 종교 회의를 열어 이슬람 세력으로부터 성지를 되찾자고 하였다.

13 11세기 후반 셀주크 튀르크가 예루살렘을 점령하고 비잔티움 제국을 위협하자, 비잔티움 제국 황제가 교황 우르바누스 2세에게 도움을 요청하며 십자군 전쟁이 시작되었다.

(오답 확인) ② 십자군 전쟁의 영향으로 봉건 사회는 무너지기 시작하였다. ③, ④는 장미 전쟁에 대한 설명이다. ⑤ 신성 로마 제국이 비잔티움 제국을 도와 성지를 회복하기 위해 전쟁이 시작되었다.

14 십자군 전쟁을 겪으며 동서양을 잇는 중계 무역이 발달하였다. 십자군 전쟁 후 크리스트교 세계와 이슬람 세계의 교역이 활발해지면서 지중해 무역권이 성장하였다.

15 십자군 전쟁 이후 전쟁을 주도한 교황의 권위는 떨어졌고, 전쟁에 참여하였던 제후와 기사 세력도 약화되었다. 반면, 왕권이 상대적으로 강해져 중앙 집권 국가가 등장하는 배경이 되었다.

(오답 확인) ⑤는 십자군 전쟁 이전인 6세기 유스티니아누스 황제 집권 시기에 있었던 일이다.

16 ㉠에 들어갈 조직은 길드이다. 11세기 이후 원거리 무역의 발달로 도시가 발전하였다. 도시의 상인과 수공업자들은 공동의 이익과 안전을 지키고자 동업 조합인 길드를 만들어 도시를 운영하였다.

17 아비뇽 유수 이후 로마 교황과 아비뇽 교황이 서로 정통성을 내세우며 대립하는 과정에서 교황의 권위가 크게 떨어졌다.

(오답 확인) ① 십자군 전쟁은 셀주크 튀르크가 성지 예루살렘을 점령한 것을 계기로 일어났다. ② 카노사의 굴욕은 교황과 황제가 성직자 임명권을 두고 대립하면서 일어났다. ③ 카롤루스 대제가 죽은 후 베르됭 조약, 메르센 조약으로 프랑크 왕국이 분열되었다. ④ 9세기 이후 봉건제의 영향으로 교회의 부패가 생기면서 교회 개혁 운동이 전개되었다.

18 밑줄 친 '전쟁'은 백년 전쟁이다. 백년 전쟁 초반 프랑스는 영국에 밀려 수도인 파리까지 함락되었으나, 잔 다르크가 활약하면서 전세가 역전되었다.

(오답 확인) ②, ③, ④, ⑤는 십자군 전쟁에 대한 설명이다.

19 르네상스는 고대 그리스·로마의 문화를 되살려 인간 중심의 문화를 만들기 위한 운동이다. 미술에서는 레오나르도 다빈치, 보티첼리, 미켈란젤로 등이 인체의 아름다움을 생생하게 나타냈다. 건축에서는 성 베드로 대성당과 같이 대칭과 비례를 중시하는 르네상스 양식이 발달하였다.

(오답 확인) ① 콜로세움은 르네상스 이전인 고대 로마 제국 시기에 건립되었다.

서술형 문제

01 (1) (가) 로마네스크 양식, (나) 고딕 양식

(2) (예시 답안) (가) 11세기에 유행한 로마네스크 양식은 둥근 천장과 반원형의 아치가 특징이다. (나) 12세기 이후 유행한 고딕 양식은 뾰족한 탑과 화려한 스테인드글라스가 특징이다.

구분	채점 기준
상	로마네스크 양식과 고딕 양식의 특징을 모두 서술한 경우
하	로마네스크 양식과 고딕 양식의 특징 중 한 가지만 서술한 경우

02 (1) 에라스뮈스

(2) (예시 답안) 알프스 이북의 르네상스는 현실 사회와 교회의 문제점을 비판하는 경향이 강하였다.

구분	채점 기준
상	현실 사회와 교회의 문제점을 비판하는 경향이 강하였다고 서술한 경우
하	위의 내용 중 한 가지만 서술한 경우

대단원 마무리 문제

82~85쪽

01 ⑤	02 ④	03 ①	04 ②	05 ③	06 ①
07 ③	08 ⑤	09 ④	10 ②	11 ③	12 ④
13 ④	14 ②	15 ③	16 ③	17 ③	18 ②
19 ⑤	20 ④	21 ①	22 해설 참고		

01 (가)는 북위이다. 북위의 효문제는 선비족의 복장과 언어를 금지하고, 한족과의 결혼을 권장하는 등 한족의 제도와 문물을 수용하였다.

오답 확인 ①은 진, ②는 한, ③은 당, ④는 남조에 대한 설명이다.

02 자료는 「귀거래사」이다. 남조의 도연명이 관직을 버리고 고향으로 돌아가는 심경을 읊은 시이다. 위진 남북조 시대에는 민간의 전통 신앙과 도가 사상 등이 결합한 도교와 개인의 자유로운 삶을 추구하는 청담 사상이 유행하였다.

오답 확인 ①은 수와 당, ②는 당, ③은 수, ⑤는 북위에 대한 설명이다.

03 수는 양제 때 남과 북을 잇는 대운하를 완성하였다. 그러나 여러 차례의 고구려 원정에 실패하고 과도한 노동력 동원으로 백성의 불만이 커져 반란이 일어나 멸망하였다.

오답 확인 ㄷ, ㄹ은 당에 대한 설명이다.

04 ㉠은 균전제, ㉡은 조용조, ㉢은 부병제이다. 균전제는 성인 남자에게 일정한 토지를 나누어 주는 제도이다. 이를 토대로 토지를 받은 농민은 조용조를 부담하였다. 또한 당은 농사일이 바쁘지 않을 때 군사 훈련을 받고 전쟁이 나면 농민이 병사로 복무하는 부병제를 운영하였다.

05 당은 이백과 두보 등의 시인과 구양순 등의 서예가가 이름을 떨치는 등 귀족적인 문화가 발전하였다.

06 일본의 고대 국가는 (가) 야마토 정권 성립 − (나) '일본'이라는 국호 사용(야마토 정권) − (라) 도다이지 건립(나라 시대) − (다) 가나 문자 제작(헤이안 시대) 순으로 발전하였다.

07 제시된 내용은 힌두교에 대한 설명이다. 굽타 왕조 시기에 발전한 힌두교의 주요 신 중 하나인 비슈누는 국왕의 권위를 높이는 데 이용되었다.

08 우마이야 왕조가 시작되었을 때 이슬람교도들은 우마이야 왕조의 정통성을 두고 시아파와 수니파로 나뉘어 대립하였다.

오답 확인 ①은 정통 칼리프 시대에 있었던 일이다. ② 이슬람 세계는 상업 활동을 적극적으로 장려하였다. ③, ④는 우마이야 왕조 이전에 있었던 일이다.

09 ㉠은 탈라스 전투, ㉡은 바그다드이다. 이슬람 사회는 상업을 긍정적으로 여겼으며, 교역 또한 발달하였다. 이슬람 제국은 탈라스 전투에서 당에 승리하여 주요 교역로를 차지하고 동서 무역을 주도하였다. 특히 아바스 왕조의 수도 바그다드는 국제 도시로 번성하였다.

10 검색창에 들어갈 인물은 카롤루스 대제이다. 카롤루스 대제는 이탈리아에서 교황을 위협하는 세력을 없애고 크리스트교를 널리 알린 점을 인정받아 서로마 황제의 관을 받았다. 그는 곳곳에 학교를 세워 학문과 예술 발전을 이끌었다.

오답 확인 ①은 게르만족 용병 대장, ③은 비잔티움 제국의 유스티니아누스 황제, ④는 신성 로마 제국의 하인리히 4세, ⑤는 무함마드에 대한 설명이다.

11 오답 확인 ③은 프랑크 왕국에 대한 설명이다. 비잔티움 제국은 유스티니아누스 황제 때 전성기를 맞이하였다.

12 당시 로마 가톨릭교회는 게르만족에게 쉽게 크리스트교를 전하고자 성상을 사용하였다. 그러나 8세기에 비잔티움 제국의 황제가 성상 숭배를 금지하면서 크리스트교 세력이 동서로 나뉘어 대립하였다. 논쟁 끝에 동서 교회는 로마 가톨릭교회와 그리스 정교로 나뉘었다.

13 자료는 중세 서유럽 봉건 사회의 구조를 나타낸 그림이다. 주군은 기사에게 땅을 주고 봉신으로 삼았으며, 봉신은 주군에게 충성과 봉사를 맹세하였다.

오답 확인 ④ 주군과 봉신은 서로 의무를 다하자는 계약을 바탕으로 주종 관계를 맺었다.

14 ㉠에 들어갈 사건은 보름스 협약이다. 카노사의 굴욕 이후 교황과 황제는 대립하였고, 보름스 협약을 맺음으로써 교황만이 성직자 임명권을 가질 수 있다고 결정하였다. 이로써 교황은 황제를 뛰어넘는 크리스트교 세계의 최고 지배자가 되었다.

15 중세 서유럽에서는 신앙과 이성의 조화를 강조하는 스콜라 철학이 발전하였다. 또한 대학이 설립되어 교회, 영주의 간섭 없이 학문이 연구되어 중세의 학문과 문화 발달에 기여하였다.

오답 확인 ㄱ. 「마누 법전」은 굽타 왕조 시대에 정비되었다. ㄹ은 이슬람 문화권과 관련이 있다.

16 셀주크 튀르크의 예루살렘 점령으로 일어난 전쟁은 십자군 전쟁이다. 십자군 전쟁은 200여 년간 지속되었으나, 성지를 회복하지 못하고 끝이 났다.

17 대화의 주제가 된 전쟁은 십자군 전쟁이다. 십자군 전쟁 이후 크리스트교 세계와 이슬람 세계의 교역이 더욱 활발해지면서 지중해 무역권이 성장하였다.

18 14세기 흑사병의 유행으로 유럽의 인구가 크게 줄면서 농민의 지위가 높아졌다. 그러나 일부 영주는 농민을 억압하였고 이에 저항한 농민 반란이 일어났다. 농민의 사회적 지위가 상승하고 상업이 발전하면서 중세 봉건 사회는 점차 해체되어 갔다.

19 성직자 과세 문제로 교황 보니파키우스 8세와 필리프 4세가 대립하는 가운데, 교황이 사망한 뒤 필리프 4세는 이탈리아 로마에 있던 교황청을 프랑스 아비뇽으로 옮겼다(아비뇽 유수). 이 사건으로 교황의 권위는 크게 떨어졌다.

20 밑줄 친 '전쟁'은 백년 전쟁이다. 백년 전쟁에서 승리한 프랑스는 중앙 집권 국가로 성장하는 발판을 마련하였다.

21 르네상스가 시작된 이탈리아는 고대 로마의 중심지로서 로마의 문화유산이 많이 남아 있었고, 비잔티움 제국의 학자들이 많이 이주하여 고전 문화에 대한 연구가 활발히 이루어졌다. 또한 지중해 무역으로 부유해진 상인들이 예술가를 후원하면서 예술이 발전하였다.

22 (1) **예시 답안** 9품중정제는 지방의 관리가 자기 지역의 인물을 등급을 매겨 중앙에 추천하여 관리를 뽑는 제도이다. 과거제는 유교 경전에 대한 시험을 거쳐 관리를 선발하는 제도이다.

구분	채점 기준
상	9품중정제와 과거제의 관리 선발 방식을 모두 서술한 경우
하	9품중정제와 과거제의 관리 선발 방식 중 한 가지만 서술한 경우

(2) **예시 답안** 중정관이 자기 지역의 인재를 공정하게 등급을 매겨 추천하는 것은 어려웠다. 특히 중앙의 고위 관리나 지방 유력 호족의 의견이 중정관의 추천에 영향을 주었다. 이에 유력한 호족의 자제가 높은 등급으로 추천되어 고위 관직을 차지하였고, 가문이 좋지 않은 사람들은 능력이 있어도 고위 관직에 오를 수가 없었다. 그 결과 특정 가문이 고위 관직을 독점하면서 막강한 권력을 누리게 되었고, 능력보다는 가문을 중시하는 경향이 나타났다. 9품중정제의 문제점을 해결하기 위해서는 각 지방에 여러 명의 중정관을 파견하여 한 명의 중정관이 인물을 선발하는 것을 방지해야 한다. 중정관들은 자기 지역에서 학문과 교양 등을 갖춘 인물을 가문에 관계없이 1차로 선발한다. 1차로 뽑힌 사람들은 2차 시험을 보게 하고, 2차 시험에서 높은 성적을 받은 사람들을 관리로 선발한다. 이런 방식으로 관리를 뽑으면 능력 있는 사람들을 관리로 등용할 수 있을 것이다.

구분	채점 기준
상	9품중정제의 문제점과 그 해결 방법을 구체적으로 논술한 경우
하	9품중정제의 문제점만 서술한 경우

✦ 01 유라시아 교역 및 문화 교류의 확대

STEP 2 개념 확인

대표 자료 확인하기 ① 거란(요) ② 서하 ③ 여진(금) ④ 몽골 제일주의 ⑤ 색목인

한눈에 정리하기 ① 문치주의 ② 성리학 ③ 시박사 ④ 원 ⑤ 역참제

1 (1) 사대부 (2) 왕안석 (3) 금 　**2** (1) ㄱ (2) ㄷ (3) ㄴ 　**3** (1) ◯ (2) ✕
4 칭기즈 칸 　**5** (1) 파스파 문자 (2) 교초 　**6** (1) 수시력 (2) 역참

STEP 3 중단원 확인 문제

01 ③　**02** ③　**03** ①　**04** ⑤　**05** ③　**06** ①
07 ③　**08** ②　**09** 울루스　**10** ③　**11** ①　**12** ④
13 ④

01 ㉠에 들어갈 인물은 조광윤(태조)이다. 태조는 문인을 우대하는 문치주의 정책을 실시하고, 황제가 직접 과거 시험을 주관하는 전시 제도를 도입하였다.

> **오답 확인** ①은 수 양제, ②는 진의 시황제, ④는 원의 쿠빌라이 칸, ⑤는 당의 고종이 실시한 정책이다.

02 송은 북방에서 성장한 나라들의 압박을 받아 금과 은을 제공하면서 재정이 악화되었다. 이에 왕안석이 민생 안정과 부국강병을 목표로 개혁을 시도하였으나 보수파의 반대로 실패하였다.

03 ㈎ 나라는 서하이다. 서하는 송의 서북쪽에 있던 탕구트가 세웠으며, 동서 무역로(비단길)를 차지하여 송을 압박하였다.

> **오답 확인** ②는 당, ③은 금, ④는 몽골 제국, ⑤는 송에 대한 설명이다.

04 제시된 내용은 거란(요)에 대한 설명이다. 야율아보기는 부족을 통합하여 거란을 세웠다. 이후 거란은 요로 국명을 바꾸었으며, 문자를 만들어 고유한 문화를 지키고자 노력하였다.

05 금은 민주 지역에서 성장한 여진이 세웠으며, 송과 연합하여 요를 무너뜨리고 이후 송을 공격하여 남쪽으로 몰아냈다.

> **오답 확인** ㄱ은 거란, ㄹ은 서하에 대한 설명이다.

06 밑줄 친 '이 나라'는 송이다. 송은 카이펑, 임안(항저우) 등의 대도시가 번성하였다. 송대에는 주희가 성리학을 완성하였고, 화약 무기가 사용되었다. 서민 문화가 성장하였으며, 모내기법이 도입되었고 주요 항구에 둔 시박사에서 교역을 관리하였다.

> **오답 확인** ① 교초를 화폐로 사용한 나라는 원이다.

07 송대에는 과학 기술이 발전하여 화약 무기, 나침반, 활판 인쇄술이 실생활에서 사용되었다.

08 몽골 제국을 세운 인물은 칭기즈 칸이다. 칭기즈 칸은 서하와 금을 공격하고, 중앙아시아를 정복하였다. 정복한 땅은 형제와 자손들에게 나누어 주었다.

오답 확인 ㄴ은 쿠빌라이 칸, ㄹ은 송 태조의 활동이다.

09 몽골 제국은 여러 울루스로 나뉘었다. 각각의 울루스는 독자적인 영토를 인정받았으며, 대제국을 건설한 몽골은 느슨한 울루스들의 연합으로 유지되었다.

10 ⑺는 몽골인, ⑷는 색목인, ⑸는 한인, ⑹는 남인이다.

오답 확인 ③ 원대에 한인은 관직 승진에 한계가 있는 등 차별 대우를 받았다. 우대를 받은 계층은 몽골인과 색목인이다.

11 송대에는 서민들의 생활 수준이 높아져 서민 문화가 성장하였다. 송대에 이어 원대에도 상업이 발전하자 도시를 중심으로 서민 문화가 더욱 발달하였다.

12 ㉠에 들어갈 시설은 역참이다. 몽골 제국은 역참을 두어 사신과 상인들이 안전하게 여행할 수 있도록 하였다.

오답 확인 ④는 대운하에 대한 설명이다.

13 지도는 몽골 제국의 주요 교통로를 나타낸 것이다. 몽골 제국(원) 시기에는 역참제를 실시하고, 도로망 정비 등 교통로가 발달하면서 동서의 문화 교류가 활발하게 이루어졌다.

오답 확인 ㄱ, ㄷ은 당의 대외 교류에 대한 설명이다.

서술형 문제

01 예시 답안 송은 북방 민족이 강성하여 육로를 이용하기 어려워지자 바닷길을 거쳐 여러 나라와 교역하였다. 또한 나침반과 조선술, 항해술 등의 발달로 해상 무역이 촉진되면서 동아시아·인도양 교역권이 성장하였다.

구분	채점 기준
상	북방 민족의 성장으로 바닷길 이용, 나침반 및 조선술·항해술의 발달 등의 배경을 서술한 경우
하	위의 내용 중 한 가지만 서술한 경우

02 예시 답안 몽골 제국의 병사들은 기마술이 뛰어났으며, 정복한 지역의 주민들로 병력을 보충하고, 이슬람 상인의 교역로를 보장해 주는 대가로 지리 및 군사 정보를 얻음으로써 대제국을 세울 수 있었다.

구분	채점 기준
상	몽골이 대제국을 세울 수 있었던 원동력을 두 가지 서술한 경우
하	몽골이 대제국을 세울 수 있었던 원동력을 한 가지만 서술한 경우

03 예시 답안 원대에는 역참제를 실시하고, 도로망 정비 및 대운하 확장 등을 바탕으로 교통로가 발달하여 초원길, 비단길, 바닷길이 연결되면서 동서의 문화 교류가 활발하게 이루어졌다.

구분	채점 기준
상	역참제 실시, 교통로 발달 등의 배경을 서술한 경우
하	위의 내용 중 한 가지만 서술한 경우

02 동아시아와 인도 지역 질서의 변화

STEP 2 개념 확인 96쪽

대표 자료 확인하기 ① 영락제 ② 쇼군(장군) ③ 다이묘(영주)

한눈에 정리하기 ① 홍무제 ② 누르하치(태조) ③ 신사 ④ 에도 막부 ⑤ 아크바르 황제

1 (1) 재상제 (2) 정화 **2** (1) ㄴ (2) ㄱ **3** (1) 신사 (2) 양명학 (3) 광저우 **4** (1) × (2) × (3) ○ (4) ○ **5** (1) 바부르 (2) 우르두어 (3) 타지마할

STEP 3 중단원 확인 문제 97~99쪽

01 ③ **02** ⑤ **03** ① **04** ④ **05** 신사 **06** ⑤
07 ⑤ **08** ② **09** 데지마 **10** ④ **11** ⑤ **12** ②
13 ④ **14** ①

01 홍무제는 황제권을 강화하기 위해 재상제를 폐지하고, 6부를 직접 다스렸다. 한족의 전통을 회복하기 위해서 몽골의 풍습을 금지하고, 육유를 반포하는 등 유교 이념을 부활하였다.

오답 확인 ③은 영락제의 대외 정책이다.

02 지도는 명대 정화의 항해로를 나타낸 것이다. 영락제는 정화의 함대를 해외로 파견하여 국력을 과시하고 여러 나라와 조공·책봉 관계를 맺었다.

오답 확인 ① 정화가 항해를 주도하였다. 장건은 당대 사람이다. ② 명의 영락제 때 항해가 시작되었다. ③ 시박사는 당대에 처음 설치되었다. ④ 정화의 함대는 동남아시아와 인도, 아프리카까지 진출하였다.

03 오답 확인 ㄷ, ㄹ은 청이 실시한 회유책의 사례이다.

04 ⑺ 나라는 청이다. 청대에는 상품 작물을 재배하였고, 경제가 성장하면서 『홍루몽』 등의 소설과 경극 등 서민 문화가 성장하였다. 또한 신사층이 사회를 이끌며 새로운 학풍을 만들었다.

오답 확인 ④ 양명학은 명대에 유행하였다. 청대에는 유교 경전을 실증적으로 연구하는 고증학이 발전하였다.

05 신사는 명·청대에 사회를 이끌며 새로운 학풍을 만들었다.

06 오답 확인 ⑤ 청은 18세기 중반 이후 광저우 한 곳을 서양 상인에게 개방하고 공행 무역만 허용하였다.

07 ㉠에 들어갈 막부는 가마쿠라 막부이다. 가마쿠라 막부는 최초의 무사 정권으로, 일본 특유의 봉건제를 처음 시행하였다. 그러나 원의 침략을 막아 내는 과정에서 쇠퇴하였다.

오답 확인 ①은 무로마치 막부, ②는 나라 시대, ③은 헤이안 시대, ④는 전국 시대에 대한 설명이다.

08 ⑺ 시기에는 무로마치 막부가 성립하였고, 도요토미 히데요시가 100여 년간 이어진 전국 시대를 통일하였다.

 ㄴ은 야마토 정권 시기, ㄹ은 아스카 시대에 있었던 일이다.

09 ㉠에 들어갈 내용은 데지마이다. 나가사키 앞바다에 조성된 데지마는 일본이 서양과 교류하는 유일한 창구였다.

10 가부키는 일본의 에도 시대에 유행한 조닌 문화이다. 에도 막부는 조선과 통신사를 통해 교류하였고, 중국과 네덜란드 상인에게는 나가사키를 개항하여 무역을 허용하였다.

 ㄱ, ㄷ은 청의 대외 교류에 대한 설명이다.

11 밑줄 친 '이 학문'은 난학이다. 에도 시대에는 네덜란드를 통해 천문학, 의학, 조선술, 포술 등 여러 서양 학문을 받아들였는데, 이를 난학이라고 불렀다.

 ①은 훈고학, ②는 양명학, ③은 고증학, ④는 성리학에 대한 설명이다.

12 제시된 내용은 무굴 제국에 대한 설명이다. 무굴 제국은 바부르가 세웠으며, 인도·이슬람 문화가 발전하였다.

13 그림에 나타난 황제는 아크바르 황제이다. 아크바르 황제는 비이슬람교도에게 거두던 지즈야를 없애고, 힌두교도에게도 관직을 주는 등 종교의 다양성을 존중하는 관용 정책을 펼쳤다.

 ①은 바부르, ②는 샤자한, ③은 원의 쿠빌라이 칸, ⑤는 아우랑제브 황제의 업적이다.

14 ① 아잔타 석굴 사원은 굽타 왕조 시대에 건립되었다.

서술형 문제

01 「곤여만국전도」는 중국이 세계의 중심이라고 믿었던 동아시아 여러 나라의 세계관이 변화하는 데 큰 영향을 주었다.

구분	채점 기준
상	중국이 세계의 중심이라고 믿었던 동아시아 여러 나라의 세계관이 변화하는 데 영향을 주었다고 서술한 경우
하	동아시아 여러 나라의 세계관에 영향을 주었다고만 서술한 경우

02 (1) 산킨코타이 제도

(2) 에도 막부는 산킨코타이 제도를 시행하여 다이묘를 통제하고 중앙 집권 체제를 강화하고자 하였다.

구분	채점 기준
상	다이묘를 통제하여 중앙 집권 체제를 강화하고자 하였다고 서술한 경우
하	다이묘를 통제하고자 하였다고만 서술한 경우

03 타지마할은 연꽃무늬, 격자무늬 창, 작은 탑, 벽돌 장식 등 인도 양식과 돔 모양 지붕, 『쿠란』 구절, 뾰족한 아치 등 이슬람 양식이 조화를 이루고 있다.

구분	채점 기준
상	타지마할에 반영된 인도 양식과 이슬람 양식을 모두 서술한 경우
하	타지마할에 반영된 인도 양식과 이슬람 양식 중 한 가지만 서술한 경우

✦ 03 서아시아와 유럽 사회의 변화

STEP 2 개념 확인 102쪽

대표 자료 확인하기 ① 예니체리 ② 권리 장전 ③ 입헌 군주제

한눈에 정리하기 ① 메흐메트 2세 ② 밀레트 ③ 콜럼버스 ④ 중상주의

1 (1) 사파비 왕조 (2) 술레이만 1세 (3) 이스탄불 (4) 술탄 아흐메트 사원
2 (1) 에스파냐 (2) 바스쿠 다가마 **3** (1) ○ (2) × (3) ○ (4) ○ **4** (1) ㄱ
(2) ㄴ **5** (1) 재정·군사 국가 (2) 크롬웰 (3) 계몽사상

STEP 3 중단원 확인 문제 103~105쪽

01 ③	02 ③	03 ③	04 예니체리	05 ⑤
06 ②	07 ④	08 ⑤	09 ⑤	10 ③	11 ③
12 ①	13 ④	14 ④	15 계몽사상

01 밑줄 친 '이 왕조'는 티무르 왕조이다. 1370년에 티무르가 몽골 제국의 부흥을 내세우며 중앙아시아의 여러 유목 집단을 통합하여 이슬람 왕조를 세웠다.

02 지도의 최대 영역을 차지하였던 나라는 오스만 제국이다. 오스만 제국은 오스만이 튀르크 부족을 모아 세웠으며, 메흐메트 2세 때에는 비잔티움 제국을 정복하고 콘스탄티노폴리스를 수도로 삼았다. 이집트를 정복하는 과정에서 술탄이 칼리프의 칭호를 이어받았으며, 술레이만 1세 때 전성기를 맞이하였다.

 ③은 몽골 제국에 대한 설명이다.

03 오스만 제국은 정복지 주민에게 관용 정책을 펼쳐 넓은 영토를 안정적이고 효율적으로 다스리고자 하였다. 오스만 제국의 수도 이스탄불은 아시아와 유럽의 교차점에 있어 각지의 상인들이 모여 드는 국제 도시로 성장하였다.

 ㄱ은 몽골 제국(원)에 대한 설명이다. ㄹ. 시박사는 당대 처음 설치되어 송대에 정비되었고, 청대까지 유지되었다.

04 오스만 제국 술탄의 정예군은 예니체리이다. 예니체리는 오스만 제국의 정복 전쟁에서 크게 활약하였다.

05 오스만 제국에서는 튀르크 전통문화와 이슬람, 비잔티움, 페르시아 문화가 융합된 다채로운 문화가 발달하였다.

 ①은 그리스, ②는 굽타 왕조, ③은 비잔티움 제국, ④는 로마의 문화적 특징과 관련이 있다.

06 술탄 아흐메트 사원은 비잔티움 건축 양식이 도입된 이슬람 사원(모스크)으로, 내부가 푸른색 타일로 장식되어 있어 '블루 모스크'라고도 불린다.

 ① 술탄 아흐메트 사원은 튀르키예에 위치해 있다. ③은 무굴 제국의 타지마할과 관련이 있다. ④의 사례로는 성 소피아 대성당 등이 있다. ⑤는 고딕 양식과 관련이 있다.

07 동방에 대한 유럽인의 호기심 증가, 유럽인의 동방과의 직접적인 교역로 모색, 항해 관련 학문 및 기술의 발달 등을 배경으로 신항로 개척이 이루어졌다.

오답 확인 ④는 십자군 전쟁의 배경으로, 신항로 개척 이전에 있었던 일이다.

08 오답 확인 ㄱ. 마젤란 일행은 태평양을 가로질러 최초로 세계 일주에 성공하였다. ㄴ. 콜럼버스는 대서양을 건너 서인도 제도에 도착하였다.

09 신항로 개척 이후 무역의 중심지가 지중해에서 대서양으로 이동하였으며, 이를 바탕으로 삼각 무역이 전개되었다. 유럽의 여러 나라는 신항로를 따라 아시아로 진출하여 동인도 회사를 건립하였다. 유럽인은 아메리카에 대농장을 짓고 상품 작물을 생산한 한편, 아메리카로부터 새로운 작물과 금, 은이 유럽에 다량 유입되었다.

오답 확인 ⑤ 이슬람 상인의 동방 상품 독점은 신항로 개척의 배경과 관련이 있다. 이탈리아와 이슬람 상인이 독점한 향신료, 비단, 도자기 등 동방의 상품은 가격이 비쌌다. 이에 유럽인은 동방과 직접 교역하고자 새로운 항로를 찾아 나서게 되었다.

10 지도는 아메리카 대륙을 나타낸 것이다.

오답 확인 ㄱ은 유럽, ㄹ은 아시아에서 있었던 일이다.

11 제시된 반박문을 발표한 인물은 독일의 신학자인 루터이다. 루터는 「95개조 반박문」을 발표하여 교황의 면벌부 판매를 비판하였으며, 루터의 주장은 제후와 농민들의 지지를 받았다.

오답 확인 ㄱ, ㄹ은 칼뱅에 대한 설명이다. 칼뱅은 인간의 구원은 미리 예정되어 있다는 예정설을 주장하였다. 또한 근면 절약하여 부자가 되는 것은 신의 은혜라고 주장하여 상공업자들의 환영을 받았다.

12 ㉠에 들어갈 나라는 영국이다. 영국은 청교도 혁명, 명예혁명 등을 거치며 정부와 의회의 협력을 중시한 재정·군사 국가로 발전하였다.

13 대화의 주제가 된 인물은 프랑스의 루이 14세이다. 루이 14세는 왕의 권리는 신에게서 받은 것이므로 왕에게 절대복종해야 한다는 왕권신수설을 주장하였으며, 베르사유 궁전을 건립하여 자신의 권위를 과시하였다. 콜베르를 재무 장관으로 등용하여 중상주의 정책을 실시하였고, 상비군을 육성하였다.

오답 확인 ④는 영국의 엘리자베스 1세의 활동이다.

14 신과 분리된 인간의 이성을 강조한 (가)는 데카르트이고, 사회 계약설 및 저항권을 주장한 (나)는 로크이다.

오답 확인 루소와 볼테르, 몽테스키외는 18세기에 등장한 계몽사상가로, 불합리한 제도와 전통을 개혁해야 한다고 주장하였다.

15 제시된 내용은 계몽사상에 대한 설명이다. 17세기에 발달한 근대 철학을 바탕으로 18세기에는 인간의 이성이 사회를 진보하게 한다고 믿는 계몽사상이 등장하였다. 계몽사상은 미국 혁명과 프랑스 혁명의 사상적 기반이 되었다.

서술형 문제

01 (1) 노예 무역

(2) 예시 답안 아프리카는 노예 무역으로 인구가 줄고 성비가 불균형해졌으며, 부족 간의 갈등도 깊어졌다.

구분	채점 기준
상	노예 무역으로 아프리카에 나타난 변화를 두 가지 서술한 경우
하	노예 무역으로 아프리카에 나타난 변화를 한 가지만 서술한 경우

02 (1) 권리 장전

(2) 예시 답안 명예혁명 이후 의회가 제출한 권리 장전이 국왕의 승인을 받음으로써 영국에서 의회를 중심으로 한 입헌 군주제의 토대가 마련되었다.

구분	채점 기준
상	영국에서 의회를 중심으로 한 입헌 군주제의 토대가 마련되었다고 서술한 경우
하	영국에서 의회를 중심으로 한 정치 체제가 마련되었다고 서술한 경우

01 ①	**02** ⑤	**03** ②	**04** ③	**05** ②	**06** ②
07 ③	**08** ④	**09** ②	**10** ④	**11** ⑤	**12** ④
13 ⑤	**14** ④	**15** ⑤	**16** ③	**17** ①	**18** ④
19 ③	**20** ①	**21** ⑤	**22** 해설 참고		

01 송은 문치주의 정책으로 군사력이 약해졌다. 이에 거란과 서하 등 북방에서 성장한 나라들이 송을 압박하였고, 송이 이들과 평화를 유지하기 위해 비단과 은을 주면서 재정이 악화되었다.

02 ⑺는 거란(요), ⒁는 여진(금)이다. 요와 금은 자신의 부족은 고유의 부족제로, 한족은 중국식 통치 방식인 주현제로 다스리는 이원적 통치 방식을 활용하였다.

[오답 확인] ①은 서하, ②는 금, ③은 거란, ④는 몽골 제국에 대한 설명이다.

03 송은 광저우, 취안저우 등 주요 항구에 시박사를 설치하여 무역과 세금을 관리하도록 하였다.

[오답 확인] ①은 청, ③은 오스만 제국, ④는 명과 청, ⑤는 원의 경제와 사회에 대한 설명이다.

04 밑줄 친 '그'는 쿠빌라이 칸이다. 쿠빌라이 칸은 수도를 대도(베이징)로 옮기고, 나라 이름을 원으로 바꾸었다.

[오답 확인] ①은 원의 곽수경, ②는 송의 태조, ④는 명의 영락제, ⑤는 일본의 도요토미 히데요시의 활동이다.

05 도표는 원의 사회 구조를 나타낸 것이다. 원은 공용 문자인 파스파 문자를 만들어 공식 문서에 사용하였다. 잡극이 유행하는 등 서민 문화가 성장하는 한편, 역참제를 시행하여 동서 문화 교류가 활발하게 이루어졌다. 14세기에는 한인들이 일으킨 홍건적의 난으로 쇠퇴하였다.

[오답 확인] ②는 금에 대한 설명이다.

06 [오답 확인] ② 바자르를 중심으로 커피 문화가 유행한 것은 오스만 제국 시기이다.

07 지도는 명대 정화의 항해로를 나타낸 것이다. 정화의 함대를 해외로 파견한 황제는 영락제이다.

08 영락제는 정화의 함대를 해외로 파견하여 국력을 과시하고, 여러 나라와 조공·책봉 관계를 맺었다.

09 제시된 내용은 청에 대한 설명이다. 누르하치(태조)가 후금을 세운 뒤 홍타이지(태종)가 청으로 나라 이름을 바꾸었다. 청은 회유책과 강압책을 병행하여 한족을 통치하였으며, 건륭제 때 활발한 정복 활동을 벌여 최대 영역을 차지하였다.

[오답 확인] ①, ③은 명, ④는 원, ⑤는 송과 관련이 있다.

10 ㉠은 양명학, ㉡은 고증학이다. 명·청대에는 신사층이 사회를 이끌며 새로운 학풍을 만들었다.

[오답 확인] 성리학은 우주의 원리와 인간의 본성을 탐구한 학문으로, 남송의 주희가 완성하였다.

11 일본의 무사 정권은 ⒠ 가마쿠라 막부 – ⒟ 무로마치 막부 – ⒩ 전국 시대 – ⑺ 에도 막부 순으로 변화하였다.

12 가상 일기는 에도 막부 시기에 시행된 산킨코타이 제도에 대한 내용을 담고 있다. 에도 막부 시기에는 난학과 국학이 발달하였으며, 도시와 상업이 성장하면서 가부키와 우키요에 등 조닌 문화가 유행하였다.

[오답 확인] ㄱ은 나라 시대, ㄷ은 헤이안 시대에 있었던 일이다.

13 대화의 주제가 된 황제는 무굴 제국의 아크바르 황제이다. 아크바르 황제는 비이슬람교도에서 거두던 지즈야를 없애는 등 종교의 다양성을 존중하는 관용 정책을 실시하였다.

[오답 확인] ①, ②는 오스만 제국의 술레이만 1세, ③은 오스만 제국의 메흐메트 2세, ④는 명의 홍무제의 업적이다.

14 제시된 건축물은 무굴 제국의 타지마할이다. 무굴 제국에서는 인도·이슬람 문화가 유행하였으며, 시크교가 발전하였다. 우르두어를 널리 사용하였고, 무굴 회화가 발달하기도 하였다.

[오답 확인] ④ 바자르를 중심으로 커피 문화가 유행한 나라는 오스만 제국이다.

15 제시된 내용은 술탄 아흐메트 사원에 대한 설명이다.

[오답 확인] ①은 무굴 제국, ②는 마우리아 왕조, ③은 이탈리아의 르네상스, ④는 비잔티움 제국 시기에 건립된 문화유산이다.

16 밑줄 친 '이 나라'는 오스만 제국이다. 오스만 제국의 술탄은 이집트를 정복하는 과정에서 아바스 왕조의 마지막 후손으로부터 칼리프의 칭호를 이어받았다(술탄 칼리프 제도). 이로써 오스만 제국의 지배자는 이슬람 세계의 최고 지배자가 되었다.

[오답 확인] ①, ⑤는 몽골 제국, ②는 사산 왕조 페르시아, ④는 송에 대한 설명이다.

17 ㉠에 들어갈 인물은 마젤란이다. 마젤란 일행은 태평양을 가로질러 최초로 세계 일주에 성공하였다.

18 [오답 확인] ④ 신항로 개척 이후 아메리카의 옥수수, 감자, 카카오, 사탕수수 등의 새로운 작물이 유럽에 전해졌다.

19 ⑺는 칼뱅, ⒩는 루터이다. 스위스에서 활동한 칼뱅은 인간의 구원은 미리 예정되어 있다는 예정설을 주장하였으며, 열심히 일하고 절약하여 부자가 되는 것은 신의 은혜라고 하여 상공업자들의 환영을 받았다.

[오답 확인] ② 「95개조 반박문」을 발표한 것은 루터이다. ④ 영국 국교회를 수립한 것은 영국의 헨리 8세이다.

20 제시된 문서는 영국에서 발표된 권리 장전이다. 엘리자베스 1세는 에스파냐의 무적함대를 물리치고, 동인도 회사를 건립하여 아시아로 진출하였다. 영국은 청교도 혁명, 명예혁명을 거치면서 정부와 의회의 협력을 바탕으로 강력한 재정·군사 국가로 발전하였다.

[오답 확인] ① 30년 전쟁은 독일에서 시작되어 국제 전쟁으로 확대되었다.

21 루이 14세, 베르사유 궁전, 콜베르 등으로 보아 제시된 내용이 프랑스에 대한 것임을 알 수 있다. 루이 14세는 왕권신수설을 내세우며 왕권을 절대화하였고, 베르사유 궁전을 건설하여 자신의 권위를 과시하고자 하였다. 또한 콜베르를 재무 장관으로 등용하여 중상주의 정책을 추진하였다.

22 (1) **예시 답안** • 긍정적 영향: 신항로 개척 이후 다른 문명과 접촉하여 교류가 이루어졌으며, 항해술을 비롯한 과학과 기술의 발달이 촉진되었다.
• 부정적 영향: 아메리카와 아프리카의 고유문화가 파괴되었으며, 원주민을 대농장의 노예로 이용하여 인구 감소 등 많은 피해를 주었다.

구분	채점 기준
상	신항로 개척의 긍정적 영향과 부정적 영향을 모두 서술한 경우
하	신항로 개척의 긍정적 영향과 부정적 영향 중 한 가지만 서술한 경우

(2) **예시 답안** • 나는 신항로 개척을 긍정적으로 생각한다. 콜럼버스의 개척 정신과 탐험 정신은 아메리카 대륙을 세상에 널리 알리는 원동력이 되었다. 유럽의 가축이 아메리카에 전해져 생활 방식이 변화하고, 유럽의 문화였던 카니발이 브라질의 전통문화와 결합하여 발전한 것처럼 유럽 문명이 전파되어 원주민의 삶이 진보하였다. 반대로 유럽에 아메리카의 옥수수, 감자, 카카오, 사탕수수 등 새로운 작물이 전해져 식생활이 크게 바뀌기도 하였다. 신항로 개척 이후부터 각 대륙 간의 교류가 활발해지면서 많은 나라가 밀접한 관련을 맺게 되었다.
• 나는 신항로 개척을 부정적으로 생각한다. 콜럼버스의 아메리카 대륙 상륙으로 원주민이 학살되고 전통문화가 파괴되었다. 흔히 말하는 '신대륙 발견'이라는 표현 자체가 극단적인 유럽 중심의 사고라고 볼 수 있다. '신대륙'은 '원주민의 생활 터전'이며, '발견'은 '학살'일 뿐이다. 많은 원주민은 유럽인으로부터 아메리카로 옮겨 간 천연두, 홍역 등 각종 전염병으로 죽거나 노동력을 가혹하게 착취당하는 등 고통을 겪었다. 특히 유럽인이 대농장 경영을 위해 추진한 노예 무역은 심각한 인권 침해의 사례라고 할 수 있다.

구분	채점 기준
상	신항로 개척에 대한 자신의 주장을 구체적인 근거를 뒷받침하여 논술한 경우
하	신항로 개척에 대한 자신의 주장만 서술한 경우

중간고사 1회 04~09쪽

01 ③	02 ④	03 ①	04 ①	05 ④	06 ④
07 ③	08 ①	09 ⑤	10 ①	11 ⑤	12 ③
13 ②	14 ②	15 ⑤	16 ③	17 ④	18 ⑤
19 ⑤	20 ⑤	21 ③	22 ③	23 ⑤	24 ⑤
25 ③	26 ⑤	27 ①	28 ③	29 밀라노 칙령	

30~33 해설 참고

01 '기록으로서의 역사'는 기록한 사람의 관점과 해석이 담겨 있기 때문에 주관적이다.

오답 확인 ①, ②, ④, ⑤는 과거에 일어난 사실 그 자체인 '사실로서의 역사'에 해당하는 서술이다.

02 알렉산드로스에 대한 두 사람의 평가가 다른 것으로 보아 기록자의 사관에 따라 동일한 인물도 평가가 달라짐을 알 수 있다.

03 역사를 배우면 과거의 사례에서 삶의 지혜와 교훈을 얻을 수 있고, 나아가 미래를 내다보는 안목을 키울 수 있다. 역사를 탐구하는 과정에서 역사적 사고력과 비판력을 기를 수 있으며, 현재를 살고 있는 우리에 대해 올바르게 이해할 수 있다.

오답 확인 ① 역사를 배우면 부끄러운 과거를 반성하고 더 나은 미래로 나아갈 수 있다.

04 ㉠에 공통으로 들어갈 내용은 사료이다. 사료는 문서, 기록물, 그림, 건축물, 집터 등 옛사람들이 남긴 흔적을 일컫는다. 사료는 역사가가 역사를 탐구하거나 역사책을 쓰는 데 이용된다.

05 역사적 사건을 일어난 순서대로 나타낸 역사 자료는 연표이다. 연표는 사건의 상호 관계를 파악하고 같은 시기에 다른 지역에서 일어난 사건을 비교하는 데 편리하다.

06 ㈎는 역사 탐구의 절차 중 자료 수집 단계이다. 답사, 도서관 및 박물관 방문, 인터넷 검색, 디지털 아카이브 이용, 인터뷰 등의 다양한 방법으로 자료를 수집할 수 있다.

오답 확인 ①, ③은 탐구 결과 정리, ②는 자료 분석 및 해석, ⑤는 탐구 주제 선정 단계에 해당하는 사례이다.

07 오스트랄로피테쿠스 아파렌시스는 약 390만 년 전에 아프리카 지역에서 등장한 최초의 인류로, 직립 보행을 시작하였다.

오답 확인 ①은 호모 사피엔스, ②, ④는 호모 에렉투스, ⑤는 호모 네안데르탈렌시스의 특징이다.

08 ㈎ 유물은 주먹도끼로, 구석기 시대에 처음 사용되었다. 구석기 시대에는 주먹도끼 등의 뗀석기가 사용되었으며, 다산과 풍요의 의미를 담은 빌렌도르프의 비너스 등의 조각상이 제작되었다.

오답 확인 ②, ③, ⑤는 신석기 시대, ④는 문명 발생 시기에 대한 설명이다.

09 ㈏ 유물은 간석기인 갈돌과 갈판으로, 신석기 시대에 처음 사용되었다. 신석기 시대에는 농경과 목축 생활이 시작되었다.

오답 확인 ①은 구석기 시대, ②, ③, ④는 문명 발생 시기에 볼 수 있는 모습이다.

10 인류가 농사를 짓기 시작하자 일부 지역에서는 문명이 발생하였다. 문명이 발생한 지역은 주로 큰 강 유역이었으며, 계급 발생, 청동기와 문자 사용, 도시 국가 출현 등의 공통점이 있다.

11 밑줄 친 '이 문명'은 메소포타미아 문명이다. 메소포타미아 문명 사람들은 죽은 뒤의 세계보다 현재의 삶을 중시하였으며, 이는 「길가메시 서사시」에 나타나 있다. 또한 도시 중앙에 신전인 지구라트를 건설하였다.

오답 확인 ①은 헤브라이, ②, ③, ④는 이집트 문명에 대한 설명이다.

12 ㉠에 들어갈 문명은 이집트 문명이다. 이집트 문명 사람들은 영혼 불멸과 사후 세계를 믿어 피라미드를 건설하였고, 죽은 사람이 사후 세계에서 어떻게 행동해야 할지를 알려 주는 「사자의 서」를 제작하였다. 이집트의 왕인 파라오는 살아 있는 신으로 여겨져 절대적인 왕권을 누렸다.

오답 확인 ①은 메소포타미아 문명, ②, ⑤는 인도 문명, ④는 에게 문명에 대한 대화 내용이다.

13 ㉠에 들어갈 민족은 아리아인이다. 아리아인은 중앙아시아에서 인더스강 유역으로 이동해 철제 무기로 정복 활동을 벌였고 갠지스강 유역까지 진출하였다. 이들은 원주민을 지배하기 위해 카스트제라는 신분제를 만들었다. 또한 브라만교를 창시하였다.

오답 확인 ㄴ은 아무르인, ㄹ은 수메르인에 대한 설명이다.

14 밑줄 친 '이 나라'는 중국의 상이다. 기원전 1600년경 황허강 유역에서 세워진 상에서는 왕이 나라의 중대사를 점을 쳐 그 내용을 갑골문으로 새겨 기록하였다.

오답 확인 ①은 주, ③은 아시리아, ④는 페니키아, ⑤는 이집트에 대한 발표 내용이다.

15 제시된 자료는 아케메네스 왕조 페르시아의 유물인 날개 달린 사자 장식 뿔잔이다. 아케메네스 왕조 페르시아는 피정복민에게 세금을 거두는 대신 그들의 풍습을 존중하는 관용 정책을 펼쳤으며, 다양한 문화가 융합된 국제적인 문화가 발달하였다.

오답 확인 ①은 로마, ②는 마우리아 왕조, ③은 한, ④는 이집트에 대한 설명이다.

16 스파르타는 정복 국가로 시작하여 소수의 시민이 다수의 피정복민을 지배해야 했기 때문에 강력한 군사 통치를 실시하였다. 이에 따라 시민들은 어려서부터 엄격한 군사 훈련을 받았다.

17 아테네의 민주 정치는 ㈐ 솔론의 재산을 가진 일부 평민의 정치 참여 허용 – ㈑ 클레이스테네스의 도편 추방제 실시 – ㈎ 페리클레스의 집권 – ㈏ 관직과 배심원 추첨제 실시의 순으로 발전하였다.

18 밑줄 친 '이 전쟁'은 그리스·페르시아 전쟁이다. 페르시아가 침입해 오자 그리스의 폴리스들은 마라톤 전투 등에서 승리하였다. 전쟁 이후 폴리스들은 페르시아의 침입에 대비하기 위해 아테네를 중심으로 델로스 동맹을 체결하였다. 그러나 델로스 동맹과 스파르타 중심의 펠로폰네소스 동맹이 대립하면서 펠로폰네소스 전쟁이 일어났다.

19 그리스에서는 인간 중심적이고 합리적인 문화가 발달하였으며, 철학 분야에서는 소피스트와 소크라테스가 활약하였다. 소피스트는 진리의 상대성을 강조한 반면 소크라테스는 진리의 객관성과 절대성을 주장하였다.

오답 확인 ①은 쿠샨 왕조의 문화, ②는 아케메네스 왕조 페르시아의 문화, ③은 알렉산드로스 제국의 헬레니즘 문화, ④는 로마의 문화에 대한 설명이다.

20 지도에 나타난 정복 활동은 알렉산드로스의 동방 원정이다. 알렉산드로스는 동방 원정으로 대제국을 건설한 후 각지에 알렉산드리아라는 도시를 세우고 정복지 출신의 사람을 관리로 뽑았다. 정복 활동 과정에서 그리스 문화와 동방 문화가 융합한 헬레니즘 문화가 발전하였는데, 이때 개인주의와 세계 시민주의가 나타났다.

오답 확인 ⑤ 마우리아 왕조 아소카왕의 정복 활동에 대한 내용이다.

21 로마 – 카르타고 전쟁 이후 귀족들이 노예를 이용한 대농장(라티푼디움)을 경영하자 그라쿠스 형제는 자영 농민을 위한 개혁을 실시하였으나 실패하였다. 이후 로마는 혼란을 겪었고, 카이사르가 권력을 잡았으나 반대 세력에게 암살당하였다.

오답 확인 ①, ②, ④, ⑤ 모두 카이사르 암살 이후에 일어난 일이다.

22 아피우스 가도는 로마의 문화유산이다. 로마는 사람과 물자의 이동을 원활하게 하고자 제국 곳곳을 연결하는 도로망을 건설하였다.

오답 확인 ①은 쿠샨 왕조, ②는 마우리아 왕조, ④는 아테네, ⑤는 이집트의 문화유산이다.

23 제자백가의 사상 중 하나인 법가는 법과 제도의 엄격한 적용을 통해 사회 질서를 바로잡아야 한다고 주장하였다. 법가의 대표적인 사상가로는 한비자가 있다.

24 진의 시황제는 중국을 통일한 후 넓어진 영토를 효율적으로 다스리기 위해 전국적으로 군현제를 실시하고 각 지역마다 달랐던 도량형, 화폐, 문자를 통일하였다.

25 한대에는 유교 경전의 옛글자를 해석하는 훈고학이 발달하였으며, 역사가 사마천이 『사기』를 저술하였다. 또한 채륜이 제지술을 개량하여 학문 발전에 이바지하였다.

오답 확인 ①, ⑤는 로마의 문화, ②는 마우리아 왕조의 문화, ④는 헬레니즘 문화에 대한 탐구 활동이다.

26 밑줄 친 '나'는 마우리아 왕조의 아소카왕이다. 마우리아 왕조의 전성기를 이끈 아소카왕은 남부 일부를 제외한 인도 대부분의 지역을 통일하였다. 그는 칼링가 왕국 정복 이후 자신의 통치 방침과 불교의 가르침을 새긴 돌기둥을 세웠으며, 산치 대탑을 건립하였다.

오답 확인 ⑤는 쿠샨 왕조의 카니슈카왕의 업적이다.

27 초기 불교에서는 부처를 보리수, 수레바퀴 등 다양한 상징으로 표현하였는데, 알렉산드로스의 동방 원정 이후 그리스 신상의 영향을 받아 인간의 모습으로 표현하였으며 인도 문화와 헬레니즘 문화가 결합한 간다라 양식이 발달하였다.

28 장건은 한 무제의 명을 받아 흉노 정벌을 위해 대월지와 동맹을 맺고자 서역으로 파견되었다. 비록 동맹은 실패하였지만 그의 서역 파견으로 비단길이 개척되었다.

29 밑줄 친 '명령'은 밀라노 칙령이다. 예수가 팔레스타인 지역에서 창시한 크리스트교는 유일신 숭배를 이유로 황제 숭배를 거부하여 로마 제국에서 박해받기도 하였다. 그러나 크리스트교의 확산이 지속되자 콘스탄티누스 대제는 밀라노 칙령을 내려 크리스트교를 공인하였다.

30 (1) 사실

(2) **예시 답안** '기록으로서의 역사'는 기록한 사람의 관점과 해석이 담겨 있기 때문에 주관적이다.

구분	채점 기준
상	기록한 사람의 관점과 해석이 담겨 있기 때문이라고 서술한 경우
하	기록하는 사람에 따라 서술이 달라지기 때문이라고 서술한 경우

31 **예시 답안** 카스트제는 중앙아시아에서 인더스강 유역으로 이동한 아리아인이 원주민을 지배하기 위해 만들었다. 고대 인도에서는 카스트에 따른 지위와 직업의 구분이 엄격하였다.

구분	채점 기준
상	카스트제의 시행 목적과 특징을 모두 서술한 경우
하	카스트제의 시행 목적과 특징 중 한 가지만 서술한 경우

32 (1) 다리우스 1세

(2) **예시 답안** 다리우스 1세는 왕의 명령을 전달하고, 세금과 공물 수취에 이용하기 위해 '왕의 길'이라는 도로를 건설하였다.

구분	채점 기준
상	다리우스 1세가 '왕의 길'을 건설한 이유를 두 가지 서술한 경우
하	다리우스 1세가 '왕의 길'을 건설한 이유를 한 가지만 서술한 경우

33 (1) 춘추 전국 시대

(2) **예시 답안** 철제 농기구와 우경을 이용한 농법이 발달하면서 농업 생산력이 크게 늘어났다. 또한 상업과 수공업이 발달하면서 도시와 시장이 성장하였으며, 다양한 화폐가 사용되었다.

구분	채점 기준
상	춘추 전국 시대에 일어난 사회·경제적 변화의 사례를 두 가지 서술한 경우
하	춘추 전국 시대에 일어난 사회·경제적 변화의 사례를 한 가지만 서술한 경우

01 ⑤	02 ④	03 ④	04 ⑤	05 ④	06 ③
07 ④	08 ②	09 ②	10 ④	11 ①	12 ②
13 ①	14 ③	15 ④	16 ⑤	17 ①	18 ②
19 ⑤	20 ④	21 ⑤	22 ⑤	23 ③	24 ②
25 ①	26 ⑤	27 ①	28 ⑤		
29 아케메네스 왕조 페르시아			30~33 해설 참고		

01 (나) '기록으로서의 역사'는 역사가에 의해 선택된 과거의 사실을 말한다.

오답 확인 ①, ②는 '기록으로서의 역사', ③, ④는 '사실로서의 역사'에 대한 설명이다.

02 역사를 배우면 과거의 사례에서 삶의 지혜와 교훈을 얻을 수 있고, 부끄러운 과거를 반성함으로써 더 나은 미래로 나아갈 수 있다. 역사를 탐구하는 과정에서 역사적 사고력과 비판력을 기를 수 있으며, 자신의 정체성을 확인할 수도 있다.

오답 확인 ④ 역사를 공부하면 서로의 문화를 존중하며 문화의 다양성을 이해하는 태도를 기를 수 있다.

03 문자 자료는 책, 문서 등 종이에 쓴 것과 금석문, 비문 등 돌이나 금속 등에 새긴 것이 있다. 비문자 자료는 문자 외에 그림, 조각, 건축, 영상 등 다양한 방식으로 표현된 것이 해당된다.

오답 확인 로제타석은 문자 자료이고, 빗살무늬 토기와 라스코 동굴 벽화는 비문자 자료에 해당한다.

04 사료에는 누락되거나 조작된 내용이 있을 수 있고, 과장되거나 잘못된 내용이 들어갈 수 있기 때문에 사료 비판이 필요하다.

05 제시된 역사 자료는 지도에 영토나 영역, 이동 경로, 수도 및 주요 도시 등의 역사 정보를 나타낸 역사 지도이다.

오답 확인 ①은 도표, ②, ③, ⑤는 연표에 대한 설명이다.

06 제시된 내용은 탐구 결과 정리에 해당하는 설명이다. 자료의 분석과 해석이 끝나면 탐구 결과를 이해하기 쉬운 형태로 정리하고, 이를 보고서, 신문, 카드 뉴스 등으로 표현할 수 있다.

07 호모 에렉투스는 불과 간단한 언어를 사용하기 시작하였다.

오답 확인 ①은 호모 사피엔스, ②, ③은 오스트랄로피테쿠스 아파렌시스, ⑤는 호모 네안데르탈렌시스에 대한 설명이다.

08 구석기 시대에는 돌을 깨뜨리거나 떼어 내서 만든 뗀석기를 사용하였으며, 동굴이나 바위 그늘, 막집 등에서 살며 이동 생활을 하였다. 또한 다산과 풍요를 기원하며 조각상을 만들기도 하였는데 빌렌도르프의 비너스가 대표적이다.

오답 확인 ②는 신석기 시대에 사용된 간석기에 대한 설명이다.

09 갈돌과 갈판, 빗살무늬 토기가 처음 만들어진 시대는 신석기 시대이다. 신석기 시대에는 농경과 목축 생활이 시작되어 인류 생활에 큰 변화가 일어났는데, 이를 신석기 혁명이라고 한다.

오답 확인 ①, ③, ④는 문명이 발생한 시기, ⑤는 구석기 시대에 대한 설명이다.

10 4대 문명의 공통점으로는 큰 강 유역에서 발생, 청동기와 문자 사용, 계급 발생, 도시 국가 형성 등이 있다.

11 수메르인은 기원전 3500년경 메소포타미아 지방에서 우르, 라가시 등 여러 도시 국가를 세웠다. 그리고 도시 중앙에 지구라트라는 큰 신전을 지어 제사를 지냈다.

12 제시된 자료는 바빌로니아 왕국의 함무라비왕이 만든 함무라비 법전이다. 이 법전은 신분에 따라 처벌 내용이 달랐다.

오답 확인 ㄴ. 내세적 세계관이 반영된 자료로는 이집트의 「사자의 서」 등이 있다. ㄹ. 파피루스는 이집트에서 사용되었다.

13 ㉠에 들어갈 내용은 나일강, ㉡에 들어갈 내용은 상형 문자이다. 이집트 문명은 나일강 유역에서 발생하였으며, 이집트인들은 상형 문자를 만들어 파피루스에 기록하였다.

14 페니키아는 기원전 1200년경 지중해 동부에서 성립된 나라로, 오늘날 알파벳의 기원이 되는 표음 문자를 사용하였다.

오답 확인 ①은 헤브라이 왕국, ②는 이집트, ④는 주, ⑤는 상에 대한 설명이다.

15 제시된 자료는 주에서 시행한 봉건제를 나타낸 자료이다. 주는 넓어진 영토를 효율적으로 다스리고자 봉건제를 실시하였다.

오답 확인 ①은 바빌로니아 왕국, ②는 진, ③은 이집트, ⑤는 한에 대한 설명이다.

16 빈칸에 들어갈 왕은 아케메네스 왕조 페르시아의 다리우스 1세이다. 다리우스 1세는 전국을 20여 개의 주로 나누어 총독을 파견하였으며, 총독을 감시하는 감찰관 '왕의 눈'과 '왕의 귀'를 보냈다. 또한 '왕의 길'이라는 도로를 건설하였다. 아케메네스 왕조 페르시아 사람들은 조로아스터교를 널리 믿었다.

오답 확인 ⑤는 마우리아 왕조의 아소카왕 때 볼 수 있는 모습이다.

17 아테네의 솔론은 재산을 가진 일부 평민이 정치에 참여할 수 있게 하였다.

18 그리스의 폴리스들은 그리스·페르시아 전쟁에서 승리한 후 페르시아의 침입에 대비하기 위해 아테네를 중심으로 델로스 동맹을 결성하였다. 이후 아테네 중심의 델로스 동맹과 스파르타 중심의 펠로폰네소스 동맹이 대립하여 펠로폰네소스 전쟁이 일어났다.

오답 확인 ①, ③, ⑤는 그리스·페르시아 전쟁 이전, ④는 펠로폰네소스 전쟁 이후에 있었던 일이다.

19 파르테논 신전은 그리스 문화를 대표하는 건축물이다. 그리스 문화는 여러 분야에서 발달하였는데, 문학 분야에서는 호메로스가 『일리아드』와 『오디세이아』를 저술하였다. 조각 「원반 던지는 사람」이 제작되었으며 역사 분야에서는 헤로도토스와 투키디데스, 철학 분야에서는 소크라테스가 활약하였다.

오답 확인 ⑤는 로마의 문화에 대한 설명이다.

20 로마 – 카르타고 전쟁 이후 로마의 귀족들은 노예를 이용한 대농장(라티푼디움)을 경영하였다. 이 때문에 자영 농민들이 몰락하자 그라쿠스 형제가 개혁을 추진하였으나 실패하였다.

오답 확인 ①, ②, ③, ⑤ 모두 로마-카르타고 전쟁 이전의 일이다.

21 로마 제국의 발전과 쇠퇴 과정은 (다) 옥타비아누스가 '아우구스투스'의 칭호를 받고 제정 시작 – (라) 디오클레티아누스의 4분할 통치 – (나) 콘스탄티누스 대제의 천도 – (가) 로마의 동서 분열의 순서이다.

22 주 왕실의 힘이 약해지자 여러 제후들이 세력 다툼을 벌이면서 춘추 전국 시대가 시작되었다. 춘추 전국 시대에는 철제 농기구와 무기가 사용되어 경제와 사회가 크게 발전하였다.

　오답 확인　①은 진과 한, ②, ③, ④는 한에 대한 설명이다.

23 진의 중국 통일 이후 진의 왕은 '황제'의 칭호를 사용하고 전국에 군현제를 실시하였다. 시황제는 지역마다 달랐던 도량형과 화폐, 문자를 통일하였고 자신의 정책에 반대하는 사상이나 학자들을 탄압하는 분서갱유를 일으켰다.

　오답 확인　③은 주에 대한 설명이다. 시황제는 넓어진 영토를 다스리기 위해 군현제를 실시하였다.

24 한 무제는 군현제를 전국으로 확대하였고, 흉노와 고조선, 베트남 북부까지 정복하였다. 그는 잦은 정복 활동으로 국가 재정이 부족해지자 소금, 철에 대한 전매 제도를 시행하였다.

25 지도에서 최대 영역을 차지한 나라는 한이다. 한대에는 사마천이 중국 역사 서술의 모범이 되는 『사기』를 저술하였다.

　오답 확인　②, ⑤는 로마, ③은 아케메네스 왕조 페르시아, ④는 춘추 전국 시대의 문화에 대한 설명이다.

26 마우리아 왕조는 아소카왕 때 전성기를 맞이하였다. 아소카왕은 칼링가 왕국 정복 이후 통치 방침과 불교의 가르침을 새긴 돌기둥을 세우고 산치 대탑을 건립하였다. 또한 이 시기에는 상좌부 불교가 발전하였다. 쿠샨 왕조는 카니슈카왕 때 전성기를 맞이하였다. 카니슈카왕은 사원과 탑을 세워 불교를 전파하였다. 이 시기에는 대승 불교가 발전하였다.

27 알렉산드로스는 동방 원정으로 대제국을 건설한 뒤 동서 융합을 위한 정책을 펼쳤다. 각지에 알렉산드리아를 건설하고 그리스인을 이주시켜 그리스 문화를 전파하였다. 또한 정복지 출신의 사람을 관리로 선발하였고 그리스인과 페르시아인 간의 결혼을 장려하였다.

　오답 확인　①은 아케메네스 왕조 페르시아의 다리우스 1세가 실시한 정책이다.

28 알렉산드로스의 동방 원정으로 인도에서는 그리스 신상의 영향을 받은 불상이 제작되기 시작하였고, 인도 문화와 헬레니즘 문화가 결합한 간다라 양식이 발달하였다.

29 제시된 내용은 아케메네스 왕조 페르시아의 왕 키루스 2세의 원통에 새겨진 글이다. 키루스 2세는 바빌로니아를 정복한 후 피정복민의 전통과 종교를 존중한다는 관용 정책의 내용을 원통에 새겼다.

30 (1) 연표

　(2)　**예시 답안**　연표는 사건의 상호 관계를 파악하고, 같은 시기에 다른 지역에서 일어난 사건을 비교하는 데 편리하다.

구분	채점 기준
상	연표의 장점을 두 가지 서술한 경우
하	연표의 장점을 한 가지만 서술한 경우

31　**예시 답안**　메소포타미아 문명의 사람들은 사후 세계보다는 현재의 안정된 삶을 중시하는 현세적 세계관을 가지고 있었다. 이와 달리 이집트 문명의 사람들은 영혼 불멸과 사후 세계를 믿는 내세적 세계관을 가지고 있었다.

구분	채점 기준
상	메소포타미아 문명과 이집트 문명의 세계관을 비교하여 서술한 경우
하	두 문명 중 한 문명의 세계관에 대해서만 서술한 경우

32 (1) 크리스트교

　(2)　**예시 답안**　크리스트교는 유일신 숭배를 이유로 황제 숭배를 거부하였기 때문에 로마 제국 시기에 박해를 받았다.

구분	채점 기준
상	유일신 숭배를 이유로 황제 숭배를 거부하였기 때문이라고 서술한 경우
하	황제 숭배를 거부하였기 때문이라고만 서술한 경우

33 (1) 비단길

　(2)　**예시 답안**　비단길을 통해 중국의 비단이 유럽에 전해졌고, 인도의 불교가 중국으로 전해 들어왔다.

구분	채점 기준
상	비단길을 통한 동서 교류의 사례를 두 가지 서술한 경우
하	비단길을 통한 동서 교류의 사례를 한 가지만 서술한 경우

20~25쪽

01 ④	02 ⑤	03 ③	04 ②	05 ⑤	06 ⑤
07 ⑤	08 ④	09 ③	10 ③	11 ⑤	12 ③
13 ⑤	14 ①	15 ⑤	16 ⑤	17 ④	18 ②
19 ③	20 ③	21 ⑤	22 ②	23 ①	24 ③
25 ②	26 ⑤	27 ②	28 ③	29 과거제	

30~34 해설 참고

01 (가)는 북위이고, (나)는 수이다.

> **오답 확인** ④ 윈강 석굴은 북조 중 북위에서 건립하였다. 북위에서는 '황제는 곧 부처'라고 하며 불교를 바탕으로 황제의 권위를 높이려고 하였다. 이에 따라 대규모 석굴 사원을 만들었다.

02 제시된 일들은 (다) 고조가 장안을 수도로 정함(당 건국) – (나) 태종의 동돌궐 정복 – (라) 고종의 백제와 고구려 정복 – (가) 안사의 난 발생 순으로 일어났다.

03 ⊙은 신라, ⓒ은 발해이다. 신라가 삼국을 통일하고, 한반도의 북쪽에서 발해가 건국되어 남북국 시대가 형성되었다.

04 (가)는 야마토 정권 시기이다. 이 시기에 일본은 다이카 개신을 통해 중앙 집권 체제를 마련하고자 하였다. 7세기 말에는 '일본'이라는 국호를 사용하였고, 왕을 '천황'이라고 부르기 시작하였다.

> **오답 확인** ①, ③, ④는 헤이안 시대, ⑤는 나라 시대에 대한 설명이다.

05
> **오답 확인** ⑤ 동아시아 국가들은 유교, 불교, 율령, 한자 등 공통적인 요소를 공유하면서도 각국의 전통과 특성에 맞게 독자적으로 발전시켜 나갔다.

06 ⊙에 들어갈 종교는 힌두교이다. 힌두교는 카스트제에 따른 신분 차별을 인정하였으며, 자신의 카스트에 따른 의무를 성실히 수행할 것을 강조하였다.

> **오답 확인** ①은 불교, ②는 대승 불교, ③은 상좌부 불교, ④는 조로아스터교에 대한 설명이다.

07 정통 칼리프 시대에 이슬람 세력은 정복지의 주민들에게 이슬람교를 강요하지 않는 대신 이슬람교로 개종하면 세금(지즈야)을 줄여 주었는데, 이는 평등을 강조하는 교리와 더불어 이슬람교가 빠르게 확산되는 계기가 되었다.

08 이슬람 세계는 수학에서 인도의 숫자 '0(영)'을 받아들여 아라비아 숫자를 완성하였다. 또한 문학에서는 『아라비안나이트』 등과 같은 설화 문학이 유행하였다.

> **오답 확인** ㄱ, ㄷ은 인도 고전 문화에 대한 설명이다.

09 제시된 내용은 비잔티움 제국에 대한 설명이다.

> **오답 확인** ③ 세 나라로 나뉜 나라는 프랑크 왕국이다. 프랑크 왕국은 카롤루스 대제가 죽은 뒤 내분을 겪다가 분열되었다.

10 서유럽은 지방 세력이 강해지고 왕권이 약해지는 지방 분권 체제의 봉건 사회를 구축하였다.

> **오답 확인** ① 주군과 봉신은 쌍무적 계약 관계였다. ② 농노는 약간의 재산을 소유할 수 있었다. ④ 봉신은 주군의 간섭에서 벗어나 장원을 다스렸다. ⑤ 농노는 영주의 허락 없이 장원을 떠날 수 없었다.

11 성직자 임명권을 둘러싼 황제와 교황의 갈등이 심해졌고, 교황은 황제를 파문하였다. 이에 황제는 카노사에서 교황에게 용서를 빌었다(카노사의 굴욕).

12 『신학 대전』은 신학자인 토마스 아퀴나스가 중세 유럽에서 유행하였던 스콜라 철학을 집대성한 책이다.

> **오답 확인** ①, ②는 르네상스, ④, ⑤는 비잔티움 제국의 문화와 관련이 있다.

13 밑줄 친 '전쟁'은 십자군 전쟁이다. 한때 십자군이 예루살렘을 점령하기도 하였으나 결국 성지를 탈환하지 못하고 끝이 났다.

> **오답 확인** ⑤는 백년 전쟁에 대한 설명이다.

14 14세기 흑사병의 유행으로 인구가 감소하자 노동력이 부족해졌고, 영주들이 농노의 처우를 개선해 주면서 농민의 지위가 높아졌다. 한편, 상업과 도시의 성장으로 화폐 사용이 늘자 영주는 농노에게 돈을 받고 신분을 해방하기도 하였다. 이에 따라 중세의 장원은 점차 해체되었다.

15 ⊙은 에라스뮈스, ⓒ은 『돈키호테』이다. 에라스뮈스는 『우신예찬』에서 교황과 성직자의 부패를 풍자하였고, 세르반테스는 『돈키호테』에서 몰락하는 중세 기사를 풍자하였다.

> **오답 확인** 갈릴레이는 지동설을 주장하였다. 이탈리아의 보카치오는 인간의 욕망을 사실적으로 묘사한 『데카메론』을 남겼다. 토머스 모어는 『유토피아』에서 영국 사회를 비판하였다.

16 전시 제도를 도입한 황제는 송 태조이다. 태조는 중앙 집권 체제를 갖추고자 중앙군을 황제 직속으로 두어 황제의 군사권을 강화하고 절도사의 권한을 약화하였다.

> **오답 확인** ①은 명의 홍무제, ②는 원의 쿠빌라이 칸, ③은 청의 홍타이지(태종), ④는 명의 영락제의 활동이다.

17 (가) 나라는 여진(금)이다. 금은 송과 연합하여 요를 무너뜨리고 송을 남쪽으로 몰아냈다.

> **오답 확인** ①은 거란, ②는 서하, ③은 후금, ⑤는 원에 대한 설명이다.

18 밑줄 친 '이 제국'은 몽골 제국이다. 몽골 제국(원)은 몽골 제일주의 원칙에 따라 여러 민족을 다스렸는데, 몽골인이 주요 관직을 독차지하였고, 색목인도 우대를 받으며 재정·행정 업무를 맡았다. 반면, 한인과 남인은 사회적으로 차별을 받았다.

> **오답 확인** ①은 송, ③은 청, ④는 금, ⑤는 명에 대한 설명이다.

19 제시된 자료는 '역참제'에 대한 내용으로, 역참제를 정비한 나라는 몽골 제국(원)이다. 원대에는 역참제와 교통로의 발달로 동서 문화 교류가 활발하게 이루어져 이슬람 세계의 천문학과 역법 등이 원에 전해지기도 하였다.

> **오답 확인** ①은 에도 막부, ②는 당, ④는 청, ⑤는 명의 대외 교류에 대한 설명이다.

20 오답 확인 ③ 명·청대에는 유교적 지식을 갖춘 지식인인 신사층이 사회를 이끌며 향촌의 질서를 유지하는 역할을 하였다. 사대부 계층이 형성된 것은 송대이다.

21 산킨코타이 제도를 시행한 막부는 에도 막부이다. 에도 막부 시대에는 상업과 도시가 발전하면서 조닌을 중심으로 가부키, 우키요에 등 조닌 문화가 유행하였다.

오답 확인 ①, ③, ④는 가마쿠라 막부, ②는 무로마치 막부에 대한 설명이다.

22 (가)에 들어갈 문화유산은 타지마할이다. 타지마할은 연꽃무늬, 격자무늬 창, 작은 탑 등의 인도 양식과 돔 모양 지붕, 『쿠란』 구절, 뾰족한 아치 등의 이슬람 양식이 조화를 이루고 있다.

오답 확인 ①은 로마 제국, ③은 이탈리아의 르네상스, ④는 비잔티움 제국, ⑤는 오스만 제국 시기에 건립된 문화유산이다.

23 ㉠에 들어갈 왕조는 사파비 왕조이다. 티무르 왕조가 쇠퇴한 후 16세기 초 페르시아 지역에서 사파비 왕조가 성립하였다.

24 밑줄 친 '이 왕'은 술레이만 1세이다. 오스만 제국의 전성기를 이끈 술레이만 1세는 헝가리를 정복하고 오스트리아의 수도인 빈을 공격하였으며, 유럽의 연합 함대를 무찔러 지중해를 장악하였다. 이로써 오스만 제국은 아시아, 유럽, 아프리카 세 대륙에 걸친 영토를 지배하였다.

오답 확인 ①은 오스만 제국의 메흐메트 2세, ②는 영국의 엘리자베스 1세, ④는 비잔티움 제국의 유스티니아누스 황제, ⑤는 프랑크 왕국의 카롤루스 대제의 업적이다.

25 오답 확인 ㄴ, ㄹ은 신항로 개척의 영향이다. 신항로 개척 이후 삼각 무역이 전개되었으며, 아메리카의 금과 은이 다량 유럽에 유입되어 물가가 크게 올랐다(가격 혁명).

26 (가)는 칼뱅, (나)는 루터이다.

오답 확인 로크는 17세기 유럽에서 사회 계약설과 저항권을 주장한 인물이다.

27 오답 확인 ② 재정·군사 국가의 군대는 중무장한 기사 중심에서 화약 무기로 무장한 상비군 중심으로 점차 바뀌었다.

28 제시된 내용은 '과학 혁명'이라 불린 17세기 과학의 발전을 보여 주는 사례이다. 르네상스 시기 이후 유럽에서는 근대 과학이 거듭 발전하였으며, '과학 혁명'은 세상을 합리적으로 바라보는 과학적 사고방식을 확립하는 데 크게 기여하였다.

29 시험을 치러 관리를 뽑는 제도는 과거제이다. 과거제는 수대에 처음 시행되었으며, 이후 중국에서 관리를 뽑는 대표적인 방식으로 자리 잡았다.

30 예시 답안 카롤루스 대제는 영토를 넓히고, 정복한 지역에 크리스트교를 전파하여 로마 교황으로부터 서로마 황제의 관을 받았다. 또한 학교를 세워 학문과 예술을 발전시켰다. 이로써 게르만 문화와 로마 문화, 크리스트교가 어우러진 서유럽 문화의 기틀이 마련되었다.

구분	채점 기준
상	카롤루스 대제의 업적을 두 가지 서술한 경우
하	카롤루스 대제의 업적을 한 가지만 서술한 경우

31 (1) 르네상스

(2) 예시 답안 이탈리아는 고대 로마의 중심지로서 로마의 문화유산이 많이 남아 있었고, 비잔티움 제국의 학자들이 많이 이주하여 고전 문화에 대한 연구가 활발히 이루어졌다. 또한 지중해 무역으로 부유해진 상인들은 예술가를 후원하기도 하였다.

구분	채점 기준
상	이탈리아에서 르네상스가 가장 먼저 일어난 배경을 두 가지 서술한 경우
하	이탈리아에서 르네상스가 가장 먼저 일어난 배경을 한 가지만 서술한 경우

32 예시 답안 색목인은 원대에 아시아, 중앙아시아, 유럽 등지에서 온 외국인으로, 주로 재정과 행정 업무를 담당하였다.

구분	채점 기준
상	색목인의 출신과 담당한 주요 업무를 모두 서술한 경우
하	색목인의 출신과 담당한 주요 업무 중 한 가지만 서술한 경우

33 (1) 정화

(2) 예시 답안 명은 정화의 함대를 여러 차례 해외로 파견하여 국력을 과시하고 여러 나라와 조공·책봉 관계를 맺었다.

구분	채점 기준
상	국력을 과시하고 여러 나라와 조공·책봉 관계를 맺었다고 서술한 경우
하	위의 내용 중 한 가지만 서술한 경우

34 예시 답안 신항로 개척 이후 유럽인이 아메리카에 진출하면서 아스테카 문명, 잉카 문명 등 고대 문명이 파괴되었다. 원주민은 대농장에서 사탕수수, 담배 등 상품 작물을 재배하였고, 광산에서 금과 은을 채굴하였다.

구분	채점 기준
상	고대 문명이 파괴됨, 원주민이 대농장과 광산의 노동자로 동원됨을 모두 서술한 경우
하	위의 내용 중 한 가지만 서술한 경우

01 ①	**02** ②	**03** ①	**04** ⑤	**05** ⑤	**06** ⑤
07 ③	**08** ⑤	**09** ②	**10** ①	**11** ①	**12** ③
13 ②	**14** ①	**15** ③	**16** ④	**17** ①	**18** ⑤
19 ②	**20** ②	**21** ②	**22** ⑤	**23** ③	**24** ④
25 ④	**26** ②	**27** ②	**28** ⑦: 균전제, ⓒ: 부병제		
29~33 해설 참고					

01 (가)는 과거제이고, (나)는 9품중정제이다.

오답 확인 ① 과거제는 수대에 처음 실시되어 당대에 이어졌다.

02 수는 여러 차례의 고구려 원정에 실패하고, 대규모 토목 공사에 과도한 노동력을 동원하여 백성의 원망을 샀다. 결국 각지에서 일어난 반란으로 수는 멸망하였다.

오답 확인 ㄴ, ㄹ은 당의 멸망과 관련이 있다.

03 신라가 당과 연합하여 백제와 고구려를 차례로 멸망시키고 삼국을 통일하였다. 이후 한반도의 북쪽에서 고구려 유민들이 발해를 건국하였다.

오답 확인 ②, ③, ④, ⑤는 신라가 백제를 멸망시키기 이전에 있었던 일이다.

04 제시된 내용은 다이카 개신에 대한 설명이다. 일본은 당의 율령을 받아들여 통치 체제를 정비하였다.

오답 확인 ①, ④ 아스카 시대, ②는 에도 시대, ③은 헤이안 시대에 대한 설명이다.

05 오답 확인 ⑤ 굽타 왕조에 대한 설명이다. 찬드라굽타 2세는 벵골만에서 아라비아해까지 영토를 넓히며 전성기를 이루었다.

06 굽타 왕조 시대에는 인도 고유의 특색이 드러나는 고전 문화가 발달하였다. 아잔타 석굴의 보살 벽화는 간다라 양식과 인도 양식이 어우러진 굽타 양식을 대표하는 그림이다.

07 아바스 왕조는 탈라스 전투에서 당에 승리하여 동서 교역로를 차지하고 국제 무역으로 번영하였다.

오답 확인 ①, ⑤는 우마이야 왕조, ②, ④는 정통 칼리프 시대에 대한 설명이다.

08 ⊙에 들어갈 나라는 프랑크 왕국이다. 프랑크 왕국은 게르만족이 서유럽에 세운 나라로 갈리아 지방에 자리 잡았다. 크리스트교를 받아들였으며, 이슬람 세력의 침입을 막아 냈다. 프랑크 왕국의 전성기를 이끈 카롤루스 대제는 로마 교황에게서 서로마 황제의 관을 받았다.

오답 확인 ⑤는 비잔티움 제국에 대한 설명이다.

09 비잔티움 제국의 전성기를 이끈 유스티니아누스 황제는 로마법을 집대성하여 『유스티니아누스 법전』을 편찬하였고, 옛 로마 제국의 영토를 상당 부분 회복하였다. 또한 비잔티움 양식을 대표하는 성 소피아 대성당을 건립하였다.

오답 확인 ② 밀라노 칙령을 발표한 인물은 고대 로마 제국의 콘스탄티누스 대제이다.

10 제시된 내용은 로마네스크 양식에 대한 설명이다. 11세기에 유럽에서 유행하였던 로마네스크 양식이 반영된 문화유산은 이탈리아의 피사 대성당이다.

오답 확인 ②, ③은 고딕 양식, ④ 르네상스 양식, ⑤는 비잔티움 양식이 반영된 문화유산이다.

11 지도에 나타난 전쟁은 십자군 전쟁이다. 십자군 전쟁 이후 제후와 기사의 세력이 약해졌다. 셀주크 튀르크는 십자군 전쟁의 영향으로 수도를 옮겼다. 또한 지중해 무역권이 성장하였으며, 비잔티움 제국의 고전 문화가 유럽에 전해졌다.

오답 확인 ① 십자군 전쟁을 이끈 교황의 권위는 떨어졌고, 전쟁에 참여하였던 제후와 기사의 세력도 약해졌다. 반면, 왕권은 상대적으로 강해졌다. 이는 서유럽의 여러 나라가 중앙 집권 국가로 성장하는 데 영향을 주었다.

12 (가)는 백년 전쟁, (나)는 장미 전쟁이다. 두 전쟁으로 유럽에서 중앙 집권 국가가 등장하는 발판이 마련되었다.

13 오답 확인 ②는 알프스 이북의 르네상스와 관련이 있다. 토머스 모어의 『유토피아』에는 영국 사회를 비판하는 내용이 담겨 있다.

14 오답 확인 ㄷ, ㄹ은 이슬람 문화권과 관련이 있다.

15 금, 요, 서하는 자신들만의 문자를 만들어 고유한 문화를 지키고자 노력하였다.

오답 확인 ①, ⑤는 몽골 제국(원), ②, ④는 송과 관련이 있다.

16 송대에는 과학 기술이 발전하여 나침반, 활판 인쇄술, 화약 무기 등이 실생활에서 사용되었다. 송의 과학 기술은 이후 이슬람 세계를 거쳐 세계 여러 지역으로 전해졌다.

오답 확인 ㄱ. 교초는 원대 널리 사용된 화폐이다. ㄷ. 패자는 몽골 제국(원)에서 역참을 이용할 때 사용하였던 통행증이다.

17 (가)는 1206년, (나)는 1271년의 일이다. 칭기즈 칸 사후 몽골 제국은 금을 멸망시키고, 동유럽 부근까지 진출하여 유라시아를 아우르는 대제국을 이루었다.

오답 확인 ②, ③, ④, ⑤는 (가) 이전에 있었던 일이다.

18 오답 확인 ⑤ 이탈리아의 선교사인 마테오 리치는 명에 머무르며 「곤여만국전도」를 제작하였다. 「곤여만국전도」는 중국이 세계의 중심이라고 믿었던 동아시아 여러 나라의 세계관이 변화하는 데 큰 영향을 주었다.

19 육유를 반포한 황제는 명의 홍무제이다. 홍무제는 황제권을 강화하고자 재상제를 폐지하고, 6부를 직접 다스렸다. 또한 이갑제를 실시하여 향촌을 다스렸다.

오답 확인 ㄴ, ㄹ은 영락제의 업적이다.

20 명·청대에는 유교적 교양을 갖춘 지식인인 신사가 사회를 이끌며 새로운 학풍을 만들었다. 또한 신사층은 향촌의 질서를 유지하는 역할을 하였다.

오답 확인 ①, ④, ⑤는 청, ③은 명의 사회 모습에 해당한다.

21 가마쿠라 막부 때부터 일본 특유의 봉건제가 시행되어 막부의 쇼군(장군)이 실질적으로 나라를 다스렸다.

오답 확인 ①, ④는 에도 시대, ③은 야마토 정권, ⑤는 전국 시대에 있었던 일이다.

22 밑줄 친 '이 황제'는 아우랑제브 황제이다. 아우랑제브 황제는 정복 활동을 벌여 무굴 제국의 최대 영토를 차지하였다.

오답 확인 ①은 바부르, ②는 비잔티움 제국의 메흐메트 2세, ③은 비잔티움 제국의 술레이만 1세, ④는 프랑크 왕국의 카롤루스 대제에 대한 설명이다.

23 ㉠에 들어갈 종교는 이슬람교이다. 오스만 제국은 밀레트를 구성하는 정복지 주민에게 관용 정책을 펼쳐 넓은 영토를 안정적으로 다스리고자 하였다.

24 (가) 항로를 개척한 인물은 콜럼버스, (나) 항로를 개척한 인물은 바스쿠 다가마이다. 콜럼버스는 아메리카의 서인도 제도에 도착하였고, 바스쿠 다가마는 인도의 캘리컷에 도착하였다.

오답 확인 마젤란 일행은 태평양을 가로질러 최초로 세계 일주에 성공하였으며, 바르톨로메우 디아스는 아프리카 남쪽 끝의 희망봉에 도착하였다.

25 오답 확인 ④ 『동방견문록』은 신항로 개척 이전인 13세기 후반에 제작되었다. 유럽인은 『동방견문록』과 같은 여행기를 읽으며 동방에 대한 호기심을 가지게 되었고, 이는 신항로 개척으로 이어졌다.

26 독일에서 시작되어 국제 전쟁으로 확대된 30년 전쟁은 베스트 팔렌 조약이 체결되면서 끝이 났다.

27 밑줄 친 '나'는 프랑스의 루이 14세이다. 루이 14세는 왕권신수설을 주장하였으며, 베르사유 궁전을 건립하여 권위를 과시하였다. 또한 중상주의자인 콜베르를 재무 장관으로 등용하여 중상주의 정책을 추진하였다.

오답 확인 ㄴ은 엘리자베스 1세, ㄹ은 데카르트에 대한 설명이다.

28 ㉠은 균전제, ㉡은 부병제이다. 당은 균전제·조용조·부병제를 실시하여 농민의 생활을 안정시키고, 국가 재정과 군사력을 확보하고자 하였다.

29 (1) 시아파, 수니파

(2) 예시 답안 시아파는 무함마드의 혈통만이 칼리프가 될 수 있다고 하였다. 수니파는 무함마드의 혈통이 아니더라도 능력과 자질을 갖춘 자라면 누구나 칼리프가 될 수 있다고 하였다.

구분	채점 기준
상	시아파와 수니파의 주장을 모두 서술한 경우
하	시아파와 수니파의 주장 중 한 가지만 서술한 경우

30 예시 답안 14세기 유럽에서 흑사병이 유행하여 인구가 크게 줄었다. 노동력이 부족해지자 영주들이 농노의 처우를 개선해 주었고, 이에 따라 농민의 지위가 높아졌다. 이러한 변화 속에 장원은 점차 해체되었고, 중세 봉건 사회는 크게 흔들렸다.

구분	채점 기준
상	노동력 부족에 따른 농노의 처우 개선과 농민의 지위 향상으로 장원이 해체되어 중세 봉건 사회가 동요하였다고 서술한 경우
하	농민의 지위가 향상되었다고만 서술한 경우

31 예시 답안 송은 문치주의 정책으로 군사력이 약해져 북방 민족의 압박을 받았다. 송은 결국 북쪽에서 성장한 금의 공격을 받아 남쪽으로 수도를 옮겼다.

구분	채점 기준
상	송이 문치주의 정책으로 군사력이 약해져 금의 공격을 받아 남쪽으로 수도를 옮겼다고 서술한 경우
하	송이 남쪽으로 수도를 옮겼다고만 서술한 경우

32 예시 답안 청은 회유책으로 중요한 관직에 만주족과 한족을 함께 등용하였고, 유학 교육을 장려하거나 과거제를 실시하였다. 또한 『사고전서』 편찬 작업에 한족을 참여시키기도 하였다.

구분	채점 기준
상	청이 실시한 회유책의 사례를 두 가지 서술한 경우
하	청이 실시한 회유책의 사례를 한 가지만 서술한 경우

33 (1) 루터

(2) 예시 답안 로마 교황이 로마 가톨릭교회 신자들에게 면벌부를 판매하자, 루터는 『95개조 반박문』을 발표하여 이를 비판하였다.

구분	채점 기준
상	로마 교황이 로마 가톨릭교회 신자들에게 면벌부를 판매하자, 이를 비판하기 위해서라고 서술한 경우
하	교황을 비판하기 위해서라고만 서술한 경우

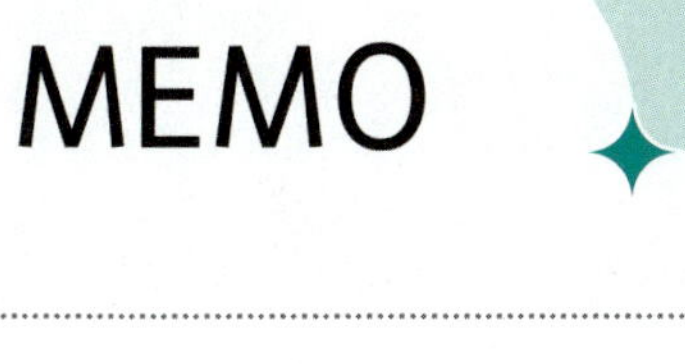

MEMO

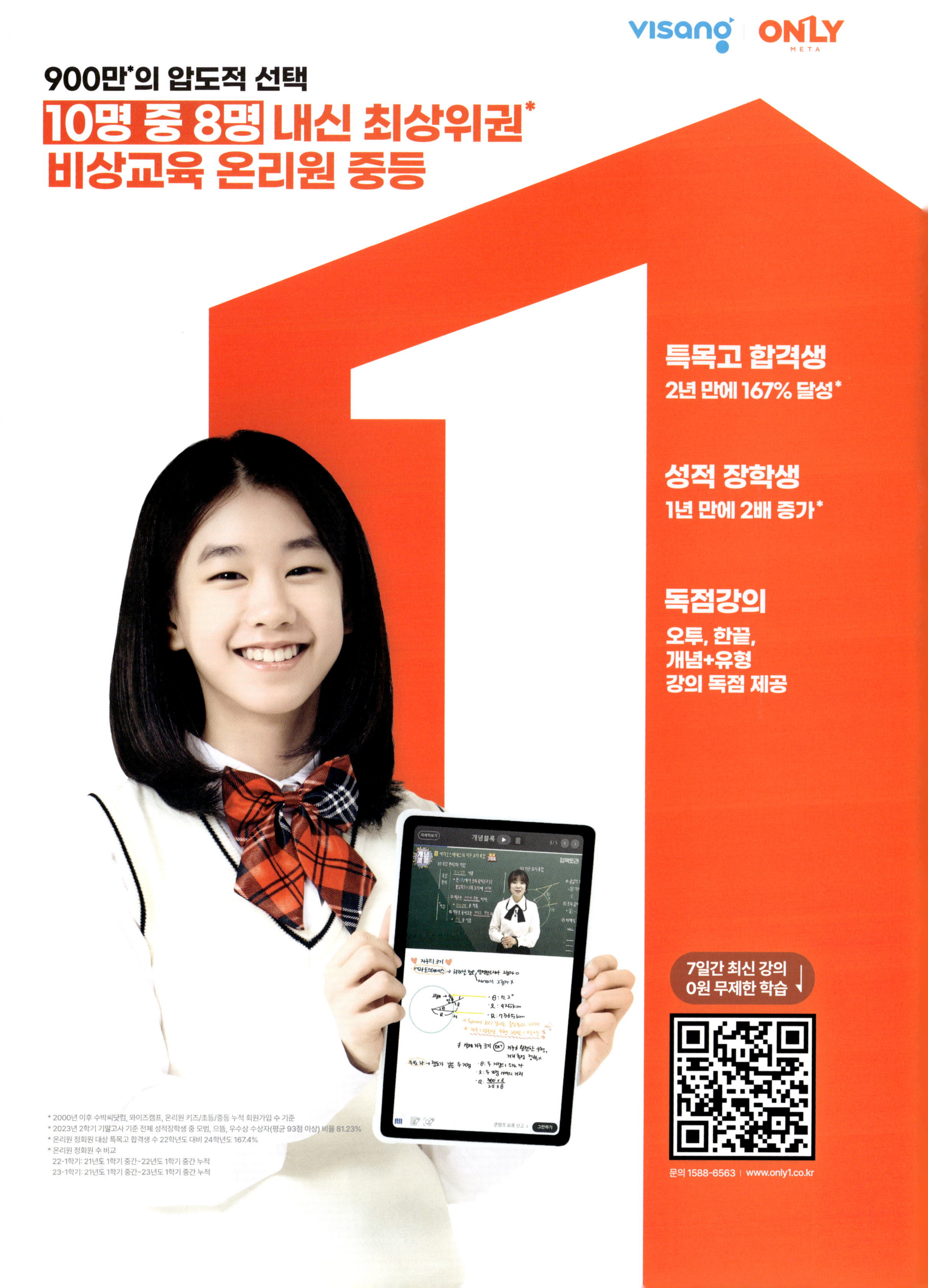

900만*의 압도적 선택
10명 중 8명 내신 최상위권*
비상교육 온리원 중등

특목고 합격생
2년 만에 167% 달성*

성적 장학생
1년 만에 2배 증가*

독점강의
오투, 한끝,
개념+유형
강의 독점 제공

7일간 최신 강의
0원 무제한 학습

* 2000년 이후 수박씨닷컴, 와이즈캠프, 온리원 키즈/초등/중등 누적 회원가입 수 기준
* 2023년 2학기 기말고사 기준 전체 성적장학생 중 모범, 으뜸, 우수상 수상자(평균 93점 이상) 비율 81.23%
* 온리원 정회원 대상 특목고 합격생 수 22학년도 대비 24학년도 167.4%
* 온리원 정회원 수 비교
  22-1학기: 21년도 1학기 중간~22년도 1학기 중간 누적
  23-1학기: 21년도 1학기 중간~23년도 1학기 중간 누적

문의 1588-6563 | www.only1.co.kr

한·끝·시·리·즈 필수 개념과 시험 대비를 한 권으로 끝! 역사 공부의 진리입니다.

대표전화 1544-0554
주소 경기도 과천시 과천대로2길 54(갈현동, 그라운드브이)
협의 없는 무단 복제는 법으로 금지되어 있습니다.

시험, 한 권으로 끝내기

중학 역사 1·1

책 속의 가접 별책 (특허 제 0557442호)

'시험, 한 권으로 끝내기'는 본책에서 쉽게 분리할 수 있도록 제작되었으므로
유통 과정에서 분리될 수 있으나 파본이 아닌 정상제품입니다.

중간·기말고사 끝내기

하루 한 단계, 개념 정리와 실전 문제로 **시험 완벽 대비**

📖 하루하루 학습 계획

중간고사 시험 D-Day :	월	일
중간고사 시험 D-	I, II 단원 핵심 정리	
중간고사 시험 D-	중간고사 1회	
중간고사 시험 D-	중간고사 2회	

기말고사 시험 D-Day :	월	일
기말고사 시험 D-	III 단원 핵심 정리	
기말고사 시험 D-	IV 단원 핵심 정리	
기말고사 시험 D-	기말고사 1회	
기말고사 시험 D-	기말고사 2회	

✦ 시험 전 학습 일정을 직접 세워 보세요.

Ⅰ, Ⅱ단원 핵심 정리

Ⅰ. 역사 학습의 기초

01 역사의 의미와 역사 학습의 목적

✚ 역사의 의미와 역사 학습의 목적

1. **역사의 의미**: '사실로서의 역사'(과거의 사실, 객관적), '기록으로서의 역사'(기록자의 관점·해석이 담김, 주관적)
2. **역사 학습의 목적**: 역사적 사고력·비판력 향상, 삶의 지혜와 교훈 습득, 현재에 대한 올바른 이해

02 역사 탐구의 절차와 방법

✚ 역사 탐구의 절차와 방법

1. **역사 자료의 활용 방법**
   (1) ❶ □□: 옛사람들이 남긴 흔적(유물·유적·문헌 등)
   (2) **역사 학습 자료**: 역사 지도, 연표, 도표, 그림, 사진 등
2. **역사 탐구의 절차와 방법**: 탐구 주제의 선정 → 자료의 수집 → 자료의 분석과 해석(사료 비판) → 탐구 결과의 정리

Ⅱ. 문명의 발생과 고대 세계의 형성

01 선사 문화와 문명의 특징

✚ 인류의 출현과 세계의 선사 문화

1. **인류의 출현과 진화**: 오스트랄로피테쿠스 아파렌시스 → 호모 에렉투스 → 호모 네안데르탈렌시스 → 호모 사피엔스
2. **선사 문화의 발전**

구석기 시대	❷ □□□□(주먹도끼 등) 사용, 채집·수렵 생활, 이동 생활, 동굴 벽화·조각상 제작, 평등 사회
신석기 시대	간석기·토기 사용, 농경·목축 생활 시작, 정착 생활(❸ □□ 거주), 평등 사회

✚ 세계의 고대 문명

1. **공통점**: 큰 강 유역에서 발생, ❹ □□ 발생, 청동기·문자 사용, 도시 국가 출현 등
2. **메소포타미아 문명과 이집트 문명**

메소포 타미아 문명	티그리스강과 유프라테스강 유역에서 발생, 현세적 세계관, 지구라트(신전) 건설, 쐐기 문자 사용, 바빌로니아 왕국 시기 함무라비 법전 편찬
이집트 문명	나일강 유역에서 발생, 내세적 세계관(피라미드·『사자의 서』 제작), ❺ □□□의 절대 왕권, 상형 문자 사용(파피루스에 기록)

3. 인도 문명과 중국 문명

인도 문명	❻ □□□□ 유역에서 발생, 하라파·모헨조다로 등 도시 문명 발생, 아리아인의 이동 이후 카스트제(신분제)와 브라만교 성립, 신을 찬양하는 경전인 『베다』 완성
중국 문명	황허강 유역에서 발생, 상(왕이 국가의 중대사를 점을 쳐 결정, 그 내용을 갑골문으로 기록), 주(혈연관계에 바탕을 둔 ❼ □□□ 실시)

02 고대 서아시아·지중해 세계의 형성

✚ 페르시아 제국의 성장

1. **아시리아**: 기원전 7세기경 서아시아를 최초로 통일함 → 가혹한 통치로 피지배 민족의 반란이 일어나 멸망
2. **아케메네스 왕조 페르시아**
   (1) **키루스 2세**: 서아시아 재통일, ❽ □□□□□(원통에 내용을 새김)
   (2) **다리우스 1세**: 전국을 20여 개 주로 나누고 총독 파견, 감찰관('왕의 눈', '왕의 귀') 파견, 도로 ❾ □□□ 건설
   (3) **문화**: 국제적인 문화 발전, 조로아스터교 발전

✚ 고대 지중해 세계의 형성

1. **폴리스의 형성**: 작은 도시 국가인 ❿ □□□ 발전, 아크로폴리스와 아고라로 구성, 같은 언어를 사용하고 같은 신을 믿음, 올림피아 제전을 개최하여 유대감을 가짐
2. **스파르타와 아테네**
   (1) **스파르타의 발전**: 강력한 군사 통치 실시
   (2) **아테네 민주 정치의 발달**

⓫ □□	재산 정도에 따른 참정권 차등 분배
클레이스테네스	정치 참여 자격에서 재산 기준을 없앰, 도편 추방제 실시
페리클레스	민주 정치의 전성기, 관직·배심원의 대부분을 추첨으로 선출, 수당 지급, 민회가 입법권 행사(성인 남자만 참여)

3. **그리스 세계의 발전과 쇠퇴**: 그리스·페르시아 전쟁 승리 이후 페르시아의 침입에 대비하기 위해 ⓬ □□□□ □□ 결성 → 펠로폰네소스 전쟁 발발, 스파르타가 승리함 → 그리스 세계 쇠퇴, 마케도니아에 멸망
4. **그리스의 문화**: 인간 중심적·합리적 문화 발전, 문학(호메로스)·철학(소피스트, 소크라테스)·역사(헤로도토스), 건축(파르테논 신전), 조각(『원반 던지는 사람』)

✚ 알렉산드로스 제국과 헬레니즘 문화

✰✰ 1. 알렉산드로스 제국: 알렉산드로스의 동방 원정으로 제국 성립 → 동서 융합 정책(알렉산드리아 건설, 그리스인 이주, 정복지 출신의 관리 선발, 그리스인과 페르시아인의 결혼 장려) → 알렉산드로스 사후 제국 분열

2. 헬레니즘 문화: 그리스와 동방 문화의 융합, ⑬ □□□□□ ·세계 시민주의 발달, 예술(「라오콘 군상」, 「밀로의 비너스」)

✚ 로마 제국의 성장

1. 로마 공화정의 성립과 발전

(1) 성립과 발전: 귀족들이 원로원 중심으로 집정관 등 관직 독점 → 평민의 권리 확대(평민회 설치, ⑭ □□□ 선출)

✰✰ (2) 위기: 로마–카르타고 전쟁에서 로마 승리 → 귀족의 대농장(라티푼디움) 경영 → 그라쿠스 형제의 개혁(실패) → 공화정의 위기(카이사르 암살)

2. 로마 제국의 발전과 쇠퇴: 옥타비아누스의 집권(제정 시작) → '로마의 평화' → 게르만족의 침략 → 디오클레티아누스(제국 4분할 통치), 콘스탄티누스 대제(콘스탄티노폴리스로 천도)의 중흥 노력 → 동서로 분열

3. 로마의 문화: 실용적인 문화 발달

법률	관습법 → 12표법 → 시민법 → 만민법 → 『유스티니아누스 법전』으로 법률 집대성(동로마 제국 시기)
건축	아치와 돔 활용(콜로세움, 수도교 등)
종교	크리스트교(예수가 창시 → 콘스탄티누스 대제의 밀라노 칙령으로 공인 → 국교 인정)

03 고대 동아시아·인도 세계의 형성

✚ 고대 동아시아 세계의 형성

1. 춘추 전국 시대의 사회 변화

(1) 전개: 주 왕실의 약화, 제후들의 세력 다툼

(2) 사회 변화: 철기 사용, ⑮ □□□□□의 출현(유가, 묵가, 법가, 도가)

2. 진의 중국 통일

(1) 시황제의 정책: 법가 사상을 토대로 개혁, 중국 통일, '황제' 칭호 사용, 군현제 실시, 도량형·화폐·문자 통일, 분서갱유 단행, 흉노 견제를 위해 ⑯ □□□□ 축조

(2) 멸망: 가혹한 통치, 대규모 토목 공사 → 농민 반란

3. 한의 성립과 발전

(1) 한 고조의 통치: 중국 통일, 군국제 실시

(2) 한 무제의 통치: 군현제 실시, 유교를 통치 이념으로 채택, 흉노 정벌, 고조선·베트남 북부 정복, 소금·철 등의 전매 제도 실시

(3) 후한의 성립과 멸망: 유수(광무제)가 건국 → 황건적의 난 → 호족들이 봉기하면서 멸망

(4) 한의 문화: 훈고학 발달, 『사기』 편찬(⑰ □□□), 제지술 개량(채륜), 동서 교류(불교 전래) 활발

✚ 고대 인도 세계의 형성

1. 불교의 성립: 고타마 싯다르타(석가모니)가 불교 창시, 신분 차별 철폐, 자비와 평등 강조 → 크샤트리아와 바이샤 세력의 지원을 받아 확산

2. 마우리아 왕조와 쿠샨 왕조

마우리아 왕조	찬드라굽타 마우리아가 왕조 수립, 북인도 통일, ⑱ □□□□□ 때 전성기(남부 일부 제외한 인도 통일, 돌기둥 건립), 상좌부 불교 발달
쿠샨 왕조	인도 북부를 정복하고 왕조 수립, 카니슈카왕 때 전성기, 대승 불교 발달, ⑲ □□□□□ 발달(인도 문화와 헬레니즘 문화의 융합)

✚ 고대 유라시아의 동서 교류

초원길	기원전 7세기에서 기원전 2세기 무렵 유목 민족인 스키타이가 개척, 흉노가 청동기 문화를 발전시킴
비단길	한 무제가 ⑳ □□을/를 서역에 파견하면서 개척됨, 비단길을 거쳐 동서 교류가 활발하게 이루어짐
바닷길	기원전 10세기부터 이집트 상인들이 이용, 초원길·비단길 쇠퇴 이후 주요 통로로 이용됨

◀ 정답 확인하기 ▶

❶ 사료	❷ 뗀석기	❸ 움집	❹ 계급
❺ 파라오	❻ 인더스강	❼ 봉건제	❽ 관용 정책
❾ 왕의 길	❿ 폴리스	⑪ 솔론	⑫ 델로스 동맹
⑬ 개인주의	⑭ 호민관	⑮ 제자백가	⑯ 만리장성
⑰ 사마천	⑱ 아소카왕	⑲ 간다라 양식	⑳ 장건

◀ 스스로 점검하기 ▶

맞은 개수	이렇게 해 봐
10개 이하	진도 교재로 돌아가 복습해 봐!
11 ~ 15개	틀린 문제의 답을 다시 확인하고 **중간고사·기말고사**를 풀도록 해!
16 ~ 20개	자신감을 가지고 **중간고사·기말고사**를 풀어 봐. 학교 시험 100점 도전!

01 '기록으로서의 역사'에 해당하는 서술로 옳은 것은?　[3점]

① 1592년에 임진왜란이 발발하였다.
② 수 문제는 과거제를 처음 시행하였다.
③ 로마에서는 실용적인 문화가 발달하였다.
④ 신석기 시대에 농경과 목축이 시작되었다.
⑤ 고구려 장수왕은 평양성으로 도읍을 옮겼다.

100점 도전!

02 다음 자료를 통해 알 수 있는 내용으로 가장 적절한 것은?　[4점]

> • 나라가 부강해지면 자신이 성공할 기회를 빼앗긴다고 보았던 알렉산드로스는 …… 정복과 야망을 이룰 수 있는 나라를 물려받고 싶었다.
> – 플루타르코스
> • 알렉산드로스는 한때 정복할 땅이 더 이상 남아 있지 않다고 한탄하였다. 그러나 인도는 서북부의 작은 지역을 빼고는 그에게 정복되지 않았다.
> – 네루

① 종이에 기록한 것은 문자 자료로 본다.
② 문자 기록은 역사 시대 연구에 활용된다.
③ 역사가는 사료에 나오는 내용을 검증한다.
④ 기록자의 사관에 따라 역사 서술이 달라진다.
⑤ 문자 기록 여부로 선사 시대와 역사 시대를 구분한다.

03 역사 학습의 목적에 대해 잘못 발표한 학생은? [3점]

① 부끄러운 과거를 감출 수 있어요.
② 과거의 사례에서 교훈을 얻을 수 있어요.
③ 미래를 내다보는 안목을 키울 수 있어요.
④ 역사적 사고력과 비판력을 기를 수 있어요.
⑤ 현재의 우리에 대해 올바르게 이해할 수 있어요.

04 ㉠에 공통으로 들어갈 내용으로 옳은 것은?　[2점]

> • (　㉠　)은/는 역사를 탐구하거나 역사책을 쓰는 데 이용하는 자료이다.
> • 오늘날에는 과학 기술의 발달로 (　㉠　)의 범위가 음성 기록, 영상 기록 등으로 확대되었다.

① 사료　　　　② 서기　　　　③ 세기
④ 연호　　　　⑤ 유적

05 학생들이 설명하는 역사 자료로 옳은 것은?　[2점]

① 그림　　　　② 도표　　　　③ 사전
④ 연표　　　　⑤ 역사 지도

06 다음은 역사 탐구의 절차를 나타낸 것이다. (가) 절차에 해당하는 사례로 가장 적절한 것은?　[3점]

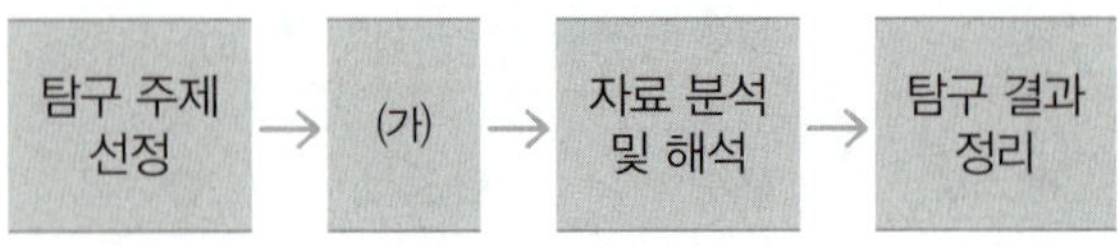

① 정리할 때 도표를 활용한다.
② 수집한 자료의 출처를 검증한다.
③ 정리한 내용으로 동영상을 만든다.
④ 디지털 아카이브에서 그림을 검색한다.
⑤ 주변에서 탐구하고 싶은 소재를 찾아본다.

07 다음에서 설명하는 인류의 특징으로 옳은 것은?
[2점]

> 약 390만 년 전에 등장한 최초의 인류로, 아프리카 지역에서 나타났다.

① 동굴 벽화를 남겼다.
② 처음 불을 사용하였다.
③ 직립 보행을 시작하였다.
④ 간단한 언어를 사용하기 시작하였다.
⑤ 죽은 자를 땅속에 묻는 풍습이 생겨났다.

[08 ~ 09] 다음을 보고 물음에 답하시오.

(가)

(나)

08 (가) 유물이 처음 사용된 시대에 대한 설명으로 옳은 것은?
[2점]

① 빌렌도르프의 비너스가 제작되었다.
② 움집에 거주하며 정착 생활을 하였다.
③ 가락바퀴와 뼈바늘로 옷을 만들어 입었다.
④ 청동으로 만든 무기로 정복 활동을 펼쳤다.
⑤ 빗살무늬 토기를 만들어 음식을 조리하였다.

잘 나와!

09 (나) 유물이 처음 사용된 시대에 볼 수 있는 생활 모습으로 옳은 것은?
[3점]

① 주로 동굴, 막집에 거주하였다.
② 청동으로 제사용 도구를 제작하였다.
③ 쐐기 문자, 상형 문자 등을 사용하였다.
④ 지배층과 피지배층으로 나뉘어 생활하였다.
⑤ 농사를 짓고 가축을 기르며 식량을 생산하였다.

10 빈칸에 들어갈 내용으로 적절하지 <u>않은</u> 것은? [3점]

> 인류가 농사를 짓기 시작하자 일부 지역에서 문명이 발생하였다. 이렇게 문명이 발생한 지역을 조사해 보니 [   ]는 공통점을 가지고 있었다.

① 평등한 사회였다
② 문자를 사용하였다
③ 청동기를 사용하였다
④ 도시 국가가 출현하였다
⑤ 큰 강 주변에 모여 살았다

11 밑줄 친 '이 문명'에 대한 설명으로 옳은 것은? [3점]

> <u>이 문명</u>의 사람들은 죽은 뒤의 세계보다는 현재의 안정된 삶을 중시하였다. 이는 「길가메시 서사시」에 잘 드러나 있다.

① 유대교를 창시하였다.
② 태양력을 사용하였다.
③ 나일강 유역에서 발생하였다.
④ 파피루스를 사용하여 기록하였다.
⑤ 도시 중앙에 신전인 지구라트를 건설하였다.

12 ㉠에 들어갈 문명에 대한 대화 내용으로 옳은 것은?
[2점]

> (㉠)의 사람들은 사람이 죽은 후에도 영혼은 죽지 않으며, 사후 세계가 있다고 믿었다. 이 때문에 죽은 사람이 사후 세계에서 어떻게 행동해야 할지를 알려 주는 「사자의 서」를 만들기도 하였다.

① 60진법을 사용하였어.
② 경전 「베다」를 완성하였어.
③ 왕인 파라오가 살아 있는 신으로 여겨졌어.
④ 크레타 문명, 미케네 문명 등이 발달하였어.
⑤ 하라파, 모헨조다로 등의 도시 문명이 발전하였어.

13 ⊙에 들어갈 민족에 대한 설명으로 옳은 것을 〈보기〉에서 고른 것은? [3점]

> (⊙)은/는 기원전 1500년경 중앙아시아에서 유목 생활을 하다가 인도의 인더스강 유역으로 이동하였다. 이들은 철제 농기구로 농사를 짓고 철제 무기로 정복 활동을 벌여 기원전 1000년경에는 갠지스강 유역까지 진출하였다.

┤보기├
> ㄱ. 브라만교를 창시하였다.
> ㄴ. 바빌로니아 왕국을 세웠다.
> ㄷ. 카스트제라는 신분제를 만들었다.
> ㄹ. 청동기 문화를 바탕으로 우르, 라가시 등의 도시 국가를 건설하였다.

① ㄱ, ㄴ ② ㄱ, ㄷ ③ ㄴ, ㄷ
④ ㄴ, ㄹ ⑤ ㄷ, ㄹ

14 밑줄 친 '이 나라'에 대한 학생들의 발표 내용으로 옳은 것은? [3점]

① 봉건제를 실시하였습니다.
② 황허강 유역에서 세워졌습니다.
③ 서아시아를 최초로 통일하였습니다.
④ 알파벳의 기원이 되는 문자를 사용하였습니다.
⑤ 사후 세계가 있다고 믿어 미라를 제작하고 피라미드를 세웠습니다.

15 다음 문화유산을 남긴 나라에 대한 설명으로 옳은 것은? [3점]

다양한 문화가 융합되어 국제적인 문화를 꽃피운 이 나라에서는 화려한 황금 공예품이 많이 만들어졌다. 특히 동물 모양을 많이 새겼는데, 그중 사자는 강력한 왕권을 상징하였다.

↑ 날개 달린 사자 장식 뿔잔

① 크리스트교를 국교로 삼았다.
② 아소카왕 때 전성기를 맞이하였다.
③ 흉노와 고조선, 베트남 북부를 정복하였다.
④ 상형 문자를 만들어 파피루스에 기록하였다.
⑤ 피정복민의 풍습을 존중하는 관용 정책을 실시하였다.

16 다음에서 설명하는 나라로 옳은 것은? [2점]

> 그리스의 폴리스 중 하나로, 정복 국가로 시작하였다. 강력한 군사 통치를 실시하였고, 시민들은 어려서부터 엄격한 군사 훈련을 받았다.

① 로마 ② 아테네
③ 스파르타 ④ 페니키아
⑤ 바빌로니아 왕국

100점 도전!

17 아테네 민주 정치의 발전 과정을 일어난 순서대로 나열한 것은? [4점]

> (가) 페리클레스가 권력을 잡았다.
> (나) 관직과 배심원을 대부분 추첨으로 뽑았다.
> (다) 클레이스테네스가 도편 추방제를 실시하였다.
> (라) 아테네에서 재산을 가진 일부 평민의 정치 참여가 가능해졌다.

① (가) - (나) - (다) - (라) ② (나) - (다) - (라) - (가)
③ (다) - (가) - (나) - (라) ④ (라) - (다) - (가) - (나)
⑤ (라) - (다) - (나) - (가)

18 밑줄 친 '이 전쟁'의 결과로 가장 적절한 것은? [3점]

> 기원전 5세기 서아시아 지역을 통일한 페르시아가 그리스를 침입하여 이 전쟁이 일어났다.

① 솔론이 집권하였다.
② 에게 문명이 발달하였다.
③ 아테네에서 귀족정이 발전하였다.
④ 지중해 여러 지역에 폴리스가 발전하였다.
⑤ 델로스 동맹이 결성되어 아테네의 세력이 확대되었다.

19 그리스의 문화에 대한 설명으로 옳은 것은? [2점]

① 간다라 양식이 나타났다.
② 조로아스터교가 발달하였다.
③ 「라오콘 군상」이 제작되었다.
④ 성문법인 12표법이 제정되었다.
⑤ 소크라테스가 진리의 절대성을 주장하였다.

20 지도에 나타난 정복 활동의 영향에 대한 학생들의 대화 내용으로 옳지 <u>않은</u> 것은? [3점]

① 헬레니즘 문화가 발전하였어.
② 정복지 출신의 사람이 관리로 뽑혔어.
③ 개인주의와 세계 시민주의가 나타났어.
④ 각지에 알렉산드리아라는 도시가 세워졌어.
⑤ 왕이 통치 방침과 불교의 가르침을 새긴 돌기둥을 세웠어.

21 (가) 시기에 로마에서 있었던 일로 옳은 것은? [3점]

① 제국이 동서로 분열되었다.
② 크리스트교가 국교로 인정되었다.
③ 그라쿠스 형제가 개혁을 실시하였다.
④ 콘스탄티누스 대제가 수도를 콘스탄티노폴리스로 옮겼다.
⑤ 옥타비아누스가 원로원으로부터 '아우구스투스'라는 칭호를 받았다.

22 다음 전시회에서 볼 수 있는 사진으로 가장 적절한 것은? [3점]

> ### 사진으로 보는 로마의 문화
>
> 우리 동아리에서는 로마의 문화유산을 다룬 전시회를 준비하였습니다. 많은 관심 부탁드립니다.
>
> ■ 일시: 20△△년 △월 △△일
> ■ 장소: 4층 다목적실
>
> ↑ 콜로세움

① 
↑ 간다라 불상

② 
↑ 아소카왕의 돌기둥

③ 
↑ 아피우스 가도

④ 
↑ 파르테논 신전

⑤ 
↑ 피라미드와 스핑크스

23

다음과 같은 주장을 한 제자백가의 사상가로 옳은 것은? [2점]

> 법을 엄격하게 적용해서 사회 질서를 바로잡아야 합니다.

① 공자　　② 노자　　③ 맹자
④ 묵자　　⑤ 한비자

24

100점 도전!

진의 시황제가 다음 정책을 시행한 목적으로 가장 적절한 것은? [4점]

> • 군현제의 전국적 실시
> • 도량형, 화폐, 문자 통일

① 흉노 세력을 견제하기 위해
② 자신의 권위를 과시하기 위해
③ 유교적 통치 이념을 확립하기 위해
④ 부족해진 국가 재정을 보충하기 위해
⑤ 넓어진 영토를 효율적으로 다스리기 위해

25

빈칸에 들어갈 보고서의 탐구 활동으로 가장 적절한 것은? [3점]

> **역사 탐구 보고서**
>
> ■ 탐구 주제: 중국 한대의 문화
> ■ 탐구 활동
> • 1모둠: 훈고학의 발달 배경 파악하기
> • 2모둠: 사마천의 『사기』 서술 방식 알아보기
> • 3모둠:

① 12표법의 내용 살펴보기
② 상좌부 불교의 교리 알아보기
③ 채륜이 개량한 제지술의 원리 조사하기
④ 개인주의와 세계 시민주의의 내용 정리하기
⑤ 아치와 돔의 원리를 활용한 건축물 찾아보기

26

잘 나와!

밑줄 친 '나'의 업적으로 옳지 <u>않은</u> 것은? [3점]

> 칼링가 왕국을 정복하면서 <u>나</u>는 돌이킬 수 없는 양심의 가책을 느꼈다. 그들의 땅이 시체로 뒤덮인 처참한 광경을 바라보면서 <u>나</u>의 가슴은 찢어졌다. …… 앞으로 <u>나</u>는 오직 진리에 맞는 법만을 실천하고 가르칠 것이다.

① 산치 대탑을 건립하였다.
② 마우리아 왕조의 전성기를 이끌었다.
③ 남부 일부를 제외한 인도 대부분 지역을 통일하였다.
④ 통치 방침과 불교의 가르침을 새긴 돌기둥을 세웠다.
⑤ 많은 사람의 구제를 강조하는 대승 불교를 장려하였다.

27

다음 내용을 포함하는 학습 주제로 가장 적절한 것은? [3점]

> • 초기 불교에서의 부처 표현 방식
> • 인도 문화와 헬레니즘 문화의 결합
> • 알렉산드로스의 동방 원정이 인도인에게 미친 영향

① 간다라 양식의 발달
② 시황제의 통일 정책
③ 한 무제의 정복 활동
④ 쿠샨 왕조의 중계 무역
⑤ 아소카왕과 상좌부 불교의 발전

28

다음에서 설명하는 인물로 옳은 것은? [2점]

> 한 무제가 흉노 정벌을 위해 대월지와 동맹을 맺고자 서역에 파견한 인물이다. 이 서역 파견으로 비단길이 개척되었다.

① 상앙　　② 왕망　　③ 장건
④ 장자　　⑤ 동중서

단답형 + 서술형 문제

29 밑줄 친 '명령'을 쓰시오. [3점]

> 예수가 창시한 크리스트교는 유일신 숭배를 이유로 황제 숭배를 거부하여 로마 제국에서 박해받았다. 하지만 크리스트교의 확산이 지속되자 콘스탄티누스 대제는 크리스트교를 공인하겠다는 <u>명령</u>을 내렸다.

( )

30 다음을 읽고 물음에 답하시오. [5점]

> 역사는 '(㉠)(으)로서의 역사'와 '기록으로서의 역사'라는 두 가지 의미를 담고 있다. '(㉠)(으)로서의 역사'는 객관적이고, ㉡ '기록으로서의 역사'는 주관적이다.

(1) ㉠에 공통으로 들어갈 내용을 쓰시오.

(2) 밑줄 친 ㉡의 이유를 서술하시오.

31 카스트제의 시행 목적과 특징을 각각 서술하시오.
[4점]

32 다음을 보고 물음에 답하시오. [5점]

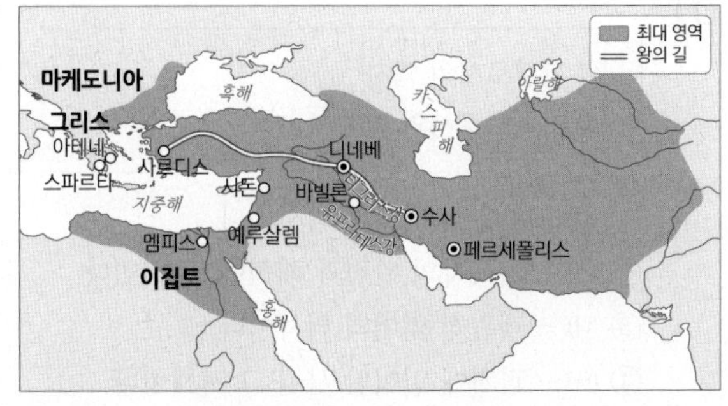

(1) 위 지도의 최대 영역을 차지하였던 왕을 쓰시오.

(2) (1) 왕이 도로 '왕의 길'을 건설한 이유를 <u>두 가지</u> 서술하시오.

33 다음을 읽고 물음에 답하시오. [5점]

> 주가 수도를 동쪽으로 옮긴 뒤 제후들이 세력 다툼을 벌이면서 (㉠)이/가 전개되었다. 이 시기에는 정치가 혼란스러웠지만 각국이 경쟁하면서 ㉡ 사회·경제적으로 큰 변화가 일어났다.

(1) ㉠에 들어갈 내용을 쓰시오.

(2) 밑줄 친 ㉡의 사례를 <u>두 가지</u> 서술하시오.

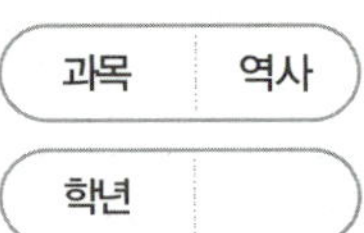

| 과목 | 역사 |
| 학년 | |

중간고사 2회

고사일 | 20 년 월 일

교시

점

01 (가), (나)에 대한 설명으로 옳은 것은? [3점]

> (가) 사실로서의 역사
> (나) 기록으로서의 역사

① (가) – 주관적 의미의 역사이다.
② (가) – 기록자의 관점과 해석이 담겨 있다.
③ (나) – 객관적 의미의 역사이다.
④ (나) – 과거에 일어난 사실 그 자체이다.
⑤ (나) – 역사가에 의해 선택된 과거의 사실이다.

02 누리집 검색의 결과 중 옳지 않은 답변은? [3점]

잘 나와!

> 질문 역사 학습의 목적에 대해 알려 주세요.
> ↳ ㉠ 자신의 정체성을 확인할 수 있습니다.
> ↳ ㉡ 삶의 지혜와 교훈을 얻을 수 있습니다.
> ↳ ㉢ 역사적 사고력과 비판력을 기를 수 있습니다.
> ↳ ㉣ 우리나라의 문화가 가장 우수하다는 것을 알 수 있습니다.
> ↳ ㉤ 부끄러운 과거를 반성하고 더 나은 미래로 나아갈 수 있습니다.

① ㉠   ② ㉡   ③ ㉢   ④ ㉣   ⑤ ㉤

03 ㉠, ㉡에 들어갈 자료로 옳은 것은? [2점]

구분	예시
문자 자료	㉠
비문자 자료	㉡

	㉠	㉡
①	포로 로마노	빗살무늬 토기
②	포로 로마노	『조선왕조실록』
③	『조선왕조실록』	로제타석
④	『조선왕조실록』	포로 로마노
⑤	라스코 동굴 벽화	빗살무늬 토기

04 빈칸에 들어갈 내용으로 적절하지 않은 것은? [3점]

> 사료에는 [ ] 때문에 역사가는 사료에 나오는 내용을 철저하게 검증해야 한다.

① 누락된 내용이 있을 수 있기
② 조작된 내용이 있을 수 있기
③ 과장된 내용이 들어갈 수 있기
④ 잘못된 내용이 들어갈 수 있기
⑤ 부정적인 내용이 들어갈 수 있기

05 다음 역사 자료를 보고 나눈 학생들의 대화 내용으로 가장 적절한 것은? [3점]

① 숫자로 된 정보를 정리한 자료야.
② 역사 사건을 일어난 순서대로 나타낸 자료야.
③ 사건의 상호 관계를 파악하는 데 편리한 자료야.
④ 영역, 이동 경로, 도시 등을 지도에 나타낸 자료야.
⑤ 같은 시기에 다른 곳에서 일어난 사건을 비교하기에 좋은 자료야.

06 다음 설명에 해당하는 역사 탐구의 절차로 옳은 것은? [2점]

> 연표, 도표, 지도 등 역사 자료를 활용하여 이해하기 쉬운 형태로 정리한 뒤 보고서, 카드 뉴스, 동영상 등 다양한 형태로 만들어 내용을 표현할 수 있다.

① 사료 비판   ② 자료 수집
③ 탐구 결과 정리   ④ 탐구 주제 선정
⑤ 자료 분석 및 해석

07 호모 에렉투스에 대한 설명으로 옳은 것은? [2점]

① 동굴 벽화를 남겼다.
② 직립 보행을 시작하였다.
③ 도구를 처음으로 사용하였다.
④ 불과 간단한 언어를 사용하기 시작하였다.
⑤ 죽은 자를 땅속에 묻는 풍습이 처음 나타났다.

08 밑줄 친 ㉠~㉢에 대한 설명으로 옳지 않은 것은? [3점]

> 학습 내용 정리
>
> ### 선사 문화의 발전
>
> 1. 구석기 시대
> (1) 도구: ㉠ 뗀석기 사용
> (2) 경제: 채집 생활, 수렵 생활
> (3) 사회: ㉡ 이동 생활, 평등 사회
> (4) 예술: 동굴 벽화나 ㉢ 조각상 제작

① ㉠ – 돌을 깨뜨리거나 떼어 내서 만들었다.
② ㉠ – 갈돌과 갈판, 돌보습 등이 대표적이다.
③ ㉡ – 동굴이나 바위 그늘, 막집에서 살았다.
④ ㉢ – 다산과 풍요 등을 기원하였다.
⑤ ㉢ – 대표적으로 빌렌도르프의 비너스가 있다.

09 다음 유물이 처음 만들어진 시대에 대한 설명으로 옳은 것은? [3점]

▲ 갈돌과 갈판

▲ 빗살무늬 토기

① 문자를 사용하여 기록하였다.
② 농경과 목축 생활이 시작되었다.
③ 지배층과 피지배층이 나뉘어져 있었다.
④ 청동으로 만든 제사용 도구를 사용하였다.
⑤ 사냥의 성공을 빌며 라스코 동굴 벽화를 그렸다.

10 4대 문명의 공통점으로 적절하지 않은 것은? [2점]

① 청동기를 제작하였다.
② 문자를 만들어 사용하였다.
③ 큰 강 유역에서 발생하였다.
④ 계급이 없는 평등한 사회였다.
⑤ 여러 부족이 통합되는 과정에서 도시 국가가 형성되었다.

11 다음에서 설명하는 민족으로 옳은 것은? [2점]

> • 서아시아 지역에서 우르 등 여러 도시 국가를 세웠다.
> • 도시 중앙에 지구라트라는 신전을 지어 신에게 제사를 지냈다.

① 수메르인
② 아리아인
③ 아무르인
④ 헤브라이인
⑤ 히타이트인

12 다음 자료를 읽고 나눈 대화 내용으로 적절한 것을 〈보기〉에서 고른 것은? [4점]

> 196조 귀족이 귀족의 눈을 멀게 하면 그의 눈도 멀게 한다.
> 198조 귀족이 평민의 눈을 멀게 하거나 뼈를 부러뜨리면 은 1미나를 지불해야 한다.
> 199조 귀족이 다른 사람 노예의 눈을 멀게 하거나 뼈를 부러뜨리면 그 노예 가격의 반을 지불해야 한다.

> ┤ 보기 ├
> ㄱ. 함무라비왕이 만들었어.
> ㄴ. 내세적 세계관이 반영되어 있어.
> ㄷ. 신분에 따라 처벌 내용이 달랐어.
> ㄹ. 법조문이 파피루스에 기록되어 있어.

① ㄱ, ㄴ
② ㄱ, ㄷ
③ ㄴ, ㄷ
④ ㄴ, ㄹ
⑤ ㄷ, ㄹ

13 ㉠, ㉡에 들어갈 내용으로 옳은 것은? [2점]

> 이집트 문명은 (㉠) 유역에서 발생하였다. 이집트의 왕 파라오는 살아 있는 신으로 여겨졌다. 또한 이집트인들은 (㉡)를 만들어 파피루스에 기록하였다.

	㉠	㉡
①	나일강	상형 문자
②	나일강	쐐기 문자
③	황허강	상형 문자
④	티그리스강	상형 문자
⑤	티그리스강	쐐기 문자

14 페니키아에 대한 설명으로 옳은 것은? [2점]

① 유대교를 창시하였다.
② 태양력을 만들어 사용하였다.
③ 알파벳의 기원이 되는 표음 문자를 사용하였다.
④ 넓은 영토를 통치하기 위해 봉건제를 실시하였다.
⑤ 나라의 중대사가 있을 때 왕이 점을 쳐 갑골문으로 기록하였다.

15 다음 제도를 시행한 나라에 대한 설명으로 옳은 것은? [3점]

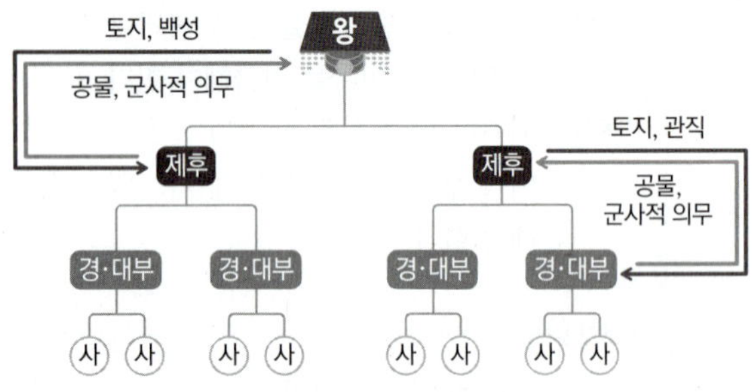

① 함무라비 법전을 사용하였다.
② 흉노를 견제하고자 만리장성을 쌓았다.
③ 미라를 보존하기 위해 피라미드를 건설하였다.
④ 유목 민족의 침입을 받아 수도를 낙읍으로 옮겼다.
⑤ 유교 경전의 옛글자를 해석하는 훈고학이 발달하였다.

16 빈칸에 들어갈 왕의 재위 시기에 볼 수 있는 모습으로 적절하지 않은 것은? [3점]

> **세계사 인물 사전**
>
> 아케메네스 왕조 페르시아의 전성기를 이끈 인물로, 지중해 연안에서 인더스강까지 영토를 넓혔다.

① 주의 행정을 총괄하는 총독
② 조로아스터교 사원에서 기도하는 신자
③ '왕의 귀'로 파견되어 총독을 감찰하는 관리
④ '왕의 길'이라는 도로 건설에 참여하는 농민
⑤ 불교의 가르침이 새겨진 돌기둥을 세우는 백성

17 다음에서 설명하는 인물로 옳은 것은? [2점]

> 기원전 6세기에 아테네에서 재산을 가진 일부 평민이 정치에 참여할 수 있게 하였다.

① 솔론
② 카이사르
③ 페리클레스
④ 알렉산드로스
⑤ 클레이스테네스

18 (가) 시기에 그리스에서 있었던 일로 옳은 것은? [3점]

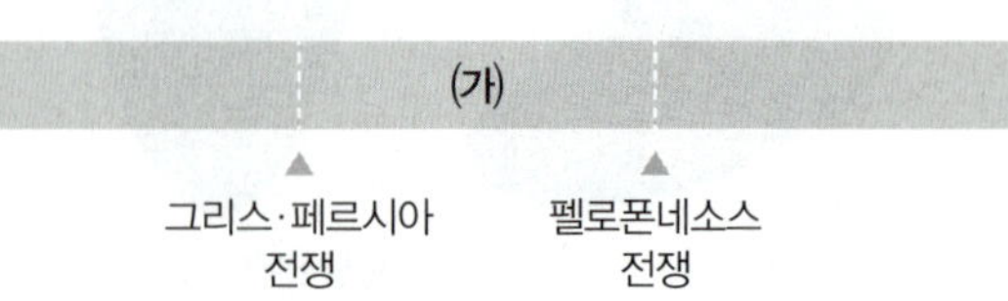

① 에게 문명이 몰락하였다.
② 델로스 동맹이 결성되었다.
③ 클레이스테네스가 권력을 잡았다.
④ 마케도니아의 알렉산드로스가 그리스를 침입하였다.
⑤ 아테네의 정치 체제가 왕정에서 귀족정으로 바뀌었다.

19 다음 유적을 남긴 나라의 문화에 대한 설명으로 옳지 <u>않은</u> 것은? [3점]

파르테논 신전은 이 나라의 수호신인 아테나를 모시는 신전으로, 페리클레스 시대에 건설되었다. 조화와 균형의 미를 찾아볼 수 있으며 아크로폴리스에 위치해 있다.

① 역사가 헤로도토스가 활약하였다.
② 호메로스의 『일리아드』가 저술되었다.
③ 조각 「원반 던지는 사람」이 제작되었다.
④ 소크라테스가 진리의 절대성을 주장하며 소피스트를 비판하였다.
⑤ 수많은 아치들을 연결하여 지은 원형 경기장인 콜로세움이 건설되었다.

100점 도전!

20 다음 상황이 배경이 되어 일어난 일로 옳은 것은? [4점]

로마는 카르타고와 지중해 해상권을 놓고 세 차례 전쟁을 벌였고, 전쟁에서 승리하였다. 전쟁을 거치면서 로마의 귀족들은 토지를 많이 차지하여 노예를 이용한 대농장(라티푼디움)을 경영하였다. 반면 자영 농민들은 토지를 잃고 몰락하였다.

① 평민회가 세워졌다.
② 로마에서 공화정이 수립되었다.
③ 평민의 대표인 호민관이 처음 선출되었다.
④ 그라쿠스 형제가 자영 농민을 위한 개혁을 추진하였다.
⑤ 귀족들이 원로원을 중심으로 집정관 등 주요 관직을 독차지하였다.

21 로마 제국의 발전과 쇠퇴 과정을 일어난 순서대로 나열한 것은? [3점]

㈎ 제국이 동서로 분열되었다.
㈏ 로마의 수도가 콘스탄티노폴리스로 옮겨졌다.
㈐ 옥타비아누스가 '아우구스투스'의 칭호를 받았다.
㈑ 디오클레티아누스가 제국을 4분할한 뒤 네 명의 통치자가 공동으로 다스리게 하였다.

① ㈎ - ㈏ - ㈐ - ㈑　　② ㈏ - ㈐ - ㈑ - ㈎
③ ㈏ - ㈑ - ㈐ - ㈎　　④ ㈐ - ㈑ - ㈎ - ㈏
⑤ ㈐ - ㈑ - ㈏ - ㈎

22 학생이 발표하는 시대에 대한 설명으로 옳은 것은? [3점]

① 군현제가 실시되었다.
② 황건적의 난이 일어났다.
③ 해시계와 지진계가 발명되었다.
④ 유학 교육 기관인 태학이 설립되었다.
⑤ 철제 농기구와 무기를 사용하기 시작하였다.

23 밑줄 친 ㉠~㉤ 중 옳지 <u>않은</u> 것은? [3점]

춘추 전국 시대의 제후국 중 하나인 ㉠ 진(秦)이 중국을 통일하였다. ㉡ 진의 왕은 자신의 권위를 높이기 위해 '황제'의 칭호를 사용하고, 자신을 '시황제'로 칭하였다. 시황제는 넓어진 영토를 효율적으로 다스리기 위해 ㉢ 전국에 봉건제를 실시하였고, ㉣ 지역마다 달랐던 도량형·화폐·문자를 통일하였다. 또한 그는 ㉤ 자신의 정책에 반대하는 사상이나 학자들을 탄압하였다.

① ㉠　　② ㉡　　③ ㉢　　④ ㉣　　⑤ ㉤

24 (가)에 들어갈 내용으로 가장 적절한 것은?　　　[3점]

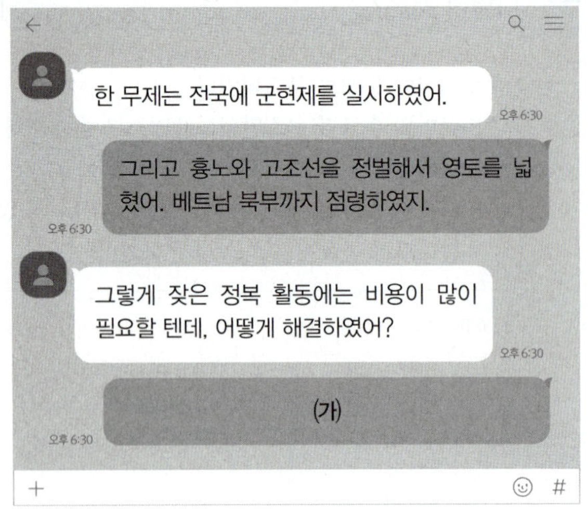

① 장안으로 수도를 옮겼어.
② 소금, 철에 대한 전매 제도를 시행하였어.
③ 재산 정도에 따라 참정권을 차등 분배하였어.
④ 처음으로 백성에게 철제 농기구를 사용하게 하였어.
⑤ 각 지역마다 달랐던 도량형, 화폐, 문자 등을 통일하였어.

25 지도에서 최대 영역을 차지한 나라의 문화에 대한 설명으로 옳은 것은?　　　[3점]

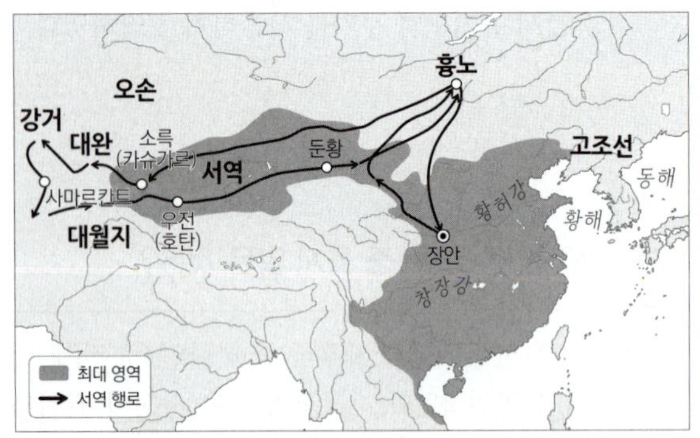

① 사마천이 『사기』를 저술하였다.
② 성문법인 12표법이 제정되었다.
③ 아후라 마즈다를 섬기는 종교가 확산되었다.
④ 제자백가라고 불린 여러 학파와 사상가가 등장하였다.
⑤ 아치와 돔의 원리를 활용한 거대한 건축물들이 건설되었다.

26 (가), (나)에 대한 설명으로 옳은 것은?　　　[3점]

> (가) 쿠샨 왕조　　　　　(나) 마우리아 왕조

① (가) – 산치 대탑이 건립되었다.
② (가) – 칼링가 왕국 정복 이후 왕이 돌기둥을 세웠다.
③ (나) – 대승 불교가 발전하였다.
④ (나) – 카니슈카왕 때 전성기를 맞이하였다.
⑤ (가), (나) – 왕들이 불교를 전파하는 데 힘썼다.

[27 ~ 28] 다음을 읽고 물음에 답하시오.

> 마케도니아의 왕 알렉산드로스는 그리스, 이집트, 페르시아를 정복한 후 인더스강 유역까지 진출하여 대제국을 건설하였다. 알렉산드로스는 ㉠ 동서 융합을 위한 정책을 펼쳤으며, ㉡ 그의 동방 원정은 여러 지역에 영향을 미쳤다.

27 밑줄 친 ㉠에 해당하는 사례로 옳지 <u>않은</u> 것은? [3점]

① '왕의 길'이라는 도로를 건설하였다.
② 각지에 알렉산드리아를 건설하였다.
③ 그리스인에 대한 이주 정책을 시행하였다.
④ 정복지 출신의 사람을 관리로 선발하였다.
⑤ 그리스인과 페르시아인 간의 결혼을 장려하였다.

28 밑줄 친 ㉡의 영향을 받아 인도에서 나타난 변화로 가장 적절한 것은?　　　[3점]

① 고타마 싯다르타가 불교를 창시하였다.
② 부처를 보리수, 수레바퀴 등으로 표현하였다.
③ 하라파, 모헨조다로 등의 도시가 발달하였다.
④ 상좌부 불교가 실론, 동남아시아로 전파되었다.
⑤ 인도 문화와 헬레니즘 문화가 결합한 간다라 양식이 발달하였다.

단답형 + 서술형 문제

29 다음 내용을 원통에 새긴 나라를 쓰시오. [3점]

> 나는 키루스, 위대한 왕, 정정당당한 왕, 사방의 왕이며 …… 바빌론 거주민에 대하여는 …… 넘겨받았던 도시들을 돌려주었다. 이전의 원주민(유대인)을 모아서 그들의 원래 땅으로 돌려보냈다. …… 아후라 마즈다의 뜻에 따라 말하니 살아 있는 한 너희의 전통과 종교를 존중하노라.

(   )

30 다음을 읽고 물음에 답하시오. [5점]

(1) 밑줄 친 '이 자료'를 쓰시오.

____

(2) (1) 자료의 장점을 <u>두 가지</u> 서술하시오.

____

____

31 메소포타미아 문명과 이집트 문명에서 나타난 세계관을 비교하여 서술하시오. [4점]

____

____

____

32 다음을 읽고 물음에 답하시오. [5점]

> **(㉠)의 등장과 확산**
>
> 1. 성립: 로마의 지배를 받던 팔레스타인 지역에서 예수 등장 → 예수의 가르침이 제자들에 의해 전파되면서 성립
> 2. 발전: 여성, 하층민, 노예 등을 중심으로 확산 → 박해를 받음 → 콘스탄티누스 대제의 밀라노 칙령으로 공인 → 국교로 인정

(1) ㉠에 들어갈 종교를 쓰시오.

____

(2) (1) 종교가 박해받은 이유를 서술하시오.

____

____

____

33 다음을 읽고 물음에 답하시오. [5점]

> 한 무제는 흉노 정벌을 위해 대월지와 동맹을 맺고자 장건을 서역에 보냈다. 비록 대월지와 동맹은 맺지 못했지만 그 과정에서 서역으로 가는 길과 주변에 대해 알게 되었고, 이는 (㉠)이/가 개척되는 계기가 되었다. (㉠)이/가 개척된 이후 상인들의 왕래가 많아져 동서 교류가 더욱 활발해졌다.

(1) ㉠에 공통으로 들어갈 경로를 쓰시오.

____

(2) (1) 경로를 통한 동서 교류의 사례를 <u>두 가지</u> 서술하시오.

____

____

01 동아시아 문화의 형성

✚ 위진 남북조 시대의 시작

1. 위진 남북조 시대의 전개: 삼국 시대(위·촉·오) → 진(晉)의 통일 → 5호 16국 시대와 동진 → 남북조 시대

2. 위진 남북조 시대의 발전

정치	• 북조: 북위 효문제의 ❶ ☐☐ ☐☐ 실시(선비족의 복장 및 언어 금지, 한족과의 결혼 권장) → 북방 민족과 한족의 문화 융합 • 남조: 한족의 선진 농업 기술을 이용하여 강남 개발
사회	❷ ☐☐☐☐☐ 실시 → 지방 호족이 중앙 정부로 나아가 관직을 독차지하면서 문벌 귀족 사회 형성
문화	불교 발전(대규모 석굴 사원 건립), 도교·청담 사상 유행, 귀족 문화 발달(도연명, 고개지, 왕희지 등)

✚ 수와 당의 중국 통일

1. 수의 중국 통일

(1) **성립:** 양견(문제)이 중국 통일(589)

(2) **발전**

문제	과거제 시행(문벌 귀족의 관직 독점 방지, 왕권 강화), 토지 제도와 군사 제도 정비
양제	화북 지방과 강남 지방을 연결하는 ❸ ☐☐☐을/를 완성함 → 남북 간의 교류가 활발해짐

(3) **멸망:** 대규모 토목 공사에 과도한 백성의 노동력 동원, 여러 차례 고구려 원정 실패 → 각지의 반란으로 멸망(618)

✰✰ **2. 당의 성립과 발전**

(1) **성립:** 이연(고조)이 장안을 수도로 하여 건국(618)

(2) **발전**

태종	수의 제도를 이어받아 ❹ ☐☐ 체제 정비, 동돌궐 정벌
고종	서돌궐 정복, 신라와 연합하여 백제와 고구려를 멸망시킴

(3) **통치 체제 정비:** 중앙은 3성 6부 운영, 지방은 주현 설치, 균전제·조용조·부병제 실시

(4) **멸망:** 8세기 중반 안사의 난으로 절도사들의 세력 강화 → 황소의 난을 계기로 절도사 세력에게 멸망(907)

3. 당의 문화

(1) **국제적인 문화:** 수도 ❺ ☐☐이/가 국제 도시로 번성, 외래 종교 전래(경교, 이슬람교, 조로아스터교 등)

(2) **귀족적인 문화:** 문학(두보와 이백의 시), 서예(구양순), 그림(왕유의 수묵 산수화) 등 발달

✚ 만주와 한반도, 일본의 고대 국가 성장

1. 만주와 한반도의 고대 국가 형성: 고조선 건국 → 고구려·백제·신라가 중앙 집권 국가로 발전(삼국 시대) → 신라의 삼국 통일 이후 발해 건국(남북국 시대)

2. 일본 고대 국가의 성립과 발전

야요이 문화	기원전 3세기경 성립, 청동기·철기 사용
야마토 정권	• 아스카 시대: 아스카 문화 발전 • ❻ ☐☐☐ ☐☐(645): 통치 체제 정비
나라 시대	헤이조쿄(나라)로 천도, 불교 발전
헤이안 시대	헤이안쿄(교토)로 천도, ❼ ☐☐ 문화 발달

✚ 동아시아 문화권의 형성

1. 배경: 당의 세력 강화와 교류 확대 → 동아시아 국가의 사신, 유학생, 승려 등이 교류하는 과정에서 형성됨

2. 공통 요소: 한자, 유교, 율령, 불교 등

3. 특징: 공통적인 문화 요소를 각국의 전통과 특성에 맞게 독자적으로 발전시켜 나감

02 크리스트교와 이슬람교의 확산

✚ 사산 왕조 페르시아의 성립과 발전

1. 성립: 3세기 초 아케메네스 왕조 페르시아의 부흥을 내세우며 성립

2. 발전: ❽ ☐☐☐☐☐☐☐을/를 국교로 삼음, 페르시아어를 공용어로 사용, 지방에 총독 파견, 중계 무역으로 번영, 금속·유리·직물 공예 발달

✚ 굽타 왕조의 성립과 발전

1. 굽타 왕조의 성립: 찬드라굽타 1세가 인도 통일 → 찬드라굽타 2세 때 전성기를 맞음(영토 확장, 해상 무역으로 번영)

✰✰ **2. 힌두교의 등장:** 브라만교를 바탕으로 불교와 인도의 민간 신앙 융합 → 카스트제에 따른 신분 차별 인정, 카스트에 따른 의무와 규범을 담은 ❾ ☐☐ ☐☐ 정비

3. 인도 고전 문화의 발전: 산스크리트 문학 발달, 간다라 양식과 인도 고유의 양식이 어우러진 ❿ ☐☐ ☐☐ 발달, 숫자 '0(영)' 제작, 자전설 증명

✚ 이슬람교의 성립과 이슬람 세계의 성장

✰✰ **1. 이슬람교의 성립:** 7세기 초 무함마드가 정립 → 메카 귀족들의 탄압 → ⓫ ☐☐☐(메카에서 메디나로 이주) → 무함마드가 메카 정복 후 주변 지역 통일

☆☆ 2. 이슬람 세계의 성장

정통 칼리프 시대	무함마드 사후 선출된 네 명의 칼리프가 이슬람 공동체를 이끎, 사산 왕조 페르시아 정복, 정복민들이 이슬람교로 개종 시 지즈야 면제
우마이야 왕조	왕조의 정통성을 놓고 [12] ☐☐☐과/와 수니파가 대립, 유럽의 이베리아반도까지 영토 확장, 아랍인 우대 정책 실시
아바스 왕조	민족 차별 정책 폐지, [13] ☐☐☐ ☐☐에서 당에 승리하여 동서 교역로 차지, 수도 바그다드 번영 → 13세기 몽골의 침입으로 멸망

3. 이슬람 문화권의 형성

(1) 이슬람 제국의 국제 교류와 경제 성장: 국가적 도로망 정비 및 상업 활동 지원 → 비단길과 바닷길을 이용하여 교역 주도 → 동서 문화 교류 촉진, 이슬람교 확산

(2) 이슬람 문화권의 형성

① 사회: 경전인 [14] ☐☐이/가 일상생활의 규범이 됨

② 문화: 설화 문학 유행, 모스크 발달, 자연 과학 발전

◆ 유럽 세계의 변화

프랑크 왕국	카롤루스 대제 때 전성기를 누림(서로마 황제의 관 수여) → 카롤루스 대제 사후 세 나라로 분열
비잔티움 제국	유스티니아누스 황제 때 전성기를 누림(『유스티니아누스 법전』 편찬, 성 소피아 대성당 건립) → 성상 숭배 금지를 계기로 동서 교회 분열

---

03 서아시아와 유럽의 교류와 갈등

◆ 서유럽 봉건 사회의 성립

☆☆ 1. 봉건 질서의 성립: 지방 분권적 정치 체제 확립

(1) 주종 관계 형성: 주군과 봉신 간 쌍무적 계약 관계

(2) [15] ☐☐ 발달: 봉신(영주)의 봉토 운영 방식(주군의 간섭 없이 다스림), 농민인 농노가 대다수

2. 교황과 황제의 대립: 카노사의 굴욕(1077) → 보름스 협약(1122) → 교황권 강화(13세기 절정에 이름)

---

3. 크리스트교 중심의 서유럽 문화

학문	신학 중심, 스콜라 철학 유행(『신학 대전』에서 집대성)
교육	12세기 이후 곳곳에 대학 설립(학생 또는 교사가 자치적으로 운영, 중세의 학문 발달에 기여)
건축	• 로마네스크 양식: 둥근 천장, 반원형 아치 • [16] ☐☐☐☐: 뾰족한 탑, 스테인드글라스
문학	기사도 문학 유행(『아서왕 이야기』, 『롤랑의 노래』 등)

◆ 십자군 전쟁과 중세 서유럽 사회의 변화

☆☆ 1. 십자군 전쟁

(1) 전개: 셀주크 튀르크가 [17] ☐☐☐☐ 점령, 비잔티움 제국 위협 → 교황의 성지 회복 호소(클레르몽 공의회) → 십자군 전쟁 전개 → 성지 회복 실패

(2) 영향: 교황권 약화, 제후와 기사 세력 약화, 상대적 왕권 강화, 지중해 무역권의 성장과 문화 교류 확대

2. 중세 서유럽 사회의 변화

(1) 도시 발달: 길드 조직, 도시의 자치권 획득

(2) 장원 해체: 흑사병 유행(→ 노동력 감소), 농민 반란 → 농민의 지위 상승

3. 교황권의 쇠퇴: [18] ☐☐☐ ☐☐ → 교황청이 로마로 돌아간 뒤에도 로마와 아비뇽에서 각각 교황 선출(교회의 대분열 시대) → 로마 교황과 아비뇽 교황이 서로 정통성을 내세우며 대립 → 교황의 권위 하락

4. 중앙 집권 국가의 등장: 백년 전쟁, 장미 전쟁 발발 → 중앙 집권 국가의 발판 마련

◆ 유럽의 르네상스

이탈리아 르네상스	• [19] ☐☐☐☐을/를 바탕으로 한 인간 중심의 그리스·로마 문예 부흥 운동 • 문학(보카치오), 미술(보티첼리, 미켈란젤로), 건축(르네상스 양식 발달)
알프스 이북 르네상스	현실 사회와 교회의 문제점 비판(에라스뮈스의 『우신예찬』, 토머스 모어의 『유토피아』 등)
과학과 기술 발전	지동설 주장, [20] ☐☐☐☐☐이/가 활판 인쇄술 발명

▶ 정답 확인하기 ◀

❶ 한화 정책	❷ 9품중정제	❸ 대운하	❹ 율령
❺ 장안	❻ 다이카 개신	❼ 국풍	❽ 조로아스터교
❾ 마누 법전	❿ 굽타 양식	⓫ 헤지라	⓬ 시아파
⓭ 탈라스 전투	⓮ 쿠란	⓯ 장원	⓰ 고딕 양식
⓱ 예루살렘	⓲ 아비뇽 유수	⓳ 인문주의	⓴ 구텐베르크

▶ 스스로 점검하기 ◀

맞은 개수	이렇게 해 봐
10개 이하	진도 교재로 돌아가 복습해 봐!
11 ~ 15개	틀린 문제의 답을 다시 확인하고 **중간고사·기말고사**를 풀도록 해!
16 ~ 20개	자신감을 가지고 **중간고사·기말고사**를 풀어 봐. 학교 시험 100점 도전!

01 유라시아 교역 및 문화 교류의 확대

✚ 송의 발전과 북방 민족의 성장

1. 송의 건국과 변화

(1) 태조(조광윤)의 정책: 송 건국, 황제권 강화(절도사 권한 약화, ❶ ☐☐☐☐ 정책 실시, 전시 제도 도입)

(2) 왕안석의 개혁: 문치주의 정책으로 송의 군사력 약화 → 거란·서하 등의 압박에 비단·은 제공 → 재정 악화 → 왕안석의 개혁 시도(실패)

(3) 정치 변화: 금의 공격으로 남쪽으로 이동(남송 성립)

2. 북방 민족의 성장

거란(요)	야율아보기가 거란 건국, 발해 정복, 국호를 요로 변경, 고려 공격, 송과 대립
서하	탕구트가 건국, 동서 무역로(비단길) 차지
금	만주 지역에서 여진이 건국, 송과 연합하여 요를 정벌, 송을 남쪽으로 몰아냄

3. 송의 경제, 사회, 대외 교류

(1) 경제: 모내기법 도입, 상공업 발달, 지폐(교자) 사용

(2) 사회: 과학 기술의 발전(화약 무기, 나침반, 활판 인쇄술 등), 서민 문화의 성장, ❷ ☐☐이/가 성리학 완성

(3) 대외 교류: 동아시아·인도양 교역권의 성장, 주요 항구에 시박사 설치

✚ 몽골 제국의 성립과 동서 문화 교류의 확대

1. 몽골 제국의 성립과 원의 중국 지배

몽골 제국	❸ ☐☐☐☐☐이/가 몽골 제국 수립(1206) → 정복 활동으로 대제국 건설 → 여러 울루스가 분할 통치
원	• 쿠빌라이 칸: 대도(베이징)로 천도, 국호를 원으로 변경, 남송 정벌, 중국 지배 • 통치 정책: 중국의 제도 활용, 공용의 ❹ ☐☐☐ 문자 제작, 몽골 제일주의로 민족 차별 정책 실시

2. 원의 경제, 사회, 대외 교류

(1) 경제: 농업 발달, 면직물 산업 발달(목화 생산 증가)

(2) 사회: 구어체 소설, 희곡, 잡극 등 서민 문화 유행

(3) 대외 교류

유라시아·인도양 교역권	육로에 일정 거리마다 ❺ ☐☐ 설치, 대운하 확장 등 교통망 정비, 해상 무역 발달 → 초원길, 비단길, 바닷길 연결
동서 문화 교류	유럽인의 원 방문, 이슬람교·티베트 불교 등 다양한 종교 공존, 원의 이슬람 지식 수용, 중국의 과학 기술이 서양에 전래됨

02 동아시아와 인도 지역 질서의 변화

✚ 명·청의 성립과 발전

1. 명의 성립과 발전

성립	주원장(태조)이 금릉(난징)을 수도로 건국(1368) → 대도 점령, 원을 몰아내고 한족 왕조 부활
발전	• 홍무제: 재상제 폐지, 이갑제 실시, 육유 반포, 과거제와 학교 교육 정비 • 영락제: 자금성 건설, 대도(베이징)로 수도 이전, 대월(베트남) 정복, ❻ ☐☐의 함대 해외 파견
멸망	이자성의 농민군에 멸망(1644)

2. 청의 성립과 발전

성립	누르하치(태조)가 후금 건국(1616) → 홍타이지(태종)가 청으로 국호 변경(1636) → 베이징 점령, 중국 차지
발전	강희제·옹정제·건륭제 때 전성기, ❼ ☐☐☐ 때 최대 영토 확보
한족 지배	• 회유책: 만한 병용제, 과거제 실시, 유학 교육 장려 • 강압책: 한족에게 변발·호복 강요, 청 비판 금지

3. 명·청의 경제, 사회, 대외 교류

(1) 경제: 상품 작물 재배, 수공업 발달

(2) 사회: 유교적 소양을 갖춘 신사가 사회 주도, 서민 문화 성장, 양명학(명)·고증학(청) 발전

(3) 대외 교류

무역 양상의 변화	• 명대: 해금 정책 → 제한적 민간 무역 허용 • 청대: 18세기 중반 이후 ❽ ☐☐ 무역 실시
은 경제 수립	서양 및 일본 상인과의 교류에서 많은 양의 은이 중국에 유입 → 은을 화폐로 사용하거나 정부가 은으로 세금 징수
문물 교류	선교사가 서양의 학문과 기술을 중국에 소개, 중국의 문화가 유럽에 전파

✚ 일본 무사 정권의 성립

1. 무사 정권의 성립과 변화

가마쿠라 막부	최초의 무사 정권, 일본의 ❾ ☐☐☐ 시행, 원의 침략을 막아 내는 과정에서 쇠퇴
무로마치 막부	중국과 조공·책봉 관계 회복
전국 시대	다이묘(영주)들이 100여 년간 세력 경쟁 → 도요토미 히데요시가 전국 시대 통일
에도 막부	도쿠가와 이에야스가 수립(1603), 쇼군은 직할지만 다스리고 지방의 다이묘에게 영지(번) 분할, ❿ ☐☐☐☐☐ 제도 시행

2. 에도 막부의 경제, 사회, 대외 교류

(1) **경제·사회**: 농업 생산량 증대, 수공업 발전 → 도시 상공업자인 조닌 성장 → 가부키 등 ⑪▢▢ ▢▢ 발달

(2) **대외 교류**: 17세기 초 크리스트교 금지, 해외 무역 통제

조선	통신사를 통해 교류
중국, 네덜란드 상인	⑫▢▢▢▢ 개항(데지마에서 교역), 네덜란드로부터 서양의 학문(난학)과 기술 수용

◆ 인도 무굴 제국의 발전

성립	바부르가 델리를 정복하고 세움(1526)
발전	• 아크바르 황제: 인도 북부 대부분 차지, 종교의 다양성을 존중하는 ⑬▢▢▢▢ 실시 • 아우랑제브 황제: 인도 남부를 정복하여 최대 영토 차지, 이슬람교 이외의 종교 탄압
문화	인도·이슬람 문화 발달, 시크교 발전, 페르시아어와 우르두어 사용, 타지마할 건립, 무굴 회화 발달

03 서아시아와 유럽 사회의 변화

◆ 오스만 제국의 성장

1. 오스만 제국의 발전: 오스만이 튀르크 부족을 모아 세움(1299) → 메흐메트 2세 때 비잔티움 제국 정복, 콘스탄티노폴리스를 수도로 삼음 → 이집트 정복 과정에서 술탄 칼리프 제도 확립 → ⑭▢▢▢▢▢ ▢▢ 때 헝가리 정복, 빈 공격, 유럽 연합 함대 격파(전성기)

2. 오스만 제국의 사회, 경제, 문화

사회	⑮▢▢▢▢(독자적인 종교 공동체) 구성, 예니체리 육성 등 관용 정책 실시
경제	홍해와 지중해를 거쳐 아라비아 및 유럽과 교류, 수도 ⑯▢▢▢▢이/가 국제 도시로 성장
문화	튀르크 전통문화와 이슬람·비잔티움·페르시아 문화의 융합, 모스크 발달(술탄 아흐메트 사원), 세밀화 유행, 천문학·수학·지리학 등 발달

◆ 새로운 항로의 개척

1. 배경: 동방에 대한 유럽인의 호기심 증가, 동방과의 직접적인 교역로 모색, 천문학·지리학 등 발달, 나침반 등의 항해 도구와 선박 제조 기술의 발달

2. 전개

포르투갈	• 바르톨로메우 디아스: 희망봉에 도착 • 바스쿠 다가마: 인도의 캘리컷에 도착
에스파냐	• 콜럼버스: 아메리카의 서인도 제도에 도착 • ⑰▢▢▢ 일행: 최초로 세계 일주 성공

3. 영향

세계 교역망의 확립	삼각 무역 발전, 유럽 나라들의 아시아 진출(동인도 회사 설립)
유럽 사회의 변화	아메리카의 작물 전래, 금·은의 유입으로 물가 상승(가격 혁명), 금융업 발전(상업 혁명)
아메리카의 변화	고대 문명 파괴, 원주민들이 가혹한 노동과 전염병 등으로 희생
아프리카의 변화	아메리카 원주민 수 감소 → 노예 무역 발달 → 인구 감소, 성비 불균형, 부족 간의 갈등 심화

◆ 재정·군사 국가의 등장

1. 종교 개혁과 종교 전쟁

(1) **종교 개혁**: ⑱▢▢(「95개조 반박문」 발표), 칼뱅(예정설 주장), 영국 국교회 성립

(2) **종교 전쟁**: 구교와 신교의 대립 → 30년 전쟁 발발 → 베스트팔렌 조약 체결로 종결

2. 재정·군사 국가: 상비군 중심, 행정 기구와 관료제 확대, 재정 확보와 경제 발전을 위해 ⑲▢▢▢▢ 정책 실시

영국	• 엘리자베스 1세: 에스파냐의 무적함대 격퇴, 동인도 회사 설립 → 젠트리의 성장 • 청교도 혁명, 명예혁명 발생 → 입헌 군주제 확립
프랑스	⑳▢▢ ▢▢▢▢이/가 왕권신수설 주장, 베르사유 궁전 건립, 중상주의 정책 추진, 상비군 강화

3. 과학과 철학의 발전: '과학 혁명'(뉴턴 등) → 17세기 근대 철학 빌딜(데카르트, 로크) → 18세기 계몽사상 등장

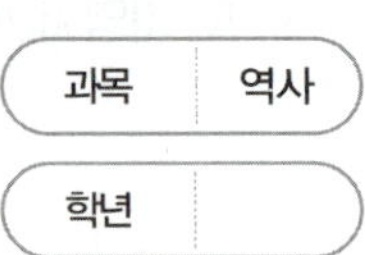

과목 역사
학년

기말고사 1회

고사일 | 20   년   월   일

교시

점

---

01 (가), (나) 나라에 대한 설명으로 옳지 <u>않은</u> 것은? [3점]

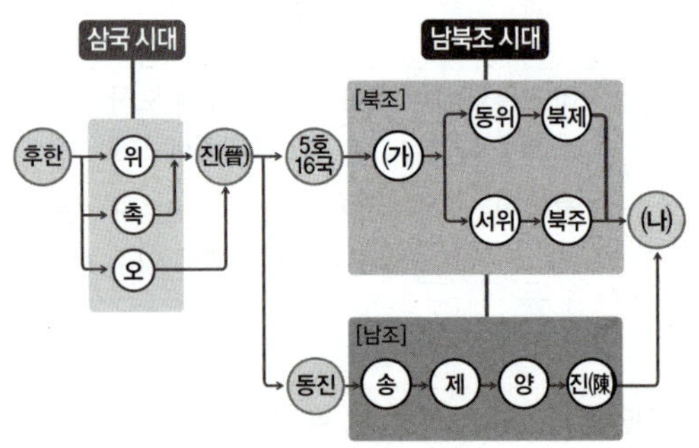

① (가) – 한화 정책을 실시하였다.
② (가) – 국가 주도로 불경을 번역하였다.
③ (나) – 대운하를 건설하였다.
④ (나) – 윈강 석굴을 건립하였다.
⑤ (나) – 여러 차례 고구려 원정을 떠났다.

02 당에서 있었던 일들을 일어난 순서대로 나열한 것은? [3점]

> (가) 안사의 난이 일어났다.
> (나) 태종이 동돌궐을 정복하였다.
> (다) 고조가 장안을 수도로 정하였다.
> (라) 고종이 백제와 고구려를 멸망시켰다.

① (가) – (나) – (다) – (라)   ② (가) – (라) – (나) – (다)
③ (나) – (가) – (라) – (다)   ④ (다) – (가) – (나) – (라)
⑤ (다) – (나) – (라) – (가)

03 ㉠, ㉡에 들어갈 나라로 옳은 것은? [2점]

> 7세기에 (㉠)은/는 당을 한반도에서 몰아내고 삼국을 통일하였다. 한편, 고구려 유민들은 옛 고구려 땅에서 (㉡)을/를 건국하였다. 이로써 한반도에서는 남북국 시대가 전개되었다.

	㉠	㉡		㉠	㉡
①	발해	백제	②	발해	신라
③	신라	발해	④	신라	백제
⑤	백제	발해			

04 (가) 시기에 일본에서 있었던 일로 옳은 것은? [3점]

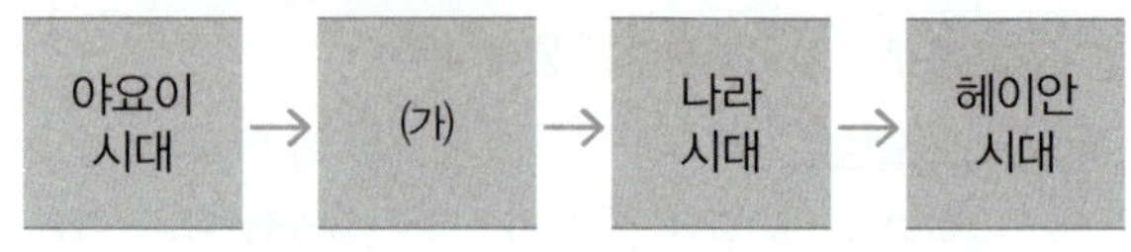

① 수도가 헤이안쿄로 바뀌었다.
② '일본'이라는 국호가 처음 사용되었다.
③ 주택과 관복에서 국풍 문화가 드러났다.
④ 한자를 변형한 가나 문자가 만들어졌다.
⑤ 도다이지를 비롯한 대규모 사찰이 건립되었다.

05 동아시아 문화권에 대한 설명으로 옳지 <u>않은</u> 것은? [2점]

① 베트남과 일본을 포함한다.
② 당의 문화가 발전하며 형성되었다.
③ 불교, 유교, 율령, 한자를 공유한다.
④ 당의 활발한 국제 교류로 발전하였다.
⑤ 동아시아 각국은 당의 제도를 그대로 수용하였다.

잘 나와!

06 ㉠에 들어갈 종교에 대한 설명으로 옳은 것은? [3점]

> 굽타 왕조의 왕들은 (㉠)의 주요 신인 비슈누가 왕의 모습으로 세상에 나타났다고 주장하며 자신의 권위를 높였다.

① 석가모니가 창시하였다.
② 많은 사람의 구제를 강조하였다.
③ 마우리아 왕조 시기에 유행하였다.
④ 아후라 마즈다를 최고신으로 섬겼다.
⑤ 카스트제에 따른 신분 차별을 인정하였다.

07 (가)에 들어갈 답변으로 가장 적절한 것은?　[3점]

① 우상 숭배를 허용하였기 때문이야.

② 칼리프 자리가 세습되었기 때문이야.

③ 아랍인 차별 정책을 실시하였기 때문이야.

④ 부유한 귀족들이 이슬람교를 믿었기 때문이야.

⑤ 정복민이 이슬람교로 개종하면 세금을 줄여 주었기 때문이야.

08 이슬람 문화에 대한 설명으로 옳은 것을 〈보기〉에서 고른 것은?　[2점]

┌ 보기 ┐

ㄱ. 굽타 양식이 나타났다.

ㄴ. 아라비아 숫자가 완성되었다.

ㄷ. 지구가 자전한다는 사실이 밝혀졌다.

ㄹ. 『아라비안나이트』 등의 설화 문학이 유행하였다.

① ㄱ, ㄴ　　② ㄱ, ㄷ　　③ ㄴ, ㄷ

④ ㄴ, ㄹ　　⑤ ㄷ, ㄹ

09 다음에서 설명하는 나라에 대한 학생들의 대화 내용으로 옳지 않은 것은?　[3점]

• 6세기에 유스티니아누스 황제가 전성기를 이끌었다.

• 황제가 정치적·군사적 지배자이자 교회의 수장 역할을 하였다.

① 그리스 정교를 믿었어.

② 콘스탄티노폴리스가 수도였어.

③ 카롤루스 대제 사후 세 나라로 나뉘었어.

④ 서로마 제국이 멸망한 뒤에도 지속되었어.

⑤ 옛 로마 제국 영토의 상당 부분을 회복하였어.

10 서유럽 봉건 사회에 대한 설명으로 옳은 것은? [2점]

① 주군과 봉신은 혈연관계였다.

② 농노는 재산을 가질 수 없었다.

③ 왕권이 약해지고 지방 세력이 강해졌다.

④ 봉신은 주군의 간섭을 받으며 장원을 다스렸다.

⑤ 농노는 영주의 허락 없이 장원을 떠날 수 있었다.

11 ⎡100점 도전!⎤ 다음 상황이 일어난 배경으로 옳은 것은?　[4점]

① 로마가 동서로 분열되었다.

② 황제가 성상 숭배를 금지하였다.

③ 클레르몽에서 종교 회의가 열렸다.

④ 영국과 프랑스 사이에 백년 전쟁이 일어났다.

⑤ 성직자 임명권을 가지고 황제와 교황이 대립하였다.

12 중세 서유럽 문화에 대한 탐구 활동으로 가장 적절한 것은?　[2점]

① 인문주의의 뜻을 검색한다.

② 구텐베르크의 활동을 조사한다.

③ 『신학 대전』에 적힌 내용을 확인한다.

④ 슬라브족의 문화에 미친 영향을 파악한다.

⑤ 성 소피아 대성당에 반영된 건축 양식을 살펴본다.

13 밑줄 친 '전쟁'에 대한 설명으로 옳지 <u>않은</u> 것은?[3점]

> 셀주크 튀르크가 예루살렘을 점령하자 로마 교황 우르바누스 2세의 호소에 따라 성지 탈환을 위한 <u>전쟁</u>이 시작되었다.

① 여러 차례에 걸쳐 일어났다.
② 성지를 탈환하지 못하고 전쟁이 끝났다.
③ 지중해 무역권이 발달하는 계기가 되었다.
④ 전쟁의 결과 교황의 권위가 크게 떨어졌다.
⑤ 잔 다르크의 활약으로 프랑스가 승리하였다.

14 중세의 장원 해체에 영향을 준 요인으로 적절한 것을 〈보기〉에서 고른 것은? [2점]

> ┤보기├
> ㄱ. 흑사병의 유행
> ㄴ. 화폐 경제의 발달
> ㄷ. 프랑크 왕국의 분열
> ㄹ. 클뤼니 수도원의 교회 개혁 운동

① ㄱ, ㄴ   ② ㄱ, ㄷ   ③ ㄴ, ㄷ
④ ㄴ, ㄹ   ⑤ ㄷ, ㄹ

15 ㉠, ㉡에 들어갈 내용으로 옳은 것은? [2점]

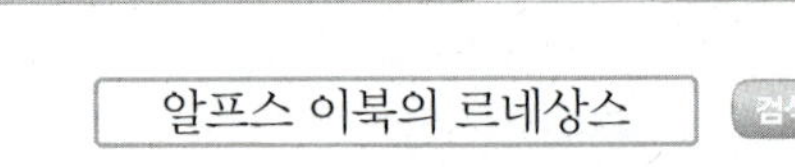

> 현실 사회와 교회의 문제점을 비판하는 경향이 강하였다. (㉠)은/는 『우신예찬』에서 교황과 성직자의 부패를 풍자하였고, 세르반테스는 (㉡)에서 몰락하는 중세 기사를 풍자하였다.

	㉠	㉡
①	갈릴레이	『유토피아』
②	보카치오	『데카메론』
③	보카치오	『돈키호테』
④	에라스뮈스	『데카메론』
⑤	에라스뮈스	『돈키호테』

16 다음 정책을 추진한 황제의 활동으로 옳은 것은? [3점]

↑ 시험을 주관하는 황제의 모습

> 귀족들이 불공정한 방법으로 과거 시험에 합격하는 일이 많아지자, 이를 해결하고자 황제가 직접 과거 시험을 주관하는 전시 제도를 도입하였다.

① 육유를 반포하였다.
② 수도를 대도로 옮겼다.
③ 몽골과 조선을 침략하였다.
④ 정화의 함대를 해외로 보냈다.
⑤ 중앙군을 황제 직속으로 두었다.

17 잘 나와! (가) 나라에 대한 설명으로 옳은 것은? [3점]

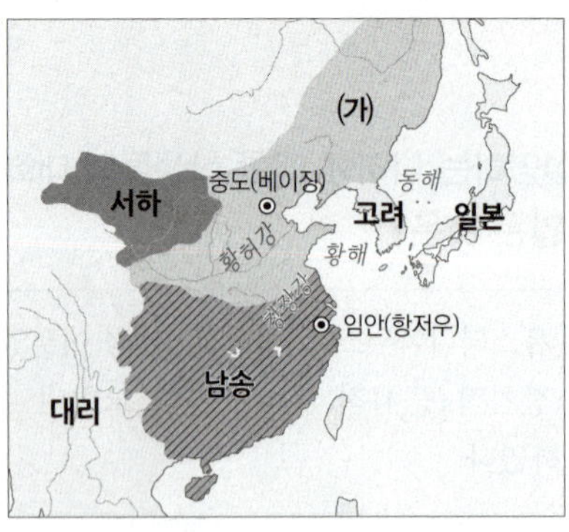

① 발해를 멸망시켰다.
② 탕구트가 건국하였다.
③ 나라 이름을 청으로 바꾸었다.
④ 송과 연합하여 요를 무너뜨렸다.
⑤ 지폐인 교초를 화폐로 널리 사용하였다.

18 밑줄 친 '이 제국'에 대한 학생들의 발표 내용으로 옳은 것은? [3점]

> 이 제국의 병사들은 어릴 때부터 기마술을 익혀 달리는 말 위에서도 무기를 잘 다루었다. 이 제국을 세운 칭기즈 칸은 강력한 기마병을 바탕으로 정복 활동을 벌였다.

① 사대부 계층이 형성되었습니다.
② 몽골 제일주의 원칙을 내세웠습니다.
③ 건륭제 때 최대 영토를 확보하였습니다.
④ 만주 지역에서 성장한 여진이 세웠습니다.
⑤ 임진왜란 당시 조선에 지원군을 보냈습니다.

100점 도전!

19 다음과 같은 제도를 정비한 나라의 대외 교류에 대한 설명으로 옳은 것은? [4점]

> 전국의 모든 역참에는 숙소가 있는데 관리자가 자신의 서기와 함께 숙소에 와서 투숙객의 이름을 등록하고 일일이 확인 도장을 찍은 뒤 숙소의 문을 잠근다. …… 그리고 사람을 파견하여 다음 역참까지 안내한다. – 이븐 바투타, 「여행기」

① 네덜란드로부터 난학을 받아들였다.
② 서역과의 교류로 당삼채가 유행하였다.
③ 이슬람 세계의 천문학과 역법이 전해졌다.
④ 광저우의 공행을 통한 무역만 허용하였다.
⑤ 마테오 리치가 「곤여만국전도」를 만들었다.

20 명과 청을 비교한 내용 중 옳지 <u>않은</u> 것은? [3점]

	구분	명	청
①	건국 세력	한족	만주족
②	전성기	영락제	건륭제
③	지배층	신사	사대부
④	학문 발달	양명학	고증학
⑤	문화 발달	서민 문화	서민 문화

잘 나와!

21 다음 제도를 시행한 막부에 대한 설명으로 옳은 것은? [3점]

> 다이묘를 일정 기간 에도에 머무르게 하는 산킨코타이 제도를 시행하여 다이묘를 통제하고 중앙 집권 체제를 강화하였다.

① 일본 최초의 무사 정권이다.
② 중국과 조공·책봉 관계를 맺었다.
③ 일본 특유의 봉건제가 처음 나타났다.
④ 원의 침략을 막아 내는 과정에서 쇠퇴하였다.
⑤ 가부키, 우키요에 등 조닌 문화가 유행하였다.

22 (가)에 들어갈 문화유산으로 옳은 것은? [2점]

> **문화유산 카드**
>
> (가)
>
> 무굴 제국의 황제 샤자한이 황후 뭄타즈 마할의 넋을 기리고자 만들었다. 인도 양식과 이슬람의 양식이 조화를 이루고 있다.

① 
↑ 콜로세움

② 
↑ 타지마할

③ 
↑ 성 베드로 대성당

④ 
↑ 성 소피아 대성당

⑤
↑ 술탄 아흐메트 사원

23 ⊙에 들어갈 왕조로 옳은 것은?　[2점]

> 페르시아 지역에서 성립한 (　⊙　)은/는 시아파 이슬람교를 국교로 삼았으며, 영역을 확대하면서 오스만 제국과 영토를 다투었다.

① 사파비 왕조　② 아바스 왕조
③ 티무르 왕조　④ 파티마 왕조
⑤ 우마이야 왕조

24 밑줄 친 '이 왕'의 업적으로 옳은 것은?　[3점]

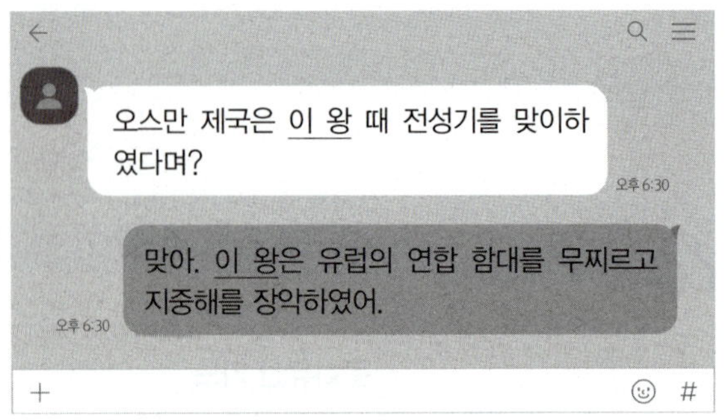

① 비잔티움 제국을 정복하였다.
② 에스파냐의 무적함대를 물리쳤다.
③ 오스트리아의 수도 빈을 공격하였다.
④ 『유스티니아누스 법전』을 편찬하였다.
⑤ 교황으로부터 서로마 황제의 관을 받았다.

25 신항로 개척의 배경으로 적절한 것을 〈보기〉에서 고른 것은?　[2점]

> ┤ 보기 ├
> ㄱ. 유럽에서 선박 제조 기술이 발달하였다.
> ㄴ. 무역의 중심지가 지중해에서 대서양으로 이동하였다.
> ㄷ. 비단, 향신료 등 동방의 상품이 유럽에서 인기를 끌었다.
> ㄹ. 많은 양의 금과 은이 유럽에 유입되어 물가가 상승하였다.

① ㄱ, ㄴ　② ㄱ, ㄷ　③ ㄴ, ㄷ
④ ㄴ, ㄹ　⑤ ㄷ, ㄹ

26 (가), (나)에 해당하는 인물로 옳은 것은?　[2점]

> (가) 인간의 구원은 미리 예정되어 있다는 예정설을 주장하였다.
> (나) 교황이 면벌부를 판매한 일을 비판하며 「95개조 반박문」을 발표하였다.

	(가)	(나)		(가)	(나)
①	로크	루터	②	루터	로크
③	루터	칼뱅	④	칼뱅	로크
⑤	칼뱅	루터			

27 밑줄 친 ⊙~⑩ 중 옳지 않은 것은?　[2점]

> **재정·군사 국가의 특징**
>
> 재정·군사 국가는 ⊙ 오랜 전쟁으로 군사 기술이 크게 발전하였으며, ⓛ 군대는 중무장한 기사 중심으로 변경되었다. 또한 전쟁에 필요한 재정을 관리하고자 ⓒ 행정 기구와 관료제를 확대하였으며, 국가의 부를 늘리고자 ⓔ 중상주의 정책을 실시하였다. 이와 함께 원료 공급지가 필요해지자 ⑩ 식민지를 확보하려고 서로 경쟁하였다.

① ⊙　② ⓛ　③ ⓒ　④ ⓔ　⑤ ⑩

28 〈100점 도전!〉 다음 사례를 활용한 탐구 주제로 가장 적절한 것은?　[4점]

> • 갈릴레이의 지동설
> • 뉴턴의 만유인력의 법칙
> • 페르마와 파스칼의 확률 이론

① 계몽사상의 등장
② 재정·군사 국가의 성립
③ 17~18세기 과학의 발전
④ 이탈리아 르네상스의 전개
⑤ 유라시아·인도양 교역권의 형성

단답형 + 서술형 문제

29 다음에서 설명하는 제도를 쓰시오. [3점]

> • 시험을 치러 관리를 뽑는 제도이다.
> • 수 문제가 문벌 귀족이 관직을 독차지하는 것을 막고 왕권을 강화하기 위해 처음 시행하였다.

(   )

30 프랑크 왕국의 전성기를 이끈 카롤루스 대제의 업적을 두 가지 서술하시오. [4점]

31 다음을 읽고 물음에 답하시오. [5점]

> 14~16세기 유럽에서는 고대 그리스·로마의 문화를 되살려 인간 중심의 새로운 문화를 만들려는 움직임인 (㉠)이/가 일어났다.

(1) ㉠에 들어갈 내용을 쓰시오.

(2) (1) 운동이 이탈리아에서 가장 먼저 일어난 배경을 두 가지 서술하시오.

32 원대 색목인의 출신과 담당한 주요 업무를 각각 서술하시오. [4점]

33 다음을 보고 물음에 답하시오. [5점]

(1) 위 지도에 나타난 항해를 이끈 인물을 쓰시오.

(2) (1) 인물이 이끈 항해의 결과를 서술하시오.

34 신항로 개척 이후 아메리카에서 나타난 변화를 두 가지 서술하시오. [4점]

| 과목 | 역사 |
| 학년 | |

기말고사 2회

고사일 | 20 년 월 일

교시

점

01 (가), (나) 제도에 대한 설명으로 옳지 <u>않은</u> 것은? [3점]

> (가) 유교 경전에 대한 시험을 통해 관리를 선발하는 제도이다.
> (나) 지방에 파견된 관리가 그 지역의 인물에 등급을 매겨 중앙에 추천하는 제도이다.

① (가) – 당대에 처음 실시되었다.
② (가) – 왕권을 강화하는 데 기여하였다.
③ (가) – 관리 선발에 신분보다 능력을 중시하였다.
④ (나) – 위진 남북조 시대에 실시되었다.
⑤ (나) – 문벌 귀족 사회 형성에 영향을 주었다.

02 수가 멸망한 원인으로 적절한 것을 〈보기〉에서 고른 것은? [2점]

> ┤ 보기 ├
> ㄱ. 고구려 원정에 실패하였다.
> ㄴ. 탈라스 전투에서 패배하였다.
> ㄷ. 토목 공사에 과도한 노동력을 동원하였다.
> ㄹ. 안사의 난 이후 지역 절도사의 세력이 강해졌다.

① ㄱ, ㄴ　　② ㄱ, ㄷ　　③ ㄴ, ㄷ
④ ㄴ, ㄹ　　⑤ ㄷ, ㄹ

03 (가)에 들어갈 내용으로 옳은 것은? [3점]

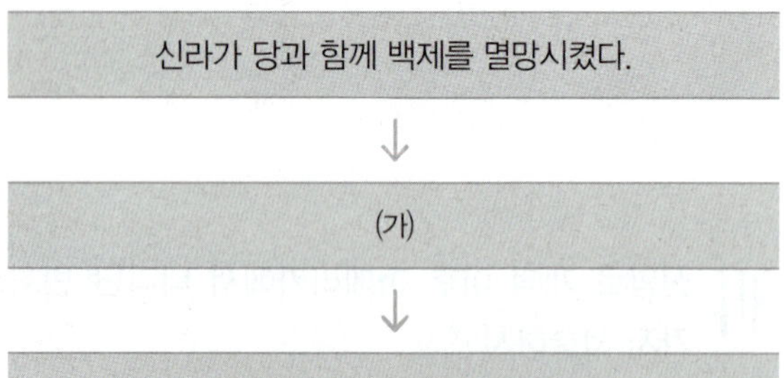

① 신라가 삼국을 통일하였다.
② 신라가 율령을 반포하였다.
③ 고구려가 불교를 수용하였다.
④ 고조선이 한의 공격으로 멸망하였다.
⑤ 청동기 문화를 바탕으로 한 나라가 세워졌다.

04 빈칸에 들어갈 내용으로 가장 적절한 것은? [3점]

> **일본 고대 국가의 성립과 발전**
>
> 7세기 일본에서는 당에서 유학하고 돌아온 학생들을 중심으로 한 정치 세력이 중앙 집권 체제를 마련하기 위한 정치 개혁을 추진하였다. 이 과정에서 ________

① 아스카 문화가 발전하였다.
② 조선 통신사가 일본을 방문하였다.
③ 한자를 변형하여 가나 문자를 만들었다.
④ 쇼토쿠 태자가 불교 진흥 정책을 펼쳤다.
⑤ 당의 율령을 받아들여 통치 체제를 정비하였다.

05 사산 왕조 페르시아를 주제로 보고서를 작성할 때 들어갈 내용으로 옳지 <u>않은</u> 것은? [2점]

① 로마 제국과 경쟁하였다.
② 지방에 총독을 파견하였다.
③ 조로아스터교를 국교로 삼았다.
④ 금속과 유리 공예품이 유행하였다.
⑤ 벵골만에서 아라비아해까지 영토를 넓혔다.

06 다음 그림의 특징으로 가장 적절한 것은? [4점]

100점 도전!

← 아잔타 석굴 벽화

① 귀족적인 문화를 보여 준다.
② 모자이크 기법이 적용되었다.
③ 유스티니아누스 황제를 그렸다.
④ 슬라브족의 문화에 영향을 주었다.
⑤ 간다라 양식과 인도 양식이 융합되었다.

07 아바스 왕조에 대한 설명으로 옳은 것은?　[2점]

① 아랍인 우대 정책을 펼쳤다.
② 사산 왕조 페르시아를 정복하였다.
③ 탈라스 전투에서 당에 승리하였다.
④ 무함마드의 계승자가 차례로 선출되었다.
⑤ 이슬람교도가 시아파와 수니파로 나뉘었다.

08 ㉠에 들어갈 나라에 대한 설명으로 옳지 <u>않은</u> 것은?　[3점]

> (㉠)은/는 베르됭 조약과 메르센 조약에 따라 세 왕국으로 나뉘었다. 이는 오늘날 프랑스, 이탈리아, 독일의 기원이 되었다.

① 크리스트교를 받아들였다.
② 이슬람 세력의 침입을 막아 냈다.
③ 카롤루스 대제가 전성기를 이끌었다.
④ 게르만족이 갈리아 지방에 세운 나라이다.
⑤ 황제가 정치적·군사적 지배자이자 교회의 수장 역할을 하였다.

09 선생님의 질문에 대한 학생들의 답변으로 옳지 <u>않은</u> 것은?　[3점]

① 로마법을 집대성하였어요.
② 밀라노 칙령을 발표하였어요.
③ 옛 로마의 영토를 회복하였어요.
④ 성 소피아 대성당을 건립하였어요.
⑤ 비잔티움 제국의 전성기를 이끌었어요.

10 다음 건축 양식이 반영된 문화유산으로 옳은 것은?　[4점]

> 11세기에 유럽에서 유행한 건축 양식으로, 둥근 천장과 반원형의 아치를 갖추었다.

①

↑ 피사 대성당

②
↑ 보름스 대성당

③

↑ 샤르트르 대성당

④

↑ 성 베드로 대성당

⑤

↑ 성 소피아 대성당

11 지도에 나타난 전쟁의 결과가 <u>아닌</u> 것은?　[3점]

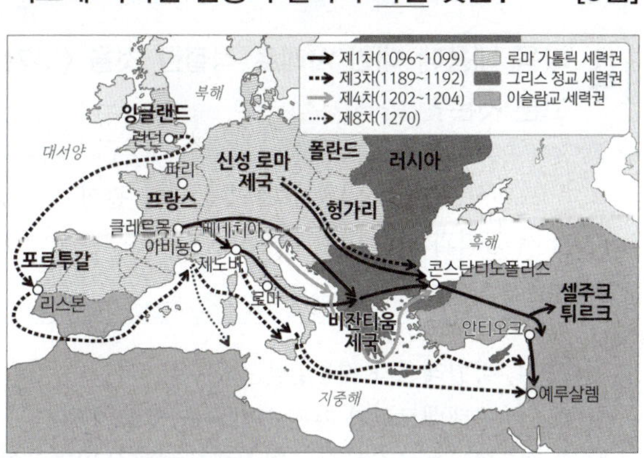

① 교황권이 강해졌다.
② 지중해 무역권이 성장하였다.
③ 제후와 기사의 세력이 약해졌다.
④ 셀주크 튀르크가 수도를 이전하였다.
⑤ 비잔티움 제국의 고전 문화가 유럽에 전해졌다.

12 (가), (나) 전쟁의 영향으로 가장 적절한 것은? [3점]

> (가) 14세기에 영국과 프랑스가 왕위 계승 문제로 다투면서 시작된 전쟁이다.
> (나) 15세기에 영국의 왕위 계승을 둘러싸고 랭커스터 가문과 요크 가문이 벌인 전쟁이다.

① 동서 교회가 분열하였다.
② 봉건 사회가 성립하였다.
③ 중앙 집권 국가가 등장하였다.
④ 장원 중심의 경제 구조가 확립되었다.
⑤ 도시의 시민들이 영주로부터 자치권을 얻었다.

잘 나와!

13 이탈리아의 르네상스에 대한 설명으로 옳지 <u>않은</u> 것은? [2점]

① 인문주의가 발달하였다.
② 토머스 모어가 『유토피아』를 남겼다.
③ 고전 문화에 대한 연구가 활발하였다.
④ 레오나르도 다빈치는 「모나리자」를 그렸다.
⑤ 성 베드로 대성당과 같은 르네상스 양식이 발전하였다.

14 다음 내용에 대한 사례로 적절한 것을 〈보기〉에서 고른 것은? [3점]

> 르네상스 시기 인간과 자연에 대한 관심이 커지면서 과학과 기술이 발전하였다.

┤ 보기 ├
ㄱ. 갈릴레이가 지동설을 주장하였다.
ㄴ. 구텐베르크가 활판 인쇄술을 발명하였다.
ㄷ. 연금술이 유행하는 과정에서 화학이 발달하였다.
ㄹ. 이븐시나가 의학을 집대성하여 『의학전범』을 저술하였다.

① ㄱ, ㄴ   ② ㄱ, ㄷ   ③ ㄴ, ㄷ
④ ㄴ, ㄹ   ⑤ ㄷ, ㄹ

15 다음 나라들의 공통점으로 가장 적절한 것은? [3점]

> • 금   • 요   • 서하

① 역참제를 실시하였다.
② 문치주의 정책을 시행하였다.
③ 고유 문자를 만들어 사용하였다.
④ 시박사를 설치하여 무역을 관리하였다.
⑤ 영토를 여러 개의 울루스로 나누어 다스렸다.

16 '송대 과학 기술의 발전' 전시회에서 볼 수 있는 유물로 옳은 것을 〈보기〉에서 고른 것은? [3점]

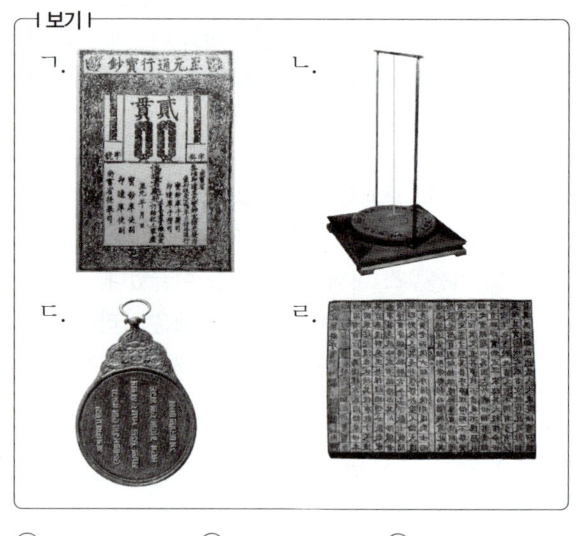

① ㄱ, ㄴ   ② ㄱ, ㄷ   ③ ㄴ, ㄷ
④ ㄴ, ㄹ   ⑤ ㄷ, ㄹ

17 (가), (나) 시기 사이에 있었던 일로 옳은 것은? [3점]

> (가) 테무친이 칭기즈 칸으로 추대되어 몽골 제국을 건국하였다.
> (나) 쿠빌라이 칸은 수도를 대도(베이징)로 옮기고 나라 이름을 원으로 정하였다.

① 금이 멸망하였다.
② 탕구트가 서하를 세웠다.
③ 거란이 고려를 공격하였다.
④ 왕안석이 개혁을 시도하였다.
⑤ 송이 임안(항저우)으로 수도를 옮겼다.

잘 나와!

18 누리집 검색의 결과 중 옳지 <u>않은</u> 답변은?　[2점]

> **질문** 원대 동서 문화 교류의 사례를 알려 주세요.
> └ ㉠ 이슬람의 역법이 중국에 전해졌습니다.
> └ ㉡ 교황과 유럽의 군주들이 중국에 사절단을 보냈습니다.
> └ ㉢ 이슬람교, 크리스트교, 티베트 불교 등이 공존하였습니다.
> └ ㉣ 중국의 화약 무기, 나침반, 활판 인쇄술 등이 유럽에 전해졌습니다.
> └ ㉤ 마테오 리치가 중국에 머무르며 세계 지도인 「곤여만국전도」를 만들었습니다.

① ㉠　② ㉡　③ ㉢　④ ㉣　⑤ ㉤

100점 도전!

19 선생님의 질문에 대한 학생들의 답변으로 옳은 것을 〈보기〉에서 고른 것은?　[4점]

> **육유**
> 1. 부모에게 효도하라.
> 2. 윗사람을 공경하라.
> 3. 이웃과 화목하게 지내라.
> 4. 자손을 잘 교육하라.
> 5. 주어진 일에 최선을 다하라.
> 6. 잘못을 저지르지 말라.

┤ 보기 ├
ㄱ. 이갑제를 실시하였어요.
ㄴ. 정화의 함대를 해외로 파견하였어요.
ㄷ. 재상제를 폐지하고 6부를 직접 다스렸어요.
ㄹ. 자금성을 건설하여 자신의 근거지인 베이징으로 수도를 옮겼어요.

① ㄱ, ㄴ　② ㄱ, ㄷ　③ ㄴ, ㄷ
④ ㄴ, ㄹ　⑤ ㄷ, ㄹ

20 다음 수행 평가 과제에 대한 학생들의 발표 내용으로 옳은 것은?　[3점]

> **수행 평가 과제**
> 명·청의 공통적인 경제, 사회, 대외 교류 모습을 조사하여 발표한다.

① 공행을 통해 무역하였어요.
② 신사층이 향촌의 질서를 유지하였어요.
③ 『삼국지연의』, 『서유기』 등의 소설이 유행하였어요.
④ 노래, 춤, 연기가 어우러진 경극이 인기를 끌었어요.
⑤ 유교 경전을 실증적으로 연구하는 고증학이 발전하였어요.

21 (가) 시기에 있었던 일로 옳은 것은?　[2점]

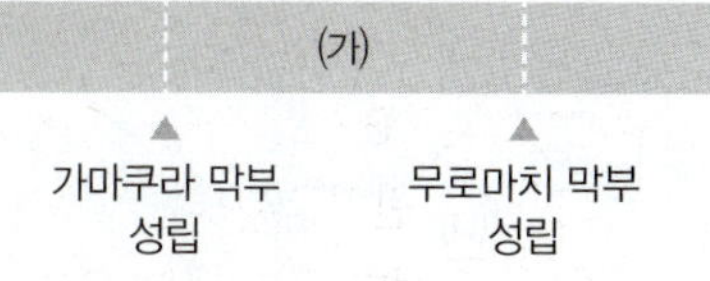

① 조닌 문화가 발전하였다.
② 일본 특유의 봉건제가 시행되었다.
③ '일본'이라는 국호가 처음 사용되었다.
④ 네덜란드 상인에게 나가사키를 개항하였다.
⑤ 도요토미 히데요시가 전국 시대를 통일하였다.

22 밑줄 친 '이 황제'에 대한 설명으로 옳은 것은? [2점]

> 이슬람 제일주의를 내세운 무굴 제국의 이 황제는 힌두교 사원을 파괴하는 등 이슬람교가 아닌 다른 종교를 탄압하여 백성의 불만을 샀다.

① 무굴 제국을 세웠다.
② 비잔티움 제국을 정복하였다.
③ 유럽의 연합 함대를 격퇴하였다.
④ 교황에게 서로마 황제의 관을 받았다.
⑤ 인도 남부를 정복하여 최대 영토를 차지하였다.

23 ㉠에 들어갈 종교로 옳은 것은? [2점]

> 오스만 제국에서 정복지 주민들은 (㉠)을/를 믿지 않아도 지즈야만 내면 독자적인 종교 공동체 안에서 그들의 종교를 유지하며 생활할 수 있었다.

① 시크교　　　② 힌두교
③ 이슬람교　　④ 크리스트교
⑤ 조로아스터교

[24~25] 다음을 보고 물음에 답하시오.

24 (가), (나) 항로를 개척한 인물로 옳은 것은? [2점]

	(가)	(나)
①	마젤란	콜럼버스
②	마젤란	바스쿠 다가마
③	콜럼버스	마젤란
④	콜럼버스	바스쿠 다가마
⑤	바스쿠 다가마	바르톨로메우 디아스

25 지도에 표시된 신항로 개척의 영향으로 적절하지 않은 것은? [2점]

① 삼각 무역이 발전하였다.
② 아메리카 대륙에 대농장이 지어졌다.
③ 아프리카 원주민이 노예로 동원되었다.
④ 마르코 폴로가 『동방견문록』을 저술하였다.
⑤ 금, 은이 유럽에 유입되면서 물가가 상승하였다.

26 빈칸에 들어갈 내용으로 가장 적절한 것은? [4점]

> **종교 개혁과 종교 전쟁**
>
> 16세기 초 유럽에서는 부패한 성직자와 타락한 교회를 비판하며 종교를 개혁하려는 움직임이 나타났다. 종교 개혁 이후 독일에서 일어난 30년 전쟁은 국제 전쟁으로 확대되었다. 30년 전쟁은 오랫동안 계속되다가 [   ] 끝이 났다.

① 영국 국교회가 수립되면서
② 베스트팔렌 조약이 체결되면서
③ 황제가 성상 숭배 금지를 발표하면서
④ 교황이 면벌부를 판매하기로 결정하면서
⑤ 크리스트교 세계가 로마 가톨릭교회(구교)와 신교로 분열되면서

27 밑줄 친 '나'의 활동으로 옳은 것을 〈보기〉에서 고른 것은? [3점]

> ┤보기├
> ㄱ. 베르사유 궁전을 건립하였다.
> ㄴ. 에스파냐의 무적함대를 물리쳤다.
> ㄷ. 콜베르를 재무 장관으로 등용하였다.
> ㄹ. 신과 분리된 인간의 이성을 강조하였다.

① ㄱ, ㄴ　　② ㄱ, ㄷ　　③ ㄴ, ㄷ
④ ㄴ, ㄹ　　⑤ ㄷ, ㄹ

단답형 + 서술형 문제

28 ㉠, ㉡에 들어갈 당의 제도를 각각 쓰시오. [3점]

구분	제도	설명
토지 제도	㉠	성인 남자에게 일정 토지를 분배함
조세 제도	조용조	토지를 받은 농민에게 조(토지세), 용(노동력), 조(직물)를 거둠
군사 제도	㉡	농한기에 군사 훈련을 받고, 전쟁이 나면 병사로 복무하게 함

㉠: (　　　　　　), ㉡: (　　　　　　　)

29 다음을 읽고 물음에 답하시오. [5점]

> 제4대 칼리프인 알리가 피살되자 우마이야 가문이 권력을 잡고 칼리프 자리를 세습하였다. 이슬람교도들은 우마이야 왕조의 정통성을 두고 분열하여 대립하였다.

(1) 밑줄 친 '분열'에 따라 형성된 두 종파를 쓰시오.

(2) (1) 종파들의 주장을 각각 서술하시오.

30 흑사병의 유행이 중세 서유럽의 봉건 사회에 미친 영향을 서술하시오. [4점]

31 다음 정책으로 송대에 나타난 정치적 변화를 서술하시오. [4점]

> 송 태조는 중앙 집권 체제를 갖추고자 문인을 우대하는 문치주의 정책을 실시하였다.

32 청이 한족을 지배하기 위해 실시한 회유책의 사례를 <u>두 가지</u> 서술하시오. [4점]

33 다음을 읽고 물음에 답하시오. [5점]

> 제20조 교황이 모든 벌을 면제한다고 선언한다면 그것은 진정한 의미에서의 모든 벌이 아니라 단지 교황 자신이 내린 벌을 면제한다는 것뿐이다.
> 제36조 진실로 회개한 크리스트교도는 면벌부가 없어도 벌이나 죄에서 완전히 해방된다.
> – 「95개조 반박문」

(1) 위 반박문을 발표한 인물을 쓰시오.

(2) (1) 인물이 위 반박문을 발표한 이유를 서술하시오.

MEMO

유형
만랩

다양한 유형 문제로 가득 찬(滿)

중학 필수 유형서

• 전국 학교 기출 문제를 분석하여 풍부한 유형별 문제 수록
• 3단계 수준별 유형 학습으로 수학 실력 향상
• 단원별 기출 문제를 모은 '기출북'으로 실전 대비

중학 수학 1~3학년

시험 전 한끝

1. 역사의 의미

(1) **의미**: 인류가 어떻게 살아왔는가에 대한 이야기, 과거에 실제로 일어났던 일, 인류가 남긴 물질문명과 정신적 유산을 포함한 모든 발자취

(2) **'사실로서의 역사'와 '기록으로서의 역사'**

사실로서의 역사	과거에 일어난 사실 그 자체, 객관적 역사
기록으로서의 역사	기록한 사람의 관점과 해석이 담김, 주관적 역사

(3) **역사를 바라보는 관점(사관)**: 동일한 역사 사건, 인물도 사관에 따라 다르게 평가될 수 있음

2. 역사 학습의 목적

역사적 사고력 및 비판력 향상	역사를 공부하면서 과거 사람이 남긴 흔적을 논리적이고 체계적으로 탐구 → 사건의 인과 관계와 그 역사적 의미 파악, 이를 바탕으로 역사적 판단을 내림
삶의 지혜와 교훈 습득	부끄러운 과거를 반성할 수 있으며, 과거의 사례에서 현재에 필요한 지식을 얻고 이를 바탕으로 미래에 대한 안목을 키울 수 있음
현재의 우리에 대한 올바른 이해	인류가 긴밀한 관계를 맺으며 형성·발전시킨 유산과 전통을 다음 세대가 계승하면서 자신의 정체성을 확인함, 역사의 흐름도 파악할 수 있음
문화의 다양성을 이해하는 태도 함양	역사 학습을 통해 우리와 다른 시공간에 살았던 사람의 발자취를 탐구 → 서로의 문화를 존중하는 마음가짐을 키울 수 있음

---

01 ㉠에 들어갈 내용을 쓰시오.

> (㉠　　　　　　)은/는 과거에 일어났던 일이며, 인류가 남긴 물질문명과 정신적 유산을 포함한 모든 발자취를 일컫는 말이다.

02 다음 설명에 해당하는 역사의 의미를 〈보기〉에서 골라 기호를 쓰시오.

> **보기**
> ㄱ. 사실로서의 역사　　　　　　　　ㄴ. 기록으로서의 역사

① 사실 그 자체이므로, 객관적이다.　　　　　　　　　　　　　(　　　　)
② 기록한 사람의 관점과 해석이 담기므로, 주관적이다.　　　　(　　　　)

03 빈칸에 들어갈 내용을 쓰시오.

① 역사를 배우면 문화의 (　　　　　　)을/를 이해하는 태도를 기를 수 있다.
② 역사를 공부하면 과거의 사례에서 삶의 지혜와 (　　　　　　)을/를 얻을 수 있다.

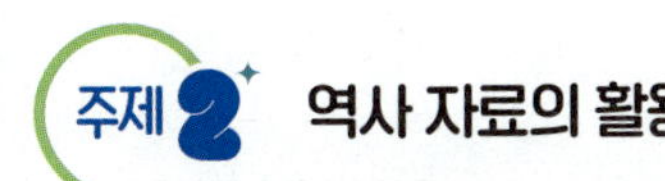

주제 2 역사 자료의 활용법

1. 역사 자료(사료)와 역사 연구

(1) **사료**: 옛사람들이 남긴 흔적, 유물·유적·문헌 또는 문자 자료와 비문자 자료로 구분

문자 자료	책, 문서, 일기 등 종이에 쓴 것과 금석문, 비문 등 돌이나 금속 등에 새긴 것
비문자 자료	문자 이외에 그림, 조각, 건축, 영상, 음성 등으로 표현된 것

(2) **사료 비판**

의미	역사가가 사료에 나오는 내용을 철저하게 검증하는 과정
필요성	사료에 과장되거나 잘못된 내용, 누락되거나 조작된 내용이 있을 수 있음

(3) **역사 서술**: 역사가는 사료 비판을 거친 자료를 연구하면서 과거 상황을 분석 및 해석하여 역사를 서술함

2. 역사 학습에 도움을 주는 자료

역사 지도	지도에 영토나 영역, 이동 경로, 수도 및 주요 도시 등의 역사 정보를 나타낸 자료
연표	역사적 사건을 일어난 순서대로 나타낸 자료, 사건의 상호 관계를 파악하고 같은 시기에 다른 지역에서 일어난 사건을 비교하는 데 편리함
도표	통계 등 숫자로 된 정보를 정리한 자료
그림·사진	역사를 시각적으로 보여 주는 자료, 역사를 생생하게 이해하는 데 도움을 줌

---

01 다음 설명에 해당하는 사료를 〈보기〉에서 골라 기호를 쓰시오.

> ┤보기├
> ㄱ. 문자 자료　　　　　　　　　　ㄴ. 비문자 자료

① 종이에 쓴 것과 돌이나 금속 등에 새긴 것이다. (　　　)
② 그림, 조각, 건축, 영상, 음성 등 다양한 방식으로 표현된 것이다. (　　　)

02 ㉠에 들어갈 내용을 쓰시오.

> (　㉠　)은/는 역사가가 사료에 나오는 내용을 철저하게 검증하는 과정이다. 역사가는 이 과정을 거친 자료를 연구하여 역사를 서술한다.

03 다음 물음에 답하시오.

① 역사적 사건을 일어난 순서대로 나타낸 자료는? (　　　)
② 지도에 영역, 이동 경로, 수도 등의 역사 정보를 나타낸 자료는? (　　　)

주제 3 역사 탐구의 절차와 방법

1. 탐구 주제의 선정: 우리 생활과 관련된 모든 소재가 역사 탐구의 주제가 될 수 있음

2. 자료의 수집

박물관, 도서관 방문	기록물이나 사진, 지도 등의 각종 역사 자료를 찾을 수 있음
디지털 아카이브 이용	박물관이나 연구소 등에서 운영하는 디지털 아카이브는 직접 가지 않고도 유물을 찾을 수 있음
인터뷰	구술 자료를 수집하여 문헌 자료로 남아 있지 않은 과거 사람들의 생활 모습을 알 수 있음
답사	• 유적이나 현장을 조사해야 할 때 해당 장소를 직접 방문함 • 정확하고 자세한 정보를 알 수 있음

3. 자료의 분석과 해석

(1) **사료 비판**: 수집한 자료의 출처 확인 → 내용 오류 여부 검증

(2) **자료 분석 및 해석**: 문제 해결에 도움이 되는 증거 분류, 이유 파악 → 인과 관계, 중요성 등을 생각하여 분석한 내용을 정리함

4. 탐구 결과의 정리: 여러 역사 자료를 활용하여 보고서, 신문, 동영상 등 이해하기 쉬운 형태로 정리 → 탐구 결과 발표 → 질의응답 → 평가

01 역사 탐구의 절차를 순서대로 나열하시오.

> (개) 자료의 수집   (내) 탐구 결과의 정리
> (대) 탐구 주제의 선정   (래) 자료의 분석과 해석

(   )

02 다음 설명에 해당하는 자료 수집 방법을 〈보기〉에서 골라 기호를 쓰시오.

> ┤보기├
> ㄱ. 답사   ㄴ. 인터뷰

① 유적이나 현장을 조사해야 할 때 해당 장소에 직접 가서 조사한다. (   )

② 문헌 자료로 남아 있지 않은 과거 사람들의 생활 모습을 알 수 있다. (   )

03 다음 설명이 맞으면 ○표, 틀리면 ×표를 하시오.

① 우리의 생활과 관련된 소재는 역사 탐구의 주제가 될 수 있다. (   )

② 역사 탐구에 필요한 자료의 수집이 끝나면 탐구 결과를 정리한다. (   )

주제  인류의 출현과 선사 문화의 발달

1. 인류의 출현과 진화

(1) **오스트랄로피테쿠스 아파렌시스**: 약 390만 년 전, 최초의 인류, 직립 보행, 간단한 도구 사용

(2) **호모 에렉투스**: 약 180만 년 전, 불과 간단한 언어 사용

(3) **호모 네안데르탈렌시스**: 약 40만 년 전, 시체 매장 풍습을 지님

(4) **호모 사피엔스**: 약 20만 년 전, 현생 인류, 동굴 벽화를 그림

2. 선사 문화의 발달

구분	구석기 시대	신석기 시대
시기	인류의 등장부터 약 1만 년 전까지	약 1만 년 전 시작
도구	나무나 뼈 도구, 뗀석기(주먹도끼, 찍개, 긁개 등)	간석기(돌보습, 갈돌과 갈판), 토기(빗살무늬 토기), 가락바퀴와 뼈바늘
생활 모습	채집과 수렵 생활, 이동 생활(동굴·바위 그늘·강가의 막집 거주), 평등 사회	농경과 목축 생활 시작(신석기 혁명), 정착 생활(움집을 지어 거주), 평등 사회
신앙·예술	시체 매장 풍습, 사냥의 성공과 다산을 바라며 동굴 벽화와 조각상 제작	자연물에 영혼이 있다고 믿음, 동물이나 식물을 수호신으로 숭배
만주와 한반도 지역	경기 연천 전곡리(주먹도끼), 충남 공주 석장리 등	서울 암사동(빗살무늬 토기), 부산 동삼동 등

01 ㉠에 들어갈 내용을 쓰시오.

> 약 20만 년 전에는 현생 인류인 (㉠   )이/가 등장하였다. 이들은 세계 여러 지역으로 이동하여 다양한 자연환경에 적응하며 살아갔다.

02 다음 설명에 해당하는 시대를 〈보기〉에서 골라 기호를 쓰시오.

> **│보기│**
> ㄱ. 구석기 시대 ㄴ. 신석기 시대

① 농경 생활과 목축 생활을 시작하였다. (　　　)
② 돌을 깨뜨리거나 떼어 내서 만든 뗀석기를 사용하였다. (　　　)

03 다음 설명이 맞으면 ○표, 틀리면 ✕표를 하시오.

① 구석기 시대와 신석기 시대는 계급 사회였다. (　　　)
② 구석기 시대에는 사냥의 성공을 빌며 동굴 벽화를 그렸다. (　　　)
③ 신석기 시대에는 가락바퀴와 뼈바늘로 옷을 만들어 입었다. (　　　)

주제 5 메소포타미아 문명과 이집트 문명

1. 문명의 발생
(1) **공통점**: 큰 강 유역에서 발생, 청동기·문자 사용, 계급 발생, 도시 국가 출현
(2) **발상지**: 티그리스강과 유프라테스강 사이의 메소포타미아 지방, 이집트의 나일강 유역, 인도의 인더스강 유역, 중국의 황허강 유역

2. 메소포타미아 문명
(1) **정치**: 수메르인이 여러 도시 국가 건국, 지구라트(신전) 건설, 신권 정치
(2) **세계관**: 죽은 뒤의 세계보다는 현재의 안정된 삶 중시
(3) **문화**: 점성술과 태음력 발전, 60진법 발달, 쐐기 문자 사용
(4) **바빌로니아 왕국**: 함무라비왕 때 전성기(함무라비 법전 제작)

3. 이집트 문명

정치	신권 정치(왕인 파라오가 살아 있는 신 또는 태양신의 아들로 여겨짐)
세계관	영혼 불멸과 사후 세계를 믿음(미라, 피라미드, 스핑크스, 「사자의 서」 등 제작)
문화	태양력 발전, 10진법 발달, 상형 문자 사용(파피루스에 기록)

4. 페니키아와 헤브라이

페니키아	지중해 동부에서 성립, 표음 문자 사용(알파벳의 기원)
헤브라이	팔레스타인 지방에서 헤브라이 왕국이 세워짐, 유대교 창시

---

01 다음 괄호 안의 내용 중 알맞은 말에 ○표를 하시오.

① 문명은 (계급 , 평등) 사회인 곳에서 나타났다.
② 인도 문명은 (황허강 , 인더스강) 유역에서 발생하였다.
③ (이집트 문명 , 메소포타미아 문명)은 나일강 유역에서 출현하였다.

02 다음 설명이 메소포타미아 문명에 해당하면 '메', 이집트 문명에 해당하면 '이'라고 쓰시오.

① 왕인 파라오가 살아 있는 신으로 여겨졌다. (   )
② 도시 중앙에 지구라트라는 신전을 건설하였다. (   )
③ 사후 세계를 믿어 스핑크스와 피라미드를 제작하였다. (   )
④ 쐐기 문자를 이용하여 통치와 교역 내용 등을 기록하였다. (   )

03 빈칸에 들어갈 내용을 쓰시오.

① 함무라비왕은 282개 조항으로 이루어진 (   )을/를 만들었다.
② (   )에서는 오늘날 알파벳의 기원이 되는 표음 문자가 사용되었다.

---

1. 인도 문명

(1) **성립:** 인더스강 유역에서 하라파, 모헨조다로 등 도시 문명 발생(주택·도로·목욕장 등을 갖춘 계획도시, 청동기와 그림 문자 사용)

(2) **아리아인의 이동과 인도 문명의 변화**

아리아인의 이동	기원전 1500년경 중앙아시아에서 인더스강 유역으로 이동 → 기원전 1000년경에는 갠지스강 유역까지 진출, 철기 사용
인도 문명의 변화	• 카스트제: 아리아인이 원주민을 지배하기 위해 만든 신분제 • 브라만교 성립: 태양·물·불 등 여러 자연신에게 제사를 지냄, 경전인 『베다』 완성

2. 중국 문명

상	정치	신권 정치, 나라의 중요한 일을 점을 쳐서 결정(갑골문으로 기록)
	문화	청동기 사용(무기, 제사용 도구), 달력 제작
주	성립	상의 서쪽에서 일어남 → 상을 무너뜨리고 창장강 유역까지 영토 확장
	발전	• 봉건제 실시: 수도는 왕이 직접 다스리고 나머지 지역은 혈연관계로 맺어진 왕족이나 공신을 제후로 삼아 다스리게 함 • 천명사상: '하늘은 덕이 있는 자를 왕으로 삼아 백성을 다스리게 한다.'라는 사상
	쇠퇴	주 왕실의 권력 약화, 유목 민족의 침입 → 수도를 호경에서 낙읍(뤄양)으로 옮김

01 다음 설명이 맞으면 ○표, 틀리면 ×표를 하시오.

① 인더스강 유역에서 하라파, 모헨조다로 등의 도시 문명이 발생하였다. (   )

② 아리아인은 원주민을 지배하기 위해 카스트제라는 신분제를 만들었다. (   )

③ 아리아인이 자연신을 섬기고 『베다』를 완성하는 과정에서 유대교가 성립되었다.

(   )

02 ㉠에 들어갈 내용을 쓰시오.

> 상에서는 전쟁이나 제사 등 나라의 중요한 일을 결정할 때 점을 쳤는데, 그 내용을 거북의 배딱지나 동물의 뼈에 새긴 문자를 (㉠   )(이)라고 한다.

03 다음 물음에 답하시오.

① 상을 무너뜨리고 창장강 유역까지 영토를 확장한 나라는? (   )

② 주에서 수도 부근은 왕이 직접 다스리고 나머지 지역은 제후에게 다스리게 한 제도는?

(   )

1. 아시리아

(1) **성립**: 기원전 7세기경 최초로 서아시아 지역 통일

(2) **멸망**: 가혹한 통치 방식 → 피정복민의 반란이 일어나 멸망

2. 아케메네스 왕조 페르시아

(1) **발전**

키루스 2세	기원전 6세기 무렵 서아시아 재통일, 관용 정책 실시(피정복민에게 세금을 거두는 대신 그들의 전통과 종교를 존중, 키루스 2세의 원통)
다리우스 1세	전성기(지중해 연안에서 인더스강에 이르는 대제국 건설), 전국을 20여 개의 주로 나누고 총독 파견, 감찰관 '왕의 눈', '왕의 길'을 보내 총독 감시, 도로 '왕의 길' 건설

(2) **멸망**: 그리스·페르시아 전쟁에서 패배 → 알렉산드로스에게 멸망

(3) **문화와 종교**

문화	국제적인 문화 발전(수도 페르세폴리스의 궁전)
종교	조로아스터교(아후라 마즈다를 최고신으로 섬김, 불을 신성시, 페르시아 왕들의 보호, 이후 유대교·크리스트교·이슬람교 등에 영향을 줌)

3. 파르티아: 기원전 3세기 중엽 이란계 유목 민족이 건국, 중국과 로마 사이의 중계 무역으로 번영 → 사산 왕조 페르시아에 멸망

---

01 다음 물음에 답하시오.

① 기원전 7세기경 최초로 서아시아 지역을 통일한 나라는? (   )

② 피정복민의 전통을 존중하겠다는 내용을 원통에 새긴 왕은? (   )

③ 다리우스 1세가 세금과 공물을 쉽게 거두기 위해 건설한 도로는? (   )

02 다음 설명이 맞으면 ○표, 틀리면 ×표를 하시오.

① 키루스 2세는 서아시아 지역을 재통일하였다. (   )

② 아케메네스 왕조 페르시아는 키루스 2세 때 전성기를 맞았다. (   )

③ 다리우스 1세는 '왕의 눈', '왕의 귀'라고 불리는 감찰관을 파견하였다. (   )

03 ㉠에 들어갈 종교를 쓰시오.

> 페르시아인은 아후라 마즈다를 최고신으로 섬기는 (㉠   )을/를 널리 믿었으며, 불을 신성시하였다.

 주제 8 고대 지중해 세계의 형성

1. 그리스 세계의 형성과 발전
(1) **폴리스의 형성**: 아크로폴리스와 아고라가 있음, 같은 언어 사용, 올림피아 제전 개최
(2) **스파르타**: 강력한 군사 통치, 시민은 어려서부터 엄격한 군사 훈련을 받음
(3) **아테네의 민주 정치**

솔론	재산 정도에 따라 일부 평민의 정치 참여 가능
클레이스테네스	정치 참여 자격에서 재산 기준 폐지, 도편 추방제 실시
페리클레스	민주 정치의 전성기, 민회가 입법권 행사, 관직·배심원 추첨제, 공무 수당제

(4) **그리스 세계의 발전과 쇠퇴**: 그리스·페르시아 전쟁 승리, 델로스 동맹 체결 → 펠로폰네소스 전쟁 발발 → 스파르타의 승리 → 그리스 세계 쇠퇴, 마케도니아에 멸망
(5) **그리스의 문화**: 인간 중심적, 합리적인 문화

학문	문학(호메로스의 『일리아드』, 『오디세이아』), 역사(헤로도토스, 투키디데스)
예술	건축(파르테논 신전), 조각(「원반 던지는 사람」) → 조화와 균형 강조
철학	소피스트(진리의 상대성 강조), 소크라테스(진리의 절대성 주장)

2. 알렉산드로스 제국과 헬레니즘 문화
(1) **알렉산드로스 제국**: 알렉산드로스의 동방 원정 → 동서 융합 정책을 펼침
(2) **헬레니즘 문화의 발전**: 그리스 문화와 동방 문화의 융합, 개인주의와 세계 시민주의 발달, 대표적인 작품으로 「라오콘 군상」이 있음

---

01 다음 괄호 안의 내용 중 알맞은 말에 ○표를 하시오.
① (아테네 , 스파르타)는 강력한 군사 통치를 실시하였다.
② 아테네의 (솔론 , 클레이스테네스)은/는 도편 추방제를 시행하였다.

02 그리스 세계의 발전과 쇠퇴 과정을 일어난 순서대로 나열하시오.

(가) 델로스 동맹	(나) 펠로폰네소스 전쟁	(다) 그리스·페르시아 전쟁

(   )

03 빈칸에 들어갈 내용을 쓰시오.
① 그리스의 철학자 (   )은/는 진리의 절대성을 주장하였다.
② (   )의 동방 원정으로 그리스와 동방 문화기 융합한 헬레니즘 문화가 발달하였다.

1. 로마 공화정의 발전과 위기

발전	초기에 귀족들이 왕을 몰아내고 공화정 수립, 귀족들이 원로원과 집정관 독점 → 평민의 정치 참여 요구 → 호민관 선출, 평민회 구성
위기	로마 - 카르타고 전쟁 이후 귀족들의 대농장(라티푼디움) 경영 → 자영 농민을 위한 그라쿠스 형제의 개혁(실패), 공화정 붕괴

2. 로마 제국의 발전과 쇠퇴

(1) **발전:** 옥타비아누스 때 제정 시작('아우구스투스' 칭호를 받음) → '로마의 평화' 시기를 누림

(2) **쇠퇴:** 게르만족 등 이민족의 침입으로 쇠퇴 → 디오클레티아누스(4분할 통치), 콘스탄티누스 대제(콘스탄티노폴리스로 천도)의 중흥 노력 → 제국이 동서로 분열

(3) **로마의 문화:** 실용적인 문화 발달

법률	관습법 → 12표법 → 시민법 → 만민법 → 동로마 제국 시기 『유스티니아누스 법전』
건축	콘크리트를 이용, 아치와 돔의 원리 활용(콜로세움, 수도교, 아피우스 가도, 판테온 등)

3. 크리스트교의 등장과 확산

(1) **성립:** 예수가 창시, 사랑과 평등을 중시 → 여성, 하층민, 노예 중심으로 확산

(2) **발전:** 유일신 숭배, 황제 숭배 거부로 박해를 받음 → 콘스탄티누스 대제가 밀라노 칙령으로 공인 → 4세기 말 테오도시우스 1세가 국교로 인정

---

01 다음 물음에 답하시오.

① 로마 초기에 귀족들이 왕을 몰아내고 성립된 정치 체제는?　　　　(　　　　　　)

② 로마에서 평민의 정치 참여 요구가 커지자 뽑기 시작한 관리는?　　　(　　　　　　)

③ 로마-카르타고 전쟁 이후 대농장(라티푼디움) 경영이 늘자 자영 농민을 위한 개혁을 시도한 형제는?　　　　　　　　　(　　　　　　)

02 다음 설명이 맞으면 ○표, 틀리면 ✕표를 하시오.

① 옥타비아누스 집권 시기부터 로마의 제정이 시작되었다.　　　　(　　　　　　)

② 디오클레티아누스는 콘스탄티노폴리스로 수도를 옮겼다.　　　　(　　　　　　)

③ 로마에서는 콜로세움, 수도교 등 실용적인 건축물이 지어졌다.　　(　　　　　　)

03 ㉠에 들어갈 내용을 쓰시오.

> 크리스트교는 유일신 숭배를 이유로 황제 숭배를 거부하여 박해받았으나 콘스탄티누스 대제의 (㉠　　　　　　　)(으)로 공인되었다.

1. 춘추 전국 시대의 사회 변화

(1) **성립**: 주 왕실의 약화 → 제후들의 세력 다툼

(2) **경제·사회의 변화**: 철기 농기구와 우경 발달, 철제 무기 사용, 상업과 수공업 발달

(3) **제자백가의 출현**: 유가(공자·맹자, '인'과 '예'를 통한 정치 회복 강조), 묵가(묵자, 겸애 주장), 법가(한비자, 법과 제도의 엄격한 적용 주장), 도가(노자·장자, '무위자연' 강조)

2. 진의 중국 통일과 발전

(1) **진의 중국 통일**: 진(秦)이 법가 사상을 받아들여 개혁 → 최초로 중국 통일

(2) **시황제의 정책**: '황제' 칭호 사용, 군현제 실시, 도량형·화폐·문자 통일, 만리장성 축조

(3) **멸망**: 대규모 토목 공사, 가혹한 통치 → 전국에서 농민 봉기 발생(진승·오광의 난) → 멸망

3. 한의 성립과 발전

(1) **성립**: 유방(한 고조)의 건국 → 중국 통일

(2) **발전**

한 고조	군국제 시행, 농민을 위하여 세금 감면, 장안을 수도로 삼음
한 무제	군현제 확대, 흉노 정벌, 베트남 북부·고조선 정복, 소금·철·술 등의 전매 제도 시행

(3) **변천과 쇠퇴**: 왕망의 신 건국 → 유수(광무제)가 왕망의 신을 무너뜨리고 후한 건국 → 외척 세력·환관의 횡포, 황건적의 난 등 농민 반란 → 호족의 봉기로 후한 멸망

4. 한의 문화: 훈고학 발달, 사마천의 『사기』 편찬, 채륜의 제지술 개량 등

---

01 다음 설명이 맞으면 ○표, 틀리면 ✕표를 하시오.

① 유가는 '인'과 '예'를 통한 정치 회복을 주장하였다. ( )

② 법과 제도의 엄격한 적용을 강조한 학파는 묵가이다. ( )

02 ㉠에 들어갈 인물을 쓰시오.

> 진의 (㉠)은/는 흉노를 견제하기 위해 만리장성을 쌓았으나, 대규모 토목 공사에 백성을 동원하고 백성을 가혹하게 통치하여 불만을 샀다.

03 빈칸에 들어갈 내용을 쓰시오.

① 한 무제는 소금, 철 등의 ( )을/를 시행하였다.

② ( )은/는 제지술을 개량하여 학문과 사상 발전에 이바지하였다.

③ 한대에는 유교 경전의 옛글자를 해석·연구하는 ( )이/가 발달하였다.

주제 11 고대 인도 세계의 형성

1. 불교의 성립

(1) **배경**: 크샤트리아와 바이샤 세력의 성장 → 브라만 중심의 카스트 사회에 대한 불만 고조

(2) **성립**: 기원전 6세기경 고타마 싯다르타(석가모니)가 창시, 신분 차별 반대, 평등과 자비 강조

(3) **확산**: 카스트 사회에 불만을 품고 있던 크샤트리아와 바이샤 세력의 지원을 받아 확산

2. 마우리아 왕조의 발전

성립	찬드라굽타 마우리아가 북인도를 통일하면서 왕조 수립
발전	• 아소카왕 때 전성기: 남부 일부를 제외한 인도 통일, 돌기둥과 산치 대탑 건립 • 상좌부 불교 발전: 개인의 해탈을 강조, 실론과 동남아시아로 전파

3. 쿠샨 왕조의 발전

성립	1세기경 중앙아시아에서 온 쿠샨족이 왕조를 세워 인도 북부 통치
발전	• 카니슈카왕 때 전성기: 북인도에서 중앙아시아에 이르는 영토 확보, 사원과 탑 건립 • 대승 불교 발전: 많은 사람의 구제를 강조, 동아시아로 전파

4. 간다라 양식의 발달

알렉산드로스의 동방 원정 이후 쿠샨 왕조의 간다라 지방에서 인도 문화와 헬레니즘 문화가 결합한 간다라 양식 발달 → 대승 불교와 함께 동아시아에 전파

---

01 빈칸에 들어갈 내용을 쓰시오.

① 기원전 6세기경 (   )이/가 불교를 창시하였다.

② 불교는 (   ) 사회에 불만이 있던 크샤트리아, 바이샤 세력의 지원을 받았다.

---

02 다음 설명에 해당하는 왕조를 〈보기〉에서 골라 기호를 쓰시오.

┌─ 보기 ┐
ㄱ. 쿠샨 왕조   ㄴ. 마우리아 왕조

① 카니슈카왕 때 전성기를 맞이하였다. (   )

② 개인의 해탈을 강조하는 상좌부 불교가 유행하였다. (   )

③ 많은 사람의 구제를 강조하는 대승 불교가 발전하였다. (   )

④ 왕의 통치 방침과 불교의 가르침을 새긴 돌기둥이 세워졌다. (   )

---

03 ㉠에 들어갈 내용을 쓰시오.

알렉산드로스의 동방 원정 이후 쿠샨 왕조의 간다라 지방에서 인도 문화와 헬레니즘 문화가 결합한 (㉠   )이/가 발달하였다.

|답| 01. ① 고타마 싯다르타(석가모니) ② 카스트   02. ① ㄴ ② ㄱ ③ ㄴ ④ ㄴ   03. 간다라 양식

1. 초원길의 개척과 유목 민족의 성장

(1) **초원길의 개척**: 기원전 7세기~기원전 2세기경 중앙아시아 지역의 유목 민족인 스키타이가 개척 → 유목 민족의 문화를 동아시아에 전파

(2) **유목 민족의 성장**: 기원전 4세기경 유목 민족인 흉노 등장 → 스키타이의 청동기 문화를 더욱 발전시킴, 중국·한반도·일본 등에도 영향을 미침, 시황제·한 고조·한 무제와 대립함

2. 비단길의 개척과 유라시아 상호 교류

(1) **비단길의 개척**: 한 무제가 흉노를 정벌하기 위해 대월지와 동맹을 맺고자 장건을 서역에 파견 → 동맹은 실패하였으나 비단길을 개척(중국의 낙양과 장안, 로마, 이집트 연결)

(2) **유라시아 상호 교류**: 비단·보석·향신료·불교 등이 전해짐, 동서 교류가 활발해짐

3. 바닷길을 통한 교류

시작	기원전 10세기부터 이집트 상인들이 인도양을 오가며 해상 교역 시작, 로마 상인들도 바닷길을 통해 무역(인도를 거쳐 동남아시아까지 이름)
발전	초원길과 비단길 쇠퇴 이후 동서 교류의 중요한 통로로 이용됨

---

01 다음에서 설명하는 민족을 쓰시오.

> 기원전 4세기경 등장한 유목 민족으로, 진의 시황제·한 고조·한 무제와 대립하였다. 또한 중국, 한국, 일본 등에 영향을 미쳤다.

(   )

02 다음 설명이 맞으면 ○표, 틀리면 ×표를 하시오.

① 비단길을 통해 비단, 보석, 불교 등이 교류되었다. (   )

② 한 고조가 흉노를 정벌하기 위해 장건을 서역에 파견하면서 비단길이 개척되었다.

(   )

03 다음 설명에 해당하는 경로를 〈보기〉에서 골라 기호를 쓰시오.

> **┌보기┤**
> ㄱ. 바닷길   ㄴ. 비단길   ㄷ. 초원길

① 중국의 비단이 전해진 길이라는 데에서 이름이 유래되었다. (   )

② 이집트 상인들이 인도양을 오가며 해상 교역을 하던 길이다. (   )

③ 스키타이가 유라시아 지역을 오가며 교류하는 과정에서 개척되었다. (   )

주제 13 위진 남북조 시대의 시작

1. 위진 남북조 시대의 전개

(1) **삼국 시대**: 후한 멸망 후 중국이 위·촉·오로 분열 → 진(晉)이 삼국을 통일, 혼란 지속

(2) **5호 16국 시대와 동진**: 북방 민족이 화북 차지 → 한족이 강남으로 이동하여 동진 건국

(3) **남북조 시대**

북조	• 성립: 선비족이 세운 북위가 화북 지방 통일 • 북위 효문제의 한화 정책: 선비족의 복장과 언어 금지, 선비족과 한족과의 결혼 권장 → 북방 민족과 한족의 문화 융합
남조	• 성립: 동진을 이어 한족 왕조가 차례로 건국됨 • 경제 발전: 화북 지방에서 온 한족이 선진 농업 기술을 이용하여 강남 개발

2. 위진 남북조 시대의 사회와 문화

(1) **사회**: 9품중정제 실시 → 지방 호족이 관직을 독차지하면서 문벌 귀족 사회 형성

(2) **문화**

종교와 사상	• 불교: 후한 대에 들어와 왕실과 귀족의 지원을 받으며 발전 → 북조에서 국가 주 도로 불경 번역 및 대규모 석굴 사원 건립(윈강 석굴, 룽먼 석굴 등) • 도교: 민간의 전통 신앙과 도가 사상이 결합하여 성립 • 청담 사상: 개인의 자유로운 삶을 추구하는 사상, 남조에서 유행(죽림칠현)
귀족 문화	남조에서 발달(고개지의 「여사잠도」, 도연명의 「귀거래사」, 왕희지의 서예 등)

---

01 ㉠에 들어갈 내용을 쓰시오.

> 북위의 효문제가 실시한 (㉠   )은/는 북방 민족과 한족의 문화가 융합되는
> 토대를 만들었다.

02 다음 설명이 북조에 해당하면 '북', 남조에 해당하면 '남'이라고 쓰시오.

① 선비족이 세운 북위가 화북 지방을 통일하였다. (   )

② 개인의 자유로운 삶을 추구하는 사상이 유행하였다. (   )

③ 한족이 선진 농업 기술을 이용하여 강남을 개발하였다. (   )

④ 국가 주도 아래 불경이 번역되고 석굴 사원이 건립되었다. (   )

03 빈칸에 들어갈 내용을 쓰시오.

① 위진 남북조 시대에 지방 호족은 (   )을/를 통해 관직에 진출하였다.

② (   )의 서예와 고개지의 「여사잠도」는 남조의 귀족 문화를 대표한다.

주제 14 수·당의 중국 통일

1. 수의 중국 통일
(1) **성립과 발전**: 양견(문제)이 남북으로 나뉘어 있던 중국을 다시 통일함(589)

문제	과거제 시행, 조세·토지·군사 등 각종 제도 정비
양제	대운하 완성 → 남북 간의 교류가 활발해짐

(2) **쇠퇴와 멸망**: 과도한 노동력 동원에 대한 백성의 불만과 고구려 원정 실패로 쇠퇴 → 반란이 일어나 멸망(618)

2. 당의 성립과 발전
(1) **성립과 발전**

고조	수 멸망 이후 혼란을 수습한 이연이 장안을 수도로 삼아 건국함(618)
태종	수의 제도를 이어받아 율령 체제 정비, 동돌궐 정벌
고종	서돌궐 정복, 신라와 연합하여 백제와 고구려를 멸망시킴

(2) **통치 체제**: 행정 조직(중앙의 3성 6부와 지방의 주현제), 농민 지배(균전제, 조용조, 부병제)

(3) **쇠퇴와 멸망**: 탈라스 전투에서 패배, 안사의 난과 황소의 난으로 쇠퇴 → 멸망(907)

3. 당의 문화
(1) **국제적**: 외래 종교 전래(경교, 이슬람교, 조로아스터교 등), 수도 장안은 국제 도시로 번성함

(2) **귀족적**: 문학(두보와 이백의 시), 서예(구양순), 그림(왕유의 수묵 산수화)이 발달

(3) **기타**: 유학(훈고학을 집대성한 『오경정의』 편찬), 불교(현장이 인도를 순례), 도교 등이 발달

---

01 수에 대한 설명이 맞으면 ○표, 틀리면 ×표를 하시오.

① 양제의 대운하 건설로 남북 간의 교류가 촉진되었다. ( )

② 문제는 9품중정제를 처음 시행하였고 각종 제도를 정비하였다. ( )

02 ㉠에 들어갈 인물을 쓰시오.

> 당의 (㉠)은/는 서돌궐을 정복하고, 신라와 연합하여 백제와 고구려를 멸망시켰다.

03 다음 물음에 답하시오.

① 국제 도시로 번성한 당의 수도는? ( )

② 훈고학을 집대성하여 편찬된 당의 유학 서적은? ( )

주제 15 ★ 동아시아 문화권의 형성

1. 만주와 한반도의 고대 국가

고조선	한반도에 처음 세워진 나라였으나, 한의 공격으로 멸망
삼국 시대	고구려·백제·신라로, 율령을 반포하고 불교를 수용하여 중앙 집권 국가로 발전함
남북국 시대	통일 신라와 발해로, 7세기에 신라가 삼국을 통일하고 옛 고구려 땅에 발해가 건국됨

2. 일본의 고대 국가

야요이 문화	기원전 3세기경 성립, 벼농사 시작, 청동기와 철기 사용
야마토 정권	• 성립: 4세기경 야마토 정권이 주변의 작은 나라들을 통합함 • 아스카 시대: 중국과 한반도로부터 수용한 선진 문물을 바탕으로 아스카 문화 발전 • 다이카 개신: 왕족과 당 유학생 출신 중심, 당의 율령을 기반으로 시행한 정치 개혁
나라 시대	헤이조쿄(나라)로 천도, 당과 신라로부터 불교문화 전래(도다이지 등 대규모 사찰 건립)
헤이안 시대	헤이안쿄(교토)로 천도, 국풍 문화 발달(가나 문자와 일본 고유의 관복과 주택이 나타남)

3. 동아시아 문화권

(1) **배경**: 동아시아 국가의 사신, 유학생, 승려 등이 교류하는 과정에서 형성

(2) **구성 요소**: 한자, 유교, 율령, 불교 등을 공유함

(3) **특징**: 동아시아 국가들은 공통된 문화를 공유하면서도 각국의 전통과 특성에 맞게 독자적인 문화를 발전시킴

---

01 다음 물음에 답하시오.

① 한반도에서 당을 물리치고 삼국을 통일한 나라는? (　　　　　　)

② 고구려 멸망 이후 옛 고구려 유민들이 세운 나라는? (　　　　　　)

02 일본 고대 국가의 발전 과정을 일어난 순서대로 나열하시오.

> (가) 다이카 개신　　(나) 국풍 문화 발달　　(다) 헤이조쿄로 천도　　(라) 야요이 문화 성립

(　　　　　　)

03 ㉠에 들어갈 내용을 쓰시오.

> 동아시아 국가들은 한자, 유교, 율령, 불교 등을 공유하면서도 각국의 전통과 특성에 맞게 독자적인 문화를 발전시키며 (㉠　　　　　　)을/를 형성하였다.

|정답| 01. ① 신라 ② 발해　　02. (라) - (가) - (다) - (나)　　03. 동아시아 문화권

1. **사산 왕조 페르시아**
   (1) **성립**: 3세기 초 아케메네스 왕조 페르시아의 부흥을 내세우며 성립
   (2) **발전과 멸망**: 페르시아어를 공용어로 사용, 조로아스터교를 국교로 정함, 총독 파견, 로마 제국과 경쟁, 유럽과 아시아를 잇는 중계 무역으로 번영 → 이슬람 세력의 공격으로 멸망
   (3) **문화**: 공예와 염색 기술이 발달하여 이슬람 세계, 비잔티움 제국, 동아시아에 영향을 줌

2. **굽타 왕조와 힌두교**
   (1) **굽타 왕조**: 쿠샨 왕조 쇠퇴 후 분열된 인도를 통일하여 건립 → 북인도 대부분을 통일하기도 하였으나, 이민족의 침입과 내부의 왕위 다툼으로 멸망
   (2) **힌두교의 등장과 발전**

성립	브라만교를 바탕으로 불교, 인도의 민간 신앙이 어우러져 성립
특징	• 브라만교의 복잡한 제사 절차를 단순화, 왕의 권위 상승에 이용됨 • 카스트제에 따른 신분 차별 인정 → 카스트에 따른 의무 수행 강조
영향	카스트에 따른 의무와 규범을 담은 『마누 법전』이 힌두교도의 일상생활에 영향을 미침

3. **인도 고전 문화의 발전**

문학	산스크리트어로 쓰인 문학과 인도의 전설과 설화를 담은 서사시(『마하바라타』)가 발달함
미술	간다라 양식과 인도 고유 양식이 융합된 굽타 양식 발달(아잔타 석굴, 엘로라 석굴 등)
자연 과학	천문학(원주율 이용, 지구의 자전 증명), 수학(최초로 숫자 '0(영)' 제작, 10진법 사용)

01 사산 왕조 페르시아에 대한 설명이 맞으면 ○표, 틀리면 ✕표를 하시오.
① 파르티아의 부흥을 내세우며 등장하였다. (   )
② 유럽과 아시아를 잇는 중계 무역으로 발전하였다. (   )

02 다음에서 설명하는 법전을 쓰시오.

> 힌두교에서 카스트에 따른 의무와 규범을 담은 법전이다. 이 법전은 힌두교도의 일상생활에 영향을 주었다.

(   )

03 빈칸에 들어갈 내용을 쓰시오.
① 굽타 왕조 시기에는 (   )(으)로 쓰인 문학이 발달하였다.
② 굽타 왕조는 수학에서 최초로 숫자 (   )을/를 사용하였다.

1. 이슬람 세계의 성장

(1) 이슬람교의 성립

성립	7세기 초 메카의 상인 무함마드가 정립
특징	유일신 '알라'에게 절대복종, 우상 숭배 금지, 신 앞의 모든 인간은 평등하다고 주장함
발전	메카 귀족들의 탄압 → 무함마드와 신도들이 622년 메카에서 메디나로 이주(헤지라) → 메디나에서 이슬람 공동체 조직 → 메카 정복, 주변 지역 통일

(2) 이슬람 왕조의 변천

정통 칼리프 시대	네 명의 칼리프 선출, 영토 확장, 이슬람교로 개종 시 지즈야 면제 → 이슬람교 확산
우마이야 왕조	우마이야 왕조의 정통성을 두고 시아파와 수니파로 나뉨, 아랍인 우대 정책 실시
아바스 왕조	아랍인 중심의 민족 차별 정책 폐지, 수도 바그다드가 국제 도시로 성장

2. 이슬람 문화권의 형성

경제	상업 활동에 긍정적 → 상업과 교역이 발달(바그다드 번성, 금융 산업 발달 등)
사회	『쿠란』이 일상생활의 규범이 됨, 이슬람교도의 의무 실천이 강조됨
문화	• 문학: 산문과 설화 문학 발달(『아라비안나이트』) • 건축: 모스크 발달(돔, 뾰족한 탑) • 자연 과학: 수학(아라비아 숫자 완성), 화학, 의학 등이 발달 → 이슬람의 자연 과학은 유럽의 근대 과학 발달에 영향을 줌

01 다음 물음에 답하시오.

① 메카의 상인 무함마드가 정립한 종교는?　　　　　　　　（　　　　　）

② 무함마드와 신도들이 탄압을 받아 메디나로 거처를 옮긴 사건은?　（　　　　　）

02 다음 설명에 해당하는 이슬람 왕조를 〈보기〉에서 골라 기호를 쓰시오.

> ┤보기├
> ㄱ. 아바스 왕조　　　　　　　　ㄴ. 우마이야 왕조

① 수도 바그다드가 국제 교류의 중심지로 성장하였다.　　　　（　　　　　）

② 왕조의 정통성을 두고 시아파와 수니파로 분열되었다.　　　（　　　　　）

03 빈칸에 들어갈 내용을 쓰시오.

① 이슬람교의 경전인 (　　　　　　　)은/는 이슬람교도들의 일상생활을 지배하였다.

② 돔, 아치, 뾰족한 탑을 특징으로 하는 이슬람 사원을 (　　　　　　　)(이)라고 한다.

주제 18 유럽 세계의 변화

1. **게르만족의 이동**: 훈족의 압박으로 유럽 남쪽으로 이동 → 서로마 제국 멸망

2. **프랑크 왕국의 성장**
   (1) **배경**: 크리스트교를 수용하고 이슬람 세력을 방어함
   (2) **전성기(카롤루스 대제)**: 영토 확장 및 정복지에 크리스트교 전파(→ 로마 교황에게서 서로마 제국 황제의 관을 받음), 학문과 문예를 부흥시킴(→ 서유럽 문화의 기틀 마련)
   (3) **분열**: 카롤루스 대제 사후 분열 → 서프랑크, 중프랑크, 동프랑크로 나뉨

3. **비잔티움 제국의 발전**
   (1) **특징**: 황제가 정치적·군사적·종교적 권한 보유, 수도 콘스탄티노폴리스가 교역을 통해 세계 최대의 도시로 성장
   (2) **전성기(유스티니아누스 황제)**: 로마법을 집대성한 『유스티니아누스 법전』 편찬, 옛 로마 제국 영토의 상당 부분을 회복, 성 소피아 대성당 완성
   (3) **멸망**: 오스만 제국의 공격으로 멸망
   (4) **문화**

특징	그리스 정교를 바탕으로 그리스·로마 문화와 헬레니즘 문화가 융합한 독자적인 문화
내용	• 건축: 돔과 모자이크가 특징인 비잔티움 양식 발달(성 소피아 대성당이 대표적) • 법률: 로마법을 집대성함 • 그리스어를 공용어로 사용, 그리스·로마의 고전 연구(이탈리아 르네상스에 영향을 줌)

4. **동서 교회의 분열**: 성상 숭배 문제 → 로마 가톨릭교회와 그리스 정교로 나뉨

---

01 ㉠에 들어갈 인물을 쓰시오.

> (㉠   )은/는 프랑크 왕국의 전성기를 이끌었으며 옛 서로마 제국 영토의 대부분을 정복하였다. 또한 로마 교황에게서 서로마 제국 황제의 관을 받았다.

02 비잔티움 제국에 대한 설명이 맞으면 ○표, 틀리면 ✕표를 하시오.
① 로마 가톨릭교회를 바탕으로 비잔티움 문화를 발전시켰다. ( )
② 수도 콘스탄티노폴리스가 세계 최대의 도시로 성장하였다. ( )

03 빈칸에 들어갈 내용을 쓰시오.
① 비잔티움 제국은 그리스 고전을 연구하여 이탈리아의 ( )에 영향을 주었다.
② ( )이/가 세운 성 소피아 대성당은 비잔티움 양식의 대표적인 건축물이다.

주제 19  서유럽 봉건 사회의 성립

1. 봉건 질서의 성립

(1) **배경**: 프랑크 왕국의 분열과 이민족의 침입 → 무장한 기사가 외적 침입에 대비

(2) **성립**: 왕권 약화, 지방 분권적 정치 체제 확립

주종 관계	• 주군이 봉토를 주어 기사를 봉신으로 삼고, 봉신은 주군에게 충성과 봉사를 맹세함 • 어느 한쪽이라도 의무를 지키지 않으면 계약은 파기됨(쌍무적 계약 관계)
장원제	• 봉신의 봉토 운영 방식, 농노가 대부분을 이룸 • 농노는 영주에게 세금 납부, 약간의 재산 소유 및 결혼 가능, 자유롭게 이사 불가능

2. 중세 서유럽 사회의 생활 모습

농민	중세 서유럽 인구의 상당수 차지, 장원 안에서 공동 경작·자급자족하는 농촌 공동체 형성
기사	공동체를 안전하게 지킬 의무, 사냥과 마상 시합 실시(훈련·모의 전투의 성격)
성직자	삶의 과정을 신과 연결하는 중재자 역할, 일부 성직자들은 영주로서 장원을 다스림

3. 크리스트교 중심의 중세 서유럽 문화

문학	기사도 문학 유행(『아서왕 이야기』, 『롤랑의 노래』 등)
학문	신학 중심의 학문 발달, 스콜라 철학 유행(토마스 아퀴나스의 『신학 대전』에서 집대성), 12세기 이후 유럽 각지에 대학 설립
건축	• 로마네스크 양식: 11세기 발달, 둥근 천장과 반원의 아치가 특징(피사 대성당) • 고딕 양식: 12세기 발달, 뾰족한 탑과 스테인드글라스가 특징(샤르트르 대성당)

---

01 서유럽 봉건 사회에 대한 설명이 맞으면 ○표, 틀리면 ×표를 하시오.

① 왕권이 강화되어 중앙 집권적 정치 체제가 확립되었다. ( )

② 장원의 농노는 약간의 재산을 소유할 수 있었고 결혼이 가능하였다. ( )

02 빈칸에 들어갈 내용을 쓰시오.

① 중세 서유럽의 ( )은/는 공동체를 안전하게 지킬 의무가 있었다.

② 중세 서유럽의 ( )은/는 삶의 과정을 신과 연결하는 중재자 역할을 하였다.

03 다음 설명에 해당하는 중세 서유럽의 건축 양식을 〈보기〉에서 골라 기호를 쓰시오.

> **보기**
> ㄱ. 고딕 양식   ㄴ. 로마네스크 양식

① 피사 대성당이 대표적이다. ( )

② 뾰족한 탑과 스테인드글라스가 특징이다. ( )

정답 01. ① × ② ○　02. ① 기사 ② 성직자　03. ① ㄴ ② ㄱ

주제 20 중세 크리스트교 세계의 변화

1. **교회의 세속화와 수도원 운동**
   (1) **교회의 세속화**: 교회가 왕이나 제후를 주군으로 섬기고 왕과 제후가 성직자 임명권을 차지함
   (2) **수도원 운동**: 10세기 초 클뤼니 수도원 등 일부 수도원을 중심으로 개혁 운동이 전개됨, 기도, 고전 연구 및 노동에 집중하는 삶을 강조함

2. **교황과 황제의 대립**
   (1) **배경**: 성직자 임명권을 둘러싸고 교황과 신성 로마 제국 황제가 대립함
   (2) **카노사의 굴욕**: 교황이 황제를 파문하자, 황제가 교황에게 용서를 빌고 굴복함(1077)
   (3) **보름스 협약**: 교황만이 성직자 임명권을 갖도록 규정(1122) → 교황권은 13세기 무렵 절정

3. **교황권의 쇠퇴**
   (1) **아비뇽 유수**: 성직자 과세 문제로 프랑스 국왕과 교황이 대립함 → 교황 사망 후 교황청을 프랑스 아비뇽으로 옮김
   (2) **교회의 대분열**

내용	로마와 아비뇽에서 각각 교황을 선출하여 약 40년 동안 교회의 대분열 시대 지속
결과	로마 교황과 아비뇽 교황이 서로 정통성을 주장하며 대립함 → 교황의 권위 하락

01 ㉠에 들어갈 내용을 쓰시오.

> 교회가 세속화되자, 10세기 초 (㉠   ) 등 일부 수도원을 중심으로 개혁 운동이 전개되었다. 이들은 기도, 고전 연구 및 노동에 집중하는 삶을 강조하였다.

02 다음 설명에 해당하는 사건을 〈보기〉에서 골라 기호를 쓰시오.

보기
ㄱ. 아비뇽 유수　　　　　　ㄴ. 카노사의 굴욕

① 이탈리아 로마에 있던 교황청이 프랑스로 이전되었다. (　　　)
② 교황이 황제를 파문하자 황제가 교황에게 용서를 빌고 굴복하였다. (　　　)

03 빈칸에 들어갈 내용을 쓰시오.

① (　　　　　　)(으)로 교황만이 성직자 임명권을 가질 수 있게 되었다.
② 교황과 신성 로마 제국의 황제는 (　　　　　　)을/를 놓고 대립하였다.
③ 로마와 아비뇽에서 각각 교황을 선출한 시기를 (　　　　　　) 시대라고 한다.

 **주제 21 · 십자군 전쟁과 지중해 무역권의 성장**

1. 셀주크 튀르크의 성장

(1) **성립**: 11세기경 중앙아시아의 유목 민족인 셀주크 튀르크 성장

(2) **발전**: 바그다드 정복, 아바스 왕조의 칼리프로부터 술탄의 칭호를 받음 → 영토를 확장하여 크리스트교 세계와 마찰을 빚음

2. 십자군 전쟁

배경	셀주크 튀르크의 예루살렘 점령 → 교황이 클레르몽 공의회에서 성지 회복 호소
전개	여러 차례 원정을 추진하였으나 점차 목적이 변질되어 성지 회복에 실패함
영향	• 서유럽 사회: 교황의 권위가 하락, 제후와 기사의 세력 약화 → 상대적 왕권 강화, 서유럽의 여러 나라가 중앙 집권 국가로 성장하는 데 영향을 줌 • 셀주크 튀르크: 십자군 전쟁 후 천도 → 13세기 중반 몽골군의 침입으로 쇠퇴

3. 지중해 무역권의 성장과 문화 교류

(1) **유럽 시장 활성화**: 아시아의 사치품에 대한 수요가 늘면서 유럽의 시장이 활성화

(2) **지중해 무역권의 성장**: 지중해 연안 도시들의 번성 → 비잔티움 제국의 고전 문화, 이슬람 세계의 자연 과학, 중국의 제지술이 유럽에 소개됨

---

01 ㉠에 들어갈 나라를 쓰시오.

> 중앙아시아의 유목 민족인 (㉠   )은/는 바그다드를 정복하고 아바스 왕조로부터 술탄의 칭호를 받았다. 이들은 영토를 넓히는 과정에서 크리스트교 세계와 마찰을 빚었다.

02 십자군 전쟁에 대한 설명이 맞으면 ○표, 틀리면 ×표를 하시오.

① 본래의 목적이었던 성지 회복에 성공하였다. ( )

② 전쟁의 결과 제후와 기사의 세력이 약화되었다. ( )

③ 전쟁 이후 셀주크 튀르크는 몽골군의 침입으로 쇠퇴하였다. ( )

03 빈칸에 들어갈 내용을 쓰시오.

① 교황 우르바누스 2세는 (   )을/를 열어 성지 회복을 위해 전쟁을 벌이자고 호소하였다.

② (   )의 연안 도시들이 번성하면서 비잔티움 제국의 고전 문화, 이슬람 세계의 자연 과학, 중국의 제지술이 유럽에 소개되었다.

주제 22 중세 서유럽 사회의 변화

1. 도시의 발달

(1) **배경:** 11세기 이후 농업의 발달로 잉여 생산물 증가 → 상업 발달, 원거리 무역 확대

(2) **도시의 자치권:** 도시의 상인과 수공업자들이 동업 조합인 길드 조직, 영주에게 돈을 내거나 무력으로 저항하여 자치권 획득

2. 장원의 해체

(1) **배경:** 화폐 사용의 증가(→ 화폐로 세금 납부), 흑사병으로 인구 감소(→ 노동력 부족, 농노의 지위 상승), 농민 봉기 발생, 농노의 신분 해방

(2) **결과:** 장원 해체, 중세 봉건 사회의 동요

3. 중앙 집권 국가의 등장

(1) **백년 전쟁**

배경	• 영국과 프랑스가 경제적으로 중요한 플랑드르 지방의 지배권을 두고 갈등함 • 프랑스의 왕 샤를 4세의 왕위 계승 문제로 영국과 프랑스가 대립
전개	초반에는 프랑스가 열세 → 잔 다르크의 활약으로 프랑스가 승리함
영향	전쟁에서 승리한 프랑스가 중앙 집권 국가로 발전

(2) **장미 전쟁:** 영국의 왕위 계승 문제로 발발 → 봉건 영주들의 몰락, 중앙 집권 국가로 성장

---

01 빈칸에 들어갈 내용을 쓰시오.

① 중세 유럽 도시의 상인과 수공업자들은 동업 조합인 (　　　　　　)을/를 조직하였다.

② 중세 유럽의 도시민들은 영주에게 돈을 내거나 무력으로 저항하여 (　　　　　　) 을/를 얻기도 하였다.

02 중세 서유럽 사회의 변화에 대한 설명이 맞으면 ○표, 틀리면 ×표를 하시오.

① 14세기 중엽 흑사병이 유행하여 유럽 인구의 약 3분의 1이 사망하였다. (　　　　)

② 중세 봉건 사회에서 화폐 사용의 증가, 농민 반란, 농노의 신분 해방 등이 발생하였지만 장원은 해체되지 않았다. (　　　　)

03 다음 설명에 해당하는 전쟁을 〈보기〉에서 골라 기호를 쓰시오.

┤보기├

ㄱ. 백년 전쟁　　　　　　　　ㄴ. 장미 전쟁

① 영국 내에서 왕위 계승을 둘러싸고 일어났다. (　　　　)

② 플랑드르 지방의 지배권과 샤를 4세의 왕위 계승 문제가 원인이 되었다. (　　　　)

1. **르네상스의 의미**: 14~16세기 유럽에서 고대 그리스·로마 문화의 부활을 내세운 문예 부흥 운동

2. **이탈리아와 알프스 이북의 르네상스**

(1) **이탈리아의 르네상스(14~16세기)**

배경	• 이탈리아는 고대 로마의 중심지로서 로마의 문화유산이 많이 남아 있었음 • 비잔티움 제국 학자들의 이주로 고전 문화에 대한 연구가 활발히 이루어짐 • 지중해 무역으로 부유해진 상인들이 예술가를 후원함 → 이탈리아 중심으로 예술 발달
특징	인문주의 발달(인간의 개성과 능력을 중요하게 여김)
내용	• 문학: 보카치오의 『데카메론』(인간의 욕망을 사실적으로 묘사) • 미술: 레오나르도 다빈치, 미켈란젤로, 라파엘로 • 건축: 대칭과 비례를 중시하는 르네상스 양식 발달(성 베드로 대성당이 대표적)

(2) **알프스 이북의 르네상스(16세기 이후)**

특징	현실 사회와 교회의 문제점 비판
내용	• 에라스뮈스의 『우신예찬』: 교황과 성직자의 부패 풍자 • 토머스 모어의 『유토피아』: 영국 사회 비판 • 세르반테스의 『돈키호테』: 몰락하는 중세 기사 풍자

3. **과학과 기술의 발달**: 갈릴레이와 코페르니쿠스의 지동설 주장(→ 당시 우주관에 큰 변화를 가져옴), 구텐베르크의 활판 인쇄술 발명(→ 새로운 지식과 사상의 보급에 기여)

---

01 ㉠에 들어갈 내용을 쓰시오.

> (㉠   )은/는 14~16세기 유럽에서 고대 그리스·로마 문화의 부활을 내세운 문예 부흥 운동을 뜻한다.

02 다음 설명에 해당하는 지역의 르네상스를 〈보기〉에서 골라 기호를 쓰시오.

> **보기**
> ㄱ. 이탈리아의 르네상스   ㄴ. 알프스 이북의 르네상스

① 현실 사회와 교회의 문제점을 비판하는 경향이 강하였다.　　　　　(　　　)
② 인간의 개성과 능력을 중요하게 여기는 인문주의가 발달하였다.　　(　　　)

03 빈칸에 들어갈 내용을 쓰시오.

① (   )은/는 『우신예찬』에서 교회와 성직자의 부패를 풍자하였다.
② (   )이/가 개발한 활판 인쇄술은 새로운 지식과 사상 보급에 기여하였다.

|정답| 01. 르네상스　02. ① ㄱ ② ㄴ　03. ① 에라스뮈스 ② 구텐베르크

주제 24 송의 발전과 북방 민족의 성장

1. 송의 건국과 변화

(1) **건국**: 조광윤(태조)이 카이펑을 수도로 하여 건국(960) → 5대 10국의 혼란 수습

(2) **태조의 중앙 집권 강화**: 황제권 강화(중앙군 황제 직속, 절도사의 권한 약화), 문치주의 정책 실시(문인 우대, 전시 제도 도입 → 사대부 계층 형성)

(3) **정치적 변화**: 문치주의 정책으로 송의 군사력 약화 → 송이 북방 민족에게 비단·은 제공 → 송의 재정 악화 → 왕안석의 개혁 시도(실패) → 금의 공격으로 남쪽으로 천도(남송, 1127)

2. 북방 민족의 성장

거란(요)	야율아보기가 거란 건국(916), 발해 정복, 나라 이름을 요로 변경, 고려 공격, 송과 대립
서하	탕구트가 건국(1038), 동서 무역로(비단길)를 차지하여 중계 무역으로 번영, 송 압박
금	여진의 아구다가 건국(1115), 송과 연합하여 요를 정복, 송을 공격하여 남쪽으로 축출

3. 송의 경제, 사회, 대외 교류

경제	모내기법의 도입으로 농업 생산력 증가, 상공업의 발달로 지폐·동전 사용
사회	• 도시의 발달: 수도인 카이펑, 임안(항저우) 등 발달 • 과학 기술의 발전: 화약 무기, 나침반, 활판 인쇄술을 실생활에서 사용 • 문화·학문의 발달: 서민 문화 성장, 사대부 중심으로 학문 발전(주희가 성리학을 완성함)
대외 교류	해상 무역 활발 → 동아시아·인도양 교역권의 성장, 시박사를 설치하여 교역 관리

01 송 태조의 중앙 집권 정책을 〈보기〉에서 골라 기호를 쓰시오.

┌ 보기 ┐
ㄱ. 파스파 문자 제작　　　　　ㄴ. 문치주의 정책 실시
ㄷ. 몽골인과 색목인 우대　　　ㄹ. 황제가 중앙군 직속 관할

(　　　　　　　　　　　　　　　　　)

02 다음 괄호 안의 내용 중 알맞은 말에 ○표를 하시오.

① 야율아보기는 부족을 통합하여 (거란 , 여진)을 세웠다.

② (금 , 서하)은/는 송과 연합하여 요를 무너뜨렸고, 이후 송을 공격하였다.

03 빈칸에 들어갈 내용을 쓰시오.

① 남송의 학자 주희는 (　　　　　　　　)을/를 완성하였다.

② 송은 주요 항구에 (　　　　　　　　)을/를 두어 교역을 관리하였다.

③ 송대에는 (　　　　　　　)이/가 도입되면서 농업 생산력이 증가하였다.

주제 25  몽골 제국의 성립과 동서 문화 교류의 확대

1. 몽골 제국의 성립과 발전
(1) **성립**: 테무친의 몽골 부족 통일 → 칭기즈 칸으로 추대되어 몽골 제국 수립(1206)
(2) **발전**: 칭기즈 칸이 서하와 금을 공격하고 중앙아시아를 정복함 → 칭기즈 칸 사후 후대 칸들의 영토 확장으로 유라시아를 아우르는 대제국 건설 → 울루스들의 느슨한 연합으로 유지

2. 원의 중국 지배
(1) **쿠빌라이 칸**: 대도(베이징)로 천도, 나라 이름을 원으로 변경(1271) → 남송 정복, 중국 지배
(2) **통치 정책**: 중국의 전통적인 제도를 통치에 활용, 공용 문자로 파스파 문자 제작, 몽골 제일주의에 따른 민족 차별 정책 실시(몽골인과 색목인 우대, 한인과 남인 차별)

3. 원의 멸망: 왕위 계승 다툼, 물가 상승 → 한인의 반란(홍건적의 난) → 원이 북쪽으로 쫓겨남

4. 원의 경제, 사회, 동서 문화 교류

경제	• 농업: 새로운 농업 기술 보급, 목화 생산 증가(→ 면직물 산업 발달) • 상업: 교통로 발달로 상업 발전, 지폐인 교초가 널리 사용됨
사회	도시를 중심으로 서민 문화 발달, 구어체로 쓴 소설과 희곡 인기, 잡극 유행
동서 문화 교류	• 유라시아·인도양 교역권의 발달: 도로망 정비, 역참제 실시, 대운하 확장 → 초원길, 비단길, 바닷길 연결 • 동서 문화 교류의 확대: 마르코 폴로 등이 중국 방문, 다양한 종교 공존, 이슬람 세계의 천문학·역법 전래, 중국의 화약 무기·나침반·활판 인쇄술 등이 서양에 전해짐

01 빈칸에 들어갈 내용을 쓰시오.

① 테무친은 ( )(으)로 추대되어 몽골 제국을 수립하였다.
② 대제국을 건설한 몽골은 여러 ( )의 연합으로 유지되었다.

02 다음 괄호 안의 내용 중 알맞은 말에 ○표를 하시오.

① (칭기즈 칸 , 쿠빌라이 칸)은 나라 이름을 원으로 바꾸었다.
② 원은 공용 문자로 (서하 문자 , 파스파 문자)를 만들어 공식 문서에 사용하였다.
③ 몽골 제일주의에 따라 (몽골인 , 색목인)은 우대를 받으며 재정·행정 업무를 맡았다.

03 ㉠에 들어갈 내용을 쓰시오.

> 몽골 제국은 중앙과 각 지방을 연결하는 교통로에 (㉠)을/를 세우고, 몽골 제국을 오가는 관리나 사신에게 숙식과 말 등을 제공하였다.

정답 | 01. ① 칭기즈 칸 ② 울루스 02. ① 쿠빌라이 칸 ② 파스파 문자 ③ 색목인 03. 역참

주제 26 명·청의 중국 지배

1. 명의 성립과 발전

성립	주원장(태조, 홍무제)이 금릉(난징)을 수도로 삼고 건국(1368)
발전	• 홍무제: 재상제 폐지, 이갑제 실시, 몽골 풍습 금지, 육유 반포, 과거제 정비 • 영락제: 자금성 건설, 베이징으로 수도 이전, 대월(베트남) 정복, 정화의 함대 해외 파견
멸망	관료들의 권력 다툼, 외적 침입, 재정 악화 → 이자성의 농민군에게 멸망(1644)

2. 청의 성립과 발전

(1) **성립**: 만주에서 누르하치(태조)가 후금 건국(1616) → 홍타이지(태종)가 국명을 청으로 변경

(2) **한족 통치**: 소수의 만주족이 다수의 한족 지배, 회유책과 강압책 실시

(3) **전성기**: 강희제·옹정제·건륭제 때 통치 제도 정비와 영토 확장, 건륭제 때 최대 영토 차지

3. 명·청의 경제, 사회, 대외 교류

경제	농업 생산력 증가, 상품 작물 재배, 수공업 발달
사회	• 신사층의 형성: 지배층으로 성장, 향촌 질서 유지, 새로운 학풍 주도(양명학(명)·고증학(청) 발전) • 서민 문화의 발달: 『삼국지연의』 등의 소설 유행(명), 『홍루몽』 등의 소설과 경극 유행(청)
대외 교류	• 무역 양상의 변화: 명은 조공 관계를 통해 교류(해금 정책) → 민간의 해상 무역 허용, 청은 해상 무역 통제(해금 정책) → 18세기 중반 이후 광저우를 통한 공행 무역만 허용 • 은 경제 수립: 유럽과 일본 상인들이 중국의 물품을 사고 은을 지불함 → 다량의 은이 중국에 유입 → 은을 화폐로 사용하거나 은을 세금으로 걷음

01 다음 설명이 홍무제의 업적에 해당하면 '홍', 영락제의 업적에 해당하면 '영'을 쓰시오.

① 유교 윤리를 바탕으로 하는 육유를 반포하였다.   (   )

② 자금성을 건설하여 자신의 근거지인 베이징으로 수도를 옮겼다.   (   )

02 청대에 있었던 일들을 일어난 순서대로 나열하시오.

> ㈎ 만주에서 누르하치(태조)가 후금을 건국하였다.
>
> ㈏ 홍타이지(태종)가 나라 이름을 청으로 변경하였다.
>
> ㈐ 건륭제 때 활발한 정복 활동으로 최대 영토를 차지하였다.

(   )

03 명과 청에 대한 설명이 맞으면 ○표, 틀리면 ×표를 하시오.

① 명·청대에는 사대부가 지배층으로 성장하였다.   (   )

② 명·청대에는 다량의 은이 유입되면서 세금을 은으로 걷었다.   (   )

정답 | 01. ① 홍 ② 영 02. (가) - (나) - (다) 03. ① × ② ○

주제 27  일본 무사 정권의 성립

1. 무사 정권의 성립과 변화

가마쿠라 막부	12세기 미나모토노 요리토모가 최초의 무사 정권 수립, 일본의 봉건제 성립, 원의 침략을 막아 내는 과정에서 쇠퇴
무로마치 막부	중국과 조공·책봉 관계 회복, 조선과 국교 수립
전국 시대	15세기 후반부터 각지의 다이묘(영주)들이 100여 년간 세력 다툼 → 도요토미 히데요시가 전국 시대 통일
에도 막부	도쿠가와 이에야스가 수립(1603), 쇼군이 직할지를 다스리고 지방의 다이묘에게는 독립적으로 다스릴 수 있는 영지(번)를 줌, 산킨코타이 제도 시행(→ 다이묘 통제, 중앙 집권 체제 강화)

2. 에도 막부의 경제, 사회, 대외 교류

경제	농업 생산량 증가, 활발한 상품 작물 재배, 수공업과 광업 발달
사회	• 도로망이 정비되면서 도시 발달 → '조닌'이라고 불리는 도시 상공업자 성장 → 가부키, 우키요에 등 조닌 문화 발달 • 18세기에 일본의 고전을 연구하여 일본 고유의 정신을 밝히려는 국학 발달
대외 교류	• 크리스트교 금지, 사무역 통제(해금 정책) • 조선과는 통신사를 통해 교류, 중국·네덜란드 상인에게는 나가사키를 개항하여 데지마에서 무역 허용, 네덜란드인으로부터 의학·조선술 등 서양의 학문(난학)과 기술 수용

01 **다음 괄호 안의 내용 중 알맞은 말에 ○표를 하시오.**

① (가마쿠라 막부 , 무로마치 막부)는 최초의 무사 정권이다.

② 가마쿠라 막부는 일본 특유의 (봉건제 , 카스트제)를 성립하였다.

③ (도요토미 히데요시 , 도쿠가와 이에야스)는 전국 시대를 통일하였다.

02 **㉠에 들어갈 제도를 쓰시오.**

> 에도 막부는 다이묘를 일정 기간 에도에 머무르게 하는 (㉠   )을/를 시행하였다. 이로써 다이묘를 통제하고 중앙 집권 체제를 강화하였다.

03 **다음 물음에 답하시오.**

① 에도 시대에 도시 상공업자들을 중심으로 발달한 문화는? (   )

② 에도 시대에 네덜란드로부터 받아들인 서양 학문을 이르는 말은? (   )

③ 에도 막부가 네덜란드 상인과 무역하기 위해 나가사키에 만든 섬은? (   )

주제 28 무굴 제국의 발전

1. 무굴 제국의 성립과 발전

(1) **성립**: 바부르가 인도의 델리를 정복하고 이슬람 왕조를 세움(1526)

(2) **발전**

아크바르 황제	• 활발한 정복 활동 전개 → 인도 북부의 대부분 차지 • 비이슬람교도에게 거두던 지즈야 폐지, 힌두교도에게 관직을 주는 등 종교의 다양성을 존중하는 관용 정책을 펼침
아우랑제브 황제	• 인도 남부를 정복하여 최대 영토 차지 • 이슬람교가 아닌 종교 탄압(지즈야 부활, 힌두교 사원 파괴)

(3) **쇠퇴**: 각지에서 반란 발생, 서양 세력의 침입으로 점차 쇠퇴

2. 무굴 제국의 문화

종교	힌두교와 이슬람교를 절충한 시크교 발전
언어	• 페르시아어를 공용어로 사용 • 일상에서는 힌디어, 페르시아어, 아랍어 등이 합쳐진 우르두어 사용
건축	인도·이슬람 양식 발전(황제 샤자한이 타지마할 건립)
미술	페르시아의 세밀화와 인도 미술이 융합된 무굴 회화 발달

---

01 다음 설명에 해당하는 황제를 〈보기〉에서 골라 기호를 쓰시오.

┌ 보기 ├
ㄱ. 아크바르 황제　　　　　　　　ㄴ. 아우랑제브 황제

① 인도 남부를 정복하여 최대 영토를 차지하였다.　　　　　　　　(　　　　　)
② 지즈야 폐지 등 종교의 다양성을 존중하는 관용 정책을 펼쳤다.　　　　　(　　　　　)

02 다음 괄호 안의 내용 중 알맞은 말에 ○표를 하시오.

① 무굴 제국은 (우르두어 , 페르시아어)를 공용어로 사용하였다.
② 무굴 제국 때에는 힌두교와 이슬람교를 절충한 (시크교 , 크리스트교)가 발전하였다.

03 다음에서 설명하는 건축물을 쓰시오.

무굴 제국의 황제 샤자한이 황후 뭄타즈 마할의 넋을 기리고자 만든 건축물로, 인도 양식과 이슬람 양식이 조화를 이루고 있다.

(　　　　　　　　　)

주제 29 ★ 오스만 제국의 성장

1. 이슬람 왕조의 변천

티무르 왕조	티무르가 몽골 제국의 부활을 내걸고 중앙아시아의 여러 유목 집단을 통합하여 세움(1370), 수도 사마르칸트가 중계 무역으로 번영을 누림
사파비 왕조	티무르 왕조가 쇠퇴한 후 페르시아 지역에서 수립(1502), 시아파 이슬람교를 국교로 삼음. 오스만 제국과 영토를 두고 다툼

2. 오스만 제국의 성립과 발전

(1) **성립**: 오스만이 튀르크 부족을 모아 세움(1299)

(2) **발전**: 메흐메트 2세가 비잔티움 제국 정복, 콘스탄티노폴리스로 천도(1453) → 이집트를 정복하는 과정에서 술탄 칼리프 제도 확립(이슬람 세계의 정치적·종교적 최고 지배자가 됨) → 술레이만 1세 때 전성기를 누림(헝가리 정복, 오스트리아의 빈 공격, 유럽 연합 함대 격파)

3. 오스만 제국의 사회, 경제, 문화

사회	독자적인 종교 공동체(밀레트) 구성, 예니체리 양성 등 관용 정책 실시
경제	영토 확장, 동서 교역로 차지 → 홍해와 지중해를 거쳐 아라비아 및 유럽과 교역 → 커피·담배 등 각 지역의 다양한 산물 유입, 수도 이스탄불이 국제 도시로 성장
문화	• 건축: 비잔티움 양식을 도입한 모스크 발달(술탄 아흐메트 사원 건립) • 미술: 페르시아 문화의 영향을 받은 세밀화 유행 • 학문: 천문학, 수학, 지리학 등 실용적인 학문 발달

---

01 다음 설명에 해당하는 왕조를 〈보기〉에서 골라 기호를 쓰시오.

┌ 보기 ┐
ㄱ. 사파비 왕조　　　　　　　　　ㄴ. 티무르 왕조

① 수도 사마르칸트가 중계 무역으로 번영을 누렸다. 　　　　　　(　　　)
② 시아파 이슬람교를 국교로 삼고, 오스만 제국과 영토를 다투었다. 　(　　　)

02 ㉠에 들어갈 인물을 쓰시오.

오스만 제국은 (㉠　　　　　　) 때 전성기를 맞았다. 그는 헝가리를 정복하고, 오스트리아의 수도 빈을 공격하였다. 또한 유럽의 연합 함대를 무찔러 지중해를 장악하였다.

03 오스만 제국에 대한 설명이 맞으면 ○표, 틀리면 ×표를 하시오.

① 관용 정책으로 다양한 민족과 종교가 공존하였다. 　　　　　　(　　　)
② 수도 바그다드는 세계의 사람들이 모여드는 국제 도시로 성장하였다. 　(　　　)

1. **신항로 개척의 배경**: 동방에 대한 유럽인의 호기심 증대(마르코 폴로의 『동방견문록』 유행), 동방과의 직접적인 교역로 모색, 천문학·지리학 등의 학문과 선박 제조 등 항해 기술의 발달

2. **신항로 개척의 전개**

포르투갈	• 바르톨로메우 디아스: 아프리카 남쪽 끝의 희망봉에 도착 • 바스쿠 다가마: 희망봉을 돌아 인도의 캘리컷에 도착
에스파냐	• 콜럼버스: 대서양을 건너 아메리카의 서인도 제도에 도착 • 마젤란 일행: 태평양을 가로질러 최초로 세계 일주 성공

3. **신항로 개척의 영향**

   (1) **세계 교역망의 형성**: 유럽·아메리카·아프리카를 잇는 삼각 무역 발전, 신항로를 따라 아시아의 여러 지역과 교역 → 은을 매개로 세계 교역망 형성

   (2) **유럽 사회의 변화**: 옥수수·감자·사탕수수 등 아메리카의 새로운 작물이 전래됨, 아메리카의 금·은이 다량 유입되면서 물가 상승(가격 혁명), 상공업과 금융업 발달(상업 혁명)

   (3) **아메리카와 아프리카의 변화**

아메리카	• 에스파냐가 아스테카 문명과 잉카 문명 등 고대 문명 파괴 • 원주민이 대농장에서 사탕수수·담배 등 상품 작물 재배, 광산에서 금·은 채굴
아프리카	노동력 착취와 전염병 등으로 아메리카 원주민의 인구 감소 → 아프리카 원주민을 노예로 동원(노예 무역) → 아프리카의 인구 감소, 성비 불균형, 부족 간의 갈등 심화

01 신항로 개척의 배경에 대한 설명이 맞으면 ○표, 틀리면 ×표를 하시오.

① 옥수수, 감자 등 동방의 작물이 유럽에서 인기를 끌었다. ( )

② 유럽인은 『동방견문록』을 읽으며 동방에 대한 호기심을 가졌다. ( )

02 다음 설명에 해당하는 인물을 〈보기〉에서 골라 기호를 쓰시오.

┌ 보기 ┐
ㄱ. 콜럼버스   ㄴ. 바스쿠 다가마

① 희망봉을 돌아 인도의 캘리컷에 도착하였다. ( )

② 대서양을 건너 아메리카의 서인도 제도에 도착하였다. ( )

03 빈칸에 들어갈 내용을 쓰시오.

① ( )은/는 아메리카의 아스테카 문명, 잉카 문명을 파괴하였다.

② 신항로 개척 이후 유럽, 아메리카, 아프리카를 잇는 ( )이/가 발선하였다.

주제 31 재정·군사 국가의 등장

1. 종교 개혁과 종교 전쟁

종교 개혁	• 루터: 「95개조 반박문」을 발표하여 교황의 면벌부 판매 비판 • 칼뱅: 예정설 주장, 근면과 절약 강조 • 영국 국교회: 국왕(헨리 8세)이 영국 교회의 수장임을 선포하면서 성립
종교 전쟁	로마 가톨릭교회(구교)와 신교의 대립 → 30년 전쟁 발발 → 베스트팔렌 조약 체결

2. 재정·군사 국가의 등장

⑴ **특징**: 상비군 강화, 행정 기구와 관료제 확대, 중상주의 정책 실시

⑵ **대표적 재정·군사 국가**

영국	• 엘리자베스 1세가 에스파냐의 무적함대 격파, 동인도 회사를 설립하여 해외 시장 개척 • 청교도 혁명, 명예혁명을 거치며 입헌 군주제 확립
프랑스	루이 14세가 왕권신수설 주장, 베르사유 궁전을 건립하여 권위 과시, 콜베르를 등용하여 중상주의 정책 추진, 상비군 강화

3. 과학과 철학의 발전

과학	갈릴레이의 지동설, 뉴턴의 만유인력의 법칙 등('과학 혁명') → 세상을 합리적으로 바라보는 과학적 사고방식 확립에 기여
철학	17세기 근대 철학의 발달(데카르트, 로크 등) → 18세기 인간의 이성이 사회를 진보하게 한다고 믿는 계몽사상 등장(몽테스키외, 볼테르, 루소 등)

01 빈칸에 들어갈 내용을 쓰시오.

① (　　　　　)은/는 「95개조 반박문」을 발표하였다.

② 독일에서 시작된 30년 전쟁은 (　　　　　)이/가 체결되면서 끝이 났다.

02 다음 설명에 해당하는 재정·군사 국가를 〈보기〉에서 골라 기호를 쓰시오.

┌─┤보기├──────────────────────────┐
│ ㄱ. 영국　　　　　　　　　　　ㄴ. 프랑스 │
└──────────────────────────────┘

① 루이 14세가 왕권신수설을 주장하였다.　　　　　　　（　　　）

② 엘리자베스 1세가 에스파냐의 무적함대를 격파하였다.　（　　　）

03 다음 물음에 답하시오.

① 만유인력의 법칙을 확립한 영국의 물리학자는?　　　（　　　）

② 인간의 이성이 사회를 진보하게 한다고 믿는 사상은?　（　　　）